Werner Wachsmuth

Reden und Aufsätze 1930-1984

Springer-Verlag Berlin Heidelberg
New York Tokyo

Professor Dr. med. Dr. jur. h.c. Werner Wachsmuth
Nikolausstraße 20, 8700 Würzburg

ISBN-13:978-3-540-15246-0   e-ISBN-13:978-3-642-70293-8
DOI: 10.1007/978-3-642-70293-8

CIP-Kurztitelaufnahme der Deutschen Bibliothek

Wachsmuth, Werner:
Reden und Aufsätze 1930–1984 / Werner Wachsmuth. – Berlin; Heidelberg; New York; Tokyo:
Springer, 1985.
ISBN-13:978-3-540-15246-0

NE: Wachsmuth, Werner: [Sammlung]

2108/3130-543210

Zur Einführung

Der vorliegende Band entspricht dem Wunsche von Freunden, Schülern und Kollegen, mündliche oder schriftliche Äußerungen aus vergangenen Jahren gesammelt wiederzufinden, in denen meine Gedanken zum Zeitgeschehen, zum ärztlichen Beruf oder mein Gedenken an mir nahestehende bedeutende Chirurgen zum Ausdruck kommen.

Die Arbeiten umfassen eine Spanne von mehr als fünfzig Jahren. Die Zeiten ändern sich und wir ändern uns mit ihnen. So wird der Leser in dieser Sammlung den Einfluß wechselnder äußerer Lebensbedingungen und rasch fortschreitender wissenschaftlicher Erkenntnisse, manche Wiederholung, vielleicht sogar Widersprüche feststellen. Er wird aber erkennen, daß meine Überlegungen stets um das eine Thema kreisten, von dem sie sich auch heute noch nicht lösen können: um die sittlichen Pflichten und die hohen Werte unseres Berufes und die Sorge um seinen Bestand in einer veränderten menschlichen Gesellschaft.

Der befreundete Jurist Hans-Ludwig Schreiber hat mich nicht nur nachdrücklich davon zu überzeugen vermocht, daß eine solche Zusammenfassung wünschenswert sei, ich verdanke ihm auch manchen guten Rat und die Erlaubnis zur Aufnahme gemeinsamer Arbeiten in diesem Rahmen. Das Erscheinen des Bandes in vorliegendem Umfange wurde durch den Mitinhaber des Springer-Verlags Heinz Götze verständnisvoll gefördert. Ihm sei hierdurch gedankt.

Wenn die in diesem Sammelband enthaltenen Gedanken, gerade in einer spannungsreichen Zeit, nicht verlorengehen, sondern von der jungen Generation erfaßt, aufgenommen und weitergegeben werden, hat er seinen Sinn erfüllt.

Werner Wachsmuth

Inhaltsverzeichnis

Das Recht zum chirurgischen Eingriff

Antrittsvorlesung am 25. Juli 1930 in Bonn

Der um 1680 in Breslau lebende Chirurgus und Stadtarzt Matthäus Gothofredus Purmannus führte als Wappen ein rotes Herz, auf dessen Oberteil sich eine aufrechtstehende Hand befand mit der Überschrift: „Et corde et manu" – „Mit Herz und Hand!"

In seinem großen Buche über die Wundartzeney schreibt er: „Es ist auch nötig, etwas zu gedenken, wie sich ein Wundartzt gegen s. Pat. verhalten müsse, wenn er Ruhm und Ehre davon haben wolle. Vor allen Dingen betrachte denselben als Deinen Nächsten, den Du in allen Verrichtungen lieben mußt, als Dich selbsten, gehe soviel möglich mit ihm gelinde um, und vermehre dessen Schmerzen nicht mit vielen unnöthigen suchen und hin und wieder grübeln der instrumenten, und denn auch mit vielen undienlichen Medikamenten, wie man öfters siehet, daß mancher Idiot also fort scharffetzende Sälblein und Balsam in die Wunden streichet, und große Klugheit meynet damit gethan zu haben, da er doch nichts anders damit ausgerichtet, als daß er die Natur weiter erzürnet, den natürlich-heilenden Balsam mortificieret, mehr Zufälle erwecket und den Patienten also martert, daß er offt keinen Unterschied vom Tag und Nacht zu machen weiß. Darum folge nur der Natur, deren Diener Du bist, und lerne dieselbe recht erkennen.

Vor allen Dingen muß der Chirurgus aber sein eigener Richter sein, und sich selbst recht sprechen, das er verdienet: ich will soviel sagen, wenn er sich zu einer schweren Operation nicht gesattelt noch exerciert genug findet, soll er sie lieber einen andern tun lassen, als daß er sie verwegener Weise unternehmen wollte."

Heute noch wie damals ist das, was wir unter dem Begriff Indikation zusammenfassen, eines der wichtigsten Kapitel unseres chirurgischen Berufes. Der Entschluß zur Operation ist jedenfalls die verantwortungsvollste Entscheidung, die dem Chirurgen obliegt. Das ihm durch den Staat verbriefte, durch das Vertrauen des sich ihm völlig ausliefernden Kranken überlassene Recht kann nicht ernst genug genommen werden.

Dreierlei ist es, was ihn bei seinem Entschluß maßgebend beeinflußt: das Gesetz des Staates, das Gesetz der ärztlichen Kunst und das Gesetz des ärztlichen Gewissens. Wir werden sehen, daß diese drei sich nicht scharf begrenzen, daß sie sich überdecken und widersprechen können und daß es allein in der Persönlichkeit des Arztes liegt, im einzelnen Fall den richtigen Weg zu finden.

Beschäftigen wir uns zunächst einmal mit den gesetzlichen, das Operationsrecht regelnden Verhältnissen.

Unser heute geltendes Recht widerspricht in wesentlichen Punkten dem allgemeinen Rechtsempfinden und ist, wie auch Ebermayer[1], der frühere Oberreichsanwalt, zugibt, zum Teil unhaltbar.

Jahrhundertelang war in Deutschland die Kurpfuscherei verboten. Schon die peinliche Gerichtsordnung Karls V. vom Jahre 1532 stellte den Arzt, der durch Nichtkönnen oder Fahrlässigkeit den Tod eines Menschen verursacht hat, „jenen leichtfertigen Leuten gleich, welche sich vermessen, die Heilkunde auszuüben, ohne sie gründlich gelernt zu haben". In Städten und Ländern bestanden Pfuschereiverbote; die „empirici und medicastri, die Winkel-, Versuchs-, Stümper- und Afterärzte, die Störer und Quacksalber" werden als „dem gemeinen Wesen schädliche Leute" bezeichnet, welche „unnachsichtlich und empfindlich, gebührend und hoch" bestraft werden müssen (Ebermayer).

Nach den Strafgesetzbüchern der deutschen Länder wurde nur der approbierte Arzt zur Krankenbehandlung zugelassen und neben ihm gewisse Medizinalpersonen geringeren Grades, wie etwa Bader, denen innerhalb der Grenzen einer mehr oder minder beschränkten Approbation Heilbehandlung in gewissem Umfange gestattet war.

Durch Einführung der Reichsgewerbeordnung im Jahre 1869 fiel das Pfuschereiverbot. Seither erfreuen wir uns der allgemeinen Kurierfreiheit, so daß nunmehr jedermann ohne Rücksicht auf seine Allgemeinbildung, auf Kenntnisse und Fähigkeiten jede Krankheit seines Mitmenschen behandeln darf. Als einzige Ausnahme wurde durch das Gesetz vom 18. Februar 1927 bestimmt, daß die Behandlung von Geschlechtskrankheiten nur den für das Deutsche Reich approbierten Ärzten gestattet ist (Ebermayer).

Mit dieser völligen Kurierfreiheit steht Deutschland allein da. Andere Länder, wie etwa Frankreich, kehrten, nach vorübergehender Aufhebung, zum Kurpfuschereiverbot zurück.

Im allgemeinen werden sich die Kurpfuscher ja nicht darauf einlassen, operative Eingriffe auszuführen, da hier das Risiko in keinem Verhältnis zum Verdienst steht und ihre Tätigkeit sich mehr auf Wunderkuren, Psychotherapie und Gesundbeten erstreckt. Aber es kann kein Zweifel darüber bestehen, daß dem Kurpfuscher gesetzlich das Operationsrecht gleichermaßen zusteht wie dem Arzt und daß für beide die gleichen Strafbestimmungen geltend sind.

Daß dem approbierten Arzte das Recht zur Operation zusteht, ist ohne weiteres klar. Durch die Approbation hat er ja die amtliche Anerkennung der Befähigung zur Ausübung des ärztlichen Berufes erworben. Wir haben fast den Eindruck, daß heute zunehmend auch Ärzte von diesem Rechte Gebrauch machen, denen es an einer im weitesten Sinne chirurgischen Spezialausbildung fehlt. Ich spreche hier nicht von kleinen oberflächlichen Eingriffen, die jeder gewissenhafte Arzt ohne Gefahr ausführen kann, sondern von Operationen, deren Beherrschung ohne jahrelange Schulung und Übung eben einfach nicht möglich ist. Es muß deutlich ausgesprochen werden, daß eine jede Operation ein unwiderruflicher Vorgang ist, der den Körper verändert, der eine Reaktion des Körpers hervorruft, die wir nicht von vornherein bestimmen können. Wer von uns kennt nicht die zahlreichen Fälle von Verwachsungen nach Probebauchschnitten, die vielen Kranken, die mit ihren ungebesserten Beschwerden ein Krankenhaus nach dem andern heimsuchen, ohne Heilung zu finden? Wir müssen fordern, daß man das Operieren dem Chirurgen überläßt, statt daß man ihn in das aussichtlose Gebiet dessen drängt, was man heute als Korrekturchirurgie bezeichnet.

Hippokrates hat gesagt: „Es ist durchaus keine Schande, wenn ein Arzt, in Verlegenheit über den augenblicklichen Zustand bei einem Kranken und infolge mangelnder Erfahrung im unklaren sich befindend, auch das Beiziehen anderer Ärzte verlangt, um durch gemeinsame Besprechung die Verhältnisse des Kranken zu erörtern, und wenn so auch diese andern Ärzte Mithelfer werden zu einem glücklichen Ausgange der Genesung."

Nach der bisherigen Rechtsprechung des Reichsgerichts sind zu Heilzwecken kunstgerecht erfolgende Eingriffe als objektiv rechtswidrige Körperverletzungen aufzufassen, deren Rechtswidrigkeit nur durch die Einwilligung des Kranken oder seines gesetzlichen Vertreters beseitigt wird. Nimmt der Arzt ohne oder gegen den Willen des Kranken oder seines Vertreters einen solchen Eingriff vor, sei es auch lediglich in der Absicht, dem Kranken zu helfen, so macht er sich einer vorsätzlichen rechtswidrigen Körperverletzung schuldig, für die er zivil- und strafrechtlich zur Verantwortung gezogen werden kann. Obwohl diese Rechtsprechung oft angefochten worden ist, hat das Reichsgericht bisher an ihr festgehalten. Urteile anderer Gerichte, nach denen kunstgerecht lediglich zu Heilzwecken vorgenommene ärztliche Eingriffe rein begrifflich keine Mißhandlungen oder Körperverletzungen seien, gleichgültig, ob mit oder ohne Einwilligung vorgenommen, wurden vom Reichsgericht aufgehoben. Die Juristen Beling und Frank unterscheiden zwischen gelungenen und mißlungenen Operationen, erstere sollen keine Mißhandlungen oder Körperverletzungen sein, letztere wohl. Wie Ebermayer betont, ist nicht einzusehen, inwiefern der Erfolg einer Operation entscheidend sein kann für die Frage, ob sie Körperverletzung sei oder nicht.

Da sich der Chirurg meist eines Messers, also eines im Sinne des Gesetzes gefährlichen Werkzeugs bedient, so liegt gefährliche Körperverletzung vor; bei Verlust eines Gliedes wird schwere Körperverletzung angenommen. Da es sich in beiden Fällen um Offizialdelikte handelt, erfolgt die Strafverfolgung auch ohne Zutun des Patienten durch die Staatsanwaltschaft, sobald sie davon Kenntnis erhält.

Dieser auch heute noch herrschende Rechtszustand ist völlig unhaltbar. Es ist darum erfreulich, daß nach langen Kämpfen im Entwurf zum neuen Strafgesetzbuch eine Lösung gefunden wurde, die den tatsächlichen Verhältnissen mehr entspricht. Der das Operationsrecht behandelnde Entwurf lautet: Eingriffe und Behandlungen, die lediglich zu Heilzwecken erfolgen, der Übung eines gewissenhaften Arztes entsprechen und nach den Regeln der ärztlichen Kunst vorgenommen werden, sind keine Körperverletzungen im Sinne dieses Gesetzes.

Um das Recht über den eigenen Körper zu wahren und den Kranken gegen evtl. Übergriffe des Arztes zu schützen, wurde eine Bestimmung aufgenommen, daß derjenige, der jemand gegen seinen Willen zu Heilzwecken behandelt, lediglich auf Antrag des Behandelten wegen eigenmächtiger Heilbehandlung bestraft werden kann. Aber auch in den Fällen, in denen der Arzt vermutet, daß der Kranke nicht einverstanden ist, soll er straffrei sein, wenn er den Umständen nach außerstande war, die Einwilligung des Kranken rechtzeitig einzuholen, ohne sein Leben oder seine Gesundheit ernstlich zu gefährden.

Einen besonderen Fall möchte ich in diesem Zusammenhang noch streifen: Es handelt sich um das Operationsrecht an Versicherten. Besteht für den Arzt, also indirekt die Kasse oder Berufsgenossenschaft, die Möglichkeit, einen Rentenempfänger zu einer Operation zu zwingen, die voraussichtlich eine Besserung der Erwerbsfähigkeit und damit eine Herabsetzung der zu zahlenden Rente zur Folge haben würde? Es läßt sich nicht leugnen, daß in solchen Fällen ein gewisser Druck berechtigt erscheint, vor allem dann, wenn sich durch einen verhältnismäßig geringen Eingriff eine wesentliche Besserung erzielen läßt. Nehmen wir als Beispiel einen Mann, bei dem es durch eine Verletzung zu einer Versteifung eines Fingers in starker Beugestellung gekommen ist. Durch die Unmöglichkeit, die Faust zu schließen, ist der Mann an der Arbeit stark behindert, durch die Unbeweglichkeit des Fingers ist er ungeschickt und neuen Verletzungen ausgesetzt. Durch die Abnahme, eine kleine und kurzdauernde Operation, die man in lokaler Betäubung ausführen kann, wird die Gebrauchsfähigkeit der verletzten Hand nach einer gewissen Gewöhnungszeit der normalen Seite entsprechen. Im allgemeinen wird jeder Arbeitswillige einen solchen Eingriff an sich ausführen lassen, schon weil er subjektiv eine Erleichterung seines Zustandes verspürt. Ist jedoch einem Verletzten Rente bequemer als Arbeit, so verweigert er, was tatsächlich in zunehmendem Maße geschieht, den Eingriff.

Die rechtlichen Verhältnisse liegen hier folgendermaßen: Die Reichsversicherungsordnung bestimmt, daß einem Verletzten, der eine Anordnung, welche die Krankenbehandlung betrifft, ohne gesetzlichen oder sonst triftigen

Grund nicht befolgt und dadurch in seiner Erwerbsfähigkeit ungünstig beeinflußt wird, der Schadenersatz auf Zeit ganz oder teilweise versagt wird, wenn er auf diese Folge hingewiesen worden ist.

In der Rechtsprechung des Reichsversicherungsamts ist allerdings eine Pflicht zur Duldung von Operationen im allgemeinen verneint worden. Insbesondere verliert kein Unfallverletzter einen Entschädigungsanspruch, wenn er eine Allgemeinnarkose ablehnt. Dagegen ist der Verletzte bei Vermeidung wesentlicher Nachteile insofern zur Mitwirkung bei der Beseitigung von Unfallfolgen verpflichtet, als er Wunduntersuchung und Pflege, oberflächliche Incisionen zur Öffnung von Abscessen usw. erdulden muß. Auch die Weigerung eines Handverletzten, einen ihm zur Erhöhung der Erwerbsfähigkeit gelieferten Arbeitsstulpen zu tragen, rechtfertigt nicht die Herabsetzung der Rente, sondern bei ungünstiger Beeinflussung der Erwerbsfähigkeit nur ihre zeitweilige Versagung (Horn)[2].

II.

Das zweite, was den Entschluß des Arztes zur Operation bestimmt, ist das Gesetz der ärztlichen Kunst. Kaum eine Wissenschaft ist so auf Empirie gegründet wie die Medizin und gerade die Chirurgie. Das Verantwortungsvolle des chirurgischen Berufes läßt das Spekulative immer mehr zurücktreten und die Erfahrung bestimmend sein. Gerade heute betonen wir wieder die Bedeutung der Erfahrung. Große Sammelstatistiken und Umfragen sollen über Wert und Unwert unserer Behandlungsmethoden ein Urteil sprechen. Die Erfahrung eines einzelnen kann nie ausreichen.

Schon Ambrosius Bertrandi erkannte das, als er am 5. Dezember 1758 an der Kgl. Universität zu Turin in einer Rede über das Studium der Wundarzneikunst seinen Schülern sagte: Wie sehr wird doch das Lesen der Schriftsteller verabsäumt und gering geschätzt! Meistenteils machen wenige Bücher der Neuern das Studium eines Wundarztes aus, viele halten sich auch für reich, wenn sie die wenigen, zerrissenen, besudelten Papiere haben, die sie aus den Schulen mitgenommen haben. Es ist gewiß, daß das Licht, welches unsere Kunst erleuchtet, die Frucht von unzähligen Beobachtungen und Versuchen ist. Wie wird ein einziger Mensch mit seinen einigen Erfahrungen allein jemals hoffen können, hierin deutlich zu sehen? Und gewißlich, wenn er die Kunst ohne Kenntnis der Beispiele und Lehrsätze der alten und neuen Schriftsteller auszuüben beginnt, wie wird er hoffen können, bei einem kurzen Leben ein Gebäude allein aufführen zu können, das so viele Jahrhunderte von Beobachten und Studieren gekostet hat, indem er nicht so viel Jahre leben und eine so weitläufige Übung haben kann, den tausendsten Teil davon einzusehen?

Dreierlei können wir durch unseren Eingriff bezwecken: Wir können den eigentlichen Krankheitsprozeß zu beeinflussen versuchen, wir können

5

die Ursachen angreifen, und wir können die Symptome bekämpfen. Ich möchte Ihnen diese drei Behandlungsmethoden an einem gemeinsamen Beispiel klar machen: Ein Kind ist an Diphtherie erkrankt. Es wird wegen plötzlich auftretender schwerster Atemnot in die Klinik gebracht. Für uns steht die durch Verlegung der Luftröhre drohende Erstickung im Vordergrunde. Die indicatio morbi heißt hier für uns also: Luft schaffen – Luftröhrenschnitt, die indicatio causalis Behandlung der Diphtherie mit Serum und die indicatio symptomatica heißt Morphium zur Beruhigung und Beseitigung des Lufthungers und der Schmerzen.

Indicatio morbi und symptomatica sind meist auf reine Erfahrung gegründet, während die indicatio causalis im allgemeinen auf wissenschaftlichen Grundlagen beruht. Bleiben wir bei unserem Beispiel: Die Erfahrung hat uns gelehrt, daß der Luftröhrenschnitt unmittelbar lebensrettend wirkt und daß die Wirkung eines aus dem Mohn gewonnenen Giftes eine Abstumpfung der Schmerzempfindung hervorruft. Andererseits hat uns die bakteriologische Wissenschaft das Diphtherieheilserum geschenkt, in wissenschaftlicher Ausführung eines ätiologischen Heilprinzips.

Sie ersehen aus diesem Beispiel, daß in unserer heutigen Zeit neben der noch immer überwiegenden Empirie auch die rein wissenschaftliche Therapie, wenn ich so sagen darf, eine große Rolle spielt. Erst Kenntnis und Verwertung beider entspricht der ärztlichen Kunst.

III.

Beschäftigen sich unsere bisherigen Ausführungen mit den äußeren Bedingungen, denen der Entschluß des Arztes zur Operation unterliegt und die von seiner Persönlichkeit weitgehend unabhängig sind, so wenden wir uns jetzt dem zu, was das eigenste Gebiet der ethischen Persönlichkeit darstellt, dem ärztlichen Gewissen, das für das Handeln allein maßgebend sein muß. Sind staatliche Gesetze und ärztliche Wissenschaft die Fundamente, auf denen der Bau der chirurgischen Indikation ruht, so bildet Giebel und Zierde des Baues die Humanität.

In kaum einem anderen Berufe hängt der Erfolg so sehr von Wert und Unwert der Persönlichkeit ab, wie im ärztlichen. Ohne Ethik kein Arzt! Sie ist und bleibt das oberste Gesetz des Arztes, das ihn täglich mit anderen Gesetzen in Konflikt bringen kann.

Ein Kind ist an akuter Blinddarmentzündung erkrankt. Nur sofortige Operation kann noch Hilfe bringen. Die Einwilligung der Eltern oder des Vormundes ist in der drängenden Zeit nicht mehr zu erlangen. Führt der Chirurg die Operation aus, macht er sich nach der herrschenden Rechtsprechung strafbar. Trotzdem wird er die volle Verantwortung für den Eingriff übernehmen.

Ist die Erkrankung leicht, so wird auch der Entschluß leicht sein, denn baldige Genesung werden Eltern und Arzt weiterer Sorgen entheben.

Ganz anders ist es, wenn der Zustand bedrohlich ist. Da übernimmt der Operateur eine schwere Verantwortung.

Und trotzdem: Solange auch nur ein Funken Hoffnung besteht, darf der Chirurg nicht zögern. „Er muß sein eigener Richter sein."

Ähnlich, wenn ein unvorhergesehener Befund den Arzt während einer Operation zu einer Änderung seines Operationsplanes zwingt, für die er die vorherige Einwilligung des Kranken nicht erhalten hat. Ich denke hier an die Fortnahme eines Organes, eines Armes, eines Beines.

Im Anschluß an eine Verletzung ist es zu Gasbrand eines Beines gekommen. Der Kranke hat die Einwilligung zur breiten Eröffnung der Gasphlegmone gegeben. Plötzlich stellt sich während der Operation heraus, daß der Prozeß sich schon weit hinauf zum Oberschenkel entwickelt hat, so daß nur rasche und hohe Amputation das Leben noch retten kann. Hier befindet sich der Operateur in ernstem Konflikt zwischen gesetzlicher Vorschrift und ärztlichem Gewissen.

Die Abnahme des Beines ohne Erlaubnis bedeutet eine strafbare Handlung im Sinne des Gesetzes, die Belassung desselben einen Verstoß gegen die ärztliche Pflicht. Ein Ausweg aus diesen Schwierigkeiten kann die Operation in örtlicher oder Leitungsanästhesie sein, die jederzeit eine Verständigung mit dem Kranken gestattet. Vor der Operation sich die Erlaubnis zur Amputation schon geben zu lassen, verbietet der schwere Schockzustand des Kranken, den man dieser vielleicht unnötigen psychischen Erschütterung nicht aussetzen darf.

Ärztliche Auffassung und Rechtsprechung sind häufig Gegensätze. Auch Wissenschaft und ärztliches Gewissen decken sich nicht immer. Letzten Endes bestimmt den Entschluß zum Eingriff die Humanität. Sie fordert vom Arzt of Beschränkung, wo die Wissenschaft noch die Indikation stellt.

Einsatz und Gewinn, Heilmittel und Krankheit müssen einander entsprechen. Aus diesem Grunde lehnen wir einen großen Teil der kosmetischen Chirurgie ab. Es kann nicht Aufgabe des Chirurgen sein, nach Wunsch Nasen zu korrigieren oder Waden zu verschmälern, wenn die eine oder andere Form gerade Mode ist. Jede Operation ist ein unberechenbarer Eingriff, der Einsatz steht hier in keinem Verhältnis zum Gewinn.

Die kosmetische Chirurgie erscheint uns nur da berechtigt, wo Krankheiten oder Unfälle Gesicht oder Körper entstellt haben und Lebensunterhalt oder psychisches Gleichgewicht in Frage gestellt sind.

Auch soziale Rücksichten spielen in die ärztlichen Erwägungen hinein. Zu Anfang des Jahrhunderts war die Behandlung der Gelenktuberkulose eine rein chirurgische. Man resezierte das erkrankte Gelenk und entließ den Kranken nach wenigen Monaten mit versteiftem Gelenk zur Arbeit.

In den letzten 2–3 Jahrzehnten haben die großartigen Erfolge, die uns aus den Schweizer Höhensanatorien – ich denke hier vor allem an Rollier-Leysin – berichtet wurden, den Übergang zu einer konservativen Behandlung veranlaßt. Es war ganz natürlich, daß man jede Gelegenheit freudig ergriff, von den verstümmelnden Operationen loszukommen.

Heute nehmen wir wieder einen aktiveren Standpunkt ein, allerdings nicht in dem Sinne, daß wir jedes tuberkulöse Gelenk kritiklos resezieren. Es liegt das daran, daß die konservative Behandlung etwas enttäuscht hat, daß die Besserungen und sog. Heilungen häufig nicht endgültig waren, vor allem aber, daß die über viele Jahre sich erstreckende konservative Behandlung bei unsicherem Erfolg das Opfer bester Arbeitsjahre meist nicht lohnt.

In dieser Entwicklung ist uns Amerika vorausgegangen. Dieses rastlos arbeitende Land hat nicht Zeit und Geld, einem Kranken jahrelangen Aufenthalt in einem Sanatorium zu bezahlen. In diesem Lande blühender Wirtschaft gibt keine Sozialversicherung dem Kranken die Möglichkeit, jahrelang auf eine mögliche Heilung zu warten. Hier heißt Arbeit Brot. Die Indikation ist daher eine ganz andere. Nicht die schonendste, die schnellste Heilung ist zu erzielen. Drum bei Arzt und Patient rascher Entschluß zur Resektion, rasche Rückkehr zur Arbeit.

Die Entwicklung in Deutschland bringt es mit sich, daß wir Tag für Tag in zunehmendem Maße die sozialen Verhältnisse berücksichtigen müssen.

Wir wissen, daß der weitaus größte Teil der Magengeschwüre auf Diät völlig ausheilt. Wir stehen auf dem Standpunkt, daß ein solcher Kranker zuerst in die Behandlung eines Internisten gehört. Erst wenn mehrere streng durchgeführte Kuren nichts genützt haben und die Beschwerden unverändert große sind, entschließen wir uns zur Operation als dem letzten Ausweg. Heute kommen, von ihren Schmerzen geplagt, viele Kranke zu uns, von denen wir wissen, daß ihre sozialen Verhältnisse Kur und Schonzeit keinesfalls zulassen. Eine Heilung ist also nicht zu erwarten. Schmerzen verhindern die Kranken an der Arbeit, Blutung und Perforation bedrohen sie. In solchen Fällen muß sich der Chirurg ernstlich überlegen, ob er sich nicht im Interesse des Kranken zu einer Operation entschließen soll, eine Konzession der Wissenschaft an die Not der Zeit. –

Mannigfaltig sind die Überlegungen, die den gewissenhaften Chirurgen beschäftigen, ehe er sich zum Eingriff entschließt, zu diesem ihm allein anvertrauten Rechte.

Nicht der trockene Buchstabe bestimmt, sondern allein die Persönlichkeit. Sie darf nicht Sklavin von Gesetz oder Wissenschaft werden.

„Et corde et manu" – und Hippokrates: „Wo die Liebe zur Menschheit, da ist auch die Liebe zur Kunst."

[1] Ebermayer: Der Arzt im Recht, Leipzig 1930
[2] Horn: Prakt. Unfall- u. Inval.-Begutachtung. Berlin 1917

Die chirurgische Indikation

Festvortrag zur Wiedereröffnung der Universität Würzburg
am 12. März 1947

Heute ist der Tag der Wiedereröffnung der altehrwürdigen Julius-Maximilians-Universität und damit zugleich der Tag der Wiedereröffnung unserer Medizinischen Fakultät.

Wir meinen an einem Anfang zu stehen und doch sind es in erster Linie die äußeren Dinge, die wir Ärzte neu aufbauen müssen. Der Geist wahren Arzttums und unvergänglicher Forschung, der seit Jahrhunderten die Medizinische Fakultät der Alma Julia auszeichnete, schlägt auch über die Zeit der Verirrungen und des Niedergangs eine Brücke zu uns, die wir guten Willens sind, uns von ihm erfüllen zu lassen und ihn unseren Schülern nahe zu bringen.

Wenn wir heute in dieser bedeutsamen Stunde zunächst unserer Großen gedenken, so kommen wir nur einer Dankesschuld nach, die sich aus dem Hippokratischen Eid ergibt: „Ich werde meine Lehrer so hoch wie meine Eltern achten".

Mit Ehrfurcht gedenken wir des großen Anatomen, Chirurgen und Geburtshelfers Carl Caspar von Siebold, der als erster die anatomischen Grundlagen der Chirurgie systematisch lehrte, des hervorragenden Lehrers der Physiologie Ignaz Joseph von Döllinger, der durch seinen „Grundriß der Naturlehre des menschlichen Organismus" das Fundament für ernste naturwissenschaftliche Forschung und Schulung der Studierenden schuf, des ersten großen neuzeitlichen Klinikers Johann Lukas Schönlein.

Es kam dann die Zeit, in der neben dem Anatomen Rudolf Adolf von Koelliker, Rudolf Virchow, der Schöpfer der Zellularpathologie, als leuchtender Stern am akademischen Himmel der Alma Julia strahlte. Als Student schon hatte er in der Vorlesung Schönleins den Satz niedergeschrieben: „Das Wissen von der Krankheit muß dem Handeln am Krankenbette stets vorangehen. Dieses Wissen zu sammeln ist des Lehrers Pflicht; spätere Geschlechter werden es schon benützen."

Namen wie der Ernst von Bergmanns oder Wilhelm von Leubes bilden nur weitere Glieder in dieser schier endlosen Kette bedeutender Namen.

Wenn ich nur noch wenige mit der Medizin besonders eng verbundene Naturforscher hinzufügen darf, so sind es vor allem der große Pflanzenphysiologe Julius von Sachs, der Chemiker Emil Fischer, dem hier in Würzburg

9

die Synthese des Traubenzuckers gelang, und der Physiker Wilhelm Conrad Röntgen, dessen am 23. Januar 1896 hier in Würzburg gehaltener Vortrag über die von ihm entdeckten Strahlen ein neues Gebiet der Medizin eröffnete.

Alle diese Namen sind nicht tot, sie leben noch heute; leben durch ihr Werk. Ihre Träger haben weit über den Rahmen unserer Universität hinaus dem deutschen Arzt und Forscher Achtung und Anerkennung in der Welt erworben. Sie sind wirkliche Wohltäter der Menschheit gewesen. Ihrer heute zu gedenken, bedeutet für uns Dank und Verpflichtung.

Zugleich ist das Bild ihres Lebens für uns in unserer Not Trost und Hoffnung. Die meisten von ihnen haben in kleinen, ja armseligen Räumen gearbeitet, wie etwa Virchow in zwei Zimmern des ehemaligen Theatrum Anatomicum, dessen Hörsaal er mit Koelliker teilte. Ihre Leistungen zeigen uns, daß die äußeren Arbeitsbedingungen noch nie alleiniger Maßstab des Arbeitswertes gewesen sind. Oft ist das Gegenteil der Fall: Beschränkung nach außen führt zur Konzentration nach innen.

Wenn ich als Chirurg aus meinem engeren Fachgebiete das Thema der Chirurgischen Indikation gewählt habe, so deshalb, weil es im besonderen Maße auch das Interesse des Laien hat und verdient. Ist doch wohl auf keinem Gebiete der Chirurgie das feine Zusammenspiel von Arzt und Patient so notwendig und wichtig wie bei der Indikationsstellung. Beim Kranken liegt es ja auch letzten Endes, durch Zustimmung oder Ablehnung sein Schicksal selbst zu entscheiden. In keinem Stadium unserer gegenseitigen Beziehungen spielen außer rein medizinischen Feststellungen und Erfahrungen viele andere, vor allem ärztlich-menschliche Erwägungen, eine so ausschlaggebende Rolle.

Schon deshalb verlohnt es sich, dem Laien Einblick zu geben in das Für und Wider, das uns Chirurgen bewegt und das wohl abgewogen sein muß, bis das chirurgische Gewissen uns die Hand zur Operation freigibt.

Unter Indikationsstellung verstehen wir alle Überlegungen, die den Entschluß zur Operation oder ihre Ablehnung herbeiführen.

Die Chirurgie besteht nicht, wie man so häufig glaubt, nur aus Operieren, der Chirurg braucht nicht nur geschickte Hände zu haben, um Tüchtiges zu leisten. Die Kunst unseres Berufes liegt darin, daß das chirurgische Können an das chirurgische Wissen geknüpft ist und daß das Ziel unseres Handelns ärztlich bleibt. So zeichnet sich der gute Chirurg häufig weniger aus durch die Erfolge seiner operativen Geschicklichkeit, die sich bis zu einem gewissen Grade erlernen läßt, als vielmehr durch das, was er nicht operiert, d. h. durch seine weise Zurückhaltung.

Über all seinem Tun und Lassen muß das Wort stehen, das für den Arzt aller Zeiten Geltung behalten wird, das Wort: „Nihil nocere!" Nicht auf die Anzahl der gelungenen Operationen kommt es an, sondern auf die Anzahl der geheilten Menschen.

Beschäftigen wir uns zunächst mit der rein fachlichen Seite der Indikationsstellung, wie sie uns durch Forschung und Empirie gegeben ist. Die Indikation schiebt sich in den Gang des Geschehens ein zwischen den Abschluß der Untersuchung und den Beginn der eigentlichen ärztlichen Behandlung. Sie ist ein selbständiger, sehr wesentlicher Stein in dem Bau der chirurgischen Kunst.

Überblickt der Chirurg das Ergebnis seiner Untersuchung, so kann seine Stellungnahme zur Operation eine dreifache sein: Er kann sich zur sofortigen Operation entschließen; er kann sich entschließen, abzuwarten und erst nach Ablauf einer gewissen Zeit zu operieren und er kann sich entschließen, von jeder Operation überhaupt abzusehen.

Die sofortige Operation ist notwendig in allen Fällen, wo sie unmittelbar lebensrettend wirkt. Auch jedem Laien sind die dramatischen Erscheinungen bekannt, die zum Luftröhrenschnitt oder zur Stillegung einer Blutung führen. Diphtherie oder Glottisödem verlegen die Luftzufuhr und erheischen gebieterisch die sofortige Eröffnung der Luftröhre unterhalb des Krankheitsherdes. Die Zerreißung einer großen Arterie verlangt die Unterbindung des Gefäßes und damit die endgültige Beseitigung der durch die Blutleere-Binde vorübergehend zum Stillstand gekommenen Blutung.

Wer je den Zustand dieser um ihr Leben kämpfenden Menschen erblickt hat, des nach Luft ringenden Kindes oder des ausgebluteten Verletzten in seiner motorischen Unruhe und Angst, der wird nie das Wunder der Wandlung vergessen, das sich durch diese kleinen chirurgischen Eingriffe vollzieht. Das Kind schlummert ruhig ein und auch der Verletzte bietet nach einer Blutübertragung schon in wenigen Minuten das Bild zurückkehrenden Lebens.

In den beiden von mir geschilderten Fällen mußte die Indikation blitzartig gestellt werden, denn Minuten entscheiden den Erfolg des Eingriffs. Häufiger sind die lebensbedrohenden Zustände, die einen Eingriff, wenn auch nicht in Minuten, so doch innerhalb Stunden notwendig machen.

Der Darm hat sich in einem Bruchsack eingeklemmt. Der Kranke klagt über zunehmende Schmerzen und erbricht. Die Operation soll den Schnürring durchschneiden und den Darm aus seiner Einklemmung befreien. Länger andauernde Abschnürung kann zum Absterben des Darmes führen und es ist daher eine alte Chirurgenregel, daß man über einem eingeklemmten Bruch nicht die Sonne untergehen lassen soll.

Dem Laien am geläufigsten ist die Entzündung des Wurmfortsatzes. Jeder weiß, daß sie sich über Tage erstrecken, daß sie von selbst zurückgehen kann, daß die eitrige Einschmelzung der Wand des Wurmfortsatzes aber auch innerhalb weniger Stunden zum Durchbruch in die freie Bauchhöhle und zur tödlichen Bauchfellentzündung führen mag. Meist läßt sich nach der ersten Untersuchung nicht entscheiden, welchen Verlauf die Krankheit nehmen wird. Richtig ist hier, nachdem die Erschütterungen des Transportes überwunden sind und sich das Krankheitsbild klar erkennen läßt, den Leib zu eröffnen und den erkrankten Wurmfortsatz zu entfernen. Sind wir überzeugt, daß ein akuter Anfall vorliegt, so gibt es keine andere Wahl, wenn wir die drohenden Komplikationen vermeiden wollen.

Auch mit der Eröffnung von Abszessen darf nicht gewartet werden. Wir handeln hier nach dem alten Gebot: „Ubi pus ibi evacua!" Ein Abwarten könnte den Durchbruch in die Umgebung oder die Verschleppung der Keime auf dem Blutwege nach sich ziehen.

Wenden wir uns nun den Krankheitsfällen zu, in denen wir uns zum Abwarten entschließen. Zwei verschiedene Erwägungen können uns zum Abwarten veranlassen: Entweder den Krankheitsprozeß ablaufen zu lassen bis zu dem Augenblick, in dem der chirurgische Eingriff günstiger und gefahrloser ist, oder zu beobachten, ob wir nicht durch konservative Maßnahmen eine endgültige Heilung herbeiführen können, so daß die Operation überflüssig wird. Denn auch als chirurgische Ärzte dürfen wir das Messer nicht zur Hand nehmen, wenn wir durch eine konservative Behandlung eine gleichwertige Heilung erzielen können.

Um bei dem soeben geschilderten Falle der Entzündung des Wurmfortsatzes zu bleiben: Der Kranke kommt am dritten oder vierten Tag seines Anfalls zu uns. Das Abklingen der entzündlichen Erscheinungen ist deutlich. Durch einen operativen Eingriff würden wir in diesem Stadium die schützenden Verklebungen, die das Bauchfell um den Entzündungsherd gelegt hat, zerreißen und die Gefahr einer Bauchfellentzündung herbeiführen. Also lassen wir die Natur ihr heilendes Werk vollenden und entfernen den Wurmfortsatz erst nach einigen Wochen oder Monaten im anfallsfreien Intervall.

Ähnlich liegen die Verhältnisse bei anderen umschriebenen entzündlichen Erkrankungen der Bauchhöhle, etwa bei der akuten Gallensteinkolik oder der gedeckten Magenperforation. Hier ist sorgfältige klinische Beobachtung des Verlaufs und Unterstützung der natürlichen Heilungsvorgänge durch Heizen und Ruhe angezeigt, bei steter Bereitschaft sofort einzugreifen, wenn der Durchbruch droht. Dieses verantwortungsvolle Abwarten bedeutet häufig eine starke Anspannung auch für den erfahrenen Chirurgen.

Ebenso wartet man bei Entzündungserscheinungen im Bereiche der Haut oder der Muskeln im allgemeinen erst die Einschmelzung, die Bildung eines Abszesses, ab. Der richtige Zeitpunkt der Eröffnung des Eiterherdes ist wichtig, um ihn örtlich begrenzt zu halten und der Ausbreitung durch Phlegmonen vorzubeugen.

Wir kommen zu den Kranken, bei denen wir eine Indikation zur Operation überhaupt nicht stellen. Entweder sind es solche, bei denen wir mit einer bewährten unblutigen Behandlung auskommen oder es sind solche, bei denen eine Operation aussichtslos ist und mit Sicherheit nicht mehr zur Heilung führt.

Unter der ersten Gruppe möchte ich die Behandlung der überwiegenden Mehrzahl der Knochenbrüche nennen. Die Behandlung der Knochenbrüche gehört zu den ältesten Gebieten der Chirurgie und das unblutige Verfahren der Einrichtung und Ruhigstellung ist die Methode der Wahl geworden. Trotzdem gibt es Knochenbrüche, die wir durch unblutige Maßnahmen nicht zur befriedigenden Stellung und Heilung bringen können oder wo zum mindesten die operative Behandlung eine ganz wesentliche Verkürzung des Heilverlaufes bedingt. Es ist das besondere Verdienst meines verehrten Vorgängers auf dem Würzburger Lehrstuhl, Fritz König, gerade auf diesem Gebiete Klarheit geschaffen und die Indikation scharf abgegrenzt zu haben.

Durch die im Jahre 1940 von Küntscher eingeführte Methode der Marknagelung frischer Brüche der Röhrenknochen ist das von König abgegrenzte Gebiet neuerdings noch erweitert worden. Unter dem Eindruck der neuen Erfolge haben sich viele Chirurgen nun auch zur Marknagelung bei solchen Fällen entschlossen, bei denen die alten konservativen Methoden mit größerer Sicherheit und ohne Gefährdung zum Ziele führen und es wird noch geraume Zeit dauern, bis auch dieses an sich so wertvolle Verfahren seine streng abgegrenzte Indikation findet.

Auch bei den Geschwüren des Magens und des Zwölffingerdarmes sind wir mit der Operation äußerst zurückhaltend geworden und führen sie nur in besonderen Fällen durch. Das Magengeschwür ist zunächst keine chirurgische, sondern vielmehr eine interne Erkrankung. Seit wir die hervorragenden Erfolge der inneren Kuren kennen, deren Diätvorschriften auf den Würzburger Wilhelm von Leube zurückgehen und die nach ihm auch ihren Namen erhalten haben, seit wir die Heilung der Geschwüre durch die Schlauchernährung kennen, durch welche der Magen ausgeschaltet und ruhiggestellt wird, fühlen wir uns zu der groben Behandlung der Resektion des Geschwürs zusammen mit dem salzsäurebildenden Teil des Magens nicht mehr ohne weiteres berechtigt. Wir entschließen uns nur dann zur Resektion, wenn mehrfache erfolglose Kuren die Unbeeinflußbarkeit des schmerzenden Geschwürs zeigen oder wenn wiederholte Blutungen, narbige Verengerung des Magenausganges oder Verdacht auf krebsige Entartung dem Chirurgen das Messer in die Hand zwingen.

Ich wende mich gegen jede Form der chirurgischen Polypragmasie, die gefährlicher ist als jede medikamentöse, weil sie dauernde Folgen hinterläßt. Es ist nicht gleichgültig, ob man den Leib durch Probeschnitt eröffnet. Jede Verletzung des Bauchfells führt durch dessen Plastizität zur Bildung von Verklebungen. Diese können sich durch die Darmbewegungen zu Strängen auseinanderziehen und starke Beschwerden, ja den lebensbedrohlichen Darmverschluß herbeiführen. Da die Anlage zur Bildung von Verwachsungen bei den einzelnen Menschen ganz verschieden und vorher nicht bestimmbar ist, muß man nach jedem Bauchschnitt mit derartigen Folgen rechnen. Der Bauchschnitt darf also nur als letzte Möglichkeit in den Gang einer Untersuchung eingeschaltet werden, nachdem alle anderen erschöpft sind. Zudem bergen alle Operationen Gefahren in sich, wie die der Infektion, und hinterlassen Narben. Das Verlassen der konservativen Behandlung muß also in jedem Falle wohl begründet sein und darf nicht geschehen, nur „ut aliquid fiat".

Von einer Operation soll der Chirurg auch dann Abstand nehmen, wenn der geschwächte Allgemeinzustand des Kranken ein Überstehen der Operation unwahrscheinlich macht oder die Art des Leidens eine Heilung ausschließt. Ich denke da vor allem an die zu spät in unsere Hände kommenden Krebskranken. Es ist nicht berechtigt, durch eine zwecklose Operation ihr Leben zu verkürzen. So gut unsere heutigen Erfolge in der frühzeitigen chirurgischen Behandlung des Krebses sind – ich selbst verfüge über einen Fall von ausgedehntem Magenkrebs, der nach Resektion heute nach 11 Jahren noch gesund und beschwerdefrei lebt – so wenig erscheint es angezeigt, bei Vorhandensein von Tochtergeschwülsten an anderen Stellen des Körpers den Kranken einer eingreifenden Radikaloperation auszusetzen. Hier sind nur sogenannte Palliativoperationen berechtigt und häufig notwendig, die dem Kranken die Beschwerden nehmen, kleinere zweckgebundene Eingriffe, wie etwa die Beseitigung von Passagehindernissen oder das Anlegen von Fisteln zur Ernährung.

Allerdings gibt es hier auch Grenzfälle, in denen die Chirurgen je nach ihrem Gewissen und nach ihrer Auffassung verschieden entscheiden.

Bei einer Operation wird eine Geschwulst des Magens gefunden, die noch nicht die umliegenden Drüsen ergriffen hat, aber doch so umfangreich ist, daß der Eingriff das Leben gefährden würde. Andererseits erscheint der Versuch der Entfernung und damit die Beseitigung des Leidens noch möglich.

In diesem Falle wird der eine Chirurg es vorziehen, die Geschwulst zu belassen, um nicht den Kranken dem großen Risiko auszusetzen und ihn möglicherweise kurz nach der Operation zu verlieren, der andere wird die Geschwulst entfernen trotz der drohenden Gefahr, um dem Kranken die letzte wenn auch nur geringe Möglichkeit zur vollständigen Heilung nicht zu nehmen.

Beide Entscheidungen sind berechtigt und von Verantwortungsbewußtsein getragen. Es liegt auf der Hand, daß der vorsichtigere Chirurg weniger Todesfälle und daher vielleicht den besseren Ruf hat, der andere aber dafür wenige aussichtslos erscheinende Fälle dem Leben zurückgewinnt. Es soll Ihnen dieses Beispiel nur zeigen, wie sehr die Indikation auch von subjektiven Überlegungen beeinflußt werden kann.

Ich habe bisher versucht, Ihnen einen Überblick zu geben über die chirurgische Indikationsstellung, wie sie sich sachlich aus der Krankheitslehre und dem Schatz unserer Erfahrungen ergibt. Ich wende mich nun den Einflüssen zu, die von außen kommen, also nicht fachlich-chirurgischer Natur sind und doch die Indikation sehr wesentlich bestimmen können.

Es ist nicht richtig, anzunehmen, daß die wirtschaftliche Lage des Kranken auf die Entschlüsse des Chirurgen ohne Bedeutung ist, im Gegenteil: Gerade bei der Indikationsstellung spielen Rücksichten auf die persönlichen Verhältnisse des Kranken eine gewichtige Rolle. Auch der Chirurg ist in erster Linie Arzt. Er soll das Gesamtwohl des Kranken im Auge haben und sich nicht in Betrachtung der örtlichen Krankheit verlieren.

Ich nenne Ihnen ein Beispiel: Nach einer Verletzung ist bei einem Arbeiter eine schwere Verstümmelung des Fußes aufgetreten. Der Fuß ist brauchbar, macht auch verhältnismäßig wenig Beschwerden, reicht aber nicht zum längeren Gehen aus. Rein chirurgisch gesehen kann der Fuß erhalten bleiben. Der Mann ist aber nicht fähig, seiner erlernten Arbeit in diesem Zustande nachzukommen. Auf Vorschlag des Chirurgen wird er in der Regel gerne bereit sein, sich den Fuß abnehmen zu lassen, um wieder arbeitsfähig zu werden, da er mit einer Unterschenkelprothese besser geht.

Ein anderes Beispiel: Nach einem Unterschenkelbruch ist es zu keiner knöchernen Heilung, sondern zur Bildung eines falschen Gelenkes gekommen. Wiederholte operative Versuche haben zu keinem Erfolge geführt. Die vorhanden gewesene Infektion verbietet noch auf Jahre hinaus eine plastische Operation. Die Wahrscheinlichkeit, daß der Knochen sich wenigstens nach dieser langen Zeit wieder vereinigen läßt, ist nicht groß und auch dann noch muß mit einer erheblichen Verkürzung des Beines gerechnet werden. Chirurgisch ist es zu verantworten abzuwarten, denn eine Indikation zur Abnahme des Beines liegt strenggenommen nicht vor. Trotzdem wird man dem Kranken die Amputation anraten, da man ihm durch sie die Arbeitsfähigkeit in kurzem zurückgeben kann und ihm vor allem das jahrelange, Körper und Seele zermürbende Krankenlager erspart.

Diese „soziale Indikation" wie wir sie nennen, stellt gerade in Notzeiten einen nicht unbeträchtlichen Teil unserer Indikationserwägungen dar. Zum ersten Male erscheint in unseren Überlegungen die Mitwirkung des Patienten an unserem Entschlusse im Sinne der letzten Entscheidung.

Wie weit darf der Chirurg dem Drängen seines Patienten, operiert zu werden, stattgeben? Diese Frage läßt sich sehr einfach beantworten. Die Grenze der ärztlichen Zustimmung liegt da, wo der Wunsch des Kranken objektiv gegen sein Interesse zu verstoßen beginnt.

Dies zu beurteilen obliegt ausschließlich dem Arzte als demjenigen, der allein infolge seiner größeren Einsicht die Verantwortung tragen muß und sie auch später nicht auf den Kranken abwälzen kann. Er muß auch dann die Erfüllung eines Wunsches verweigern, wenn es zu seinem eigenen Schaden ist.

Eine besorgte Mutter brachte mir ihr Kind, weil vom Hausarzt eine akute Wurmfortsatzentzündung festgestellt worden war. Ich konnte nach sorgfältigster Untersuchung diese Diagnose nicht bestätigen und lehnte die von der Mutter gewünschte sofortige Operation mit eingehender Begründung ab. Ich schlug vor, das Kind für einige Tage klinisch zu beobachten. Enttäuscht und empört nahm die Mutter ihr Kind wieder mit sich und teilte mir am nächsten Tage mit, daß es von einem anderen Chirurgen sofort und mit dem besten Erfolg operiert worden sei. Eine Rückfrage bei diesem ergab, daß bei der Operation keine Entzündung gefunden wurde.

Dies ist eines der zahlreichen Beispiele aus eigener Erfahrung, wie sie jedem Chirurgen häufig begegnet sind. Wenn Sie den heutigen Existenzkampf, auch der Ärzte, bedenken, so ermessen Sie vielleicht, wie groß die Versuchung ist, welcher innerern Standhaftigkeit es für einen jungen Arzt bedarf, um den geraden, sauberen Weg einer ärztlichen Indikationsstellung zu gehen. Bei solchen Gelegenheiten muß es sich erweisen, ob der Arzt wirklich von ärztlicher Ethik erfüllt ist oder ob er sie nur im Munde führt. Die Versuchung ist um so größer, als niemand ihn zur Rechenschaft ziehen wird. Er bleibt sein eigener Richter.

Ähnliches erleben wir fast täglich, wenn Kranke in die Klinik zur Operation kommen, nachdem sie sich innerlich damit abgefunden und die weite Reise gemacht haben. Die Ablehnung der Operation durch den Klinikarzt bedeutet für sie, insbesondere bei starken Beschwerden, eine Enttäuschung. Von der Operation haben sie sich schnelle Heilung ihres Leidens, vielleicht die Rettung versprochen. Sie verlassen die Klinik, von der sie so viel erwartet haben, voller Unzufriedenheit, ja manchmal verzweifelt.

Auch hier kann nur ein unbeirrbares Festhalten an den ärztlichen Grundsätzen ein sonst unvermeidbares Abgleiten des Arztes verhindern.

Ich komme zu den rechtlichen Grundlagen des operativen Eingreifens. Auch sie spielen bei der Entscheidung, ob eine Operation vorgenommen werden darf, eine wichtige, gelegentlich dem ärztlichen Empfinden sogar widersprechende Rolle. Ja, eine ernste Berufsauffassung kann uns sogar in Konflikte mit der Rechtsprechung bringen, Konflikte, deren Folgen wir gegebenenfalls auf uns nehmen müssen.

Das heute geltende Recht vertritt den Grundsatz, daß jeder Kranke über sein Schicksal selbst zu entscheiden hat und der Arzt die Willensäußerungen des Kranken berücksichtigen muß.

Dem Arzt steht also grundsätzlich kein Heil- oder Behandlungsrecht zu.

Verweigert der Kranke die Operation, obwohl dies objektiv zu seinem Nachteil ist, so kann der Arzt ihn nicht zu der Operation zwingen. Wird trotz der Weigerung des Kranken eine Operation vorgenommen, so macht sich der Arzt auch dann strafbar, wenn sie erfolgreich ist, dem Kranken die Gesundheit wiedergibt oder ihm das Leben rettet.

Grundsätzlich macht die heutige Rechtsprechung also keinen Unterschied zwischen einem erfolgreichen Operateur, der gegen den Willen des Kranken operiert und einem Menschen, der ein Rohheitsdelikt begangen hat. Beide machen sich wegen Körperverletzung strafbar.

Diese zunächst eigenartig berührende Rechtslage erklärt sich aus dem notwendigen Schutze des Selbstbestimmungsrechtes des Einzelmenschen.

Der Chirurg muß sich stets darüber klar sein, daß nur der Kranke über seinen eigenen Körper zu entscheiden hat und muß dessen Entschluß achten, auch wenn er die Gründe nicht anerkennen kann.

Die praktische Folgerung ist, daß jeder Chirurg sich vor der Operation der Zustimmung des Kranken zu versichern hat. Wenn ausnahmsweise die Einwilligung nicht eingeholt werden kann, etwa bei Bewußtlosigkeit, so hat das Reichsgericht entschieden, daß es der Einwilligung nicht bedürfe, wenn Gefahr im Verzuge sei. Ebenso liegen die Verhältnisse, wenn sich im Verlaufe eines Eingriffes, der mit Zustimmung des Kranken vorgenommen wird, die ursprüngliche Diagnose als irrig erweist und damit ein viel größerer Eingriff zur Abwendung einer unmittelbaren Lebensgefahr notwendig wird, ohne daß die Einwilligung des Kranken zu ihm vorher eingeholt werden konnte.

Ein Handeln gegen den ausdrücklichen Willen des Kranken ist allerdings auch in diesen Fällen nicht erlaubt.

In der Regel wird es keine derartigen Schwierigkeiten geben. Die Kranken kommen ja zum Chirurgen, um seiner Hilfe teilhaftig zu werden, und es ist meist nur eine Frage der Autorität des Arztes und des Vertrauens, daß Weigerungen vermieden werden. Vorzugsweise bedarf es aber eines heute so spärlichen und doch so segensreichen Mittels: der Geduld. Der Arzt, der sich trotz seiner heutigen Überlastung, trotz des nicht mehr zu vermeidenden Massenbetriebes, die Zeit und Geduld nimmt, sich den Kranken anzuhören, seine Bedenken zu widerlegen, Vorurteile hinwegzuräumen, Angst zu zerstreuen, dieser Arzt wird selten erleben, daß ihm ein Kranker die für notwendig gehaltene Operation verweigert. Oft steht allerdings der Zeitverlust für den Arzt in keinem Verhältnis zu der Bedeutung des Einzelfalles. Will er aber Arzt im wahren Sinne bleiben, so kann er sein Gewissen nicht durch eine glatte Ablehnung seitens des Kranken beschwichtigen, ohne zuvor alle ihm zu Gebote stehenden Möglichkeiten erschöpft zu haben.

Natürlich kann die Einwilligung zur Operation nur von Bedeutung sein, wenn der Kranke von dem Arzt über das Vorhaben unterrichtet ist. Es besteht hier die sogenannte Aufklärungspflicht des Arztes. Der Kranke muß also ungefähr wissen, welcher Operation er sich unterziehen soll und wie schwer die Operation voraussichtlich sein wird. Ich halte es für grundsätzlich

falsch, wenn sich der Arzt bei der Besprechung mit dem Kranken der Schön-
malerei bedient. Auf der anderen Seite kann man von ihm häufig nicht verlangen, daß er seiner rechtlichen Verpflichtung zur Aufklärung über Krankheit,
Operation und Prognose unter allen Umständen und in vollem Umfange
nachkommt. Nach der Rechtsprechung erfüllt der Arzt, der die wahre Antwort dem Kranken verschweigt, weil sie ihm vielleicht untragbar für diesen
erscheint, nicht den Vertrag und verdient sich keinen Anspruch auf das Honorar. Er macht sich zugleich wegen Vertragsverletzung ersatzpflichtig. Das
Reichsgericht hat am 29. Februar 1932 entschieden, daß auch bei schweren
Erkrankungen, wie bei Krebs, der Kranke das Interesse und den Anspruch
hat, wahrheitsgemäß über die Natur seines Leidens unterrichtet zu werden.
Nur in Einzelfällen läßt das Reichsgericht Ausnahmen zu.

Wir Ärzte können dieser Entscheidung nicht beipflichten. Kranke
Menschen sind nicht nach einem Schema zu behandeln und es muß in jedem
Einzelfall gesondert entschieden werden. Was der eine Mensch ohne Erschütterung hinnimmt, raubt dem anderen den letzten Lebensmut und damit die
Lebenskraft. Die bedingungslose Befolgung gerichtlicher Entscheidungen
läßt sich häufig nicht mit den Grundsätzen ärztlicher Ethik vereinbaren und
würde statt Segen Unheil bringen.

Wir haben gehört, daß dem Arzte kein Heilrecht zusteht und daß er
das Selbstbestimmungsrecht des Kranken zu achten hat. Das Gesetz kennt
nur Ausnahmen wie die Pockenimpfung und die Behandlung der Geschlechtskrankheiten. Auf chirurgischem Gebiete stehen wir nun gerade in einer Entwicklung, die das Selbstbestimmungsrecht des Einzelnen zunehmend weiter
zu begrenzen trachtet. Es handelt sich um die sogenannte Operationsduldungspflicht. Unter ihr versteht man den Zwang, unter bestimmten Umständen Operationen an seinem Körper dulden zu müssen, wenn man nicht gewisser finanzieller Ansprüche verlustig gehen will. Es handelt sich hier um eine
Erscheinung, die sich nur durch die zunehmende Industrialisierung und die
mit ihr gewachsenen Versicherungsträger, wie Krankenkassen, Berufsgenos-
senschaften erklären läßt.

Nach im Jahre 1892 hat das Reichsversicherungsamt seine Stellungnahme
in eindeutiger Weise begründet:

„Die Erteilung der Einwilligung des Verletzten ist sein freies Recht,
auf welches die Gesetze weder der Berufsgenossenschaft noch sonst irgend
jemandem eine Einwirkung einräumen. Es ist möglich, daß der eigene Wille
eines Verletzten das Vermögensinteresse der Berufsgenossenschaft schädigt,
aber die Rücksicht auf bloße Vermögensinteressen darf nicht dazu verleiten,
in die freie Willensbestimmung einer Person einzugreifen. Es stehen sich
hierbei Dinge gegenüber, die sich nicht vergleichen lassen. Auf der einen
Seite das Geldinteresse der Berufsgenossenschaft, auf der anderen das freie
Verfügungsrecht über den Körper.“

Diese grundsätzliche Entscheidung hat lange Zeit ihre Gültigkeit behauptet. Zum ersten Male wurde im Jahre 1919 durch das Reichsversicherungsamt im Falle der Beseitigung einer kleinen Narbe der Hand eine Ausnahme gemacht. Seit dieser Zeit hat die Operationsduldungspflicht ständig an Umfang zugenommen und insbesondere seit 1933 ist, entsprechend der allgemeinen Tendenz der Entwertung des Selbstbestimmungsrechtes des einzelnen Menschen, eine erhebliche Erweiterung der Operationsduldungspflicht eingetreten.

Die Pflicht, Operationen zur Erhöhung der Erwerbsfähigkeit an sich vornehmen zu lassen, soll die Träger der Sozialversicherung und damit die Allgemeinheit von unnötigen Ausgaben entlasten. Seit 1913 mußten folgende Voraussetzungen erfüllt sein:

1. Der Eingriff muß nach menschlichem Ermessen ungefährlich sein.
2. Im Verlaufe des Eingriffes und in der Nachbehandlung dürfen keine nennenswerten Schmerzen auftreten.
3. Der Eingriff muß mit großer Sicherheit eine wesentliche Besserung der Leistungsfähigkeit erwarten lassen, und
4. in einer geeigneten Krankenanstalt durch sachkundige Personen ausgeführt werden.

Diese Voraussetzungen sind in einem sehr umfangreichen chirurgischen Schrifttum immer wieder erörtert und es ist von vielen Seiten versucht worden, gewisse Richtlinien herauszuarbeiten.

Jeder der vier Punkte bringt unendlich viele Fragen mit sich. Wann ist eine Operation ungefährlich? Wann sind Schmerzen als nennenswert zu bezeichnen? In welchen Fällen kann man mit hoher Wahrscheinlichkeit zum mindesten eine wesentliche Besserung erwarten?

Ich kann hier auf diese Fragen nicht im einzelnen eingehen. Sicher ist, daß entsprechend der allgemeinen Entwicklung die Operationsduldungspflicht heute einen Umfang angenommen hat, der mit Sorge erfüllt und dem ich nicht beistimmen kann.

Wenn etwa durch eine Entscheidung des Reichsversicherungsamtes vom 11. November 1935 eine Osteotomie, das heißt die Durchtrennung eines Knochens, für duldungspflichtig erklärt wird, so kann man dieses Urteil, das in grober Weise das Selbstbestimmungsrecht des Kranken verletzt, nur aus der Einstellung der damaligen Zeit heraus verstehen und muß seine Revision fordern. Die so segensreichen Einrichtungen unserer Sozialversicherung haben durch diese willfährigen Entscheidungen eine Macht erhalten, die ihnen nicht zusteht. Wenn man dem Arzt, der dem Kranken helfen will, berechtigterweise kein Heilrecht zubilligt, wieviel weniger kann man es den Trägern der Sozialversicherung zusprechen, deren Interesse ein rein materielles ist. Wie soll der Chirurg die Indikation zur Operation verantworten, wenn er gegen den ausgesprochenen Willen des Kranken zu operieren gezwungen ist, eines Menschen, der sich nur unter wirtschaftlichem Druck auf den Operationstisch legt.

Auch wissen wir alle, wie notwendig zur Heilung die innere Einstellung des Kranken ist. Der Erfolg eines wider Willen vorgenommenen Eingriffs bezüglich der Arbeitsfähigkeit bleibt stets zweifelhaft.

Lassen Sie mich noch kurz die Beziehung zwischen der operativen Indikation und der wissenschaftlichen Forschung berühren.

Auf jedem Gebiete unseres Geisteslebens finden wir uns in einem ständigen Fortschreiten, in einer sich immer wiederholenden Entwicklung vom schöpferischen Gedanken zur Erfahrung. Gerade die Chirurgie ist durch das Vorherrschen ihrer beiden Richtungen, der operativen Technik und der wissenschaftlichen Forschung, diesem ewigen Wechsel besonders ausgesetzt.

In seiner Würzburger Antrittsvorlesung hat Ernst von Bergmann gesagt: „Man erhebt sich zu triumphierender Sicherheit, so wie die Kunst in der Chirurgie, ihre technische Seite, durch eine neue und bedeutende Erfindung weit vorgeschritten ist, und man versinkt in Mißtrauen gegen sein bestes Können, so wie neue Entdeckungen der Wissenschaft ihr Licht auf Gebiete werfen, die bis dahin verschleiert waren und von uns übersehen wurden."

In der medizinischen Forschung ist die ethisch höchste Handlung der Selbstversuch. Auch wir Chirurgen verfügen über bahnbrechende Taten dieser Art. Ich möchte nur hinweisen auf die Erforschung der Furunkulose, die Carl Garrè, der große Bonner Chirurg, durch Einreiben von Staphylokokken in den eigenen Arm hervorrief, oder die Einführung der Lumbalanästhesie, die der nunmehr 85jährige August Bier zum ersten Male an sich selbst vornehmen ließ.

Jede noch nicht durch Erfahrungen gestützte Handlung in der Chirurgie muß getragen sein vom Gefühle höchster persönlicher Verantwortung mit dem einzigen Ziele: zu heilen.

Es ist niemals berechtigt, Leben oder Gesundheit eines Menschen für das eines anderen zu opfern. Der Maßstab für die Anwendung eines neuen Operationsverfahrens nach gründlichster Voruntersuchung muß die Überzeugung sein, daß dieses Verfahren dem Kranken mehr zum Nutzen gereicht als die bisher geübten, wie überhaupt „jede neuartige Heilbehandlung in ihrer Begründung und ihrer Durchführung mit den Grundsätzen der ärztlichen Ethik und den Regeln der ärztlichen Kunst und Wissenschaft im Einklang stehen" muß. Zudem darf sie „nur vorgenommen werden, nachdem der betreffende Kranke oder sein gesetzlicher Vertreter auf Grund einer vorangegangenen, zweckentsprechenden Belehrung sich in unzweideutiger Weise mit der Vornahme einverstanden erklärt hat".

Nur dann bleibt die Indikation eine ärztliche im besten Sinne und dient doch dem wissenschaftlichen Fortschritt.

So ist auch die chirurgische Indikation kein starres Gebilde, sondern wandelbar mit dem Fortschreiten der Wissenschaft im Sinne des Goethewortes:

> Durch die Pendelschläge wird die Zeit,
> durch die Wechselbewegung von Idee zu Erfahrung
> die sittliche und wissenschaftliche Welt regiert.

Zur Feier des 70. Geburtstages
von Erich von Redwitz

Bonn, 2. April 1953

„Es wäre nicht der Mühe wert, 70 Jahre alt zu werden, wenn alle Weisheit der Welt Torheit wäre vor Gott." Dieses schöne Wort unseres großen deutschen Dichters scheint mir so recht Grundlage dessen zu sein, was ich Dir heute im Namen Deiner Freunde und Schüler zu sagen habe. Denn die Weisheit, welche die wahren Güter des Lebens erkennt, die sophia im Sinne Platos zu erringen, streben wir ein ganzes Leben lang. Für einen Arzt, und wenn er noch dazu Lehrer der akademischen Jugend sein will, wird dieses Streben in Arzttum, Forschung und Lehre zur zwingenden Notwendigkeit.

Die inneren Gesetze des Arzttums sind wie die der Heilkunst ewig und unvergänglich. Mögen neue Krankheiten gefunden werden und neue Mittel zu ihrer Heilung, mögen Chemie und Physik uns neue Welten eröffnen, die wir unserem Berufe dienstbar machen, es bedarf immer noch derselben Eigenschaften, um ein großer Arzt zu sein, wie zu Hippokrates' Zeiten. „Es gibt nur eine Heilkunst", so hat vor 120 Jahren Hufeland, der Arzt und Freund Goethes gesagt, „denn sie ist etwas Inneres, auf den ewigen Gesetzen der Natur Beruhendes, aber es gibt viele Systeme und muß sie geben, denn sie sind etwas Äußeres, abhängig von der jedesmal herrschenden Denkform und der Stufe der äußeren Erkenntnis, auf welcher wir stehen." Er hat davor gewarnt, über den Buchstaben nicht den Geist, über dem System nicht die Kunst zu verlieren; eine Warnung, die heute vielleicht mehr denn je beherzigt werden sollte.

Um wahrhaft Arzt sein zu können, bedarf es der verstehenden und hilfsbereiten Güte, die aus der Liebe zum Nächsten entspringt, sie besteht nach Schopenhauer in einem tiefgefühlten, universellen Mitleid mit allem, was Leben hat, zunächst aber mit dem Menschen. Das Mitleid ist ursprünglich und unmittelbar und liegt in der menschlichen Natur selbst begründet. Den ärztlichen Beruf kann man vielleicht erlernen, es bedarf aber der inneren Berufung, um Arzt zu sein.

Wissenschaft und Forschung sind nur Methoden der Weisheit. Sie ist nach Descartes das letzte, nicht mehr methodisch erreichbare Ziel. So wird uns die endliche, begrenzte Gestalt unserer gesamten wissenschaftlichen Erkenntnis vor Augen geführt und jedem einzelnen Forschungsergebnis wird

Wert und Bedeutung in diesem Rahmen zugemessen. Nur dieser Maßstab schützt vor Überheblichkeit und Überwertung eigener Arbeit, erhält dem Forschenden die Ehrfurcht und damit die innere Harmonie, wie sie nur bei richtiger Einschätzung von Erreichtem und Erreichbarem gewonnen wird.

„Das schönste Glück des denkenden Menschen ist, das Erforschliche erforscht zu haben und das Unerforschliche ruhig zu verehren".

Die Forschung bringt, bleibt man sich nur ihrer endlichen Bestimmung bewußt, den Fortschritt unserer Erkenntnisse. Den Forscher darf nur die Frage nach der Wahrheit erfüllen, ihn dürfen nicht Rücksichten und Absichten anderer Art leiten.

Wir alle haben es erlebt, daß die Wissenschaft zur Methode anderer mächtiger weltlicher Kräfte wurde und damit Sinn und Aufgabe verlor, als sie zweckgebunden und unfrei war.

Freiheit der Forschung und Ethik des Forschenden sind die unerläßlichen Forderungen. Als Theodor Kocher den ersten internationalen Chirurgenkongreß in Brüssel eröffnete, sprach er als sein Bekenntnis die Worte Immanuel Kant's „Festhalten an freier Forschung als Bürgschaft strengster Wissenschaftlichkeit, aber auch an einer starken Moral als Grundlage für unsere Verantwortlichkeit gegenüber der leidenden Menschheit".

Nur wenigen gelingt ein großer Wurf, aber auch diese bauen meist nur auf den Steinen auf, die Andere in mühseliger Arbeit zusammengetragen haben.

„Der Gelehrte darf nicht aufhören, danach zu streben, sein Fach wirklich weiterzubringen und niemals glauben, seiner Pflicht Genüge getan zu haben. Ereilt ihn der Tod, ehe er seinen Zweck erreicht hat, nun wohl, so ist er für diese Welt der Erscheinungen seiner Pflicht entbunden und sein ernster Wille wird ihm für Erfüllung angerechnet. Der Gelehrte vergesse", – so fährt Johann Gottlieb Fichte in seinen Vorlesungen über die Bestimmung des Gelehrten fort – „was er getan hat, sobald es getan ist und denke nur auf das, war er noch zu tun hat. Der ist noch nicht weit gekommen, für den sich sein Feld nicht bei jedem Schritte, den er in demselben tut, erweitert."

Die Lehre darf sich nicht in bloßen Worten erschöpfen, sondern muß durch Taten praktisch wirksam werden. Dies gilt im besonderen Maße für den klinischen Lehrer. Hier kann sich die ganze Macht seiner Persönlichkeit voll entfalten und einer ganzen Generation junger, werdender Ärzte zum unvergeßlichen Erlebnis werden, nicht nur den Studierenden, sondern gerade auch den Schülern im engeren Sinne, die Tag für Tag und Jahr um Jahr bei Erfolgen und Mißerfolgen ihren Meister begleiten, sie erleben an ihm die Hingabe an den Beruf, tags und nachts, sie erleben mit ihm das ewige Auf und Ab, das unseren Beruf auszeichnet, das Glück des Erfolges und die ernste Gewissenserforschung nach enttäuschten Hoffnungen, die keinem Arzte erspart bleiben. Mehr als es uns, den Lernenden, bewußt wurde, haben wir von unseren Lehrern übernommen und erst viel später, in eigener Selbständigkeit, wenn wir selbst wieder Schüler haben, wird es uns endlich klar, welchen Schatz sie uns mitgaben. Es ist die Kunst des geborenen Erziehers, nicht durch Zwang zu wirken, sondern zum „selbsttätigen Lernen" anzuregen. Darin liegt das Geheimnis seiner Wirkung. Und die Lernenden werden dann selbst erfassen, daß aus dem Kennen das Können hervorgeht und das Erstere wiederum des Letzteren bedarf.

Wenn wir heute hier zusammengekommen sind, um unseren Meister und Freund Redwitz an seinem 70. Geburtstage zu ehren, so tun wir das mit freudigem und dankbarem Herzen, denn er hat uns viel gegeben. Wer das Glück hatte, mit ihm an seiner Klinik in enger und vertrauensvoller Gemeinschaft zu arbeiten, der weiß, daß er ein Arzt aus innerer Berufung ist. Tausende von Kranken danken ihm Gesundheit und Leben und erinnern sich eines freundlichen und gütigen Wortes in körperlicher und seelischer Not, das aus warmem Herzen kam und dankbar empfunden wurde. In seiner Klinik herrschte ein guter Geist, dem sich alle seine Mitarbeiter, Ärzte, Schwestern und Pfleger gerne und voller Freude beugten.

Wir, seine Schüler, wissen, daß ihm in der Forschung die Wahrhaftigkeit oberstes Gesetz ist. Viele Anregungen wissenschaftlicher Art, die meist der Beobachtung am Krankenbett entsprangen, sind von ihm ausgegangen, und wir müssen ihm besonders dankbar dafür sein, daß er uns in so vorbildlicher und selbstloser Weise Zeit und Möglichkeiten gegeben hat, uns selbst geistig und wissenschaftlich zu entwickeln. Die Freiheit seines Geistes duldete in dieser Klinik nichts Doktrinäres. Er hat sich dieses kostbare Gut unbeirrbar auch dann erhalten, als es keineswegs zeitgemäß war. Und wenn auch kein lautes Wort darüber fiel, spürten doch alle, die dafür empfänglich waren, die tiefe Ehrfurcht vor dem Unendlichen, die seiner Auffassung der Wissenschaft zugrundeliegt. Sie entspringt nicht nur seinem Berufe, sondern ebenso sehr seiner tiefgehenden Beschäftigung mit den schönsten Künsten und der inneren Freude an den Wunderwerken der Erde.

„Der Edle schafft seinen Nachkommen eine Grundlage, auf der sie weiterbauen und seine begonnene Arbeit fortsetzen können. Ob sein Werk wirklich zur Vollendung gelangt, ist Sache des Himmels", lautet ein chinesischer Spruch. Heute können wir sagen, daß seine Arbeit gesegnet war. Einige seiner Schüler haben nun schon selbst Lehrstühle inne, lehren und erziehen die akademische Jugend in dem Sinne, wie sie es selbst einst gelernt haben und haben schon wieder eigene Schüler in selbständiger Stellung. Viele seiner Schüler leiten große Krankenhäuser und machen seinem Namen Ehre. Unübersehbar aber ist die Zahl derer, die einst als Studierende zu seinen Füßen gesessen und nun draußen in Stadt und Land als praktische Ärzte zum Wohle ihrer Kranken wirken. Sie alle werden das Bild ihres chirurgischen Lehrers nicht vergessen.

Es ist nun keineswegs so, daß wir heute Abschied nehmen müssen von Dir, lieber Meister und Freund, sondern wir wollen Dich an Deinem 70. Geburtstage feiern und Dir an dem Tage, an dem Du Deine Klinik verläßt, Dank sagen für Alles, was Du uns gegeben hast. Es sind nun 25 Jahre her, daß wir gemeinsam hier in Bonn begannen und Du wirst Dich heute vielleicht in das Wort Schopenhauers erinnern: „Man muß alt geworden sein, also lange gelebt haben, um zu erkennen, wie kurz das Leben ist." 25 Jahre lang hast Du die Klinik in Friedens-, Kriegs- und Nachkriegszeiten in fester Hand gehabt und hast die Ruinen des uns lieb gewordenen alten Backsteinbaues an der Theaterstraße mit dieser schönen neuen Klinik vertauscht. Du kannst sie nun Deinem Nachfolger mit Stolz übergeben.

Wir aber, wir freuen uns, daß wir Dich noch haben und unsere Gedanken begleiten Dich dorthin, wohin sich Dein Herz gesehnt und Dein Blick sich doch immer wieder gerichtet hat, in Deine oberbayerische Heimat. Wir freuen uns mit Dir, daß Du mit Deiner verehrten Gattin, die Dir in all den Jahren ein so treuer Kamerad gewesen ist, nun noch einmal ein neues Leben aufbaust.

Wir sehen Dich in dem ländlichen Hause mit der weiten Diele und dem großen Kamin und unsere Blicke schweifen dort, vorbei an der mächtigen Linde, über den See und über die Zwiebel der kleinen Dorfkirche, hinüber zu den schneebedeckten Bergen Deiner Heimat.

Das ist fürwahr eines reichen Lebens glücklicher Ausklang.

Das Problem des Technischen in der Chirurgie

1956

Die Auseinandersetzung des Menschen mit der Technik gehört zu den großen Problemen unserer Zeit. Kein neues Problem freilich, vielmehr uralt wie das Menschengeschlecht selbst, ein immerwährendes Erfordernis, das sich aus der unbewußten oder bewußten Stellung des Menschen zu seiner Umwelt ergibt.

Und doch hat die ganze Problematik der Frage niemals so sehr die führenden Geister beschäftigt wie in den letzten Jahrzehnten. Dies hat seinen Grund darin, daß die Technik in dem vergangenen halben Jahrhundert sich nicht nur in einem atemberaubenden, immerfort zunehmenden Tempo entwickelt und die moderne Physik uns ein neues Weltbild geschaffen hat, sondern daß der Mensch nun selbst in Gefahr gerät, die Geister, die er rief, nicht mehr loszuwerden, ja, in den Fluten des Stromes, den er selbst entfesselte, zu versinken.

Darum erheben sich heute mehr denn je und auf allen Gebieten des geistigen Lebens gewichtige Stimmen, die warnend und ordnend in diese für den zeitgenössischen Menschen immer wichtiger werdende Auseinandersetzung eingreifen. Geht es doch um nicht mehr und nicht weniger als um die Frage, ob die abendländische Kultur und damit das, was nach unseren Vorstellungen die Würde des Menschen ausmacht, durch die Vervollkommnung der Technik zum Untergang bestimmt ist oder ob der Mensch unter Einsatz all seiner intellektuellen und ethischen Kräfte Beherrscher der Technik bleibt.

Es ist ungemein reizvoll, dieses vielleicht wichtigste und entscheidendste Problem unseres Zeitalters auf dem begrenzten Gebiete unseres eigenen Faches zu untersuchen, dessen Name schon so sehr das besondere Gewicht des Technischen ausdrückt. Denn auch wir Chirurgen können dieser Auseinandersetzung nicht aus dem Wege gehen, die sich uns in unserer täglichen Arbeit unaufhörlich stellt.

Zunächst sollten wir uns klar werden über den Begriff und das Wesen der Technik sowie über die tieferen Beweggründe, die den Menschen veranlassen, sie immer mehr und mehr zu vervollkommnen.

Seit Prometheus dem Olymp entstieg, um der Erde das Feuer zu bringen und dafür an einen Felsen gefesselt wurde, seit Ikaros der Sonne entgegenflog und mit versengten Flügeln zur Erde stürzte, hat der Mensch sein ewiges Sehnen nicht aufgegeben, durch Entwicklung technischer Hilfsmittel sich selbst zum Herrn der Natur zu machen und die engen Grenzen, die das Geschick dem menschlichen Geschöpf bestimmt hat, zu sprengen. Je mehr und je ausschließlicher er diesem Traume der Selbsterlösung nachstrebt, desto mehr entfernt er sich zwangsläufig von dem Gedanken der christlichen Erlösungsbedürftigkeit, je mehr er über die Natur zu herrschen gelernt hat, desto höher ist der Preis, den er selbst dafür zahlen muß. Das kommt in Dantes Göttlicher Komödie zum Ausdruck in den Worten:

> Die blinde Gier, die Euch behext und plagt,
> Stellt jenem Kinde Euch ja an die Seiten,
> Das Hungers stirbt, doch fort die Amme jagt.

Unter „Technik" dürfen wir nicht etwa nur das manuelle Bewältigen einer Aufgabe verstehen, nicht nur die handwerkliche Fertigkeit, vielmehr umfaßt das Wort τέχνη ein weites Gebiet.

Oswald Spengler hat sie als die „Taktik des Lebens" aufgefaßt und jedem lebenden Wesen eine ihm eigentümliche Technik zugeordnet. Bavink bezeichnet sie als ein Kulturgebiet sui generis, das gleichberechtigt neben der Kunst, der Wissenschaft und dem ethisch-religiösen Reich als das vierte Reich der Werte steht.

Stimmt man dieser Definition zu, so erkennt man ihre außerordentliche geistige und materielle Bedeutung und kommt nicht in Versuchung, diese zu unterschätzen. Wir können im „technischen Zeitalter" nicht ihre Notwendigkeit verleugnen. Notwendig wird allerdings auch, sie zu begrenzen, in unser Leben einzuordnen, ihr Aufgabengebiet zu bestimmen. Dieser Einordnung liegt die Arbeitsteilung zugrunde. „Der erste Schritt, die aus dem Leben herausführende Ausgestaltung des Weltbildes, ist Sache der reinen Wissenschaft, der zweite Schritt, die Verwertung des wissenschaftlichen Weltbildes für die Praxis, ist Aufgabe der Technik. Die eine Arbeit ist genau so wichtig wie die andere" (Planck).

Wenden wir uns unserem engeren Fachgebiete, der Chirurgie, zu, so müssen wir uns zunächst die Frage stellen: Welche Rolle darf und soll die Technik in unseren chirurgischen Erwägungen und Handlungen spielen, wo sind ihre Grenzen und ihre Postulate oder, mit anderen Worten, wieweit ist es erlaubt und wieweit ist man verpflichtet, alle technischen Errungenschaften auszuschöpfen, um ein chirurgisches Problem zu bewältigen?

Um diese Frage beantworten zu können, ist es von Wert, die kausalen Zusammenhänge, wie sie sich aus der geschichtlichen Betrachtung der Chirurgie ergeben, zu überprüfen. Die Fragestellung lautet: Wird aus der wissenschaftlichen Forschung die zur Lösung eines Problems notwendige Technik erst entwickelt oder liegt das Primat bei dem jeweiligen Stand der Technik, aus dem sich neue und nunmehr lösbare wissenschaftliche Probleme ergeben? War im Anfang das Wort oder die Tat?

Aus der historischen Entwicklung unseres Faches ergibt sich eindeutig, daß von einem derartigen Primat keine Rede sein kann. Vielmehr haben sich unaufhörlich wissenschaftliche Forschung und technische Entwicklung wechselseitig gefördert. Forschungsergebnisse der reinen Wissenschaft vermitteln der Technik neue Impulse, die nach erfolgter Realisierung der wissenschaftlichen Forschung wieder neue Anregungen geben.

Die Chirurgie wurzelt, wie die gesamte Medizin, im menschlichen Leben. Sie ist eine auf das Experiment gegründete empirische Wissenschaft. „Wer, wie der Arzt, den Heil und Verderben bringenden Kräften handelnd gegenüber treten soll, dem liegt unter schwerer Verantwortlichkeit die Verpflichtung ob, die Kenntnis der Wahrheit und nur der Wahrheit zu suchen. Er muß streben, voraus zu wissen, was der Erfolg seines Eingreifens sein wird, wenn er so oder so verfährt" (Helmholtz). Hierzu gibt es nur das Mittel der induktiven Beobachtung, der die deduktive Beweisführung folgen soll.

Dabei müssen wir uns allerdings immer vor Augen halten, daß unserer rationalen Erkenntnis Grenzen gesetzt sind oder, wie Planck es einmal formuliert hat, „daß der forschende Mensch selber ein Stück Natur ist und daß er daher niemals diejenige Distanz von der Natur zu gewinnen vermag, die notwendig wäre, um zu einer vollkommen objektiven Naturbetrachtung zu gelangen".

Die segensreiche Wechselwirkung, ja, die untrennbare Verflechtung von wissenschaftlicher Problematik und technischer Entwicklung in der Chirurgie soll hier nur an einigen wenigen Beispielen aufgezeigt werden.

Die erste von Billroth mit Erfolg am Menschen durchgeführte Magenresektion war nicht etwa das Ergebnis augenblicklicher genialer Intuition. Sie war vielmehr die Frucht fünfjähriger intensiver experimenteller Voruntersuchungen durch Billroths Schüler Gussenbauer und v. Winiwarter, durch welche geklärt wurde, daß nach Unterbindung der Magengefäße keine Nekrose des Magens auftritt und daß die Magen-Duodenal-Naht durch den Verdauungsvorgang nicht insuffizient wird. Auch die Berechtigung einer solchen Operation wurde durch sorgfältige Durchsicht von Hunderten von Sektionsprotokollen zunächst bewiesen. Die erste Resektion, der Beginn unserer modernen Magenchirurgie, war also kein Zufallserfolg, sondern eine mühsam und sorgfältig, mit den Mitteln der wissenschaftlichen Forschung vorbereitete und erprobte, sodann mit den Mitteln der Technik durchgeführte Handlung.

Demgegenüber entstand der „Billroth II" rein intuitiv auf Grund einer Operationssituation. Die palliative Gastroenterostomie war bereits angelegt, als sich der pylorusnahe Tumor doch noch als resezierbar erwies. Magenstumpf und Duodenalstumpf wurden blind verschlossen, und das zweite Billrothsche Verfahren war geboren.

Daß sich das größte Werk vollende,
Genügt ein Geist für tausend Hände.

Auch die Entwicklung der Thoraxchirurgie stellt ein besonders eindrucksvolles Beispiel des unaufhörlichen, wechselseitigen Vorwärtstreibens von wissenschaftlicher Forschung und Weiterentwicklung technischer Möglichkeiten
dar. Die Konzeption des Druckdifferenzverfahrens und seine erste brauchbare
Anwendung in Form der Unterdruckkammer Sauerbruchs, die, fortentwickelt
zur Überdruckmaske und zur heutigen Intubationsnarkose, uns das weite
Feld der modernen Thoraxchirurgie geöffnet hat, zeigt eindeutig, welche
Fortschritte durch gegenseitige Aufgeschlossenheit erzielt werden können.

Andererseits sind vielfach wissenschaftliche Erkenntnisse in der Technik
für die medizinische Forschungsarbeit von Nutzen gewesen. Es sei nur erinnert an unsere heutigen Vorstellungen über die Ermüdbarkeit des Knochens,
die vor allem von Henschen aus – den Technikern längst bekannten – Erkenntnissen über die Erschöpfung toten Materials auf das menschliche lebende Knochengewebe übertragen wurden und die Erklärung für bisher
unverständliche Befunde gaben.

Die Erarbeitung der Gefäßnaht, vor allem durch Stich und Carrell, war
die technische Grundlage, die chirurgischen Probleme der Herzfehler anzuge-
hen. Im weiteren Fortschreiten stellten sich neue Erfordernisse ein, etwa
die Notwendigkeit, am blutleeren Herzen zu arbeiten. Hierzu mußten erst
die experimentellen und technischen Voraussetzungen geschaffen werden,
wie die Untersuchung über die tragbare Dauer des Kreislaufstillstandes, die
Hypothermie, die potenzierte Narkose. Erst als diese Grundlagen erarbeitet
waren, wurde es in den letzten Jahren möglich, die intrakardialen Eingriffe
unter Sicht des Auges mit dem denkbar geringsten Risiko durchzuführen.

So ist in der Chirurgie eine Steigerung der Leistung nur durch die enge
Verknüpfung von λόγος und ἔργος möglich.

Auf die ernste Problematik, die sich aus der ungeahnt gesteigerten Technik für den Menschen ergibt, wurde bereits am Anfang kurz hingewiesen.
Auch in unserem Fache herrscht die niemals auflösbare Antinomie, daß die
Technik zugleich Rettung und Gefahr bedeutet, „wo aber Gefahr ist, wächst
das Rettende auch".

Welche Bedeutung die höchst differenzierte moderne Technik als unab-
dingbare Voraussetzung für die Rettung des Kranken besitzt, wurde soeben
angedeutet.

Die Gefahr liegt in der Überwertung der technischen Möglichkeiten unter
Außerachtlassung des einzigen und unantastbaren Zieles, das die ärztliche
Ethik vorschreibt.

Die totale Gastrektomie ist eine heute leicht durchführbare Operation,
deren Berechtigung bei sehr ausgedehnten und hoch sitzenden Karzinomen

unbestritten bleiben muß. Sie als Verfahren der Wahl auch bei eng begrenzten Tumoren durchzuführen, verbessert weder die Aussichten auf Heilung noch auf ein erträgliches Leben, wie vielfache Untersuchungen eindeutig gezeigt haben.

Die heutzutage so häufig und keineswegs immer unter strenger Indikation vorgenommene Entfernung der Milz ist für den Kranken durchaus nicht gleichgültig. Der Verlust der Milz bedeutet eine verminderte Immunitätslage durch Wegfall der hyperergischen Phase. Die Kranken erliegen leichter späteren Infektionen. Die Entscheidung zur Splenektomie soll daher immer sehr sorgfältig getroffen werden.

Die technische Vorbereitung und Durchführung der verschiedenen Formen der Lungenresektion machen diese Eingriffe heutzutage fast risikolos. Man hat jedoch gelernt zu erkennen, daß die augenblickliche Bewältigung der operativen Aufgabe allein keineswegs als rettender Eingriff anzusehen ist. Vielmehr kann er tödliche Gefahr in sich bergen, wenn nicht zuvor über die zu erwartende Funktion der Restlunge Klarheit geschaffen worden ist.

Die Probleme der Ösophaguschirurgie sind heute technisch gelöst, aber es stimmt doch nachdenklich, wenn ein auf diesem Gebiete so erfahrener Chirurg wie Nissen auf Grund der Fernresultate ernstlich die Frage diskutiert, „ob der gewaltige Aufwand an chirurgischer Mühe und Anstrengung, an Schmerzen und postoperativen Beschwerden im vernünftigen Verhältnis zum Endausgang steht oder, ob nicht vielmehr ein Eingeständnis der Niederlage der Sache nützlicher ist, weil es Versuche stimulieren würde, der Strahlenbehandlung neuen Impuls zu geben".

Derartige selbstkritische Überlegungen im Sinne des „nihil nocere" werden mit zunehmender Vervollkommnung der Technik bei vielen verantwortungsbewußten Chirurgen immer häufiger.

Damit soll natürlich die außerordentliche Bedeutung der Technik keineswegs geschmälert werden. Sie ist und bleibt neben der Wissenschaft und der Ethik einer der drei die Chirurgie bestimmenden Faktoren.

Gewiß ist es heute mit „dem ärztlichen Blick" allein nicht getan. Erst die volle Ausschöpfung aller technischen Möglichkeiten sichert Diagnose und erfolgreiche Therapie. Nur sorgfältige Laboruntersuchungen decken auch dem Blick des Erfahrenen verborgene Gefahrenquellen auf. Aber es ist bedenklich und gefährlich, der Technik das Übergewicht zu geben oder sich allein auf sie zu verlassen, auch wenn ihre Perfektion häufig genug dazu verlockt.

So kann etwa der automatisierte Ablauf des klinischen Betriebes sich sowohl segensreich als auch bedrohlich für Arzt und Kranken auswirken. Je mehr hier mit den neuesten technischen Errungenschaften beschwerliche bürokratische Lasten vermieden, routinemäßige Untersuchungen gesichert und Reibungen ausgeschaltet werden, desto mehr Zeit gewinnt der moderne

Arzt, sich seinem Kranken zu widmen und sich für die wirklich wichtigen Untersuchungen und Überlegungen freizumachen. Der Kranke seinerseits erhält durch den Einsatz aller Möglichkeiten die Sicherheit einer nach allen Richtungen hin technisch vollkommenen Untersuchung. Aber wehe dem Arzt, der sich nur auf die Ergebnisse dieses technischen Apparates stützt und eine Zettelkastendiagnostik betreibt, wie das heute leider nicht ganz selten ist! Er vergißt, daß der Kranke kein technisches Produkt ist und daß die ärztliche Arbeit beseelt sein muß oder zum Mißerfolg bestimmt ist. Erst vor kurzem hat Siebeck wieder eindrücklich auf die besondere Verbundenheit des Arztes mit seinem Kranken als einer solchen von Mensch zu Mensch hingewiesen und dabei betont, daß jede ärztliche Verordnung, „jeder therapeutische Akt ein psychosomatischer und zugleich ein ganz persönlicher Akt von Mensch zu Mensch sei, gebunden an den Einsatz und die Bereitschaft beider, des Arztes und des Kranken".

Der Chirurg soll, wie jeder Arzt, die Technik im weitesten Sinne, also intellektuell-manuell, zwar beherrschen, sich aber nicht von ihr ethisch-seelisch beherrschen lassen.

Hier ist der Chirurg der gleichen Gefahr ausgesetzt wie alle zeitgenössischen Menschen, jeder in seinem Bereich. Dies liegt nicht an der Technik selbst, sondern an dem Gebrauch, den wir von ihr machen. Selbst die größten technischen Errungenschaften sollten ihn die Grenzen allen menschlichen Wirkens und Erkennens nicht vergessen lassen, hinter denen das Land des „Unerforschlichen" liegt. Dürer hat uns in der Gestalt der Melancholie (1514) ein erschütterndes, allegorisches Bild geschenkt: Die Hand mit dem Zirkel der Frau ist zur Ruhe gekommen, ihr Blick geht ins Leere, vorbei an all den Geräten der Wissenschaft und Technik in der endlich gewonnenen Einsicht, daß man die Natur nicht durch Errechnen erkennen und beherrschen kann.

> Geheimnisvoll am lichten Tag,
> Läßt sich Natur des Schleiers nicht berauben,
> Und was sie Deinem Geist nicht offenbaren mag,
> Das zwingst Du ihr nicht ab mit Hebeln und mit Schrauben.

Viele Geister unserer Zeit, wie etwa Heidegger, Jaspers, Ortega y Gasset, Planck, Spranger, Bavink, haben sich mit dem ernsten Problem der Einwirkung der Technik auf das seelisch-geistige Leben eingehend beschäftigt. Wiechert glaubt, daß die abendländische Kultur eine verwesende sei, daß nur ein „rührender" Glaube darauf hoffe, der Mensch werde zum Beherrscher der Maschine, da die Technik durch ihre Perfektion die Kultur vernichtet habe.

Einerseits wirft man der Technik ganz allgemein die „Mechanisierung" unserer Berufsarbeit überhaupt vor, andererseits beschuldigt man sie, daß sie die Menschen mit äußeren „Kulturgütern" überschütte, die in Wahrheit bloßen Zivilisationsfirnis, aber keine wirkliche Kultur darstellten, die

Menschen vielmehr von den wahren, höheren Gütern ablenkten (Bavink). In der „Mechanisierung", der modernen „Entseelung" der Arbeit, liegt fraglos die größte Gefahr, weil der Einzelne weitgehend gegen diese Entwicklung machtlos ist. Was jedoch die „Erstickung der höheren Kulturbedürfnisse" durch die unzähligen modernen Zivilisationsprodukte anbelangt, so ist diese Frage nur durch den Willen und durch die elementaren seelischen Bedürfnisse des Einzelmenschen zu lösen. Die Entscheidung liegt hier bei ihm selbst.

In seinem geistigen Vermächtnis, einem Vortrag, der sich mit der modernen Musik beschäftigt und von ihm nicht mehr gehalten werden konnte, setzt sich Wilhelm Furtwängler mit diesen Fragen auseinander. „Die Überwindung und Unterjochung der Welt durch die planende Ratio, den technischen Calcul, ist heute in hohem Maße Tatsache geworden. Dies hat aber Rückwirkungen auf uns selber zur Folge. Es ist nicht möglich, einen Teil der Welt, der bisher im Dunkel lag, dem hellen Bewußtsein neu zu erschließen, ohne auf der anderen Seite den angemessenen Preis dafür zu bezahlen … Ja, wir können sagen: Gerade das Überwiegen der Ratio gibt dem heutigen Europäer in dem Moment, wo sein Sieg über die äußere Welt besiegelt zu sein scheint, plötzlich ein lähmendes Gefühl, mit dieser seiner Ratio allein zu bleiben oder, besser ausgedrückt, sich gleichsam wie im Gefängnis seines eigenen Zustandes zu befinden."

Solche Gedankengänge sind von besonderer Bedeutung für den Arzt, der sich selbst in einer „inneren Ordnung" befinden muß, die er ja kraft seines Berufes auf den Kranken übertragen soll.

Nissen hat vor kurzem die Frage aufgeworfen, ob man überhaupt von einer „chirurgischen Kunst" sprechen kann und ob man nicht nur eine künstlerische Ingredienz in dem sehen soll, was gemeinhin als Intuition bezeichnet wird.

Ich möchte es durchaus bejahen, daß es eine chirurgische Kunst gibt und sehe sie in der Fähigkeit der Interpretation. Weder die Musikalität noch die Beherrschung der Technik macht die Kunst des großen Pianisten aus. Sie sind nur die unerläßlichen Voraussetzungen, das tote Material, das erst von der Persönlichkeit des Berufenen durch vollkommene künstlerische Interpretation beseelt und zur wahren Kunst erhoben wird.

Ihm vergleichbar ist der Chirurg. Intuitives Erfassen von Zusammenhängen und Situationen und die Abstimmung von technischen Möglichkeiten mit den Grundsätzen ärztlicher Ethik schaffen das, was wir auch weiterhin als chirurgische Kunst bezeichnen sollten. Sie ist und bleibt ein Teil der großen, allgemeinen Heilkunst, von der Hufeland gesagt hat:

„Es gibt nur eine Heilkunst, denn sie ist etwas Inneres, auf den ewigen Gesetzen der Natur Beruhendes, aber es gibt viele Systeme und muß sie geben, denn sie sind etwas Äußeres, abhängig von der jedesmal herrschenden Denkform und der Stufe der äußeren Erkenntnis, auf welcher wir stehen."

Zur Geschichte des chirurgischen Lehrstuhls
in Würzburg

Eröffnungsrede zur Tagung
der Mittelrheinischen Chirurgenvereinigung
Würzburg 1961

Ein charakteristisches Merkmal unserer Gesellschaft ist, daß sie wandert, das heißt, von Jahr zu Jahr sich für ihre Tagung einen anderen Ort aussucht. So fanden wir uns gerade vor zehn Jahren das letztemal hier in Würzburg zusammen. Sie erinnern sich gewiß, welch große Schwierigkeiten mannigfacher Art in dieser zerschlagenen, schwergeprüften Stadt bestanden, und sie werden sich jetzt mit uns über das freuen, was in dem seit 1951 verflossenen Dezennium durch Bürgerfleiß und zielstrebige Planung wieder neu erstanden ist. Diejenigen, die diese besondere Stadt früher gekannt haben, werden sie in einem neuen Gewande finden, und doch ist es dasselbe Würzburg, dessen südlicher Charme und dessen Lebensart trotz der Zerstörung erhalten geblieben sind.

Heute geben die Stadt am Main und das gesegnete Land des Weines und des Barocks der Tagung wieder den rechten festlichen Hintergrund.

Es ist langsam eine Sitte bei uns geworden, daß die jedes Jahr wechselnden Vorsitzenden, soweit sie Inhaber von Lehrstühlen sind, über die Geschichte des chirurgischen Lehrstuhles ihrer Universität berichten. Dieser Brauch hat einen tieferen Sinn. Geschichtliche Betrachtungen bringen immer Nutzen, hier einen dreifachen. Wir sehen die kulturhistorischen Querschnitte in der Vergangenheit und den fördernden oder hemmenden Einfluß der jeweiligen Zeitperiode auf die Entwicklung unseres Faches, wir sehen, wie tief die einzelnen Universitäten verwurzelt sind in ihrem Mutterboden und wie sehr ihr jeweiliges Bild geprägt wurde durch die politischen Entwicklungen des Landes und den Charakter seiner Bewohner, und nicht zuletzt erkennen wir, daß trotz der ungeheuren Fortschritte in Kultur, Wissenschaft und Forschung der Mensch der gleiche geblieben ist mit seinen Problemen, seinen Hoffnungen und Enttäuschungen, seinem Kampf und seiner Resignation, seinen Eroberungen und Irrwegen. Zieht man die Bilanz nach zwei Jahrhunderten, wie wir es jetzt tun wollen, so haben wir keinen Grund zur Überheblichkeit, sondern werden ermahnt, in Bescheidenheit auf unser eigenes Werk zu schauen.

Vor einem Jahr hat Herr Kollege Dick[1] humorvoll darüber Klage geführt, daß die Bayern die fürstliche Bibliothek einschließlich der Übersetzung eines bedeutenden chirurgischen Werkes im Jahre 1635 aus Tübingen

geraubt und nach München verschleppt haben und daß dieser ungesühnte
Raub von jedem rechten Schwaben zwar noch immer als brennender Pfahl
im Fleische der schwäbischen Chirurgie empfunden werde, daß Tübingen
aber andererseits auch stolz sei, die königlich bayerische Chirurgie mit diesem
Werke befruchtet zu haben.

Zur Verteidigung der Bayern sei gesagt, daß es sich um einen Dreiecks-
raub handelte, bei dem der Württemberger allerdings der Geprellte war.
Im 30jährigen Kriege verschleppten die schwedisch-thüringischen Truppen
nach der Eroberung Münchens etwa 2000 Bände der Wittelsbachschen Bibliothek nach Schweden. Sie befinden sich größtenteils heute noch in Uppsala.
Als dann zwei Jahre später die katholische Liga Tübingen eroberte (unter
Herzog Karl IV. von Lothringen), wurde im Rahmen von Kriegsreparationen
die fürstliche Bibliothek, die auch eine wertvolle Bibelsammlung enthielt,
vom Schlosse Hohentübingen weggeführt und sozusagen als Wiedergutma-
chung dem bündnistreuen Wittelsbacher in München gegeben[2]. Vermutlich
und mit einer gewissen Berechtigung werden also die Bayern die schwäbischen Schätze so lange behalten, bis sie von den Schweden ihr Eigentum
zurückerhalten haben.

Im übrigen sind die Bayern ihrerseits stolz darauf, daß Leonhard Fuchsius,
der als der bedeutendste Chirurg, Botaniker und Anatom des mittleren 16.
Jahrhunderts und der eigentliche Gründer des Ruhmes der Tübinger Universität geschildert wird, aus Wemding bei Nördlingen stammt und in Ingolstadt
und Ansbach tätig war, ebenso wie sein Nachfolger Vischer aus Bayern nach
Tübingen berufen wurde[3]. Mit dieser bayerischen Ehrenrettung scheint mir
das schwäbisch-bayerische Gleichgewicht wiederhergestellt zu sein.

Es war eine schwierige Zeit, als die Chirurgie in Würzburg geboren
wurde. – Nachdem die im Jahre 1403 von Fürstbischof Johann Egloffstein
gegründete Universität bereits 1414 wieder eingegangen war[4], gründete sie
der bedeutende Würzburger Fürstbischof Julius Echter von Mespelbrunn
im Jahre 1582 neu. Schon sechs Jahre früher hatte er das Spital, das seinen
Namen trägt, gestiftet. Es wurde durch reichen Grundbesitz an Dörfern
und Höfen, an Wäldern und Weinbergen sowie durch Renten und Zehnten
unabhängig gemacht und zum selbständigen Wirtschaftskörper erhoben. Mit
päpstlicher Genehmigung übertrug ihm der Bischof sogar Kirchengut, wie
z. B. das verödete Kloster Heiligenthal, und befreite es schließlich von allen
Steuern, außer den Kirchensteuern[5].

Ansätze, wie etwa die Verleihung besonderer Statuten für die Medizinische Fakultät im Jahre 1587, in denen das anatomische Studium und ein
Lehrstuhl der Chirurgie vorgesehen waren und eingehend bestimmt wurde,
was der Professor zu lesen habe[6], erstarben bald wieder in den Wirren des
30jährigen Krieges[7], da die meisten Lehrer ins Ausland geflüchtet waren.
Von den drei noch vorhandenen Professoren wurde Dr. Joachim Becker

auch noch von den Bürgern Würzburgs vertrieben, da er es gewagt hatte, „nach Erhalt obrigkeitlicher Erlaubnis den Leichnam eines Hingerichteten zu sezieren"[8]. Es war die gleiche Zeit, in der im Jahre 1629 sich Professor Rollfink in Jena die Gehenkten zur Zergliederung ausbat, darüber das Volk aber so aufgebracht wurde, daß es ihn auf der Straße mit Steinen bewarf und die armen Sünder aus Furcht vor dem anatomischen Messer vor ihrer Hinrichtung sich noch als einzige Gnade flehentlich ausbaten, man möge sie nicht „rollfinken" lassen[9].

Auch die erste Hälfte des 18. Jahrhunderts brachte der Medizin in Würzburg keine größeren Fortschritte, obgleich seine Fürstbischöfe eifrig bemüht waren, durch Einrichtung einer Anatomie im Gartenpavillon des Juliusspitals im Jahre 1772 und durch Ordinationes verschiedenster Art die Entwicklung der medizinischen Fakultät zu fördern, die mit ihren Anschauungen noch tief im Mittelalter steckte. Im Hexenprozeß des Jahres 1749 gegen eine Nonne des Klosters Unterzell stimmte nicht nur die theologische, sondern auch die medizinische Fakultät einstimmig für die Existenz von Zauberern und Hexenkünsten. Die Nonne wurde hingerichtet[10].

Lorenz Heister, damals schon berühmter Anatom und Chirurg, lehnte die Berufung von Helmstedt nach Würzburg ab, obwohl man ihm, ohne Anstoß an seiner protestantischen Religion zu nehmen, günstige Bedingungen geboten hatte[11]. So mußte man sich mit dem Oberwundarzt Stang begnügen, der offensichtlich eine höchst unglückliche Rolle spielte. In der Biographie seines Fakultätsgenossen Weikard vom Jahre 1784 heißt es:

„Als ich im Jahre 1761 mit Caspar von Siebold und Senfft in Würzburg Medizin zu studieren anfing, waren seit mehreren Jahren keine Zuhörer dagewesen und hatten folglich auch keine Kollegien stattgefunden. Ein Jahr vorher hatten 2 angefangen und später mehrte sich die Zahl auf 9. Die Lehrer, die nur 200 bis 300 fl hatten, betrachteten aber natürlich ihr Lehramt als eine Nebensache und waren auch entwöhnt von dem Schulgeschäfte und mußten wir mehrmals beim Rector magnificus klagen, ehe wir sie sämtlich dahin brachten, wieder Kollegien zu lesen. Sie mußten durch Ermahnungen und ernstliche Drohungen hierzu gezwungen werden. Dessen ungeachtet ging es damit äußerst sparsam zu, es war oft vierteljahrelang Stillstand und doch bei alledem der Verlust nicht sonderlich"[12].

Auch eine Klageschrift der Medizinkandidaten gegen den Oberwundarzt Stang an den Fürstbischof führte zu keiner Besserung, vielmehr entwickelte sich ein regelrechter Universitätsskandal. Die Studenten behielten angeblich wegen der feuchten Räume ihre Hüte in seinen Vorlesungen auf. Stang vermutete eine Demonstration, und es kam zu scharfen Auseinandersetzungen[13].

Endlich griff im Jahre 1766 Fürstbischof Ad. Friedrich von Seinsheim ein, gründete eine Chirurgische Klinik im Juliusspital und übertrug im Jahre

1769 die oö. Professur für Anatomie, Chirurgie und Geburtshilfe an den Oberwundarzt Siebold. Damit löst sich zum ersten Male aus dem undurchsichtigen Nebel eine klare, scharf umrissene Gestalt heraus, die des Carl Caspar Siebold, gebürtig aus Nidecken in der Eifel, des eigentlichen Begründers einer Chirurgie im heutigen Sinne in Würzburg, einer überragenden, aufrechten und kämpferischen Persönlichkeit. Auf ihn paßt wahrhaftig das Wort aus Torquato Tasso:

> Hier zündete sich froh das schöne Licht
> Der Wissenschaft, des freien Denkens an,
> Als noch die Barbarei mit schwerer Dämm'rung
> Die Welt umher verbarg.

Machen wir uns doch klar, daß zu dieser Zeit Ärzte, welche den Mut hatten, von der Verschmelzung der Medizin und Chirurgie zu reden, als Ketzer verfolgt und solche, welche es wagten, chirurgische Operationen zu unternehmen, von ihren Standesgenossen gemieden wurden. Die Chirurgie galt als unehrliche Beschäftigung, die fast vollständig in den Händen der Wundärzte und Bader lag, deren Ausbildung durch die Barbierstube ging. Selbst Siebold beklagt sich in der Vorrede seines Tagebuches bitter, daß noch zu seiner Zeit „die Wundarzneikunst kaum für die Sache eines ehrlichen Mannes" gehalten wurde und der Wundarzt „auf alle höhere Gesellschaft von Menschen verzichten mußte"[14]. Es ist das bleibende Verdienst Siebolds, als erster in der neueren Zeit die Chirurgie mit der allgemeinen Medizin verbunden und dem Wundärztestand die unabhängige und angesehene Stellung erobert zu haben in einem andauernden, unermüdlichen Kampfe nach zwei Seiten, einem Kampfe, den auch wir heute noch zu kämpfen gezwungen sind und der nun einmal zum Schicksal des Arztes zu gehören scheint, einerseits gegen die Kurpfuscher und Quacksalber und andererseits gegen die Unvernunft und Wesensfremdheit der Bürokratie.

In einer schier unaufhörlichen Reihe von Eingaben und Beschwerdebriefen an Seine hochfürstliche Gnaden eroberte er Schritt für Schritt die Eigenverantwortlichkeit und dadurch das Ansehen des Chirurgen. Dabei mußte er sich von seinem Fürstbischof viele deutliche, ja grobe Zurechtweisungen gefallen lassen, die ihn aber keineswegs entmutigten. Auf seinen Anspruch, statt des Herrn Pfarrers oder des geistlichen Herrn Vorstehers die Diätportionen als Oberwundarzt selbst verordnen zu dürfen, ein Anspruch, der in den Worten gipfelt: „Wie liegt hier das Arzttum zu Füßen", antwortet der Fürstbischof ungnädig: „Der Hofrath Siebold ist der Mann gar nicht, welcher in Juliusspitälischen Verfassungssachen in solchem Tone sprechen sollte. Denn noch nie hat er bewiesen, daß er von Verfassungssachen und Einrichtungen viel verstehe ... Es wird dem Oberwundarzt sehr respektwidriges Betragen und Schreiben wiederholt allen Ernstes andurch mit dem Beysatz verwiesen, besser zu lernen, was ein Diener und Unterthan seinem Regenten schuldig sei."

Zu der von Siebold eigens vorgetragenen Forderung nimmt der Fürstbischof in demselben Briefe Stellung mit den folgenden Worten: „Was die medizinische Verordnung betrifft, welche in die Verfassung und das System des Juliusspitales einschlägt, hat er dieselbe, wenn sie von der Hofstube in Vollzug gesetzt wird, allerdings zu respektieren. Und weil er da doch von den Aufzeichnungen der Diätportionen in seinem Bericht geredet hat, so soll er wissen, daß er sich dieser medizinischen Anordnung, die längst in dem Krankenspitale zu Wien und dahier eingeführt ist und die ich selbst für das Juliusspital vorgeschrieben habe, schlechterdings zu fügen habe"[15].

Siebold war erstmals in der Würzburger Geschichte das Amt eines Oberwundarztes und die Stellung eines Ordinarius für Chirurgie in die Hände gelegt worden[16]. So war er nicht nur auf theoretisches Lehren angewiesen, sondern er konnte auch am Krankenbette demonstrieren. Daß er gewillt war, diese Möglichkeiten zum Nutzen seiner Studenten aufzugreifen, zeigte er in einer anderen Eingabe, in welcher er zu den fürstbischöflichen Spitalinstruktionen Stellung nimmt:

„In einem wohleingerichteten Hospital gehören sich täglich zwei Krankenvisiten, eine morgige und eine Abendvisite, beyde zu festgesetzten Stunden. Es ist unschicklich und nicht ärztlich, um die Speisezeit Krankenbesuche zu machen, es seyen solche medizinische oder chirurgische; weshalb ich von dieser ehemaligen Spitalgewohnheit oder vielmehr Unordnung schon lange aus ärztlicher Überzeugung abgegangen bin ... Meines Erachtens ist lernbegierigen Studiosis, die einen Patienten wegen eines merkwürdigen Zufalls des Nachts beobachten wollen, das ihnen nicht zu verneinen, ebensowenig, als wenn sich Studiosi einfinden, die des Nachts mit dem Professor Astronomiae die Sterne auf dem astronomischen Turm beobachten wollen."

Der Fürstbischof antwortet darauf: „Wenn je einer meiner angestellten Diener in meinen beyden Hochstiften, ich will nicht sagen, meine Befehle unbefolgt gelassen hat, sondern denselben sogar mit einer Art von Verachtung begegnet ist, so hat es der Hofrath Siebold zu meinem äußersten Befremden in seinem gegenwärtigen Berichte gethan ... Ich lasse mir von dem Juliusspitälischen Oberwundarzt keine Gesetze und Bedingnisse vorschreiben und verlange unbedingte Folgeleistung meines Befehls"[17].

Das ist der ewige Kampf der Ärzte mit der Verwaltung!

An die Aufnahme der Medizinstudenten wurden hohe Anforderungen gestellt. Gute humanistische Bildung, Doktorat der Philosophie oder wenigstens philosophisches Studium; gründliche Kenntnis der Naturgeschichte wurden verlangt.

„Begabte sollen wirtschaftlich unterstützt werden, bloß mittelmäßige Talente sind vom Studium auszuschließen, denn beinahe in keiner Wissenschaft werden mehr Beobachtungsgabe und Forschungsgeist gefordert als in der Arzneikunde und bei Ärzten am Krankenbett. Jede Nachsicht bei der Aufnahme von Candidaten ist Sünde wider die Menschheit, da von seiner Wahl das Glück und Unglück so vieler Menschen abhängt. Insbesondere die Ausbildung in der Chirurgie erfordert gute Sitten und Aufführung, hinlängliche Verstandesfähigkeit und körperliche Stärke, ein empfindsames Herz, den Unglücklichen nicht aus Absicht auf Belohnung, sondern mit wahrer Menschenliebe Hilfe zu leisten"[18].

Zum Grundsätzlichen gehörte auch für Siebold die Bezeichnung seiner Gehilfen und des Anatomieknechtes, da er auch für sie um die Hebung ihrer sozialen Stellung bemüht war. Hatte er selbst sich doch darüber zu beklagen, daß man sich dadurch beschimpft fühle, wenn der Operateur Siebold oder seine Frau bei einem Balle erschienen[19].

Er fing an, Leute von Kultur und Wissenschaft, welche der Wundarzneykunst den wahren Wert beylegten, als Gehilfen anzunehmen, „nicht Balbiergesellen, die unter der Last des Trag- und Balbiersackes dem zu einem Wundarzt erforderlichen Studium nicht nachhängen können"[20].

Die Antwort war die Anweisung des Fürstbischofs, die Unterwundärzte oder chirurgischen Gehülfen sollten endlich diejenigen, die im Spitale des Rasierens bedürfen, ordentlich und zur gehörigen Zeit rasieren. Dies lehnte Siebold ab, da seine Gehilfen für anderes da seien, als Pfründner und Narren zu rasieren. Er besteht darauf, daß sie nicht mehr Jungen und Gesellen, sondern Gehilfen genannt werden, und daß er keinen Anatomieknecht anerkenne, sondern nur einen Anatomiediener[21].

Siebolds Kampf gegen das Pfuscherunwesen begann damit, daß er zunächst einmal ihnen gegenüber eine scharfe Grenze zog. Dies war nur möglich durch staatliche Anerkennung und Überprüfung der Ausbildung. Schon im Jahre 1784 setzte er eine Verordnung durch, nach der die Wundärzte des Landes sich in das „Gremium chirurgicum"[22] in der Stadt einschreiben lassen mußten und „Fürderhin in höchst dero fürstlichen Landen darf kein Chirurgus, Wundarzt oder Bader auf- und angenommen und keinem Neuangehenden die chirurgische Praxis gestattet werden, wenn solcher nicht vorher von der medizinischen Fakultät gehörig geprüfet sey und hierauf von hochfürstlicher Regierung den Erlaubniss Schein erhalten hat"[23].

Da auch Geistliche, besonders aus den Mönchsorden, ärztliche Kuren ausübten, erwirkte Caspar Siebold im Jahre 1781 ein Verbot beim Fürstbischof für sämtliche Pfarrer, Kapläne und andere Geistliche, sich nicht nur von Ordinieren, Anraten und Abgaben von Medizin gänzlich zu enthalten, sondern auch nicht approbierte Mediziner und Chirurgen zu empfehlen, widrigenfalls empfindliche Strafe unausbleiblich sei[24].

So sehr Siebold also auf die Säuberung des eigenen Standes bedacht war, so scharf ging er gegen die Pfuscher vor, die er zur Anzeige brachte und bestrafen ließ. In seinem chirurgischen Tagebuch geht er immer wieder mit ihnen zu Gericht, und wir werden häufig an die heutige Zeit und an jüngste Geschehnisse erinnert.

So berichtet er zum Beispiel über einen Brustkrebs mit einer kleinen Achseldrüse bei einer 43jährigen Frau, die sich aus Furcht vor der Operation allerlei Pfuschern anvertraute, herumstreichenden Afterärzten, ja einem Vagabunden, der vorgab, alle Übel, gegen welche die Kunst und Wissenschaft schulgerechter und erfahrener Männer nichts vermag, heilen zu können. Da die Geschwulst trotzdem ständig wuchs, war die Kranke dann so einsichtig, zu Siebold zurückzufinden, der die Brust operativ entfernte. Die kleine Geschwulst in der Achselgrube wurde dagegen täglich größer und nach sieben Monaten so groß „als eine kleine Mannsfaust". Siebold entschloß sich abermals zur Operation. „Damit aber diese neue Operation an derselben Kranken kein Aufsehen gegen mich erregen und das Publicum zur Kränkung meiner Ehre veranlassen konnte, ließ ich die Frau in ein anderes Dorf bringen, wo ich sie glücklich operierte, und vollkommen heilte. Seit dieser Zeit hat sie keine Geschwulst an irgend einem Theile ihres Körpers mehr bekommen, und ich sah sie erst vor sechs Tagen, wo ich dieses schrieb, noch vollkommen gesund im 64. Jahre ihres Alters"[25].

Mancher Frau von heute, die sich auf Diät- und ähnliche Kuren verläßt, möchte man diese Einsicht wünschen. Man ist versucht, zu fragen: Wo steht der Arzt heute, welcher Fortschritt ist in den letzten 200 Jahren in der Autorität des Arztes beim Kranken erzielt worden gegenüber der des Heilpraktikers, des Kurpfuschers, des behandelnden Laien? Es kann kein Zweifel sein, daß Siebold mehr erreicht hat als wir, die wir nach einem mißverstandenen Gleichheitsgrundsatz in vieler Beziehung wieder den Nichtärzten gleichgestellt werden.

Siebold wurde zu einem Abt gerufen, der sich zunächst von einem Schinder, sodann von einem wundertätigen Eremiten hatte behandeln lassen. Kaum hatte dieser wundertätige Mann Siebolds Ankunft und Namen aus dem Munde des Klosterknechtes vernommen, als er hastig durch ein offenes Fenster aus dem Hause flüchtete[26]. Wer von uns könnte sich rühmen, einen solchen Sieg je davongetragen zu haben?

Siebolds Ruf als Chirurg, der ihm bald den Titel eines „Chirurgus inter Germanos princeps" einbrachte, beruhte auf seiner hervorragenden Beobachtungsgabe, seiner operativen Technik und Erfahrung, die er sich auf seinen Reisen nach Frankreich, England und Holland erworben hatte, seiner peinlichen Sauberkeit und seiner ethisch-ärztlichen Einstellung. Was die operative Behandlung einer Osteomyelitis, von Abszessen, von Tumoren angeht, so ist er von einer für diese Zeit erstaunlichen Aktivität. Doch immer wieder kommt bei ihm die Bescheidenheit durch, etwa wenn er bei der Besprechung des Panaritiums sagt: „Die Heilung eines entzündeten Fingers ... ist wahrlich für einen schulgerechten und denkenden Wundarzt keine geringfügige Sache"[27]. In der „kleinen Chirurgie" verlangte er die gleiche Sorgfalt wie bei der „größten und berufensten Operation, da man in allen Fällen ein großer und kleiner Wundarzt sein kann"[28].

Geschrieben hat er nicht viel und nicht gern. Im Vorwort seines heute noch mit Genuß zu lesenden, amüsanten chirurgischen Tagebuches versichert er, daß er es nur geschrieben habe, in der Absicht zu nützen, nicht zu glänzen. Er hat wenig geschrieben, aber was er geschrieben hat, bleibt als Zeugnis einer hervorragenden ärztlichen und chirurgischen Persönlichkeit. Als Lehrer war er der Reformator des anatomischen Unterrichtes und der Gründer des Clinicum chirurgicum, der ersten chirurgischen Hauptvorlesung im heutigen Sinne. Er führte das öffentliche Operieren vor den Studenten ein, las eine systematische Vorlesung über Knochen- und Bänderlehre und theoretische Chirurgie, über Knochenkrankheiten und chirurgische Verbände. Vor allem aber machte er als erster mit seinen Gehilfen und Zöglingen Krankenbesuche und gab ihnen als klinischer Lehrer die Gelegenheit, das theoretisch Erlernte am Krankenbette praktisch auszuüben.

Siebold hat es an verdienter Anerkennung nicht gefehlt. Im Jahre 1787 lehnte er einen Ruf an die Charité ab, 1801 wurde er von Kaiser Franz II. in den erblichen Reichsadelstand erhoben. Es war das erstemal, daß ein deutscher Wundarzt den Adel erhielt. Auf die Anfrage, ob er eine goldene Kette oder den Adelstitel vorziehe, soll er geantwortet haben, er sei geneigt, beides anzunehmen[29].

Der Fürstbischof ernannte ihn zum Geheimen Rat und zum Ersten Medizinalrat des Fürstbistums Würzburg. Damit war endlich für den ganzen Stand das Eis gebrochen.

Wenn ich so lange bei diesem ungewöhnlichen Mann verweilt habe, so deshalb, weil er nicht nur für die Entwicklung der Chirurgie und der Anatomie in Würzburg eine entscheidende Bedeutung hat, sondern darüber hinaus einer der Bahnbrecher der deutschen Chirurgie überhaupt gewesen ist.

Viele seiner Schüler sind selbst bedeutende Chirurgen geworden. Es seien nur genannt Phil. Franz von Walther, mit 21 Jahren o. Professor der Chirurgie, Oberwundarzt und Medizinalrat, ein hinreißender Lehrer und vortrefflicher Chirurg, Professor der vergleichenden Physiologie, Chirurgie und Ophthalmologie in Landshut und Bonn, zuletzt in München. Er sprach den prophetischen Satz:

„Die Medizin kann wahre Fortschritte nur dadurch machen, daß die ganze Physik, Chemie und alle Naturwissenschaften auf sie angewendet ... und mit ihren glänzenden Fortschritten in Übereinstimmung gebracht werden"[31].

Weitere bedeutende Schüler Siebolds waren Carl Christian Klein, später als württembergischer Leibchirurg geadelt, und vor allem Konrad Joh. Martin Langenbeck, der später als Ordinarius der Chirurgie in Göttingen das Ziel Siebolds, das Handwerk der Chirurgie mit der wissenschaftlichen Medizin zu vereinen, durch seine anatomischen Untersuchungen konsequent verfolgt und mit seinem Bruder Rudolf, seinem Sohn Maximilian und vor allem seinem berühmten Neffen Bernhard von Langenbeck die Technik der Chirurgie ausgebaut hat.

So ist Siebold über Langenbeck und Walther zum Stammvater der meisten bedeutenden Chirurgen der neueren Zeit geworden; es sei nur hingewiesen auf Trendelenburg, Pirogoff, Billroth, Franz König, Kocher, Esmarch, Dieffenbach, Thiersch und die von ihnen gegründeten Schulen.

Siebolds Tod im Jahre 1807 beendete zwar sein irdisches Dasein, sein Blut aber wirkte weiter: Carl Caspar von Siebold war der Begründer der sogenannten „Academia Sieboldiana", einer Gelehrtendynastie. Seine vier Söhne wurden hervorragende Ärzte, drei von ihnen bedeutende Hochschullehrer. Aus der dann folgenden Generation sind es vor allem Phil. Franz von Siebold, der Japanforscher, und Karl Theodor, der Münchner Zoologe, die dem Namen Siebold weiteren unsterblichen Ruhm gebracht haben.

Carl Caspars dritter Sohn, Johann Barthel von Siebold, wurde sein Nachfolger. Er war schon seit 1797 adjunctus seines Vaters gewesen und hielt von 1803 ab als Oberwundarzt des Juliusspitals und Professor der Chirurgie mit dem Vater die chirurgische Klinik gemeinsam. Berufungen nach Wien und Halle lehnte er ab.

Im Jahre 1814 folgte ihm Georg Anton Markard nach, der jedoch schon nach zwei Jahren starb. Ihm folgte wieder eine ungewöhnliche, temperamentvolle und ungebärdige Gestalt, die des Cajetan von Textor, eines Schülers von Philipp von Walther. Textor wurde 1782 als vorletztes von 14 Kindern armer Eltern in Oberbayern geboren und in einem Benediktinerkloster erzogen. Nach Studienreisen in die Schweiz, nach Paris und Italien wurde er zweiter Wundarzt im Allgemeinen Krankenhaus in München, wo er sich nicht nur als Stein- und Starschneider, sondern besonders auch wegen seiner erfolgreichen Resektionen, Amputationen und Exartikulationen einen so großen Ruf erwarb, daß er 1816 den Ruf auf die Würzburger Professur erhielt. Die Übersetzung des Lehrbuches seines Pariser Lehrers Boyer, bei dem er zwei Jahre begeistert gearbeitet hatte, war sein besonderes Verdienst. 1832 wurde er aus politischen Gründen mit seinem Kollegen Johann Lukas Schönlein, dem Professor der Inneren Medizin, verbannt, weil er an den Vorbereitungen zur Ausrufung einer Deutschen Republik teilgenommen haben sollte. Er ging nach Landshut, wo er die Chirurgische Schule leitete, wurde jedoch nach erwiesener Unschuld zwei Jahre später an das Juliusspital zurückgerufen. Als Siebzigjähriger wird er dann unerwartet verabschiedet. Seine Operationslehre[33] wird ein Standardwerk. Das von Bernhard Heine, mit dem er eng zusammenarbeitete, erfundene Osteotom verwandte er zur Resektion erkrankter Knochenteile. Heine hatte nach derartigen Eingriffen Regenerationen von Knochengewebe beobachtet und Hundeversuche über den Ort der Kallusbildung und der Neubildung von Knochengewebe überhaupt durchgeführt, für die er von der Académie des Sciences in Paris einen Preis erhalten hatte. Textor ergänzte diese Versuche und hielt 1842 seine Rektoratsrede über das Thema: „Über die Wiedererzeugung der Knochen nach Resektionen beim Menschen." Die Sammlung der 100 Präparate, an denen Heine die knochenbildende Kraft des Periostes, des Knochenmarks und des den Knochen umgebenden Bindegewebes zeigte, wurde erst von August Bier wieder entdeckt und zur Feier der 50. Tagung der Deutschen Gesellschaft für Chirurgie 1926 durch eine gemeinsam mit dem Anatomen Petersen und dem Chirurgen Fritz König herausgegebene Schrift „Bernhard Heines Versuche über Knochenregeneration" gewürdigt.

Textors temperamentvolle Persönlichkeit wird uns nähergerückt durch das Sondervotum, das er gegen die geplante Berufung Wenzel von Linharts aus Wien abgab, nachdem Morawek nach nur einjähriger Lehrtätigkeit offenbar an einer Colitis ulcerosa gestorben war. Er wandte sich scharf gegen Linharts Operationstechnik, da dieser empfohlen hatte, Gewebe mit dem Finger zu zerreißen. Eine Operation sei an sich schon eine Gewalttat und müsse schonend mit dem Messer durchgeführt werden. In diesem Votum führt er aus, was er von einem Professor der Chirurgie erwartet und schließt mit den Worten: „... Sein Beispiel ist belehrender als die Rede, die Tat ist mehr als das Wort"[34].

Textors Ablehnung von Linhart findet beim Ministerium größte Unterstützung, da das Ministerium nicht bereit ist, einen Ausländer zu berufen. Es schlägt geeignete Inländer, also Bayern vor, die jedoch von Fakultät und Senat abgelehnt werden. Die Fakultät versucht erfolglos, dem Ministerium klarzumachen, daß die Studenten, damals schon fast 500 Mediziner, davon 150 Bayern und 350 sogenannte Ausländer, nicht aus topographischen oder gesellschaftlichen Gründen nach Würzburg kämen, sondern um etwas zu lernen, da sie hier mehr als anderswo in der Lage wären, die Methoden der modernen Wissenschaft dargelegt zu bekommen (Brief der Fakultät an die Magnifizenz vom 12. März 1856). Da nun die Chirurgie nicht ausreichend besetzt sei, wären die Studenten unzufrieden und wollten abwandern, was die Fakultät verstehe.

„Es ist daher", heißt es in dem Brief weiter „jetzt die höchste Zeit, daß auch Eure Magnifizenz die gewöhnlichen Wege des Geschäftsganges verlassen und an geeigneter Stelle diejenigen Aufklärungen geben, welche zur Zerstreuung der vorhandenen Zweifel nötig sind ... Suchen Ew. Magnifizenz persönlich an der höchsten Stelle die Überzeugung zu verbreiten, welche die Fakultät und der Senat in seltener Einmütigkeit aufrechterhalten haben, und möge es Ihnen gelingen, zu zeigen, daß man den Maßstab nicht an

die Würzburger Hochschule legen möge, der vielleicht anderswo zutreffend
ist."

So fuhren der Gynäkologe Scanzoni als Rektor und der Anatom Kölliker
direkt zum König nach München, der der Fakultät zustimmte und Linhart
sofort berief. Das waren herrliche Zeiten, als die Bayern noch einen König
hatten!

Damals, zu Anfang der 70er Jahre, hatte die Medizinische Fakultät schon
streng getrennte Lehrstühle, die zum Teil mit großen Namen besetzt waren,
wie dem des Anatomen Kölliker, des Physiologen Fick, des Gynäkologen
Scanzoni. In diese Fakultät trat 1878 Ernst von Bergmann ein. Er gehörte
ihr als Professor der Chirurgie und Oberwundarzt des Juliusspitals an, bis
er als Nachfolger von Bernhard von Langenbeck 1882 nach Berlin übersie-
delte. Es erscheint überflüssig, in diesem Kreise auf seinen Lebenslauf oder
seine Bedeutung für die Chirurgie näher einzugehen. Es sei mir nur erlaubt,
die abschließenden Sätze seiner Würzburger Antrittsvorlesung wörtlich zu
zitieren:

„Indem ich Sie einlade, meinen Auseinandersetzungen, Vorführungen
und Erklärungen zu folgen, bin ich mir wohl meiner Verantwortung bewußt.
Ich scheue aber vor ihr nicht zurück, denn ich will Ihnen keineswegs bloß
gelungene Kuren und gewünschte Resultate vorführen, ich will vielmehr
in jedem Falle Ihnen ein treues und öffentliches Geständnis meiner Irrtümer
vorlegen. Ich lade Sie in meine Klinik zu eigener Tätigkeit und zu eigenem
Urteil ein. Suchen Sie von vornherein nicht bloß die hörenden Schüler zu
sein, sondern die strengen Kritiker Ihres Meisters zu werden. Dann helfen
Sie ihm aufs beste im schweren Amt zu Ihrem Nutzen"[35].

Rudolf Virchow, der schon 1856 von Würzburg nach Berlin gegangen
war, hatte dasselbe, nämlich „Denken ohne Autorität" verlangt, entsprechend
der Forderung Kants „Kein Crede, sondern ein freies Credo".

Bergmanns Nachfolger wurde auf dessen Wunsch der Freiburger Ordinarius Hermann Maas, der jedoch schon nach 4 Jahren einer Perikarditis erlag.
Wieder hatte es um diese Berufung einen schweren Konflikt zwischen Ministerium und Fakultät gegeben, da Maas aus Stargard in Ostpreußen stammte
und das Ministerium durchaus einen von drei bayerischen Privatdozenten
durchdrücken wollte. Die Fakultät wies in ihren Erwiderungen mit Einstim-
migkeit auf die experimentellen Arbeiten von Maas hin und schließt: „Wenn
aber die inländischen Dozenten teils noch wenig wissenschaftliche Arbeit
geleistet haben, teils viel Spreu und wenig Körner, dann hat die Fakultät
die Pflicht, nur nach den wissenschaftlichen Leistungen ihren Vorschlag zu
bemessen"[36]. Wieder entschied der König den Streit für die Fakultät und
gegen das Ministerium.

Auf Maas folgte Carl Schönborn, Schüler von Robert Ferdinand Wilms
und Bernhard von Langenbeck. Nach Beendigung des Deutsch-Französischen

Krieges erhielt er gegen den Vorschlag der Königsberger Fakultät die dortige ordentliche Professur, obwohl er keine Dozentur zuvor gehabt hatte, und zwar auf ausdrücklichen Wunsch der Kaiserin Augusta, deren Hospital Schönborn während des Krieges so gut geführt hatte. Ganz offenbar blies damals im monarchischen Preußen in dieser Beziehung ein anderer Wind als in Bayern. 1886 wurde Schönborn nach Würzburg berufen. Er erwies sich als ein hervorragender Operateur und Kliniker, Organisator und Lehrer. Unter ihm wurden ein neuer Hörsaal und erweiterte Arbeitsräume notwendig. Das Gebiet der Chirurgie wurde nun auch ausgedehnt auf die Kehlkopf- und Ohrenkranken, die Urologie, die Orthopädie. Peinliche Ordnung und Sauberkeit und die strenge Durchführung der Asepsis führten zu bisher unerreichten Erfolgen. Er starb an einer Pneumonie im Jahre 1906.

Sein Nachfolger wurde mein unvergeßlicher Lehrer Eugen Enderlen, ein begnadeter Operateur, dessen Arbeitsgrundlagen die Anatomie und die pathologische Anatomie waren, ein Mann von großer Lauterkeit und Unbestechlichkeit des Urteils, ein strenger Meister, doch von seinen Schülern verehrt und geliebt. Er sowie sein Nachfolger Fritz König stehen noch zu lebendig vor unseren Augen, als daß wir hier abschließend über sie und ihr Werk urteilen könnten. Das soll einer späteren Zeit vorbehalten bleiben.

Die jahrhundertelange Ehe zwischen Universität und Juliusspital, beides Stiftungen von Julius Echter von Mespelbrunn, wurde nach dem 1. Weltkriege gelöst. Enderlen hatte den Bau des Staatlichen Luitpoldkrankenhauses vorbereitet, König bezog die neue Chirurgische Klinik im Jahre 1921.

Was zeigt uns diese kurze historische Betrachtung? Daß es Probleme gibt, die der Arzt immer mit sich herumschleppen muß, wie den Kampf um die Anerkennung seines Standes, um die Achtung vor seiner Arbeit und die für ein wahres Arzttum erforderliche Gewissensfreiheit. Daß in einer Zeit, in der selbst der erfahrenste Arzt sich nicht mehr auf den sogenannten „klinischen Blick" und klinische Untersuchungsmethoden, ja häufig nicht einmal auf sein eigenes Urteil allein verlassen kann und darf, in der vielmehr in zunehmendem Maße differenzierteste Laboruntersuchungen und der Rat besonderer Sachkenner unentbehrlicher Teil jeder Diagnostik geworden sind, daß in einer solchen Zeit die berufsmäßige Ausübung der Heilkunst ohne ärztliche Bestallung erlaubt und die große Masse immer geneigt ist, gegen die ganz zu Unrecht als starres Dogma verschriene sogenannte „Schulmedizin" Stellung zu nehmen, beweist, daß der Mensch unbelehrbar ist. Ja, man hat sogar den Eindruck, daß der Mensch, der sich zunehmend eigener geistiger Arbeit entfremdet, um so mehr unkontrollierbaren mystischen Mächten vertraut, je weiter die Entwicklung der Technik fortschreitet.

Der Arzt unserer Zeit irrt also, wenn er glaubt, das Vertrauen seiner Kranken durch die vollendete Beherrschung der kompliziertesten Technik gewinnen zu können. Vertrauen und dadurch Autorität und Einfluß werden nur erworben durch die überzeugende Kraft der ärztlichen Persönlichkeit, durch die menschliche Beziehung vom verständnisvollen Arzt zum hilfesuchenden Kranken.

Eins geht aber noch eindrucksvoll aus unserer Betrachtung hervor: Es sind immer einzelne, große, vitale Persönlichkeiten, die den Weg für die Nachfolgenden frei machen. Ihnen danken wir den Fortschritt, und ihr Wirken erzieht uns zur Bescheidenheit, denn „Was man ist, das blieb man andern schuldig".

1. Dick W: Geschichte der Tübinger Chirurgie. Tübinger Blätter, 47:36–46 (1960)
2. Roth R: Die fürstliche Libery auf Hohentübingen und ihre Entführung 1634. Tübingen (1883)
3. Biographisches Lexikon. 2:637–638
4. Abert J Fr: Aus der Geschichte der Würzburger Universität unter Bischof Johann v. Egloffstein. Archiv des histor. Vereins von Würzburg u. Aschaffenburg, 63 (1923)
5. Körner H: Die Würzburger Siebolds. Inaug. Diss. Phil. Fakult. Tübingen. S. 9 ff. Juli (1955)
6. Statutorum Medicae Facultatis in Academia Wirtzburgensi de anno 1587, Copia vidimeta (im Archiv der Med. Fakultät Würzburg)
7. Siebold B v: Chirurgisches Klinikum. S. 5
8. Haller A v: Bibliotheca anatomica, 1:517
9. Sieber O: Karl Kaspar v. Siebold. Inauguraldissertation Würzburg Med. Fakultät, S. 9, Anm. 4 (1927)
10. Körner H: Die Würzburger Siebolds. Inauguraldissertation Phil. Fakultät Tübingen, S. 15 Juli (1955)
11. Sieber O: Karl Kaspar von Siebold. Inauguraldissertation der Med. Fakultät Würzburg. S. 13 (1927)
12. Denkwürdigkeiten aus dem Leben des kaiserlich-russischen Staatsrats MA Weikard. Frankfurt/Main und Leipzig. S. 85 und 94 ff (1802)
13. Sieber O: siehe 11
14. Siebold CC v: Chirurgisches Tagebuch. S. V
15. Bayer. Staatsarchiv Würzburg. St. 181 fasc. 5. (Die Instruktionen für den Oberwundarzt, Chirurg, Gehilfen; den Apotheker und Oberkrankenwärter im Juliusspital betreffend)
16. Siebolds Denkschrift. Entwurf in den Materialien zur Geschichte der Universität Würzburg (14. Bd. Ast. 2)
17. Bayer. Staatsarchiv Würzburg. St. 181, fasc. 5
18. Buchner M: Aus der Vergangenheit der Universität Würzburg. Julius Springer S. 515/16 (1932)
19. Bayer. Staatsarchiv Würzburg, St. 1393
20. Bayer. Staatsarchiv Würzburg, St. 181 fasc. 5
21. Bayer. Staatsarchiv Würzburg, St. 181 fasc. 5

22. Horsch J: Versuch einer Topographie der Stadt. Würzburg. Arnstadt-Rudolstadt. Langbein u. Klüger (1805)

23. Bayer. Staatsarchiv Würzburg, Adm. f. 214. V 2111, Nr. 890, 894, 895. Decretum Sept. (1784)

24. Bayer. Staatsarchiv Würzburg, Adm. f. 214, Nr. 890, 894, 895. Decretum Sept. (1781)

25. Siebold CC v: Chirurgisches Tagebuch. Ernst Christopf Grattenaver. S. 109 ff. Nürnberg (1792)

26. s. unter 25, S. 140 ff.

27. s. unter 25, S. 31

28. s. unter 25, S. 27

29. Oberthür: Rede S. 5 12. März 1802, zit. nach Sieber (s. unter 11), S. 22/1

30. Med. Chir. Z, 4 (1802) , S. 44. Dekret des Fürstbischofs vom 11. 11. 1802

31. Walther F v: Ideen. J. f. Chir. Bd. 21

32. Körner: s. unter 10, S. 75 ff.

33. Textor C v: Grundzüge der Chirurg. Operationen, welche mit bewaffneter Hand unternommen werden. Würzburg (1835)

34. Personalakt Linhart: Würzburger Univ. Bibliothek

35. Arend-Buchholz: Ernst v. Bergmann. FCW Vogel, Leipzig (1925)

36. Personalakt Maas: Würzburger Univ. Bibliothek

Eugen Enderlen, Werk und Persönlichkeit

Akademischer Festakt
zum 100. Geburtstag von Eugen Enderlen
am 21. Januar 1963 in Würzburg

Durch das Entgegenkommen des Juliusspitals können wir uns heute in diesem schönen Raume ehrwürdiger Tradition zusammenfinden, in dem Rudolf Virchow zu Anfang der 50er Jahre die Zellular-Pathologie schrieb und Rudolf Albrecht von Koelliker seinen mikroskopischen und embryologischen Studien nachging.

Es ist nicht umsonst, daß wir diesen Raum wählten. In ihm hat auch Eugen Enderlen seinen chirurgischen Operationskurs gehalten, die Vorlesung, die ihm besondere Freude machte.

Als Enderlen am 21. Januar 1933 seinen 70. Geburtstag feierte, verbat er sich die Festschrift, die ihm sein Freund Sauerbruch schon vorbereitet hatte, er verbat sich alle „Nekrologe", alle Hinweise auf seine „Rüstigkeit" und entzog sich allen Feierlichkeiten, indem er für diesen Tag von Heidelberg nach Bonn flüchtete. Hier verbrachte er ihn bei seinem Schüler v. Redwitz, den wir heute besonders vermissen und zu dem unsere Gedanken in dieser Stunde in alter Anhänglichkeit gehen, wie er später schrieb „ganz nach seinem Wunsche". Auch dankte er bei dieser Gelegenheit für jeden späteren wirklichen Nekrolog und für Trauerfeiern, bei denen es immer zuviel Weihrauch und zu wenig zu essen gäbe.

Möge er es uns nicht verübeln, daß wir heute, an seinem 100. Geburtstage, über 22 Jahre nach seinem Tode, uns zu seinen Ehren zusammenfinden und damit nachholen, was in den Kriegswirren des Jahres 1940 nicht möglich war. Entsprechend seinem ausdrücklichen Wunsche, ohne alles Aufsehen und in aller Einfachheit von dieser Erde abzutreten, folgten nur zwei seiner Schüler und ein Vertreter seines Freundes Sauerbruch damals dem Sarge eines Mannes, der maßgeblich an dem Gebäude unserer modernen Chirurgie mitgebaut, der Hunderte und Aberhunderte die Chirurgie gelehrt und sie für die Chirurgie begeistert und vielen Tausenden durch seine große Kunst Leben und Gesundheit erhalten hat.

Das Leben eines Arztes vollzieht sich nicht in der Öffentlichkeit. Nur mittelbar und oft namenlos wirken sich die Früchte seiner mühevollen wissenschaftlichen Forschung auf die Allgemeinheit aus, während die unmittelbare ärztliche Leistung und die Ausstrahlung seiner Persönlichkeit auf einen verhältnismäßig kleinen Kreis beschränkt und daher zeitgebunden bleibt. So stirbt die Erinnerung selbst an große und bedeutende Kliniker meist mit den von ihnen betreuten Kranken und mit den Schülern. Und nur ganz wenige ärztliche Namen sind unsterblich geworden und stehen über die Jahrhunderte hinweg als leuchtende Fixsterne am ewigen Himmel.

Gewiß gehörte Eugen Enderlen nicht zu diesen und er selbst hat sich auch niemals zu ihnen gerechnet. Kein genialer Geistesblitz hat seinem Namen Unsterblichkeit verliehen. Sein tiefer Drang nach Erkenntnis aber, seine hingebungsvolle, nach Wahrheit suchende wissenschaftliche Arbeit, seine ärztliche Weisheit und seine menschliche Güte sind ein Vorbild geblieben, das nicht den Zeitumständen unterworfen ist. Darum sollen wir, die wir ihn noch gekannt und verehrt haben, nicht aufhören, sein Bild wieder auferstehen zu lassen und es auch den jüngeren Generationen vor Augen zu halten.

Eugen Enderlen wurde am 21. Januar 1863 als Sohn schwäbischer Eltern in Salzburg geboren. Er studierte von 1882 bis 1887 Medizin an der Universität München und arbeitete dann kurz im Hygienischen Institut bei Hans Buchner, dem späteren Nachfolger Pettenkofers. Es war dann die Hand Otto von Bollingers, die ihn in das Gebiet der Pathologischen Anatomie einführte. Der Einfluß dieses bedeutenden Pathologen hat seine Liebe zur Pathologischen Anatomie begründet und ist für die Arbeitsrichtung seines ganzen Lebens mitbestimmend gewesen. Er hat dies seinem ersten akademischen Lehrer stets gedankt und auch in der diesem gewidmeten Festschrift den Dank zum Ausdruck gebracht, daß er sich unter seiner Führung der wissenschaftlichen Forschung zuwenden durfte.

Enderlens erste Arbeit war bereits eine Frucht seiner bakteriologischen und pathologisch-anatomischen Studien. Sie ist zugleich ungemein charakteristisch für seine Arbeitsweise und die Form der meisten seiner späteren wissenschaftlichen Veröffentlichungen. Er untersuchte experimentell den Durchtritt von Milzbrandsporen durch die intakte Lungenoberfläche des Schafes. Ausgehend von der praktisch wichtigen Frage, ob Weidetiere durch Fütterung oder durch Einatmung an Milzbrand erkranken, züchtete er in Fortsetzung von Untersuchungen Buchners hochvirulente Milzbrandsporen und ließ sie vermittels eines besonders konstruierten Inhalationsapparates durch die Versuchstiere einatmen. Um dem Einwand zu begegnen, das Einatmungstier habe die Sporen verschluckt und sei an einer Darminfektion zugrunde gegangen, wurde den Kontrolltieren eine weit größere Menge verfüttert. Der Erfolg war eindeutig: die Einatmungstiere gingen sämtlich binnen kurzem zugrunde, die Fütterungstiere blieben am Leben. Die sorgfältigen histologischen Untersuchungen ergaben am Darm keinen krankhaften Befund, dagegen fand er in den karbunkelähnlich infiltrierten Lungenpartien spärlich, in dem makroskopisch normalen Lungengewebe reichlich Milzbrandstäbchen in den Kapillaren. Enderlen fühlt sich zu dem Schluß berechtigt, daß manche Fälle von spontanem Milzbrand bei Weidetieren durch Einatmung zu erklären sind. Jahrzehnte später wurde dieser Infektionsweg auch beim Menschen bestätigt. Heute ist die Hadernkrankheit als Berufskrankheit in den Wollkämmereien anerkannt.

Ich bin bei dieser ersten Arbeit etwas länger verweilt, weil sie in der praktischen Fragestellung, in der Art der tierexperimentellen Behandlung des Problems, in der Exaktheit der Protokolle und in der Zurückhaltung bei der Formulierung der Schlußfolgerungen so besonders typisch für den Mann und seine Arbeit ist. Seine Forschungsarbeit „wurzelt", wie es Max Planck einmal von der exakten Wissenschaft gesagt hat, „im menschlichen Leben, aber sie ist mit dem Leben in doppelter Weise verbunden. Denn sie schöpft nicht allein aus dem Leben, sondern sie wirkt auch auf dasselbe zurück".

Zwei Arbeiten über Nervenregeneration und über Stichverletzungen des Rückenmarks stammen noch aus der Münchener Zeit. Auch hier sind es – ausgehend von einem beobachteten Fall der Münchener Klinik – wieder tierexperimentelle Untersuchungen an Verletzungen des Rückenmarks von Kaninchen durch eine chirurgische Nähnadel, und die epidurale wie subdurale Injektion frischen Blutes in den Wirbelkanal, die ihn nach sorgfältigen histologischen Untersuchungen zu Schlüssen über Art und Ausdehnung der degenerativen Veränderungen führen.

Enderlens Tätigkeit bei dem Chirurgen v. Angerer war von kurzer Dauer. Zu ihm konnte er keine innere Beziehung gewinnen. So ging er nach Greifswald als Assistent zu Helferich, den er stets als seinen eigentlichen chirurgischen Lehrer verehrt hat. Dem Meister und Freund, dem er bis zuletzt die Treue hielt, hat er mit warmherzigen Worten zum 80. Geburtstag alles gesagt, was ein Schüler, nun selbst zum Meister geworden, seinem Lehrer nur sagen kann. – Im Jahre 1895 habilitierte er sich in Greifswald, wechselte jedoch schon 1896, ein Jahr später, nach Marburg, wo er Oberarzt an der Küsterschen Klinik wurde.

Die Marburger Jahre waren in mehrfacher Hinsicht für ihn bedeutungsvoll. Wie in München der Pathologe Otto v. Bollinger, so hat ihn in Marburg der Anatom Emil Gasser in seinen Bann gezogen. Hier entdeckte er seine Liebe zur Normalen Anatomie. In ihr sah er die eigentliche Grundlage der Chirurgie, in ihr wurzelte seine operative Kunst. Sie machte ihn zu dem überragenden Operateur, dessen Technik Weltruf erlangte. Bis in die letzten Jahre scheute sich dieser große Kenner der Anatomie nicht, vor besonderen Operationen noch einmal ein anatomisches Lehrbuch in die Hand zu nehmen, um sich zu unterrichten. Nicht selten sah man ihn auch über der Topographischen Anatomie des alten Hyrtl schmunzeln, das sein Lieblingsbuch war und stets neben dem Mikroskop auf seinem Schreibtische lag.

Mit Gasser las er gemeinsam den Operationskurs, die Vorlesung, an der er selbst am meisten hing und die auch den beiden Dozenten unerschöpfliche

Anregung bot. Aus dieser chirurgisch-anatomischen Zusammenarbeit entstanden zahlreiche Arbeiten, insbesondere auch der stereoskopische Atlas zur Lehre von den Hernien, in dem sämtliche bei Präparationen gefundenen Hernien auf handkolorierten Photographien dargestellt und einzeln beschrieben sind. Die Schwierigkeiten der Illustration dieses im Jahre 1906 erschienenen Buches sind evident. Um so mehr muß man die unendliche Mühe und Sorgfalt der beiden Autoren bewundern. Weitere Arbeiten aus dieser Zeit befassen sich mit Fragen der Transplantation, mit histologischen Untersuchungen bei der experimentellen Osteomyelitis, mit Harnblasenplastiken, Ureter-Einpflanzungen in den Darm, mit der Invagination des Magens in den Oesophagus, mit der Hepato-Cholangio-Enterostomie. Schon hier beginnen seine Studien über das Zustandekommen der Blasenektopie, die er klinisch bis in seine Würzburger und Heidelberger Zeit fortsetzt.

Als eine Frucht anatomisch-chirurgischer Zusammenarbeit soll hier die bahnbrechende Arbeit Enderlens „Ein Beitrag zur Chirurgie des hinteren Mediastinums" erwähnt werden, die er aus dem Anatomischen Institut und der Chirurgischen Klinik veröffentlichte. Anlaß gab die operative Entfernung eines verschluckten Gebisses aus dem Oesophagus auf dem Wege durch das hintere Mediastinum. In dieser über 50 Seiten umfassenden Arbeit gibt er zunächst eine erschöpfende Darstellung der Anatomie des Oesophagus, seiner Lagebeziehungen, seiner Gefäßversorgung auf Grund eigener Präparate und des gesamten vorhandenen Schrifttums. Sodann schildert er, wie er bei einem 29 Jahre alten Manne das Gebiß, welches seit über 4 Wochen 31 cm unterhalb der Zahnreihe sich verhakt hatte, zunächst von einer Gastrostomie aus zu entfernen versucht. Da dies nicht gelingt, legt er eine Magenfistel an und geht nun von hinten extrapleural rechts neben der Wirbelsäule bis auf den Oesophagus vor, entfernt den Fremdkörper aus der Speiseröhre, verzichtet mit Rücksicht auf die gequetschten Wundränder auf eine Naht und legt einen Mikulicz-Tampon ein. Nach Beherrschung eines später auftretenden subphrenischen Abszesses schließt sich die Speiseröhrenfistel spontan und der Mann ist geheilt. Enderlen verlangt eine strenge Indikation, er will die Mediastinotomia posterior nur gelten lassen für Fremdkörper und die seltenen tiefsitzenden Divertikel und verlangt, in jedem Falle die Gastrostomie vorauszuschicken.

Wenn der von Enderlen gegangene Weg heute, da wir gelernt haben, ohne Schwierigkeiten im offenen Brustraum zu operieren, nur noch historischen Wert hat, so mindert das die Bedeutung seiner Leistung keineswegs. Er hat der Chirurgie des intrathorakalen Oesophagus einen neuen Impuls gegeben.

Hat Enderlen auf seinem weiteren Lebensweg auch alle ihn interessierenden chirurgischen Probleme begierig aufgegriffen und bearbeitet, so schälen sich doch schon in dieser Marburger Zeit drei Lieblingsthemen heraus, von denen er nicht wieder loskommen sollte: die Schilddrüse, die Bauchchirurgie, insbesondere die des Magens und der Gallenblase und die Transplantationen.

Mit dem Anatomen Gasser verband ihn bald eine durch die gemeinsamen Interessen und durch gegenseitige Achtung begründete Freundschaft.

Auch Enderlens lebenslange Freundschaft mit Ludwig Aschoff und mit Ludolf Krehl, den er fast zwei Jahrzehnte später in Heidelberg wiedertreffen sollte, geht auf die Marburger Zeit zurück.

Im Jahre 1904 erhielt Enderlen, 41 Jahre alt, den Ruf auf den ordentlichen Lehrstuhl für Chirurgie an der Universität Basel, wo er bis 1908 blieb. Diese vier Jahre waren für ihn eine ärztlich, wissenschaftlich und menschlich fruchtbare Zeit. Die Alemannen lernten den wortkargen und doch humorvollen und zuverlässigen Mann bald schätzen. Er faßte schnell Fuß und gewann sich unter den Schweizer Chirurgen und Schülern in kurzem neue und zuverlässige Freunde, die ihm treue Weggenossen bis zu seinem Lebensende blieben, wie etwa Ernst Ruppanner oder Eugen Bircher. Seine Ernennung zum Ehrenmitglied der Schweizerischen Gesellschaft für Chirurgie war nur ein äußeres Zeichen der inneren Verbundenheit.

Hier in Basel fiel ihm auch ein Student im Examenssemester wegen seines hervorragenden Wissens und seiner Geschicklichkeit auf. Es war Gerhard Hotz, dem er sogleich nach dem Examen eine Assistentenstelle anbot, den er 1908 mit nach Würzburg nahm und der sein ganzer Stolz wurde. Von der fruchtbaren gemeinsamen Arbeit zeugen Ergebnisse von bleibendem Wert, wie die Versuche über die Parabiose durch Gefäßnaht oder die Ausarbeitung der operativen Technik der Strumaresektion. 1918 verließ Hotz die gemeinsame Arbeitsstätte in Würzburg, um den Lehrstuhl in Basel zu übernehmen. 1926 starb er im Alter von 46 Jahren an der dritten Magenperforation. Das war ein schwerer Schlag für Enderlen. Er hatte, wie er in einem kurzen, ergreifenden Nachruf schrieb, einen treuen Mitarbeiter, seinen besten Schüler und einen lieben Freund verloren.

Wenn Enderlen auch schon 1908 wieder Basel verließ, um den Ruf nach Würzburg anzunehmen, so hat er doch zeitlebens der Schweiz und ihren Chirurgen die Treue gehalten.

Auf der Würzburger Berufungsliste hatte Enderlen mit Garrè primo et aequo loco gestanden. Das von Leube unterzeichnete Fakultätsgutachten weist auf die Vielseitigkeit der wissenschaftlichen Leistung hin und hebt hervor, daß seine mit Geduld, Sorgfalt und großem technischen Können durchgeführten Versuchsreihen wertvolle Beiträge zur Lösung wichtiger Fragen geliefert hätten. Zugleich wird er als vollkommen zuverlässig und treu, ernst und angenehm im Verkehr geschildert.

Enderlen sagte die patriarchalische Atmosphäre des alten Würzburg zu und er fühlte sich hier bald zuhause, so daß er den 1911 an ihn ergangenen Ruf nach Königsberg ablehnte. Bald hatte er sich einen großen Freundeskreis geschaffen, in dem wieder der Pathologe, Martin Benno Schmidt, eine besondere Rolle spielte. Die Ungezwungenheit der äußeren Formen in diesem weinträchtigen Lande, die frohe Geselligkeit und die liebliche Landschaft, die er schon morgens vor dem frühen Beginn des Dienstes zu Pferde durchstreifte, war so recht nach seinem Herzen, ebenso wie das abendliche Turnen mit seinen Assistenten.

In Würzburg begann für Enderlen die Zeit seiner ärztlichen und wissenschaftlichen Ernte. Hier entstanden die Arbeiten über Transplantationen von Gefäßen und Organen, die er gemeinsam mit Borst in München vortrug und in denen er sich auch kritisch zur Technik der Gefäßnaht äußert und Indikationen für die Bluttransfusion aufstellte.

Es entstanden hier weiter die Arbeiten über die Resorption bei Ileus und Appendicitis und über die Anatomie der Struma bei Kropfoperationen, beide gemeinsam mit Hotz, in der die bis heute allgemein gültige operative Technik festgelegt wurde. Als Enderlen in Fortführung seiner Marburger Transplantationsversuche bei einem Kretin des Juliusspitals die Transplantation einer operativ gewonnenen Schilddrüse versuchte, reagierte sein psychiatrischer Kollege Rieger mit dem verzweifelten Ausruf: „Nun macht mir der Enderlen meine schönsten Kretins gesund!" Diese Befürchtung hat sich allerdings nicht bewahrheitet.

Der Weltkrieg unterbrach Enderlens Arbeit nicht. Als Generalarzt à la suite ging er ins Feld.

Sein erster kriegschirurgischer Beitrag von entscheidender Bedeutung erschien bereits am 27. Oktober 1914, also noch nicht drei Monate nach Kriegsbeginn in der Münchener Medizinischen Wochenschrift. Entgegen der vorherrschenden Ansicht, die zunächst unter anderen von Ludwig Rehn und Körte vertreten wurde, setzte er sich energisch für die sofortige operative Behandlung der Bauchschüsse, auch durch Infanteriegeschosse, ein und widerriet jedes Abwarten. War der Allgemeinzustand noch befriedigend, so laparotomierte er auch noch nach 15 Stunden. Nach einem Ablauf von 18 Stunden operierte er nicht mehr. Charakteristisch für Enderlen ist die Schlußfolgerung aus seinen Erfahrungen, die ich wörtlich anführe:

„Ich möchte auf Grund des vorliegenden kleinen Materiales keine Vorschläge machen, sondern nur anführen, was ich künftig zu tun beabsichtige; sollte ich zu anderer Anschauung bekehrt werden, so werde ich nicht verfehlen, dies mitzuteilen."

Doch er sollte Recht behalten. Seine Auffassung fand bald, wenn auch zunächst nur wenige Anhänger. In dem eindrucksvollen Referate Schmiedens auf der Brüsseler Kriegschirurgentagung im April 1915 kam Enderlens Standpunkt voll zur Geltung, den dieser in einer Diskussionsbemerkung nochmals unterstrich. Und schon im Juli 1915 berichtete Enderlen gemeinsam mit Sauerbruch über 44,4% Heilungen bei 211 operierten Bauchschüssen. In diesem klassisch zu nennenden Erfahrungsbericht werden bereits die Indikationen herausgearbeitet.

In einer umfassenden, gemeinsam mit seinem Schüler v. Redwitz verfaßten Darstellung hat er dann später die Schußverletzungen des Magen-Darm-Kanals in Schjernings Handbuch der ärztlichen Erfahrungen bearbeitet, die über den 2. Weltkrieg hinaus bis heute richtungsweisend geblieben ist.

Als dann durch den Übergang zum Stellungskrieg die chirurgische Arbeit weniger wurde, hielt es Enderlen im Felde nicht mehr aus. In einem an das K.B. Kriegsministerium gerichteten Antrag bittet er um Versetzung in die Heimat.

„Operativ“, so schreibt er, „war ich nur eine halbe bis dreiviertel Stunde am Tage beschäftigt. Absolut nötig war dies auch nicht, die Arbeit konnte der chirurgisch vorgebildete Stabsarzt des Feldlazarettes auch leisten. Ich mußte in den Kriegslazaretten hausieren gehen, um die Zeit anzuwenden. Es fragt sich, wo ich nützlicher bin, zu Hause bei dem enormen Zustrom von Verwundeten und Kranken oder draußen, wo ich Beschäftigung suchen muß und nur schwer finde. Ich verzichte auf das Gehalt von seiten der Armee. Nach den bisherigen Erfahrungen kann ich in meiner ‚Unabkömmlichkeit draußen‘ keine besondere Anerkennung finden.“

Dem Gesuch, von M.B. Schmidt wärmstens befürwortet, wurde stattgegeben. So konnte Enderlen seine Tätigkeit am Juliusspital und als akademischer Lehrer in Würzburg beschließen. Die letzten Vorlesungen liest er im S.S. 1918. Den Operationskurs kündigt er lapidar an: „Falls noch Krieg – weniger Stunden, demgemäß niedrigeres Honorar.“

Am 30. Mai 1918 erhielt er den Ruf nach Heidelberg, den er – kurz entschlossen – nach fünf Tagen Überlegung annimmt.

„Die Fakultät bedauert lebhaft“, heißt es in einer Stellungnahme, „durch seinen Weggang eines ihrer hervorragendsten und verdienstvollsten Mitglieder zu verlieren, um so mehr als für seinen Entschluß vorwiegend die unzureichenden Verhältnisse der Chirurg. Klinik im Juliusspital und die durch den Krieg bedingte Verzögerung des Neubaus im Luitpoldspital bestimmend waren.“

Enderlen konnte freilich nicht ahnen, daß die neue Klinik schon drei Jahre später von seinem Nachfolger Fritz König bezogen werden konnte, während er auf die Berufungszusage des Karlsruher Ministeriums auf einen Neubau unter zunehmender Resignation bis zu seiner Emeritierung erfolglos wartete. So mußte er sich mit dem aus dem Jahre 1846 stammenden Klinikgebäude, den Pavillons und Baracken zufrieden geben und alle die mit den mißlichen Verhältnissen verbundenen Erschwerungen der Arbeit und Gefährdungen der Kranken in Kauf nehmen. Er hat während der ganzen Heidelberger Jahre darunter gelitten, daß er den Gästen nur eine Klinik zeigen konnte, „wie sie nicht sein soll“ und es doch bitter empfunden, daß sein

Nachfolger Martin Kirschner sogleich mit dem Bau der neuen Klinik beginnen durfte.

Daß dieser unglückliche Operationssaal, „dessen Grundriß", wie schon Billroth geschrieben hatte, „so wenig durchdacht schien, als hätte ein Statthalterei-Baumeister den Plan gemacht" trotzdem zu einem Mekka chirurgischer Kunst wurde, zu dem Chirurgen aus allen Landen pilgerten, war allein der Meisterschaft Enderlens zuzuschreiben. Hier in Heidelberg hat er sich gemeinsam mit v. Redwitz, Freudenberg und mit Zukschwerdt experimentell mit der Physiologie und Pathophysiologie des Magens beschäftigt. Entsprechend seiner Freundschaft mit Krehl und dessen Klinik kam es nun auch zur Bearbeitung physiologischer Probleme, bei der Enderlen den experimentellen Teil übernahm, wie über die Denervierung des Herzens mit Bohnenkamp und mit Eismayer oder die Bedeutung der Ganglia stellata für die Wärmeregulation mit Gessler.

Einen Markstein in der Geschichte der Gallenchirurgie bildete sein Kongreßreferat 1923, übrigens das einzige Referat, das Enderlen vor dem Deutschen-Kongreß gehalten hat. Mit Entschiedenheit vertritt er die Frühoperation. Sätze wie „Nicht die Operation, ihre verspätete Ausführung ist gefährlich" oder „Verdacht auf Carcinom ist keine Gegenanzeige", haben auch heute noch die gleiche Gültigkeit. „Erzogen in der Furcht vor Gott und dem Peritoneum" empfiehlt er nur in Ausnahmefällen den primären Verschluß und zieht in der Regel eine vorübergehende Drainage vor. Bei intraoperativen Choledochusverletzungen oder bei Stenosen empfiehlt er die Einpflanzung des Choledochus mit transduodenaler Drainage. Die vorsichtige Dilatation der Papille wird empfohlen, die Gallengangsdrainage nur bei morscher Choledochuswand und schwer infizierter Galle angewandt.

Manches ist in den seit diesem Referat verflossenen 40 Jahren hinzugekommen, die Grundzüge sind aber bis heute unverändert bestehen geblieben.

Den 49. Kongreß unserer Gesellschaft im Jahre 1925 präsidierte er, 1933 wird er zum Ehrenmitglied gewählt. Roepke hatte ihn mit den Worten vorgeschlagen: „Jedem unter uns ist er ans Herz gewachsen …"

Ausgerechnet am Ostersonntag 1932 erhält er im gelben Kuvert, mit Tintenstift beschrieben, die Emeritierung. „Die Altersgrenze ist dehnbar wie der Stiftungsbrief von Julius Echter von Mespelbrunn" schreibt er an den Freund. Noch ein Jahr läßt er sich bewegen, den Lehrstuhl zu vertreten, dann lehnt er jede Verlängerung ab. Die äußeren, ihm so wesensfremden Verhältnisse – es ist März 1933 – erleichtern ihm den Entschluß. „Meine Frau sagt immer: ‚Tue, was du willst, du wirst es bereuen'." Mit einem Fackelzug, bat er, möge man ihn verschonen. Nur um das Operieren ist's ihm leid, „das geht noch ganz gut". „Aber 's ist doch eine verfluchte Sache, wenn man zu nichts mehr nutz und die ganze Tätigkeit mit Waschen und Rasieren beendet ist."

So zieht er nach Stuttgart und schwört, niemals mehr den Boden einer Klinik zu betreten. Die glückliche, ihn ganz erfüllende Zeit seines Lebens war vorbei. Seine Lebenskurve war, ohne Remissionen, bisher langsam und stetig angestiegen. Aber:

> Alles geben die Götter, die unendlichen,
> Ihren Lieblingen ganz:
> Alle Freuden, die unendlichen,
> Alle Schmerzen, die unendlichen, ganz.

Auch Enderlen mußte den bitteren Kelch bis zur Neige leeren. Das „sogenannte Otium" hatte er sich anders vorgestellt. Er selbst hatte schon in der letzten Heidelberger Zeit einige Herzanfälle überstanden, nun machte sich das Herzleiden immer mehr bemerkbar. Vor allem aber überschattete die letzten Jahre das zunehmende Leiden seiner Frau, die an den Folgen einer Polyarthritis litt und fest ans Bett gefesselt war. – „Ich muß daran denken, das Haus zu bestellen", schreibt er dem Freunde zum Abschied in einem letzten Brief. Er selbst diagnostiziert als Ursache des eigenen Ileus das Sigmakarzinom und stellt die Indikation zur palliativen Entlastung. Seine Frau nimmt von der Bahre aus, die neben sein Bett ins Krankenhaus gefahren wird, Abschied von ihm. Er stirbt wenige Tage nach dem Eingriff am 7. Juni 1940.

Wie war der Mann beschaffen, der ein Meister der Chirurgie war, ein unermüdlicher Forscher, ein Arzt, der das Vertrauen unzähliger Kranker genoß, ein Mensch, dem Freunde und Schüler aufs innigste verbunden waren?

Tätiger Sinn, das Tun gezügelt –

Wenn je dieses schöne Goethewort auf einen Mann paßte, so auf Eugen Enderlen. Fleiß und Selbstdisziplin waren die charakteristischen Merkmale seines Lebens. Wie ein Uhrwerk lief sein Tagwerk ab. Gleichgültig, wann er den Operationssaal mittags verließ, am Nachmittag stand er pünktlich im Tierlabor. Wie ein Uhrwerk lief auch die einzelne Operation ab. Nie wurde gehastet, mit absoluter Präzision folgte ein Handgriff dem anderen. Dazu herrschte Totenstille und es konnte sehr wohl geschehen, daß Enderlen eine Operation unterbrach und wartete, bis einem erschrockenen Gast das Flüstern verging. Chef, Assistenten und Schwestern bildeten eine Operationsgemeinschaft, die sich ohne Worte verstand.

Vielleicht liegt die Erklärung für die Schule, die Enderlen hinterlassen hat, in der Typisierung der Eingriffe. Weit entfernt von hohlem Schematismus soll sich vielmehr gerade auf dieser sicheren Grundlage eine weitgehende Anpassungsfähigkeit an den Einzelfall entwickeln.

An der eigenen Weiterbildung arbeitete er unaufhörlich und es verging kaum ein Urlaub, in dem er nicht einem Kollegen über die Schulter blickte. Mit besonderer Achtung sprach er von César Roux, den er wiederholt in Lausanne besuchte und dessen Operationstechnik er bewunderte.

Zu dem „gezügelten Tun" gehörte auch seine absolute Wahrheitsliebe. Wie jedes Vertuschen in der Klinik zur Katastrophe, jedes Eingeständnis eines Fehlers zu freundlichen, ja väterlichen Ratschlägen führte, so war er selbst in Fragen der Wahrheit kompromißlos. Als unvergleichlicher Kenner des Schrifttums hat er sich so in unzähligen Diskussionsbemerkungen und Referaten zu einem gefürchteten Zensor gemacht. Wenn Lichtenberg sagt: „Es ist fast unmöglich, die Fackel der Wahrheit durch ein Gedränge zu tragen, ohne jemandem den Bart zu sengen", so muß man zugeben, daß Enderlen viele Bärte versengt hat. Sein gelegentlich über einen Kollegen gesprochenes Urteil „Multa, non multum" war kurz, aber vernichtend.

So scharf aber Enderlens Kritik auch sein mochte, sie war immer sachlich. Persönliche Animositäten kannte er nicht. Ihn zeichnete eine ausgesprochene Noblesse aus. Er war selbst von größter Bescheidenheit, Zurückhaltung, ja fast Schüchternheit. Er verbarg sie hinter einer rauhen Schale. Seine Wort-kargheit wurde nur gelegentlich durch eine humorvolle Bemerkung unterbro-chen. Für die Assistenten war es dann, wie wenn durch eine Wolkenlücke plötzlich ein wärmender Sonnenstrahl hervorleuchtete, der sich aber sofort wieder verkroch. Die Zahl seiner, nun schon zu Anekdoten gewordenen, kurzen, trockenen, oft sarkastischen, aber immer treffsicheren Bemerkungen ist Legion.

Wenn je ein Beweis notwendig war, daß nicht äußere Liebenswürdigkeit und Bequemlichkeit des Umgangs jahrzehntelang dauernde Freundschaften begründen, zudem daß alle wirlich echten und beständigen Beziehungen zwi-schen den Menschen auf der Erkenntnis des inneren Wertes des Anderen beruhen, durch Enderlen ist dieser Beweis erbracht worden.

Eugen Enderlens Werk und Persönlichkeit repräsentieren eine andere Zeit, die Zeit des ausgehenden 19. und des beginnenden 20. Jahrhunderts. Es war nicht etwa nur „die gute alte Zeit", denn die Polarität von Freude und Leid, von Glück und Unglück, von Erfolg und Mißerfolg liegt im Menschen selbst und ist naturgegeben. Aber diese Zeit unterschied sich doch sehr wesentlich von der heutigen.

Die Grundlage der Arbeiten „Enderlens" war die Morphologie. Auf ihr errichtete er mit experimentellen Methoden, zusammen mit seinen Zeitgenos-sen, den Bau der modernen klinischen Chirurgie. Die Kraftströme, die ihr heute zufließen und ihr Gestalt geben, kommen aus anderen, dem Chirurgen viel ferner liegenden Quellen. In einer stürmischen Entwicklung ohnegleich-en empfängt sie ihre Impulse, von der Physiologie, von der Physik, der Chemie.

Enderlen war noch ein Meister der gesamten Chirurgie, einer der großen Kliniker alten Stils, die den Ruf der deutschen Medizin in der Welt begründet haben. Heute befinden wir uns – notwendige Folge der unabdingbaren Spezialisierung – in einem Prozeß der zunehmenden Aufsplitterung, in dem auch der Beste nur Meister in einem Teilfach werden kann. Aber wohin die weitere Entwicklung führt, wissen wir nicht. Sorgfältig haben wir jedenfalls darauf zu achten, daß das Band, das die einzelnen Teile zusammenhält, nicht verloren geht, soll nicht das Ganze seinen ärztlichen Sinn verlieren.

Auch als Mensch war Eugen Enderlen gewiß ein Repräsentant seiner Zeit: er hatte das, was dem Menschen unserer Zeit abgeht: er ruhte in sich selbst. Seiner Bescheidenheit war jedes Hinauszerren in die Öffentlichkeit verhaßt, seiner Gründlichkeit jedes vorschnelle Publizieren, seiner Wahrheitsliebe jede voreilige Schlußfolgerung. Er hatte noch Zeit für seine Freunde und erstickte nicht sein eigenes Leben, wie wir es im Gehetze unserer Tage tun. Deshalb ist es gut, sich der damaligen Zeit und ihrer großen Meister zu erinnern, damit wir in den heutigen Stürmen nicht den Boden unter den Füßen verlieren und in einer naturwissenschaftlich und geistig revolutionären Zeit ohnegleichen nicht ihr Werk und damit die Zukunft der klinischen Medizin gefährden.

Dazu bedarf es eines klaren Kurses.

Auch auf uns und unsere Zeit passen die Worte Egmonts:

„Wie von unsichtbaren Geistern gepeitscht, gehen die Sonnenpferde der Zeit mit unseres Schicksals leichtem Wagen durch, und uns bleibt nichts, als mutig gefaßt die Zügel fest zu halten und bald rechts, bald links, vom Steine hier, vom Sturze da, die Räder abzulenken. Wohin es geht, wer weiß es? Erinnert er sich doch kaum, woher er kam."

Literatur

Buchner H: Untersuchungen über den Durchtritt von Infektionserregern durch die intakte Lungenoberfläche. Arch. Hyg. (Berl.) 8:145–165 (1888)
Körte W: Bauchschüsse. Münch. med. Wschr. 1915:604; – Bruns' Beitr. klin. Chir. 96:509–511 (1915)
Rehn L: Erfahrungen eines beratenden Chirurgen. Bruns' Beitr. klin. Chir. 96:116–454 (1915)
Röpke W: Langenbecks Arch. klin. Chir. 177:183 (1933)
Schmieden V: Bauchschüsse. Münch. med. Wschr. 1915:604–605; – Bruns' Beitr. klin. Chir. 96:511–521 (1915)

In memoriam Erich Freiherr von Redwitz

Gedenkrede in der Chirurgischen Universitätsklinik Bonn
am 13. Februar 1965

Es ist ein alter, schöner und wohl begründeter akademischer Brauch, daß sich Schüler und Freunde eines bedeutenden Lehrers nach seinem Tode zusammenfinden, um seine Persönlichkeit, sein Wirken und seine Ausstrahlung noch einmal vor sich erstehen zu lassen und dies, wenn die Worte am Grabe verklungen sind, wenn sich die Erde schon geraume Zeit über ihm geschlossen hat und der unmittelbare Abschiedsschmerz überwunden ist. Wir lassen ihn noch einmal erscheinen vor unserem geistigen Auge in all' seiner Männlichkeit, seinem Menschentum, seiner Schaffenskraft, seinem Werke, kurz, wir zeichnen noch einmal das Erscheinungsbild, das er uns in der Vollkraft seiner Jahre und im Alter unauslöschlich hinterlassen hat. Das soll geschehen in der würdigen und stillen Form, die seinem noblen Wesen entspricht. Denn das Laute war ihm in jeder Hinsicht verhaßt.

Redwitz hat viele Jahre an seinen Memoiren geschrieben. Sie sind leider ein Fragment geblieben. Wem aber vergönnt ist, sich in sie zu vertiefen, der wird gefesselt und beeindruckt sein von der faszinierenden Art der Darstellung, von der kulturhistorischen Erfassung der weltumstürzenden Zeitspanne, die seiner Generation auferlegt war, von dem politischen Weitblick und von dem sozialen Empfinden, von der treffsicheren Skizzierung und Wertung der Menschen jeden Standes und jeder geistigen Richtung, die seinen Lebensweg kreuzten oder eine Zeitlang ihn teilten, von seinem liberalen Denken und von seiner Toleranz, aber auch von seiner unbeeinflußbaren Ablehnung und Konsequenz, wo es nötig war.

So ist es mir durch das Verständnis seiner Gattin heute möglich, Ihnen sein Bild nicht nur zu zeichnen so, wie wir, seine Schüler und Freunde, es vor uns haben, sondern wir können ihn heute mit seinen eigenen Worten sprechen lassen und mit seinen eigenen Augen die Probleme dieser Welt sehen.

Herkunft und Lebensweg formen Gestalt, Charakter und Geist des Menschen. „Ein Strom", so sagt Redwitz selbst, „ändert das Aussehen einzelner Abschnitte seines Laufes, sein Gefälle, seine Strömungsgeschwindigkeit, sein für die Menschen nützliches oder zerstörendes Verhalten nach den geologischen und geographischen Zuständen seines Bettes und seiner Ufer, nach den klimatischen Verhältnissen der von ihm durchzogenen Länder und der mehr oder weniger starken Zuflüsse der von ihm aufgenommenen Nebenwässer. So wechseln auch die Aspekte der Zeiten, die wir Menschen durchleben, oft nicht überlegend, daß Ereignisse, die evolutionären wie die revolutionären sich langsam und nahezu unbemerkt entwickelt haben und nichts als Folgezustände verklungener Zeiten darstellen."

Erich Freiherr v. Redwitz wurde am 2. April 1883 in Bamberg als ältester Sohn eines Königl. Bayer. Kavallerieoffiziers geboren. Vater und Mutter entstammten zwei verschiedenen Zweigen des oberfränkischen Adelsgeschlechtes derer v. Redwitz, welche sich im 17. Jahrhundert getrennt hatten. Dennoch war die Erbmasse eine sehr verschiedene. In der väterlichen Linie war zweimal die dichterische Begabung zum Durchbruch gekommen. Sein Großvater Oskar v. Redwitz gehörte zum Kreise der deutschen Romantiker, eines seiner Gedichte wurde von Franz v. Liszt vertont. Die Familie seiner Großmutter Hoscher war eine ausgesprochene Reiterfamilie. Sie stellte Stallmeister an den Kaiserlichen Hofreitschulen in Madrid und in Wien, bei dem Prinzen von Oranien und bei Peter dem Großen. Dieses Stallmeisterblut kam auch beim Vater unseres Redwitz zum Durchbruch. Er wurde später als General Kommandeur der Münchener Equitationsanstalt und gilt heute noch nicht nur als geistiger Vater der deutschen Reitvorschrift, sondern hat auch als Reitschriftsteller sich durch wissenschaftliche Forschungsarbeit einen anerkannten Namen gemacht.

Von seiten seiner Mutter hatte Redwitz rheinisches Kaufmannsblut und Blut aus österreichischen und ungarischem Adel. Er und seine beiden nachgeborenen Brüder haben sich auf Grund von Geburt, Erziehung, Schulbildung und Seßhaftigkeit immer als Bayern und Münchner gefühlt. Aber, so stellte Redwitz mit feinem Humor fest, vor den Augen eingefleischter Altbayern und Münchner hätten sie kaum Aussicht gehabt, mit diesem Anspruch zu bestehen.

„Überblickt man unsere Ascendenz", so faßt Redwitz zusammen, „so muß man feststellen, daß wir von rassisch-genealogischen, sozialen und beruflichen Gesichtspunkten aus betrachtet ein gut zusammengewürfeltes Erbgut mitbekommen haben. Feudal-aristokratische Tradition, Neigung zur Seßhaftigkeit und Bodenständigkeit, Neigung zum Leben auf dem Lande bei ausgesprochener Jagdleidenschaft, religiöse Grundeinstellung, Bekennermut bei gleichzeitiger Aufgeschlossenheit zu liberalen Ideen, kaufmännische Begabung, juristischer Sinn, sportliche Veranlagung mit ausgesprochener Begabung für den Umgang mit Pferden und Hunden, Forschungsdrang, eine gewisse schriftstellerische Begabung und Freude an Kunst und Literatur."

In seinem 6. Lebensjahr wurde der Vater nach München versetzt, wo Redwitz die Volksschule und dann das humanistische Wilhelms-Gymnasium besuchte. Sein Leben lang ist er ein leidenschaftlicher Verfechter der humanistischen Bildung geblieben, die ihn befähigte, im Alter wieder griechisch und lateinisch zu lesen und es ihm ermöglichte, über die Bedeutung der humanistischen Idee ins Klare zu kommen, die er als Grundlage einer breiten allgemeinen Bildung ansah. Der 5 Jahre, die er während seiner Gymnasialzeit in der Pagerie verbrachte, gedachte er mit Dankbarkeit. „Man wurde", war sein Resumée, „zu Wahrhaftigkeit und exakter Pflichterfüllung erzogen und bekam eine Bildungsbasis, auf die man weiter aufbauen konnte. Man blieb vor vielen Torheiten bewahrt, die in diesem Alter junge Menschen heimsuchen."

Schon als Bub hatte sich bei Redwitz ein großes Interesse für die belebte Welt, namentlich die Tierwelt eingestellt. Das Milieu seines Elternhauses schien ihn für die Offiziers- oder Beamtenlaufbahn zu bestimmen. Aber, wie er selbst betonte, das naturwissenschaftliche Interesse ebenso wie ein sich früh entwickelnder Unabhängigkeitsdrang führten ihn nach langem Schwanken und dem Versuche, sich mit dem militärischen Beruf aueinanderzusetzen, dazu, Mediziner zu werden.

Er begann das Studium mit Eifer und Begeisterung in München, unterbrach es nur für ein Semester, das er in Kiel verbrachte und schloß es wieder in München ab, wo er das Staatsexamen im Winter 1908/09 mit „sehr gut" ablegte. In seinen Erinnerungen gibt er ein sehr anschauliches, mit Kritik nicht sparendes Bild seiner vorklinischen und klinischen Lehrer als Persönlichkeiten und von der Qualität und Brauchbarkeit ihrer Vorlesungen. Damals machte er sich schon Gedanken über die Schwierigkeiten, denen sich der junge Student beim Überwechseln in das erste klinische Semester gegenübersieht.

Mit der Preisarbeit der Medizinischen Fakultät München vom Jahre 1908 promovierte Erich v. Redwitz im Jahre 1910 summa cum laude. Die Arbeit war im Pathologischen Institut bei Bollinger in Zusammenarbeit mit dem Anatomischen Institut entstanden und behandelte den Einfluß der Erkrankungen der Koronararterien auf die Herzmuskulatur unter besonderer Berücksichtigung der chronischen Aortitis. Auf Grund von Injektionspräparaten war er unter anderem zu dem Schluß gekommen, daß die Kranzgefäße sich funktionell in manchen Fällen wie Endarterien verhalten und zwar durch den plötzlichen Eintritt von Gefäßsperren, für die thrombotische und embolische Prozesse verantwortlich zu machen seien. Schon diese Arbeit läßt seine Liebe zum Experiment und zur Präzision erkennen. Seine Neigung zur Anatomie führte ihn sodann zu Rückert, dem er Zeit seines Lebens eine dankbare Verehrung bewahrt hat.

Vorübergehend arbeitete er dann bei dem Münchner Chirurgen Stubenrauch, den er in der Anatomie kennengelernt hatte und auf dessen Anregung er sich dann noch im gleichen Jahre 1910 in Wien bei v. Eiselsberg um eine Stelle als K. u. K. Operationseleve mit Erfolg bewarb. Seine Arbeit gestaltete sich hier sehr anregend und für die Zukunft fruchtbar. Sie entsprach etwa der eines Volontärs. Als besonders nützlich für seine Ausbildung hat er es immer bezeichnet, daß er nicht nur assistieren, sondern auch instrumentieren mußte, und so für die Asepsis des gesamten Instrumentariums und des Nahtmaterials verantwortlich war.

Die ausgesprochen ärztliche Einstellung der Eiselsbergschen Klinik, wo der Patient wirklich Person Nr. 1 war, und die anregende Persönlichkeit des Chefs haben ihn zu der endgültigen Entscheidung, Chirurg zu werden, bestimmt. Hinzu kam die hervorragende Qualität der Assistenten, deren Namen später den Ruf der Wiener Klinik in alle Welt hinaustragen sollten: Clairmont, Ranzi, v. Haberer, Denk, Walzel und Breitner, um nur die wichtigsten zu nennen. Die Freundschaften, die sich hier mit den meisten von ihnen knüpften, hielten über das ganze Leben.

Nach einem Jahr schon entschloß sich Redwitz, Wien wieder zu verlassen, da zur damaligen Zeit für einen Reichsdeutschen kein Fortkommen in Österreich zu erwarten war. Wenn er der Wiener Zeit und der Wiener Freunde doch bis zuletzt mit besonderer Wärme gedacht hat, so lag das wohl vor allem an der Atmosphäre dieser Stadt, mit der ihn so viele blutmäßige und verwandtschaftliche Bindungen verknüpften. Zudem waren es die ersten Jahre der jungen Ehe, die er noch in München mit seiner treuen Lebensgefährtin geschlossen hatte. So hat Wien immer einen besonderen Platz in seinem Herzen behalten.

Im April 1912 trat Redwitz seinen Dienst bei Eugen Enderlen in Würzburg an. Das Zusammentreffen dieser beiden so grundverschiedenen Männer sollte nicht nur schicksalhaft für den Jüngeren werden, sondern zu einer Freundschaft führen, die allen räumlichen und zeitlichen Schwierigkeiten widerstand und bis zum Tode Enderlens, 30 Jahre später, unerschüttert blieb. Ein nach der Trennung von der gemeinsamen Arbeitsstätte durchgeführter, fast wöchentlicher Briefwechsel offenbart das rückhaltlose gegenseitige Vertrauen. Als Redwitz 1928 den Ruf auf das Ordinariat in Bonn erhielt, fragte mich Enderlen, ob ich nicht mit Redwitz gehen wolle, da er selbst niemanden mehr habilitieren könne und als ich zunächst zögerte, sagte Enderlen: „Gehen Sie zu ihm, er ist ein Edelmann.“

Der Witwe schrieb Redwitz nach dem Tode Enderlens am 8. Juni 1940: „Ich selbst habe unendlich viel an ihm verloren. Er war mein beruflicher Vater, dem ich den größten Teil meines Wissens und Könnens verdanke, der den entscheidenden Einfluß auf meinen ganzen Werdegang ausgeübt hat und der mir später zum treuen väterlichen Freund geworden war. Ich werde ihn mein ganzes Leben im Herzen tragen.“ Ehrt dieses Bekenntnis nicht den Lehrer wie den Schüler, gibt es wohl ein schöneres Zeugnis für beide?

Die Würzburger Zeit war hart, der Chef streng und kurz angebunden, aber aufopfernd in seiner Arbeit, der Dienst nahm Tag und Nacht in Anspruch. Nur langsam gewöhnte sich das junge Ehepaar an die kleinstädtischen Verhältnisse und es brauchte einige Zeit, bis Freundschaften angeknüpft waren und sich ihnen der Reiz dieses patriarchalischen Lebens erschloß. Es gab nicht viele Ablenkungen, die Zeit war arbeitsreich. Dann brach der Krieg aus. Redwitz wurde eingezogen und tat im Festungslazarett Germersheim Dienst. Eine Beobachtung hat ihn damals so tief beeindruckt, daß er seinen Schülern und den Studenten immer wieder davon erzählte. Die Ergebnisse der Behandlung der Schußfrakturen waren in der ersten Zeit, als noch keine Röntgenapparatur zur Verfügung stand, keineswegs schlechter, ja eher besser als später unter den häufig wiederholten Röntgenkontrollen. Er zog den Schluß, daß die Ruhigstellung der Fragmente die hervorragendste Bedeutung habe und die immer wiederholten Repositionsmanöver, zu denen die Röntgenkontrollen verführten, der Konsolidierung abträglich seien.

Nach Würzburg zurückgerufen, übernahm er die Vertretung des Chefs. Trotz großer Beanspruchung stellte er seine Habilitationsarbeit fertig und habilitierte sich im November 1916. 1918 siedelte Enderlen nach Heidelberg über, ein Jahr später folgte ihm Redwitz als Oberarzt. Hier entwickelte sich seine operative Technik an dem umfangreichen Krankengut und am Beispiel seines Chefs. Auch klinisch hat er in dieser Zeit viel von Enderlen angenommen, dessen Diagnostik und Indikation auf scharfer Beobachtung, hervorragendem Gedächtnis für früher erlebte Fälle, großer Erfahrung und gewissenhafter Untersuchungstechnik fußte. Erst dann folgten Röntgenologie und Laboratorium zur Bestätigung und gegebenenfalls Ergänzung.

Aber noch ein anderer Einfluß machte sich in der Heidelberger Zeit auf ihn geltend und hat mitgeholfen, seine innere Einstellung zum Arztberufe zu formen. Das war die leidenschaftlich bewegte Persönlichkeit Ludolf v. Krehls. Hatte im 19. Jahrhundert die naturwissenschaftliche über die romantische Medizin gesiegt, so setzte Krehl neben die exakten Naturwissenschaften und neben die „Pathologische Physiologie", deren eigentlicher Schöpfer er war, die Lehre, daß der kranke Mensch ein organisches lebendiges Ganzes sei und daß es „keine für die Entwicklung ärztlicher Größe glückliche Zeit war, die im gelehrten Wesen das Wesentliche der ärztlichen Tätigkeit sah".

Diese aus der Krehlschen Klinik strömenden Gedanken, die um das Leib-Seele-Problem kreisten, fielen bei Redwitz auf fruchtbaren Boden, sie erfüllten sein ärztliches Leben und werden noch in seinen Erinnerungen, die er im Alter schrieb, deutlich. Es kam hinzu, daß sich bald zwischen Krehl, dem durch Temperament, Geist und Phantasie gleich faszinierenden und Enderlen, dem wortkargen, nüchternen, oft unverbindlichen, aber bis ins Letzte zuverlässigen Manne eine Freundschaft entwickelte, die sich segensreich für die Zusammenarbeit beider Kliniken auswirkte. Redwitz erlebte so den Nutzen intern-chirurgischer Gemeinschaft auf klinischem und experimentellem Gebiete und hat selbst in späteren Jahren immer enge fachliche und darüber hinaus persönliche Beziehungen zu seinen internen Kollegen gesucht und gefunden, wie etwa zu Richard Siebeck oder Paul Martini.

Als Redwitz im Herbst 1922 Heidelberg verließ, um seinem ersten Ruf als Extraordinarius und Direktor der Chirurgischen Poliklinik in München zu folgen, galt er bereits als zuverlässiger Operateur Enderlenscher Prägung, als anregender Lehrer und als ein ernstzunehmender Forscher.

Die Heimkehr in das geliebte München und die erste selbständige Stellung waren für ihn Freude und Ansporn zugleich. Überhaupt waren die fünfeinhalb Jahre München für ihn beruflich und menschlich eine glückliche Zeit. Er hat immer wieder betont, wie sehr es für seine späteren Aufgaben von Nutzen war, auch die poliklinische Seite unseres Faches so eingehend kennenzulernen.

Trotzdem verlangte ihn zunehmend wieder nach einer Betätigung in der großen klinischen allgemeinen Chirurgie. Als daher der Ruf auf den ordentlichen Lehrstuhl für Chirurgie in Bonn ihn erreichte, konnte ihn selbst München nicht mehr halten. Am 1. April 1928 begann mit der Übernahme der Bonner Klinik die segensreiche, menschlich und fachlich fruchtbare Zeit, die erst mit seiner Emeritierung im Jahre 1953 endete. Selbst die Berufung nach Heidelberg als Nachfolger Enderlens im Jahre 1933 konnte ihn nicht verlocken. In dieser Zeitspanne liegt das Schwergewicht seiner beruflichen und persönlichen Ausstrahlung. Er war von seiner Heimat in das ihm so fernliegende Rheinland gekommen mit dem Gefühl einer gewissen Fremdheit, mit manchen Vorbehalten Land und Leuten gegenüber – er verließ 25 Jahre später eine Stadt, die ihm zur zweiten Heimat geworden war, eine Universität, der er sich durch gemeinsam erlebte gute und schwere Zeiten unauflöslich verbunden fühlte, eine Fakultät, zu deren stärksten Stützen er gezählt hatte und zu deren älteren Mitgliedern er nahe freundschaftliche Beziehungen pflegte und eine Klinik, die durch seinen Mut und seine Tatkraft aus Trümmern an anderer Stelle wieder neu erstanden war. Der Name Redwitz war in Bonn und weit darüber hinaus in der Bevölkerung ein Begriff geworden, ein Begriff für echtes Arzttum und soziales Empfinden, aber auch für Würde und Mannhaftigkeit.

Die Ovation an seinem 70. Geburtstage, am Tage seines Ausscheidens aus der Klinik, legte Zeugnis ab davon, welche Wurzeln er hier geschlagen hat und wie die Saat, die er gesät hat, aufgegangen ist. Es war das große Echo seines Lebens, das bis in das stille Haus am Starnberger See widerhallte, das ihm die letzten Jahre dort verschönte und die besinnliche Ruhe des Alters gab.

Jedem, dem es vergönnt war, ihn hier auf seinem Alterssitz zu besuchen, wird das freundliche Bild vor Augen bleiben: Der alte, körperlich recht unbeweglich gewordene Mann, dessen Geist aber begierig war, an allem Neuen teilzuhaben, sich mit dem Besucher auseinanderzusetzen oder der mit dem stillen Lächeln der Weisheit des Alters, den Dingen des täglichen Lebens schon etwas entrückt, zuhörte und nur hie und da eine trockene oder auch korrigierende Bemerkung machte, mit der er Dingen wieder die ihnen zukommende Bedeutung gab, oft mit dem leichten Schalk in den Augen, der einen so wesentlichen Teil des großen Charme ausmachte, der von ihm ausstrahlte und ihm die Herzen gewann. Er saß dort oben vor seinem Hause am Hang und sein Blick schweifte weit über den Starnberger See hinaus in die Welt, an der er hing.

Denn Redwitz war ein Weltbürger geworden und freimütig dankte er es seiner Lebensgefährtin immer, daß sie ihn dazu gemacht hatte. Frei von jedem engen Nationalismus war er im wahrsten Sinne des Wortes weltoffen und es war kein Wunder, daß die ersten Fäden, die vom Auslande mit Deutschland gesponnen wurden, sich an ihn knüpften. Seine Noblesse, seine Lauterkeit und seine Standfestigkeit gegenüber dem Drucke der Diktatur hatten ihm bei allen, die guten Willens waren, die Brücken zu uns wieder zu schlagen, eine unerschütterliche Vertrauensstellung geschaffen.

Redwitz hat den Ehrungen, die ihm mit zunehmendem Alter in immer größerem Umfange dargebracht wurden, den Platz eingeräumt, der ihnen zukam. Er war zu wenig eitel und zu sehr Philosoph, um sie zu überbewerten. Und doch hat es ihm Freude gemacht, als er 1950 Präsident der Deutschen Gesellschaft für Chirurgie wurde, als man ihn 1957 zum Ehrenmitglied dieser Gesellschaft wählte und auch als die Kultusministerin ihm an seinem 70. Geburtstage, ohne jedes falsche Pathos, das Große Verdienstkreuz um den Hals hängte. Er empfand dankbar die darin liegende Anerkennung.

In der klinisch-wissenschaftlichen Forschung gibt es keine unerwarteten plötzlichen Entdeckungen. Dies mag daran liegen, daß die klinische Medizin im strengen Sinne eine empirische, aber keine exakte Wissenschaft ist, da sie mit einer variablen, oft unbestimmbaren Größe, der biologischen Schwankungsbreite des Menschen, zu rechnen hat. So muß sich der klinische Forscher darauf beschränken, die Bausteine für das Gebäude zu liefern, das den Fortschritt beinhaltet. Es sind vielleicht nur wenige Bausteine, die der Einzelne schafft, auf ihrer Gesamtheit soll aber einmal das Dach ruhen. Man sollte niemals vergessen, daß die wenigen, die, allen sichtbar, an der Spitze der Pyramide stehen, von unzähligen, oft namenlosen Vorgängern getragen werden.

Redwitz war kein Mann, der es liebte, sich selbst in den Vordergrund zu spielen, obgleich sein wissenschaftliches Werk ihn wohl dazu berechtigt hätte. Er hat auf vielen Gebieten der Chirurgie produktiv gearbeitet. Es schälen sich aber doch drei Hauptgebiete heraus, denen sein besonderes Interesse, seine besondere Liebe galt. Das erste war die Magenchirurgie, ein Thema, das ihm als Schüler Enderlens am nächsten lag und das er durch zahlreiche experimentelle und klinische Arbeiten bereichert hat. Seine gemeinsam mit Enderlen und Freudenberg veröffentlichten experimentellen Untersuchungen über die Änderung der Verdauung nach Magen-Darm-Operationen sind klassisch zu nennen, weil hier zum ersten Male nicht rein chirurgische oder morphologische Fragen erörtert wurden, sondern weil hier experimentell die Pathophysiologie des Magens unter verschiedenen Bedingungen geprüft wurde. Diese Untersuchungen hatten bezüglich der Wertung der einzelnen Operationsverfahren, der Gastroenterostomie, der Pylorusausschaltung und der Resektionen nach Billroth eindeutige, bis heute geltende Bedeutung. Zusammenhängend mit diesen Fragen galt sein Interesse der Pathogenese und Therapie des peptischen Magengeschwürs. Seine mit Fuss verfaßte Monographie über die Pathogenese des peptischen Geschwürs des Magens und der oberen Verdauungswege wurde für jeden auf diesem Gebiete Arbeitenden das unentbehrliche Standardwerk.

Das zweite Gebiet, mit dem sich Redwitz besonders beschäftigte, diesmal aus der allgemeinen Chirurgie, war die Wundbehandlung. Die Behandlung der Gelegenheitswunden, der Kriegswunden, die Wundinfektionen, die Chemotherapie der Wunde sind von ihm in Arbeiten und Referaten immer wieder systematisch erforscht und gefördert worden. Besonders dem noch heute ungelösten Problem des Tetanus galt sein Interesse, das ihn bis in seine letzten Lebensjahre gefangen hielt.

Als dritte Gruppe seiner Arbeiten muß man die zahlreichen sichtenden, ordnenden und zusammenfassenden Darstellungen in Monographien, Handbüchern und Lehrbüchern ansehen. Hier zeigte er sich als Meister didaktischen Könnens, als den ihn seine Studenten verehrten. Seine 1922 mit Enderlen gemeinsam verfaßten „Schußverletzungen des Magen-Darmkanals", seine Darstellung der Peritonitis, der Lehre von den Verletzungen und Wunden, der Erkrankungen des Darmes, der chirurgischen Behandlung des Magen- und Duodenalgeschwürs, um nur einige seiner Beiträge in Hand- und Lehrbüchern zu nennen, sind von hoher Anschaulichkeit, peinlicher Präzision und Klarheit. Diese besondere Form der schriftlichen Lehrtätigkeit war ihm ein wahres Bedürfnis. Da er aber bewußt ein Allgemeinchirurg war, hat er über diese drei Hauptgebiete hinaus sich noch mit den meisten aktuellen Problemen aus dem weiteren Fachgebiet beschäftigt.

Redwitz hat es mit der Wissenschaft sehr ernst genommen. Sein Vorbild blieb ihm sein ganzes Leben lang der Münchener Anatom Johannes Rückert. Redwitz schrieb dazu:

„Seine Persönlichkeit und seine Ausstrahlung auf seine eigene Mitarbeiter machten es mir bald klar, was Wissenschaft eigentlich bedeutet, und daß scharfe Beobachtungsgabe, kritischer Verstand, Unbestechlichkeit sich selbst und anderen gegenüber, absolute Wahrhaftigkeit, Unterdrückung jeder Eitelkeit, unendlicher Fleiß und Hartnäckigkeit, Unbekümmertheit gegen Mißerfolge und Standhaftigkeit die Eigenschaften sind, welche den eigentlichen Wissenschaftler ausmachen."

Er schreibt weiter: „Neben den genannten Eigenschaften kann die echte Wissenschaft auch der Phantasie nicht entbehren, jener eigentümlichen Fähigkeit, intuitiv das Mögliche zu erfühlen und aufgrund der bisher gemachten Erfahrungen schöpferisch Bilder einer Entwicklung zu entwerfen. So wichtig es ist, daß der strenge Wissenschaftler eine bis ins menschenmögliche gesteigerte Objektivität erlangt und so wahr es ist, daß echter Wissenschaft nichts abträglicher ist als eine unbeherrschte und grenzenlose Phantasie, namentlich eine solche, die eines entworfenen Trugbildes zuliebe die exakte Beobachtung vernachlässigt, so wahr ist es aber auch, daß der exakte Wissenschaftler der Phantasie bedarf, um seine sorgfältig gemachten Beobachtungen auswerten und allgemein gültige Schlüsse ziehen zu können. Phantasie hat alle großen Wissenschaftler ausgezeichnet und hat ihnen geschienen wie die erwärmende Sonne, welche allerdings noch weit mehr unzählige kleine Geister geblendet und völlig vernichtet hat." So weit er selbst.

Was Redwitz von sich verlangte, erwartete er auch von anderen, insbesondere aber von seinen Schülern. Und hier soll eine seiner vornehmsten Seiten erwähnt werden, die wirklich menschliche Größe zeigt: völlig uneigennützig und nur der Sache dienend förderte er die Arbeit seiner Schüler, wo er nur konnte und es war für ihn bezeichnend, daß er an seinem 70. Geburtstage ihnen sagte, daß nichts ihn so sehr gefreut habe, als die Anerkennung, er habe sie arbeiten lassen.

Die Förderung der Entfaltung von Persönlichkeit, geistiger Leistung und Selbstverantwortlichkeit, frei von allen unnötigen Fesseln, war sein Ziel und wenn heute ein großer Teil seiner Schüler selbst wieder an verantwortlicher Stelle steht, ein Teil die akademische Jugend lehrt, so hat dies seinen Grund vor allem in der großzügigen und freiheitlichen Erziehung, die der Entwicklung Luft und Raum ließ. Heute noch klingt mir sein Satz im Ohr, daß es die größte Freude eines akademischen Lehrers sein müsse, wenn die Schüler über ihn hinauswachsen. Wahrscheinlich ein seltenes Beispiel in unserer so armselig gewordenen Zeit!

Seine Tätigkeit als Lehrer der Chirurgie war getragen von hohem Verantwortungsgefühl. Hier fand er den Kontakt zur akademischen Jugend, dessen er bedurfte, hier sah er die Möglichkeit, auf die geistige, charakterliche und fachliche Bildung der jungen Mediziner Einfluß zu nehmen. In Erinnerung an seine eigenen Lehrer, an die positiven und negativen Erfahrungen während seines eigenen Studiums, sucht er sein Bestes zu geben. Bis in das hohe Alter hat er sich sehr eingehende Gedanken über den klinischen Unterricht gemacht.

Er schreibt dazu unter anderem: „Je umfassender die allgemeinen und speziell biologischen Kenntnisse des Lehrers, je größer seine ärztliche Erfahrung und Routine, je geschickter sein Umgang mit den Kranken, je menschlicher und unmittelbarer seine Beziehungen zu dem Kranken wirken, je mehr

Erfahrung er im Lehrfach besitzt, desto mehr wird der Vortragende beispielhaft erfaßt werden als ein Muster ärztlicher Tätigkeit überhaupt und so seinen Hörern einen tiefen Eindruck vermitteln, welcher die Gegenwart überdauert und oft lange später nachwirken kann." Ich kann mich noch heute nahezu plastisch an einzelne Krankenvorstellungen durch einige hervorragende Lehrer erinnern und muß gestehen, daß mich nichts in meinem Studium so gefördert hat, als gerade diese Erlebnisse, bei denen oft verhältnismäßig wenig oder fast kein theoretisches Randwerk mit im Spiel war.

„Im allgemeinen" so fährt Redwitz fort, „kann der Student nicht unterscheiden, ob der klinische Lehrer gut oder schlecht ist. Er weiß nur, ob er ihn fesselt, begeistert, langweilt oder abstößt. Aber der wirkliche Wert eines einmal genossenen klinischen Unterrichtes kommt erst sehr viel später dem fertigen Arzt zum Bewußtsein, wenn er in der Praxis eine Bestandsaufnahme der an der Universität gesammelten Schätze macht und nun plötzlich unterscheiden lernt zwischen edlem und schlechtem Metall, das er mitbekommen hat. Bei seinen Erinnerungen wird auch immer die Wahrhaftigkeit, Ehrlichkeit und Unbestechlichkeit des Lehrers von neuem gewogen, die allerdings bereits der Student mit dem eigenen Gefühl, das die Jugend für die Wahrheit besitzt, in der Regel richtig erfaßt hat. Die Hörer teilnehmen zu lassen an allen Überlegungen, Entscheidungen, an der Freude über ärztliche Erfolge, Enttäuschungen, über Mißerfolge und auch einmal stattgefundene Irrtümer bildet ein Hauptgeheimnis für den Erfolg des klinischen Lehrers." So weit dieses Bekenntnis. Erinnert man sich daran, wie Redwitz seine Vorlesungen hielt, so weiß man, daß er nach ihm gehandelt und hierdurch Vertrauen und Autorität gewonnen hat.

Redwitz hat sich mit vielen grundsätzlichen Fragen unseres Berufes sehr ernst auseinandergesetzt. Es entsprach seinem Wesen, den Dingen auf den Grund zu gehen und keine Unklarheiten bestehen zu lassen. So hat ihn der vielfach mißbrauchte und strapazierte Begriff der klinischen Erfahrung bis in seine letzten Jahre zu einer sehr kritischen Auseinandersetzung herausgefordert. Er hat darauf hingewiesen, daß die Erfahrung kein absoluter Wahrheitsbeweis oder Zuverlässigkeitsbeweis ist, daß sie lediglich die Bezeichnung eines subjektiven Erlebnisses darstelle, die also abhängig sei von der Person, von deren Sinnesschärfe, Beobachtungsgabe, Aufnahmefähigkeit, Vorurteilslosigkeit und von ihrer Fähigkeit, eine Beobachtung verstandesmäßig zu werten, zudem sei sie abhängig von den Umständen und von den Stand- und Gesichtspunkten. Nur wiederholte Erfahrung des gleichen Vorganges von verschiedenen Gesichtspunkten aus und unter verschiedenen Bedingungen gemacht oder von verschiedenen Beobachtern unter vergleichbaren Umständen erlebt, gebe Anlaß zur Annahme einer „Art von Zuverlässigkeit", wie Goethe es genannt hat, ja könne unter Umständen sogar zur Aufstellung einer „Gesetzmäßigkeit" führen. Redwitz hat dann Betrachtungen angestellt über den subjektiven und objektiven Wert derartiger Erfahrungen, vor ihrer Überbewertung gewarnt und Wege gewiesen zur Erzielung einer „geregelten Erfahrung" in der Klinik, wie die subtile Anfertigung von Krankengeschichten und die Statistik, deren Tücken er allerdings hervorhebt. Er kommt schließlich zu dem Ergebnis, daß wir zwar eine „Art von Zuverlässigkeit" erreichen können, nicht mehr, nicht weniger, daß aber die Erlangung der geregelten Erfahrung ein schwieriges Unternehmen bleibt.

Redwitz war Arzt aus Leidenschaft und Hingabe. Wer ihn am Krankenbett eines Schwerkranken sitzen sah, wer ihn mit den Angehörigen eines Sterbenden sprechen hörte, der empfand, daß hier ein Mensch den inneren Reichtum überströmen ließ. Mag Redwitz auch vorwiegend distanziert zu seiner Umgebung gewesen sein, immer mit einer einen gewissen Abstand gebietenden Reserve, so kannte er keine Grenzen, wenn es Hilfe zu leisten, Trost zu spenden galt. Dann räumte seine Güte alles Trennende wie selbstverständlich hinweg. Dann war er nur der „ἰατρός ἀνήρ πολλῶν ἀντάξιος ἄλλων".

Redwitz hat selbst seine Auffassung vom Arztberuf niedergelegt: „Arzt sein, heißt seinen Mitmenschen in den Zeiten von Krankheit beratend und helfend zur Seite stehen. Dies ist ein schwerer und verantwortungsvoller Beruf, der zu seiner Erfüllung viele Voraussetzungen fordert: Echte Menschlichkeit, Nächstenliebe, Uneigennützigkeit und Opferbereitschaft stehen in erster Linie. Verstand, Beobachtungsgabe, Gedächtnis, Urteilsfähigkeit und Tatkraft folgen unmittelbar. Nur der hat das Recht, sich Arzt zu nennen, der sich zur Erkenntnis durchgerungen hat, daß Gesundheit aus der Harmonie der beiden Pole Leib und Seele entspringt. Nur der kann diesen Ehrentitel beanspruchen, der es sich angelegen sein läßt, die leiblichen und die seelischen Nöte der ihn um Rat und Hilfe Angehenden zu erfassen, zu beeinflussen und aufeinander abzustimmen. Einseitige Berücksichtigung und Behandlung der leiblichen Störungen ist ebenso Pfuscharbeit, wie einseitige Überschätzung des Seelischen und Vernachlässigung der Funktionen der ‚Maschine' des menschlichen Körpers." Damit hat Redwitz sein eigenes Bild gemalt, wie es besser kein anderer hätte malen können.

Erich von Redwitz hatte ein erfülltes Leben. Aber auch auf ihn paßte das Goethewort, das ich unserem gemeinsamen Lehrer Eugen Enderlen nachrufen mußte:

> Alles geben die Götter, die unendlichen,
> Ihren Lieblingen ganz:
> Alle Freuden, die unendlichen,
> Alle Schmerzen, die unendlichen, ganz.

Das Ende war nicht leicht. Schon geraume Zeit warf es seine Schatten voraus. – Das Wort des Horaz, das Redwitz seinem todkranken Meister

Enderlen zum Troste schrieb, hat er mir in den letzten Jahren einmal mit etwas wehmütigem Lächeln selbst zitiert: Aequam memento, rebus in arduis servare mentem!

Wir, seine Freunde und Schüler, nehmen heute Abschied von diesem seltenen Manne. Aber es ist nicht nur ein Sich-Trennen, sondern es beginnt auch ein neuer Abschnitt. Sein Leben und sein Werk liegen nun abgeschlossen vor uns. Es wird zum bleibenden Vorbild für uns und unsere Schüler. Vor uns steht das Bild eines Mannes, der reines Menschentum mit Geistigkeit verband, Toleranz mit Standhaftigkeit, Würde mit Demut. So wird er uns bleiben.

> Kein Wesen kann zu Nichts zerfallen!
> Das Ew'ge regt sich fort in allen,
> Am Sein erhalte Dich beglückt!
> Das Sein ist ewig: denn Gesetze
> Bewahren die lebend'gen Schätze,
> Aus welchen sich das All geschmückt.

Ansprache zur Eröffnung der 84. Tagung
der Deutschen Gesellschaft für Chirurgie in München
am 29. März 1967

... Die sachliche Zusammenarbeit mit Presse, Rundfunk und Fernsehen wird bei der immer schwieriger werdenden Problematik unserer ärztlichen Aufgaben notwendiger denn je. Daß unser Zusammenfinden nicht so reibungslos ist, wie wir das wünschen möchten, liegt an den so verschiedenen Wurzeln unserer Berufe. Ihr Lebenselement ist die Publizität, das unsere die Intimität und doch haben wir eine große verbindende kulturelle, ja humanitäre Aufgabe. Wir können ihr nur gemeinsam dienen, wenn wir einander verständnisvoll begegnen, wenn wir Ihre Pflicht zur Unterrichtung der Öffentlichkeit anerkennen und Sie an unserem beruflichen Leben teilnehmen lassen, wenn aber auch Sie unsere ärztliche Standesethik respektieren, die seit altersher besagt, daß der Name des Arztes nichts, die Sache, um die es geht, alles bedeutet.

Dies gilt ganz allgemein, im besonderen aber, wenn es sich um die groß aufgemachte Anpreisung unseriöser Wundermittel in einer gewissen Presse handelt. Man fühlt sich an die mittelalterliche Mystik der Alchimisten erinnert, wenn man – wie erst vor wenigen Tagen wieder – liest, daß der Entdecker des angeblichen Heilmittels gegen den Krebs sich weigert, die Zusammensetzung bekanntzugeben, es dadurch jeder wissenschaftlichen Kontrolle entzieht und das in einer Zeit, in der die enge Zusammenarbeit aller Forscher über alle Grenzen und Kontinente hinweg eine Selbstverständlichkeit geworden ist.

Die Spekulation auf die Angst und das Erwecken unbegründeter Hoffnungen bei Tausenden von Schwerkranken allein um der Sensation willen ist unverantwortlich. Es ist zudem gefährlich, weil nur allzu leicht aussichtsreiche, aber eingreifendere Behandlungsverfahren abgelehnt werden.

Nicht jeder Fortschritt muß von der sogenannten Schulmedizin kommen, es gibt aber heute auch keinen Fortschritt mehr ohne weltweite, zielstrebige, exakte Forschung.

In wahrheitsgemäßer Aufklärung und systematischer Vorbeugung sehe ich eine unserer großen gemeinsamen Aufgaben, der wir zum Nutzen der Allgemeinheit dienen sollten.

Es ist ein Charakteristikum unserer Zeit, daß das Vergangene allzu schnell dem Gedächtnis entschwindet. Zu groß sind die täglichen neuen Impulse, die wechselnden Spannungen, die atemberaubenden Neuigkeiten, zu groß ist die Zahl der durch das Blickfeld eilenden Gestalten. Namen, die heute die Welt erobert haben, sind morgen vergessen, Taten von unvorstellbarer Kühnheit sind morgen in einem Rekordlauf ohnegleichen übertroffen und überholt. Die moderne Technik erlaubt uns nicht mehr, die Ohren zu schließen und abseits zu stehen, um ein weltabgewandtes Dasein zu führen, sondern sie überströmt uns stündlich mit einer Sintflut von Nachrichten aus aller Welt.

Das menschliche Gehirn kann diese Mengen nicht mehr speichern, geschweige denn verarbeiten. So kommt es, daß der Mensch unserer Zeit allzu leicht den Boden unter den Füßen verliert. Ob wir es wollen oder nicht, wir bleiben doch zwangsläufig nur ein Glied in der ewigen Kette der Generationen. Die Tradition im besten Sinne, weder als Restauration noch als Hemmschuh des Fortschrittes, vielmehr als lebendige, organische Weiterentwicklung verstanden, ist vielfach verloren gegangen. Altbewährtes wird mit wertlos Gewordenem zusammen eingerissen, um ein neues Gebäude ohne Fundament aufzubauen. Wir leben in der Gegenwart und experimentieren mit der Zukunft. Gar zu oft scheint uns der Bogen zu fehlen, der von der Vergangenheit in die Zukunft führt.

Wir Chirurgen haben seit jeher ein starkes Gefühl für Tradition gehabt. Das mag zum guten Teile daran liegen, daß sich das Handwerkliche, das noch immer ein wesentlicher Bestandteil unseres Berufes ist, nicht ohne die Erfahrungen und Errungenschaften unserer früheren Meister denken läßt. So ist der Begriff der „Schule" bei uns Chirurgen besonders ausgeprägt.

Der heutigen allgemeinen Nivellierungstendenz zum Trotze glaube ich, daß dieses Treue-Verhältnis zwischen Meister und Gesellen als Positivum in unserem Berufe zu werten ist, das wir uns bewahren sollten, denn es enthält ein wesentliches erzieherisches Moment. Es lehrt den Respekt vor der Leistung und den Erfahrungen des Älteren und die Verantwortung für das eigene Tun. Ärztliche und fachliche Entscheidungen des Meisters, den sich der Geselle selbst erwählt hat, bleiben oft für diesen, der nun selbst zum Meister geworden, Maßstab über viele Jahre hinaus.

Die Geschichte der Chirurgie ist die Geschichte der Persönlichkeiten. Wohl verlangt die Forschung heute nach der zielstrebigen Zusammenarbeit von Spezialisten verschiedener Wissensgebiete. Es liegt aber im Wesen des ärztlichen Berufes, daß er ebenso wie in der Vergangenheit, auch großer Kliniker bedarf, individuell geprägter Persönlichkeiten, die durch Wort und Tat beispielhaft für ihre Schüler sind und deren ausstrahlende Kraft noch über Generationen hinaus spürbar wird.

Wenn ich heute von dieser Stelle aus zu Ihnen sprechen darf, so verdanke ich das meinen beiden Lehrern in der Chirurgie Eugen Enderlen und Erich v. Redwitz, beide von Grund auf verschieden in ihrer Art und doch beide

Persönlichkeiten, denen man in Achtung und Verehrung folgte und an deren Beispiel man sich entwickelte.

So ist es nur natürlich, daß wir deutschen Chirurgen unserer Großen gedenken und aus gegebenem Anlaß ihre Persönlichkeit und ihr Wirken vor uns wiedererstehen lassen, auf daß auch den Jüngeren, die sie nicht mehr gekannt haben, aus dem blassen Namen sich ein lebendiges Bild entwickele.

In diesem Jahre feiern wir den 100. Geburtstag Erich Lexers. Er wurde am 22. Mai 1867 in Freiburg im Breisgau geboren, wo sein Vater als damals schon bedeutender Germanist wirkte. Ihn hatte der Forschungsdrang schon hinausgetrieben aus dem heimatlichen Kärnten, wo die bäuerliche Familie seit Jahrhunderten ansässig war. So wuchs der junge Lexer in der geistigen und kultivierten Atmosphäre des Elternhauses auf. Seine künstlerische Begabung als Maler und Bildhauer erweckte in ihm den Wunsch, Künstler zu werden, doch entschloß er sich nach einer zweijährigen Lehrzeit bei dem Anatomen Friedrich Merkel in Göttingen zum Chirurgen. Er wurde Schüler Ernst v. Bergmanns, dessen überragende Erscheinung für Lexers Lebensweg bestimmend war. Bis ins hohe Alter sprach er von seinem Lehrer mit größter Verehrung und die geistige Kontinuität der Bergmannschen Schule war in den vier von Lexer geleiteten Kliniken Königsberg, Jena, Freiburg und München unverkennbar.

So ist mit wenigen Worten das Charakteristische an Persönlichkeit und Schaffen Erich Lexers umrissen und erklärt: die bäuerliche Urwüchsigkeit nach Herkunft – Kultur, Forschungsdrang und Lehrbegabung des Vaters – künstlerische Gestaltungskraft nach Begabung – und die allgemein-chirurgische Schule seines Meisters.

Greifen wir aus dem Wirken Lexers zwei Gebiete heraus, denen seine besondere Liebe galt, so sind das die Wiederherstellungschirurgie und die Allgemeine Chirurgie. Unter dem Eindruck der traumatischen Epidemie des Ersten Weltkrieges stellte er den verstümmelnden Operationsverfahren die der Wiederherstellung gegenüber. Was Lexer und seine Schule auf diesem Gebiete an Aufbauarbeit geleistet haben, gehört der Geschichte der Chirurgie an. Seine künstlerische Intuition, die formende Gestaltungskraft seiner Hände und sein schöpferischer Genius wurden zum Segen für unzählige Versehrte. Nur mit Dank konnten wir uns nach dem Zweiten Weltkrieg seiner bahnbrechenden Arbeiten erinnern, als wiederum die Flut der Versehrten uns überschwemmte.

Sein zweites großes Werk war die Schöpfung der Allgemeinen Chirurgie. Generationen von Chirurgen haben in seinem Lehrbuch die Voraussetzung ihrer Arbeit gefunden. Wollen wir uns nicht nur Lexers erinnern, sondern sein Wirken als eine Verpflichtung für uns und die zukünftigen Generationen ansehen, so sollen wir ständig mahnen, daß die Allgemeine Chirurgie im Sinne Lexers die Grundlage jeder operativen Tätigkeit sein und bleiben muß.

Ohne das feste allgemein-chirurgische Fundament ist kein Haus chirurgischer Kunst aufzubauen.

Schon äußerlich war Lexer eine imponierende Gestalt. Kluge, beobachtende und doch gütige Augen in einem mächtigen, ernsten Gesicht, ein massiger Körper und souveräne Unbekümmertheit in Bewegung und Wesen, so steht er uns Älteren vor Augen. Daß er zweimal Präsident unserer Gesellschaft und ihr Ehrenmitglied war, zeugt von der Achtung, die ihm die deutschen Chirurgen entgegenbrachten. Sein Tod war dieses Mannes würdig. Am 4. Dezember 1937, im 71. Lebensjahre, starb er den Herztod, als er von Berlin aus nach dem Befinden seiner Kranken in München fragte. Er verdorrte nicht, sondern starb wie ein gefällter Baum.

Die Saat aus Erich Lexers Lebensarbeit ist aufgegangen. Unter der großen Anzahl seiner Schüler finden sich manche Namen, die jedem Chirurgen vertraut sind und die mit der Fortentwicklung gerade der Plastischen- und Wiederherstellungschirurgie unlösbar verbunden bleiben. So stark war die Ausstrahlungskraft seiner Persönlichkeit, so unbestritten seine ärztliche und wissenschaftliche Autorität. Lexer war ein typischer Vertreter der sogenannten klinischen Hierarchie, die – berechtigt und unberechtigt – zu kritisieren heute schon fast zum guten Tone zählt. Er gehörte der Generation einer vielleicht glücklich zu nennenden Zeit an, als die gesamte Chirurgie noch von einer einzigen bedeutenden wissenschaftlichen Persönlichkeit übersehen und beherrscht werden konnte. Unsere so anders geartete Zeit verlangt nach einer Umgestaltung der Struktur unserer medizinischen Fakultäten im Sinne einer bodenständigen Fortentwicklung. Allerorts sucht man nach einer Lösung. Sie sollte unter Berücksichtigung der geschichtlichen Entwicklung unserer Universitäten neben weitgehender Spezialisierung und Verselbständigung der neuen Forschungsrichtungen die für Koordination, Lehre und nicht zuletzt für den Kranken unerläßliche Persönlichkeit des Allgemeinchirurgen an maßgeblicher Stelle sich bewahren. Große Persönlichkeiten ragen über die Masse hinaus, bedürfen aber zu ihrer Entfaltung eines entsprechenden Wirkungskreises. Erich Lexer war einer unserer Großen.

Es ist ein ungeschriebenes Gesetz unserer traditionsreichen Gesellschaft, daß man demjenigen Chirurgen, den Ihr Vertrauen auf diese Stelle berufen hat, nicht nur freie Hand in der Gestaltung seines Kongresses läßt, sondern von ihm auch erwartet, daß er in seiner Eröffnungsrede die Fragen berührt, die ihn besonders beschäftigen, ja, daß man ihm die einmalige Gelegenheit gibt, vor diesem Forum ein Bekenntnis abzulegen.

So möchte ich heute vor Ihnen über eine besonders ernste Problematik sprechen, vor die uns die Entwicklung der letzten Jahrzehnte gestellt hat und der wir Ärzte, vor allem wir Chirurgen, nicht ausweichen können: Über die Grenzen zwischen Leben und Tod. Es soll dies mit dem notwendigen sittlichen Ernste geschehen, und ich richte die besondere Bitte an die Presse, nach besten Kräften dazu beizutragen, daß die subtilen Probleme auch in der Öffentlichkeit verstanden werden, deren Mithilfe wir bedürfen. Denn ich kann dem nicht zustimmen, wenn vor kurzem geschrieben wurde, diese Dinge gehörten in die Intimsphäre des Arztes und eigneten sich nicht für die Öffentlichkeit. Vielmehr können wir einer Lösung nur durch das Zusammenwirken aller näherkommen.

Von jeher gehört es zum Wesen unseres Berufes, daß wir Chirurgen vor Entscheidungen von größter Tragweite für Leben und Tod gestellt werden, und zwar vor Entscheidungen, die von uns allein und meist in kürzester Zeit gefällt werden müssen. Und gerade dem Chirurgen obliegt es auch, unter eigenster Verantwortung und mit entschlossenem Wagemut, oft unter Spott und Ablehnung, den nächsten Schritt in die Zukunft zu tun. Denken wir nur an die erste Ulkusresektion oder die erste Herznaht, die beide Kritik und sogar Empörung der zeitgenössischen Kollegen hervorriefen, so wissen wir heute, daß diese Schritte in ein Neuland von damals noch nicht überschaubarer Weite führten. Uns, der chirurgischen Allgemeinheit, obliegt es, mit Verständnis den Boden zu bereiten für den Fortschritt.

Heute handelt es sich um die Tatsache, daß sich mit zunehmenden technischen Möglichkeiten die Grenzen zwischen Leben und Tod immer mehr verwischt haben. Hierdurch werden wir vor Situationen und Entscheidungen gestellt, die in der Geschichte der Medizin beispiellos sind. Wir leben in einer Übergangszeit: der Menschheit sind plötzlich ungeahnte und fast unbegrenzte technisch-naturwissenschaftliche Möglichkeiten in die Hand gegeben, mit denen weder die moralisch-sittliche Entwicklung noch die Gesellschaftsordnung Schritt gehalten haben. Zwischen dem Besitz und dem Gebrauch der Macht liegt das Spannungsfeld, in dem sich der moderne Mensch befindet und mit dem auch wir nun fast täglich konfrontiert werden. Für die uns gestellten neuen Aufgaben gilt es einen eigenen Standpunkt zu gewinnen, nachdem es gelingt, mit technischen Mitteln maßgeblich in das Lebensende einzugreifen und gar häufig dem Tode sein Opfer zu entreißen. Wann müssen, wann dürfen wir das tun?

Die entscheidende Frage ist, wann wir unsere Maßnahmen zur Erhaltung des Lebens einstellen dürfen, wann wir sie weiterführen müssen, selbst auf die Möglichkeit hin, geistig Minderwertige am Leben zu erhalten. Wir dürfen uns dabei nicht zur Rolle des Herrn über Leben und Tod verführen lassen, sondern vielmehr die klare Erkenntnis suchen, wo die Grenze unserer ärztlichen Pflicht liegt, wo der Heilauftrag des Arztes endet.

Zunächst scheint es notwendig, uns über das Faktum des Todes und über seinen Sinn klarzuwerden. Wir wissen seit langem, daß der Tod im biologischen Sinne kein plötzliches Ereignis ist, sondern ein langsames Sterben infolge des Funktionsausfalles lebenswichtiger Organe. Gewebe und Zellen überleben den klinischen Tod in einer bestimmten Reihenfolge. Wir wissen aber heute auch aus vielfältigen Erfahrungen, daß der sogenannte klinische Tod mit dem biologischen Tode nicht identisch ist. Die klassischen Zeichen, die tiefe Bewußtlosigkeit, das Fehlen des Hauches auf dem Spiegel, das Sistieren der Herzaktion, gehören als Beweismittel der Vergangenheit an. Wir fragen und suchen heute nach einem absoluten und objektiven Kriterium des irreversiblen Todes.

Für unsere Entscheidungen ist es aber auch notwendig, uns über den Sinn des Todes klarzuwerden. Wir Ärzte sollten uns hüten, von unserer Macht verleitet, Leben und Tod als Antagonismus anzusehen und daraus den Schluß zu ziehen, daß der Tod unter allen Umständen zu bekämpfen sei. Geburt, Leben und Tod bilden vielmehr ein sinnvolles Ganzes, der Tod ist der physiologische Abschluß des Lebens, seine Vollendung. Hat Albert Schweitzer die Ehrfurcht vor dem Leben gepredigt, so schließt das die Ehrfurcht vor dem Tode mit ein, die dem heutigen Menschen weitgehend verloren gegangen ist. Der Tod ist zur statistischen Zahl geworden und immer weniger Menschen sterben im Kreise der Familie, immer mehr auf den Sälen und in den Sterbezimmer der Krankenhäuser. Die Ehrfurcht vor dem Leben verlangt von uns Ärzten, den Tod, der als Freund kommen will, nicht zum Kampfe herauszufordern. Paul Martini hat mit Nachdruck betont, daß der Mensch das Recht zum Sterben habe und wir nicht das Recht hätten, ihn daran zu hindern und ihn so seinen Qualen immer wieder zurückzugeben.

Die künstliche Verlängerung eines Leidens, das sich auf natürliche und schicksalsmäßige Weise dem Ende nähert, gehört keinesfalls zum Heilauftrag des Arztes, ja sie widerspricht seiner elementaren Aufgabe als Helfer. Das ärztliche Handeln ist hier eindeutig vorgezeichnet, seit es Ärzte gibt.

Die auf uns heute zukommenden Probleme, die ein Ausweichen nicht gestatten, sind aber von anderer Art. Sie umfassen unser Eingreifen zur unmittelbaren Lebensrettung. Bei der Suche nach unseren Rechten und Pflichten befinden wir uns hier noch in völligem Neuland. Hier können wir uns nicht einfach auf unser ärztliches Gewissen berufen. Es kann objektiv irren, abgesehen davon, daß es ausschließlich subjektiv individuell geprägt ist. Daher kann die Rechtsprechung es nicht als Maßstab anerkennen. Andererseits läßt uns gerade diese völlig im Stich.

Es liegt eben im Wesen der Rechtswissenschaft, daß sie der fortschreitenden Entwicklung immer nachfolgt und die Gegenwart niemals erreichen kann.

> Vom Rechte, das mit uns geboren ist,
> von dem ist leider nie die Frage.

So gibt es keine Gesetze oder Gerichtsentscheidungen, die sich mit unseren Problemen beschäftigen und uns die Verantwortung abnehmen könnten.

Und wie tief die Kluft zwischen einer Beurteilung ante und post hoc ist, haben wir Chirurgen leider oft erfahren müssen. Hier besteht nur die juristische Rechtspflicht zur Hilfeleistung, und der Arzt ist gezwungen, vor den Schranken des Gerichtes nachzuweisen, daß er diese Rechtspflicht nicht verletzt hat. Sonst drohen ihm Verurteilung wegen unterlassener Hilfeleistung, wegen fahrlässiger oder gar vorsätzlicher Tötung.

Um daher zu einer möglichst objektiven Grundlage unseres Handelns zu kommen, müssen wir zunächst versuchen, das Problem auf eine rein naturwissenschaftliche Basis zu stellen und alle übrigen Überlegungen ethischer, philosophischer oder religiöser Art auszuschalten, es also jeder subjektiven Betrachtung zu entziehen. Nur dann können wir auch die Emotionen, die mit diesen notwendigerweise verbunden sind, vermeiden.

Der sogenannte klinische Tod schreitet von der normalen Funktion der Organe über ihre Lähmung und reversible Schädigung zum irreversiblen Untergang fort. In jedem dieser drei Stadien ist unser hemmendes Eingreifen möglich. Der Erfolg hängt ausschlaggebend vom Zeitfaktor ab. Je früher wir uns in den Ablauf einschalten können, desto günstiger sind die Aussichten unserer Maßnahmen.

Ja, wir können sagen, daß das zeitliche Intervall zwischen dem Beginn des Erlöschens einer biologischen Grundfunktion und dem Einsetzen der Reanimation das Kriterium einerseits für die Dringlichkeit einer erfolgversprechenden Reanimation, andererseits für die Endgültigkeit des Todes darstellt.

Die Reanimation hat also sofort einzusetzen, wenn die Toleranzbreite des Organismus gegenüber Irritationen seines Gefüges überschritten und damit seine Fähigkeit zur Kompensation eines biologischen Defizits mehr oder weniger rasch erschöpft wird.

Es ist dabei zunächst unwichtig, wo der Ursprung der Schädlichkeit liegt, welche zum Zusammenbruch führt. Wichtig allein ist die Aufrechterhaltung oder das kurzfristige Wiederingangsetzen von Atmung und Kreislauf als der energiegewinnenden und transportierenden Systeme und damit verbunden die Vermeidung einer irreversiblen Schädigung des Gehirns als des steuernden Organs.

Führt unser Eingreifen innerhalb der entsprechenden Zeit zum Erfolg, so ist die Gefahr gebannt, wurde die Toleranzgrenze des Gehirns überschritten, so ist mit reversiblen oder auch irreversiblen Schädigungen zu rechnen.

Von entscheidender Bedeutung ist also nunmehr die Frage, ob es ein objektives Maß für den Grad der Gehirnschädigung gibt. Nach dem augenblicklich gültigen Wissen ist ohne Zweifel das EEG das einzige Mittel, um über die Funktion des Gehirnes Aufklärung zu erhalten.

Als absolut sicheres Zeichen eines irreversiblen, totalen Verlustes der Gehirnfunktion und damit des definitiven Todes ist das Schwinden jeglicher

Spontanaktivierung im EEG nach neuesten Untersuchungen allerdings nicht mehr anzusehen.

Wir müssen also eingestehen, daß die Merkmale wie Totalverlust der Hirnpotentiale im EEG, der Verlust von Eigen- und Fremdreflexen sowie der Herz- und Atmungsaktivität, selbst in ihrer Gemeinsamkeit, zwar einen hohen Aussagewert besitzen, im Einzelfalle aber doch nicht endgültig beweisend sind.

Andererseits ist eine Schädigung des Gehirns auch bei einem normalen Hirnstrombild in der Reanimationsphase nicht sicher auszuschließen. Durch die herz- und kreislaufunterstützenden Maßnahmen kann die Hirnzirkulation soweit in Gang kommen, daß die Versorgung für die Ganglienzellen zwar ausreicht, aber doch ungenügend ist, um auch die Folgen des Herzstillstandes zu überwinden. Dann wird das Gehirn durch die Stoffwechselprodukte sekundär geschädigt, erkennbar an der zunehmenden Dysrhythmie bzw. am totalen Potentialverlust des fortlaufend registrierten EEG.

Zweifel für unser ärztliches Handeln könnten bestehen bezüglich der Fälle, bei denen infolge einer noch erhaltenen Stammhirnfunktion das weitere Leben eines Menschen zum Vegetieren reduziert wird. Unsere Entscheidung hängt weitgehend davon ab, ob der Begriff des Lebens sich auf den Begriff des spezifisch Menschlichen beschränkt, oder ob man sich verpflichtet fühlt, jedes Leben um jeden Preis zu erhalten und zu respektieren.

Der erstere Standpunkt könnte Veranlassung dazu geben, den Hirngeschädigten oder sogar Decerebrierten durch passives Verhalten sterben zu lassen. Es gibt fraglos Fälle, bei denen dies nicht gegen ethische oder religiöse Grundsätze verstoßen würde. Ich persönlich muß allerdings bekennen, daß ich auf dem Standpunkt stehe, daß ein Leben auch dann nach Möglichkeit zu erhalten ist, wenn es die typisch menschlichen Merkmale der Bewußtheit seiner Existenz, der Gefühlsempfindung, des Gewissens voraussichtlich nicht mehr enthalten wird.

Denn wer will das mit Sicherheit voraussagen? Wir selbst haben in Fällen, in denen wir einen fast völligen Verlust der Großhirnfunktionen erwartet hatten, zu unserer Überraschung eine weitgehende, ja sogar vollständige Restitution erlebt. Und selbst wenn eine geistige Minderwertigkeit höheren oder geringeren Grades zurückbleibt, wer wagt es, ein Leben deshalb als lebensunwert zu bezeichnen? Der Wert eines Lebens kann weder objektiv durch den Arzt noch subjektiv durch den Kranken bemessen werden, und wenn wir nicht an dem Grundsatz festhalten, daß jedes Leben heilig ist, so verwischen sich die Grenzen und es ist nur noch ein kleiner Schritt, der uns von dem Verbrechen trennt.

Die Erhaltung geistig Minderwertiger ist eben das Opfer, das uns für die großen Erfolge der Wiederbelebung auferlegt ist und gegen das wir uns aus ärztlichen und allgemein humanitären Gründen nicht wehren dürfen.

Alle diese Überlegungen sind nun in jüngster Zeit in ein akutes Stadium getreten, das klare Entscheidungen verlangt. Die Organtransplantation vom Toten auf den Lebenden ist in stürmischer Entwicklung, deren Erfolge noch nicht abzusehen sind. So hat die Französische Medizinische Akademie im letzten Jahre neben anderen als wesentlichstes Kriterium für die Feststellung des irreversiblen Todes den totalen Verlust an Hirnpotentialen, gemessen im EEG, angegeben, wobei sich die Gewißheit des Todes auch auf die Feststellung anatomischer Läsionen stützt, welche mit dem Leben unvereinbar sind. Ebenso sind eine methodische Analyse der Erkrankung, die den Tod verursacht hat und schließlich ihr Verlauf während einer ausreichenden Zeitspanne für die Beurteilung von oft entscheidender Bedeutung.

Zudem soll der Sicherung des Spenders, aber auch des transplantierenden Chirurgen, die Forderung dienen, daß gewisse Organe erst dann zum Zwecke der späteren Transplantation künstlich am Leben erhalten werden dürfen, wenn der definitive Tod durch drei besonders qualifizierte Ärzte einwandfrei bestätigt worden ist. Die Französische Medizinische Akademie hat diese Feststellung getroffen, um dem Fortschreiten der Wissenschaft eine feste, allgemein gültige Grundlage zu geben.

Auch die von anderer Seite kommende Anregung, daß der Tod nicht durch den Chirurgen, der die Transplantation vornehmen will, festgestellt werden darf, sondern völlig unabhängig durch einen anderen Arzt, scheint mir bemerkenswert.

Nur wir können die Voraussetzungen schaffen, auf denen später die Rechtsprechung fußen soll. Die Initiative muß daher von uns ausgehen. Der Gesetzgeber wäre überfordert, wenn man von ihm den ersten Schritt erwarten wollte. Es wird unsere dringende Aufgabe sein, Richtlinien zu erarbeiten, die zwar nicht Gesetzeskraft haben, hinter denen aber die moralische Kraft der Gesamtheit deutscher Chirurgen steht.

Das Präsidium der Deutschen Gesellschaft für Chirurgie hat daher gestern der Einsetzung einer derartigen Kommission zugestimmt.

Die Entwicklung auf diesem Gebiete stellt uns vor neue Probleme. Es ist kein Zweifel, daß es nicht nur für den Laien, sondern auch für den Arzt zunächst eine ungewohnte und erschreckende Vorstellung ist, die Ruhe des Todes zu stören und den Toten dem Lebenden dienstbar zu machen.

Hier handelt es sich eben nicht um die in großem zeitlichem Abstande nach dem Tode vorgenommene Obduktion einer Leiche, sondern um Eingriffe, die zur Erhaltung eines funktionstüchtigen Organs unmittelbar notwendig sind wie die intrakardiale Injektionen von Heparin, Herzmassage, extrakorporale oder lokale Perfusion am noch körperwarmen Menschen, aus dem das Leben gerade entflohen ist. Das ist für den Laien, aber auch für den Arzt zunächst eine gewaltige, wenn auch nur gefühlsmäßige Belastung. Sie ist erst erträglich, wenn die elementaren Rechte des Spenders wie des

Empfängers gewährleistet sind und nicht etwa zugunsten des Empfängers eingeschränkt werden.

Weder die Einwilligung des Sterbenden, noch weniger die der Hinterbliebenen kann uns Ärzte hier von unserer sittlichen Entscheidung befreien. Und diese Entscheidung kann nur die sein, daß wir den Fortschritt nicht aufhalten dürfen, daß bei Abwägen unserer verständlichen Hemmungen auf der einen, des Gewinnes eines neu geschenkten Lebens auf der anderen Seite, der Schritt nach vorwärts getan werden muß.

Ich will es noch einmal klar herausstellen, daß jeder Mensch als Einzelindividuum den Anspruch auf das ungeschmälerte Recht zum eigenen Leben hat, gerade auch gegenüber dem Nächsten und der menschlichen Gesellschaft. Aber liegt nicht ein großartiger und versöhnlicher Gedanke darin, daß der Tote noch einmal Leben spenden darf?

Wir stehen heute am Anfange dieser Entwicklung, sie verlangt ein Umdenken, eine Umstellung von uns allen. Es gibt hier kein absolutes Maß sittlichen Handelns, hier herrscht nicht die Allgemeingültigkeit und Unabänderlichkeit Kantscher Sittengesetze, hier wandeln sich unsere ethischen Vorstellungen nach den Maßstäben, die uns das Fortschreiten der Wissenschaft auferlegt.

Erinnern wir uns doch, daß man noch vor drei Jahrhunderten Professoren steinigte, die den Leichnam eines Hingerichteten seziert hatten. Seitdem sind Untersuchungen am toten Körper zu einer der wesentlichsten Grundlagen unserer modernen Medizin geworden.

So wird auch die weitere erfolgreiche Entwicklung der Organtransplantation öffentliche Meinung und Gesetzgebung beeinflussen und manches uns heute unlösbar scheinende Problem wird die Zukunft von selbst verschwinden lassen.

Den ewig Gestrigen, die den heutigen Einbruch der Technik in unseren Organismus und in unser Gefühlsleben laut beklagen, sollte man den Segen vor Augen halten, den sie uns gebracht hat und in zunehmendem Maße bringt. Sie sollten nur einmal das Wunder des Schrittmachers erleben, durch den schwer leidende, dem Tode nahe Menschen in kurzem wieder berufsfähig und ihres Lebens froh werden. Die klaren naturwissenschaftlichen Erkenntnisse erlauben uns, auf diesem Wege weiterzugehen.

Und doch kommen viele Probleme auf uns zu, die durch die Wissenschaft allein nicht gelöst werden können.

Abschiedsvorlesung, gehalten am 28. Juni 1969 in der Chirurgischen Universitätsklinik Würzburg

Sie werden gewiß verwundert sein, mich heute in der Vorlesung mit einem Manuskript zu sehen. Ich habe Ihnen aber in dieser kurzen Stunde so viel zu sagen, daß ich mit der Zeit sparsam umgehen muß, in dieser Stunde, die für mich den Abschied bedeutet von dem Lehrstuhl, den ich während der letzten 23 Jahre innegehabt habe. Es soll ein Rückblick sein und eine Betrachtung.

Kaum eine andere Generation hat einen solchen Wandel auf allen Gebieten erlebt wie die, der ich angehöre. Aus der friedvollen, scheinbaren Geborgenheit des Kaiserreiches über den Ersten Weltkrieg, der uns junge Menschen, fast Kinder noch, aus dem Elternhaus in den harten Krieg und zum ersten Mal aus der Bahn riß, führte der Weg in die ideellen und materiellen Wirren der Nachkriegszeit. Es folgte der wirtschaftliche Wiederaufbau und die unvergleichliche, kulturelle Entfaltung der 20er und der ersten 30er Jahre, darauf 1933 die grausame Zäsur mit dem Beginn einer Herrschaft, die man als aufrechter Mann nur gefahrvoll durchstehen konnte und die für mich selbst die zwangsweise Unterbrechung meiner akademischen Laufbahn brachte, der Zweite Weltkrieg mit dem sinnlosen, grauenvollen Opfer der besten Kräfte unseres Volkes, der mühselige Aufbau aus den Trümmern, die Spaltung Deutschlands und der Aufstieg zum Wirtschaftswunderland, das heute durch die unausbleiblichen Krisen geschüttelt wird. Es ist ein gewaltiger Bogen, der sich über diese knapp sieben Jahrzehnte seit der Jahrhundertwende spannt.

Keine Entwicklung auf dieser Erde verläuft kontinuierlich. Wie sich das Schicksal der Völker in einem ewigen Auf und Ab vollzieht, so führt auch der Weg des einzelnen Menschen über Höhen und durch Tiefen. Wohl dem, der in den dunklen Zeiten nicht verzweifelt, in den Zeiten des Glückes aber bescheiden und dankbar bleibt.

Als ich im Jahre 1900 in einer kleinen Universitätsstadt geboren wurde, lebten und wirkten Lord Lister und Ernst v. Bergmann noch, die ich als die wesentlichen Schöpfer der modernen Chirurgie bezeichnen möchte. Sie waren die letzten großen Vertreter einer für die Entwicklung der Chirurgie entscheidenden Epoche. Denn auch die Geschichte unseres Faches verläuft in bestimmten Zeitabschnitten mit wechselnden Kriterien und Aufgaben.

Auf Zeiten stürmischer Entwicklung mit schöpferischen Entdeckungen folgen solche der Sammlung, der Auswertung und des praktischen Ausbaues. Auf die Analyse folgt die Synthese und erst beide zusammen, wie Aus- und Einatmen, machen das Leben der Wissenschaft aus. So ist erst in der zweiten Hälfte des vorigen Jahrhunderts das Fundament gelegt worden für eine wissenschaftliche Chirurgie.

Drei Grundlagen wurden zu dieser Zeit geschaffen, auf denen dann das Gebäude der modernen Chirurgie errichtet werden sollte:

1. Die Erkenntnis des Infektionsproblems
2. Die Lösung des Schmerzproblems und
3. Die Ergebnisse nicht nur der physiologischen und pathologisch-anatomischen Forschung, sondern auch der Physik und Chemie.

Die Errungenschaften der Bakteriologie sind durch die Namen Louis Pasteur und Robert Koch gekennzeichnet, dessen klassische Schrift „Untersuchungen über die Ätiologie der Wundinfektionskrankheiten" im Jahre 1878 erschien. Sie führten durch Erkennen des Wesens der Kontaktinfektion zur Abkehr von der seit 1867 von Lister empfohlenen Antisepsis, insbesondere von dem Carbolspray, der gegen die als besonders bedrohlich vermutete Luftinfektion angewandt wurde. Den eigentlichen Beginn der Asepsis stellt wohl die Beobachtung Ernst v. Bergmanns im russisch-türkischen Kriege 1877 dar, die dazu führte, glatte Gelenkschüsse unter Verzicht auf die bisher übliche Behandlung mit Sondieren, Kugelsuchen und antiseptischen Spülungen nur mit Reinigen der Wundumgebung und Ruhigstellung zu behandeln. Daraus entwickelten sich dann die Begriffe der primären und sekundären Infektion und seit Friedrichs klinischen und experimentellen Untersuchungen die Unterscheidung in Wundinvasion, Wundinkubation und die eigentliche Wundinfektion. Von Bergmanns Schüler Schimmelbusch hat dann durch die Entwicklung von Sterilisationsapparaten der Asepsis zur allgemeinen Anwendung verholfen.

Die Lösung des Schmerzproblems ist ebenfalls in der zweiten Hälfte des 19. Jahrhunderts geglückt. Wenn auch das Bemühen um Schmerzlinderung und Schmerzbekämpfung seit dem 3. Jahrhundert vor Chr. mittels der verschiedensten Drogen nachweisbar ist, so beginnt die Geschichte der heutigen Inhalationsnarkose doch erst mit dem Jahre 1846, als der Zahnarzt William Morton nach einem Selbstversuch mit Schwefeläther eine Narkose bei der Operation eines großen Halstumors mit Erfolg durchführte. Es folgte im nächsten Jahre die Verwendung von Chloroform. Diese beiden Narkotika haben sich bis in die 40er Jahre unseres Jahrhunderts gehalten. Ich pflegte noch als Assistent die Äthernarkosen mit Chloroform einzuleiten.

Die örtliche Betäubung durch Infiltration von Cocain folgte 1891 durch Carl Ludwig Schleich, die erste Lumbalanaesthesie 1898 nach Selbstversuch durch August Bier. Das große Werk der Schmerzbetäubung, um das zwei Jahrtausende gerungen hatten, war bis zur Jahrhundertwende geschafft. Es gab den Weg frei für eine neue Chirurgie.

Diese schöpferische Periode der Chirurgie geht einher mit einer Blütezeit der Physiologie, der pathologischen Anatomie, der Physik und Chemie. Namen wie Johannes Müller, Claude Bernard, Emil du Bois-Reymond, Karl Ludwig in der Physiologie, Karl v. Rokitansky, Rudolf Virchow in der Pathologie, der Kliniker Lukas Schönlein, Adolf Kussmaul, Wilhelm Leube und Heinrich Curschmann in der Inneren Medizin beleuchten schon, allen erkennbar, den Siegeszug dieser Disziplinen, deren Errungenschaften auch der sich jetzt auf wissenschaftlicher Grundlage entwickelnden Chirurgie zugute kommen sollten, die nunmehr als gleichberechtigtes Mitglied in den Kreis der anderen medizinischen Fächer eintrat. Der Physik verdankte sie vor allem die von Röntgen 1895 hier in Würzburg entdeckten Strahlen, der Chemie den Ausbau der Kolloidchemie, die Versuche der Reindarstellung und der Synthese hochmolekularer organischer Substanzen und die grundlegenden Erkenntnisse über die Strukturen der Kohlenhydrate durch Emil Fischer.

Mit diesem Rüstzeug trat die Chirurgie in unser Jahrhundert ein. Ein Geschenk zur Jahrhundertwende war die Entdeckung der Agglutination von roten Blutkörperchen verschiedener Blutsorten durch Karl Landsteiner, einer Entdeckung, deren Bedeutung für die gesamte Medizin und insbesondere für unser Fach damals noch nicht annähernd eingeschätzt werden konnte.

Die ersten zwei Jahrzehnte unseres Jahrhunderts dienten dem Ausbau des Gewonnenen. Operationen in der Bauchhöhle, die früher vereinzelt, aber mit großem Infektionsrisiko und mit vielen Mißerfolgen durchgeführt worden waren, wurden nun unter dem Schutze der Asepsis Routineoperationen. Die biologische Erforschung der Regenerationsvorgänge führte zur Entwicklung einer Wiederherstellungs- und Transplantationschirurgie. Die Eröffnung des Thorax wurde nun unter septischen Verhältnissen nach Einführung des Druckdifferenzverfahrens durch Ferdinand Sauerbruch im Jahre 1904 möglich. Die Technik der Gefäßnaht von Richard Carrel und Rudolf Stich im Jahre 1902 bedeutete den Beginn der Gefäßchirurgie. Ihren Niederschlag fanden alle Erfahrungen in umfangreichen Handbüchern, Monographien und Lehrbüchern.

Von außen kamen starke Impulse: die Erforschung der endokrinen Organe, etwa 1901 die Reindarstellung des Adrenalins, 1921 die Entdeckung des Insulins, 1922 die Jodtherapie bei Hyperthyreose, 1925 die Entdeckung des Parathormons, die schon im folgenden Jahre zur ersten erfolgreichen Exzision eines Nebenschilddrüsenadenoms bei der Recklinghausen'schen Krankheit durch Mandel führte, und die Darstellung des Follikelhormons und Androsterons durch Adolf Butenandt. Die Schilddrüsenchirurgie, die Chirurgie der großen Körperhöhlen, der Nieren, der großen Gelenke, der

Extremitätenverletzungen blühten auf, es war, als hätten sich mit der Jahrhundertwende die Schleusen geöffnet.

So war der Stand, als ich im Jahre 1923 das Staatsexamen ablegte und in meiner darauf folgenden Assistentenzeit bei dem Internisten Friedrich v. Müller und den Chirurgen Eugen Enderlen und Erich v. Redwitz. War seit dem Ende des vorigen Jahrhunderts bisher vorwiegend die naturwissenschaftliche und morphologische Forschungsrichtung vorherrschend gewesen, so setzten sich nun unter dem Einfluß von Ludolf Krehl und Gustav v. Bermann die Pathophysiologie und die funktionelle Pathologie durch, infolge des Wirkens von Viktor v. Weizsäcker die psychosomatische Betrachtungsweise. Die Vor- und Nachbehandlung wurden ausgebaut unter Berücksichtigung des Wasserhaushaltes und der Elektrolyte, das von Rössle beschriebene Bild der serösen Entzündung mit ihren Permeabilitätsstörungen trugen zum Verständnis des damit verbundenen pathologischen Geschehens bei. Ganz neue Impulse brachte die Biochemie in den 30er Jahren. Die Erklärung der Wirkung des Acetylcholins 1936 durch Dale und die Definition des Streß durch Selye sind nur spärliche Hinweise.

Daneben begann nun in den 40er Jahren die Chirurgie des Herzens und der großen intrathorakalen Gefäße, ein Gebiet, das uns auch heute noch in Spannung hält.

Von entscheidender Bedeutung für das Gelingen dieser großen chirurgischen Eingriffe war die Weiterentwicklung auf zwei getrennten Gebieten: Einmal die Infektionsbekämpfung durch die 1935 von Domagk entdeckten Sulfonamide und die antibiotische Ära, die 1939 begann, nachdem Flolly das von Fleming entdeckte Penicillin neu aufgegriffen hatte. Sodann die Vervollkommnung der Narkosetechnik zur Intubationsnarkose mit Muskelrelaxantien und die Verfahren der künstlichen Beatmung.

Heute stehen wir mitten in dieser sich immer mehr beschleunigenden Entwicklung. Dazu bedarf es eines klaren Kurses.

Wie das Tempo der Technik immer atemberaubender wird, so steigern sich auch die Erfolge der Chirurgie. Ein Ende ist heute nicht abzusehen, Grenzen sind ihr aber, im Gegensatz zur Technik, gesetzt und zwar dort, wo der Heilauftrag des Arztes endet. Möge die Chirurgie niemals zum Selbstzweck werden!

Manches von dem, was ich Ihnen geschildert habe, habe ich aus der Nähe und im Entstehen miterlebt.

Die Untersuchungen über den traumatischen Schock, über den Blutersatz, über den Eiweißverlust, der klinische Nachweis der Wirksamkeit der Sulfonamide gegen die Wundinfektion, die Behandlung der offenen Thoraxverletzungen und die Verhütung und Behandlung von Empyemresthöhlen, die Versorgung offener Frakturen und vor allem Gelenkverletzungen – das waren alles Aufgaben, deren Lösung mir und meiner mobilen Chirurgengruppe während des Zweiten Weltkrieges übertragen wurden, Arbeiten, die unseren Einsatz in vorderster Front auf den Hauptverbandplätzen verlangten. Es bedeutete für uns Rechtfertigung und Befriedigung, daß diese wissenschaftlichen Aufträge mit dem humanitären Dienst am Verletzten, mit der sachkundigen Hilfe unmittelbar nach der Verwundung unauflösbar verbunden waren. Was – ganz allgemein – dort in Rußland von den Ärzten geleistet wurde unter primitiven Verhältnissen, bei Hitze und Kälte, angesichts der allgewaltigen Not und im deprimierenden Bewußtsein der eigenen Unzulänglichkeit, kann nur der ermessen, der diese Zeiten als Arzt durchlebt hat.

Ich habe Ihnen einen kurzen historischen Überblick über die Entwicklung der Chirurgie gegeben, der in diesem Rahmen keineswegs den Anspruch auf irgendeine Vollständigkeit erheben kann. Aber erst aus der Kenntnis der Vergangenheit erwächst das Verständnis der Gegenwart.

Wenn auch die Jugend aller Zeiten, getragen von ihrem unverbrauchten Idealismus, dazu neigt, das Alte zu stürzen und Neues, Besseres an seine Stelle zu setzen, so sollte sie doch nicht vergessen, daß wirklicher Fortschritt nur aus der Verschmelzung des Alten mit dem Neuen entstehen kann. Jede Generation ist nur ein Glied einer unendlichen Kette, die keiner ungestraft zerreißen darf. Aufbauen läßt sich nur auf einem festen Fundament, auf Scherben kann man nicht einmal stehen.

Andererseits sehe ich es als eine der wesentlichen Verpflichtungen der älteren Generation an, Verständnis für das Streben der Jugend nach neuen Zielen zu haben und ihren vorwärtsstürmenden Drang nicht zu hemmen. Dadurch allein ist auch die naturgegebene Kluft zwischen zwei Generationen zu überbrücken.

Sie haben gesehen, daß sich das Gebiet unseres Faches von Tag zu Tag durch Eroberung neuer Regionen vergrößert. Nur so ist Fortschritt möglich, jeder Stillstand wäre ein Rückschritt. Wie der Wissenschaft, so ergeht es auch dem einzelnen Menschen. Er wird niemals fertig, darf niemals ausruhen. Mein Wissen im Staatsexamen vor 46 Jahren war nach 10 Jahren überholt. Nur ein unentwegtes Bemühen, auf dem Laufenden zu bleiben, kann den Arzt vor dem Zurückfallen und schließlich dem völligen Verlust seiner ärztlichen Fähigkeiten bewahren. Selbstkritik und Bescheidenheit gehören zu den Grundelementen des Arztes. Das sokratische „σύνοιδα ἐμαυτῷ οὐδέν εἰδώς" – „Ich weiß, daß ich nichts weiß", sollte gerade dem Arzte stets gegenwärtig sein.

Ich sprach zu Beginn von der Wellenbewegung, die sich auch in der Entwicklung der Chirurgie abzeichnet. Sie hat ihre Ursache nicht nur in dem Wechsel der Epochen, sondern auch in dem ständigen Suchen und Tasten nach optimalen Lösungen. In seiner im Jahre 1877 hier in Würzburg gehaltenen Antrittsvorlesung hat Ernst v. Bergmann schon gesagt: „Man erhebt sich zu triumphierender Sicherheit, sowie die Kunst in der Chirurgie, ihre technische Seite, durch eine neue und eine bedeutende Erfindung weit vorgeschritten ist, und man versinkt in Mißtrauen gegen sein bestes Können, sowie neue Entdeckungen der Wissenschaft ihr Licht auf Gebiete werfen, die bis dahin verschleiert waren und von uns übersehen wurden." Und weiter: „Dem Chirurgen ist die Regel, nach welcher er handelt, das Vergänglich und Wechselnde, das Bleibende aber sind ihm die Forderungen seiner Wissenschaft."

Darf ich Ihnen diesen Wechsel an zwei Beispielen klar machen? Daß zu Beginn des Jahrhunderts die Knochenbrüche konservativ behandelt wurden, d.h. an eine Osteosynthese gar nicht gedacht werden konnte, erklärt sich nicht nur aus der damals noch großen Furcht vor der Infektionsgefahr, sondern auch aus der Unkenntnis der Vorgänge bei der Bruchheilung und der Pathophysiologie der Pseudarthrose. Die Behandlung erschöpfte sich in Ruhigstellung, seit der Erfindung der Drahtextension durch Rudolf Klapp im Balkan-Krieg unter Zuhilfenahme des Drahtzuges. Die überragende Bedeutung der Ruhigstellung, also das Vermeiden immer wiederholter Repositionen und Irritationen wurde erkannt. Mein späterer Lehrer von Redwitz erzählte von seinen Erfahrungen in einem elsässischen Feldlazarett aus den Jahren 1914 und 1915, daß sie mit der Heilung der Schußbrüche der langen Röhrenknochen recht zufrieden gewesen seien, bis zu dem Augenblicke, in dem sie ein Röntgengerät erhielten. Allzu häufige Kontrollen und Verbesserungen der Frakturstellung führten zu einer bisher ungewohnten Zahl von Pseudarthrosen. Vor allem Fritz König, mein Vorgänger auf diesem Lehrstuhl, war es dann, der sich energisch für die operative Behandlung der frischen Frakturen einsetzte und sie zum gültigen Verfahren erhob. Doch bald kamen die Rückschläge. Ostitis, Osteomyelitis und Pseudarthrosen waren die leider allzu oft beobachteten Folgen. Die Zeit für eine allgemeine Indikation zur Osteosynthese war noch nicht reif. So habe ich als Assistent in den 20er und 30er Jahren noch den goldenen Mittelweg erlernt: In Anbetracht des operativen Risikos nur bei strengster Indikation, also in ausgewählten Fällen die Fraktur blutig zu stellen, in der Mehrzahl aber nach konservativer Reposition sich auf die Ruhigstellung zu beschränken.

Der Wandel zur modernen Frakturenbehandlung wurde dann wohl ausgelöst durch die Veröffentlichung des Marknagels durch Gerhard Küntscher im Jahre 1940. Trotz des Krieges machte diese Erfindung mit Blitzesschnelle ihren Weg um die ganze Erde. Es wurde nun möglich, unter Vermeidung einer operativen Freilegung der Bruchstelle den Knochen unblutig vor dem Röntgenschirm zu reponieren und dann durch den Nagel stabil zu fixieren. Gerade bei infizierten Schußfrakturen mußte ja die Stabilisierung von entscheidender Bedeutung sein. Damals sollte ich die Entscheidung treffen, ob dieses neue Verfahren allgemein für unsere Verwundeten eingeführt werden dürfe. Ich erbat ein Consilium, da ich die Verantwortung nicht allein tragen konnte. So trafen wir uns nördlich des Kaukasus in Krasnodar: Ferdinand Sauerbruch, E.K. Frey, Lorenz Böhler. Sauerbruch äußerte zunächst starke Bedenken gegen die Marknagelung, da zu erwarten sei, daß das Knochenmark und die Gefäße zerstört würden, so daß eine Sequestrierung der langen Röhrenknochen befürchtet werden müsse. Auch hatten wir alle die Sorge, daß bei den durchweg schwer infizierten offenen Frakturen eine Verschleppung der Keime im Sinne einer Markphlegmone nicht ausbleiben könne.

Wir entschlossen uns dennoch und der Marknagel ist zu einem Segen für Hunderttausende von Verwundeten geworden. Insbesondere stellte sich bald die alles überragende Bedeutung der absoluten Ruhigstellung infizierter Frakturen heraus, der gegenüber die Gefahr der Verschleppung der Infektion nur eine untergeordnete Rolle spielte, da sie durch sorgsame Behandlung zu beherrschen war.

Inzwischen hat der Marknagel auch in der Friedenschirurgie seinen festen Platz erhalten.

Nach dem Kriege wurde dann durch die Antibiotika die Infektionsgefahr weiter vermindert, die Erkenntnisse über die Bruchheilungsvorgänge nahmen zu, neues technisches Instrumentarium wurde entwickelt und so befinden wir uns heute – nicht zuletzt infolge der hervorragenden Arbeit der Schweizerischen Arbeitsgemeinschaft für Osteosynthese, der sogenannten A.O. – in der Lage, die operative Behandlung der Knochenbrüche als beherrschendes, wenn auch keineswegs alleiniges Verfahren anzuwenden.

Ein anderes Gebiet, das Ihnen den Wechsel in unseren Anschauungen demonstrieren soll, ist der Gebrauch der Antibiotika. Denken wir an den Satz des Heraklit, daß Gegensätze die Welt bewegen. Sie sind durch ein unumstößliches Naturgesetz geregelt, das dafür sorgt, daß nicht durch ein Überwuchern bestimmter Gruppen von Lebewesen infolge besonders günstiger Lebensverhältnisse eine völlige Vernichtung anderer Arten eintritt. Die Natur stellt durch den Ausgleich des Widerstandes von Gegensätzen die Harmonie wieder her. Infolge seiner technischen Fähigkeiten kann der Mensch gewaltsam in diesen Naturprozeß eingreifen. Er kann zwar durch Sulfonamide und Antibiotika Krankheitserreger im Kampf mit den Abwehrkräften des Organismus schädigen und dadurch die Infektion bekämpfen, auf der anderen Seite löst er aber die Bildung resistenter Stämme aus, die Verminderung der Immunitätskräfte, die Schädigung oder höchst unerwünschte Vernichtung für das Leben wichtiger Bakterienstämme, wie etwa der eigenen Kolibakterien und das Überwuchern anderer, von dem jeweiligen Antibiotikum nicht berührter Stämme.

Auch der Hospitalismus, die Verseuchung unserer sterilen Operations- und Behandlungsräume mit resistenten Keimen ist eine besorgniserregende Folge der antibiotischen Ära, die uns zwingt, unter anderem auch wieder zur Luftentkeimung nach Lister zurückzukehren. Nach dem Überschwang

der ersten antibiotischen Erfolge am Ende der 40er Jahre sind wir heute
sehr viel zurückhaltender geworden.

So bleibt die Wissenschaft immer problematisch, sie erstarrt und stirbt,
wenn sie von Dogmen beherrscht wird. Das πάντα ρέῖ wird immer seine
Gültigkeit behalten, auch wenn der Strom einmal langsamer, einmal schneller
fließt.

Und doch hat der Beruf des Arztes konstante Werte, die sich seit Jahrtau-
senden gleich geblieben sind. Nicht umsonst gilt der Eid des Hippokrates
noch heute. Christoph Wilhelm Hufeland, der Arzt Goethes, hat das schon
vor 130 Jahren unnachahmlich ausgesprochen:

„Die Kunst ist ewig, das System vergänglich. Die Kunst gehört dem
inneren Heiligtum des Menschen an, das System der Zeit, deren Produkt
es ist. Wir haben andere Namen, selbst andere Formen der Krankheiten,
andere Mittel der Heilung, andere Begriffe und Erklärungsarten als das Alter-
tum, aber die Heilkunst ist immer noch dieselbe, die Natur dieselbe und
es bedarf noch immer derselben Eigenschaften um ein großer Arzt zu sein,
wie zu Hippokrates Zeiten. Es gibt nur eine Heilkunst, denn sie ist etwas
Inneres, auf den ewigen Gesetzen der Natur Beruhendes, aber es gibt viele
Systeme und muß sie geben, denn sie sind etwas Äußeres, abhängig von
der jedesmal herrschenden Denkform und der Stufe der äußeren Erkenntnis,
auf welcher wir stehen." Diese Sätze des großen Arztes könnten auch heute
geschrieben sein.

Die Heilkunst setzt dem Arzt Maßstäbe und Grenzen. Unterschätzen
Sie diese Seite des ärztlichen Berufes niemals! Trotz aller Fortschritte der
Zivilisation ist der Kranke das hilfesuchende Wesen geblieben, das er seit
je war. Er ist keine defekte Maschine, sondern ein Mensch, dessen Innerstes
nach dem Helfer verlangt. Es ist menschlicher Technik wohl gelungen, die
Rückseite des Mondes zu photographieren, aber in die Gedankenwelt oder
das, was man Seele eines anderen nennt, einzudringen, ist selbst dem Erfahrenen häufig unmöglich, ja selbst das „γνῶτι σεαυτόν", das „Erkenne Dich
selbst" bleibt bei vielen nur ein ehrliches Bemühen. Und doch ist für den
Arzt eines der wichtigsten Erfordernisse, den Kranken in seiner Ganzheit
zu erfassen. Hierzu bedarf er der Begabung und der Schulung.

Der ärztliche Beruf beruht auf dem Wissen, dem Können und der Persönlichkeit.

Wenn ich das Wissen – nicht im üblichen philosophischen Sinne, sondern
für unseren Beruf – definieren soll, so möchte ich es als die denkerisch
erarbeitete Sammlung von allgemeinen Erkenntnissen bezeichnen, die eigene
Urteilsbildung erlaubt. Nicht das bloße Erlernen von Stoff ist das Entscheidende, sondern die gedankliche Verarbeitung. Das gilt nicht nur für Sie
als Studenten, sondern ebenso sehr für jeden von uns, der nicht in dem

Meer des Neuen ertrinken will. Dazu ist eine gewisse Beschränkung erforderlich, ein im Zeitalter der zunehmenden Spezialisierung oft nicht einfaches Problem. Schon die Auswahl aus dem Vorlesungsverzeichnis wird bei der Reichhaltigkeit des Angebotenen immer schwieriger, und Ihnen mag der Schüler aus Goethes Faust beneidenswert erscheinen, der da im Hinblick auf das Medizinstudium sagt: „Das sieht schon besser aus, man sieht doch wo und wie ...“.

Zum notwendigen Erwerb des Wissens gehört aber nicht nur die Erarbeitung des Stoffes, sondern noch ein anderes wichtiges Erfordernis des ärztlichen Berufes. Es ist der entscheidende Schritt vom Sehen zum Erkennen, für den der werdende Arzt nicht früh genug geschult werden kann. Hier sehe ich eine besondere Aufgabe der Vorlesung. Nicht umsonst habe ich Ihnen das Wort Goethes an die Wand des Hörsaales schreiben lassen, als ich nach dem Kriege diese Klinik übernahm. Der geschulte ärztliche Blick ohne solides Wissen ist allerdings ebenso unzureichend wie dieses ohne die Fähigkeit ärztlichen Erkennens, oder mit den Worten Immanuel Kants: „Der Arzt ist ein Künstler, der doch, weil seine Kunst von einer Wissenschaft der Natur abgeleitet werden muß, Gelehrter zu sein hat.“

Zur Ausübung des ärztlichen Berufes bedarf es sodann des Könnens. Ich möchte es definieren als die durch Intuition, Übung und Erfahrung erworbene Fähigkeit zur praktischen Anwendung des Wissensgutes. Kunst kommt von Können, und nur der wird Meister werden, der in langen, mühevollen Jahren erst Lehrling, dann Geselle war. Es ist ein organisches Wachsen, keiner kann die Zeit überspringen, die uns Erfahrung und Reife beschert und bei manchem dauert es ein Leben lang.

Wissen und Können sind Voraussetzung, aber nicht Inhalt der Persönlichkeit. Sie trägt den Stempel der Individualität, die durch ihre innere Geschlossenheit eine Ausstrahlungskraft besitzt, der sich die Umwelt nicht entziehen kann. Die ärztliche Persönlichkeit, wie sie auch geartet sei, ist durch Erfolge und Enttäuschungen gefestigt und bleibt ein Grundelement unseres Berufes, ein Heilfaktor von unschätzbarem Wert. Gerade in einer Zeit der allgemeinen Nivellierung scheint es mir notwendig, Sie auf den hohen Wert der Persönlichkeit hinzuweisen, die man erkennen und anerkennen muß. Es hat dies nichts mit dem heute so oft mißbrauchten Begriffe „Autorität“ zu tun. Auch ich lehne die Autorität als Machtanspruch auf Grund von Rang und Stellung ab und ich kann das Aufbegehren der Jugend hiergegen verstehen. Autorität, wie ich sie verstanden haben möchte, ist die durch Vorleistung erworbene, nicht geforderte beispielhafte Stellung eines Menschen. Aber Persönlichkeit ist etwas anderes. Der Bürgermeister einer kleinen Dorfgemeinde oder auch ein Handwerker kann ebenso zur Persönlichkeit reifen, wie ein Wirtschaftsführer oder ein Gelehrter. Wenn man die Augen offen hält, wird man mehr Persönlichkeiten begegnen, als man erwartet hatte.

In unserem Berufe ist die Persönlichkeit oft der einzige Anker, an dem sich der Kranke im Strudel seiner Leiden festzuhalten vermag. Eine überragende Persönlichkeit ist aber auch ein Magnet für die Jugend, die bewußt oder unbewußt von ihr geformt wird. Wer sich echte Leitbilder mutwillig zerstört, macht sich selbst ärmer.

Ich bin dankbar, daß ich als junger Mensch Männern begegnen durfte, die in der Physik Geschichte gemacht haben: Albert Einstein, Walter Nernst, Willi Wien, Max Born oder Max v. Laue. So verschieden sie waren, leidenschaftlich und erregt oder still und bescheiden, haben sie auf mich als faszinierende Persönlichkeiten einen unauslöschlichen Eindruck gemacht. Auch die bedeutenden und markanten Gestalten der Inneren Medizin und Chirurgie, die ich als Student und Assistent erleben durfte, sind von großem Einfluß auf meine Entwicklung gewesen: Friedrich von Müller, Ludolf Krehl, Carl Garrè, Ferdinand Sauerbruch, Eugen Enderlen, Erich Lexer. Jeder dieser Namen bedeutet nicht nur ein Kapitel der Medizingeschichte, sondern auch einen Stern, dessen Glanz mir unvergeßlich geblieben ist.

Die ärztliche Arbeit ist heute als Folge der Spezialisierung geprägt durch das Teamwork. Niemand wird diese Notwendigkeit bestreiten. Die Entwicklung darf aber keinesfalls dazu führen, daß seine Teilnehmer zur Anonymität herabsinken und der Kranke einem konformistischen Gremium gegenübersteht. Diese Gemeinschaftsarbeit enthebt keinesfalls von der persönlichen Verantwortung dem Kranken gegenüber und entbindet nicht von der Pflicht des eigenen Bemühens um Individualität und Persönlichkeitsbildung.

Die Chirurgie braucht Persönlichkeiten in besonderem Maße. Diagnostik und Therapie sind weitgehend Gebiet der Ratio und der Technik. Die Indikation dagegen – und der Chirurg trägt trotz vielseitiger Beratung durch die anderen Disziplinen, insbesondere die Innere Medizin, die Verantwortung für den Eingriff – ist letzten Endes eine Entscheidung, in die neben rein fachlichen Erwägungen sich der Chirurg mit seiner ganzen Individualität einschalten muß.

Die chirurgische Indikation hat mich von Anfang an besonders gefesselt und es ist daher verständlich, daß ich sie bei zwei in meinem Leben besonders wichtigen Augenblicken zum Vortragsthema gewählt habe: für meine Antrittsvorlesung 1930 in Bonn und für den Festvortrag aus Anlaß der Wiedereröffnung unserer Julius-Maximilian-Universität nach dem Zweiten Weltkrieg im März 1947.

Kein anderes Gebiet der Chirurgie enthält eine so vielschichtige Problematik, läßt sich so wenig in starre Schemata einordnen wie die chirurgische Indikation. Sie schiebt sich in den Gang des Geschehens ein zwischen den Abschluß der Untersuchung und den Beginn der eigentlichen ärztlichen Behandlung. Sie ist nicht nur wandelbar mit dem Fortschreiten der Wissenschaft im Sinne des Goethe-Wortes:

Durch die Pendelschläge wird die Zeit,
Durch die Wechselbewegung von Idee zu Erfahrung
Die sittliche und wissenschaftliche Welt regiert.

Sie ist ebenso abhängig von unendlich vielen äußeren und inneren Faktoren. In keinem Stadium der Beziehung zwischen dem Chirurgen und seinem Kranken spielen außer rein medizinischen Feststellungen und Erfahrungen so viele andere, vor allem ärztlich-menschliche Erwägungen eine so ausschlaggebende Rolle. Daher muß die Entscheidung zwangsläufig subjektiv und auf den einzelnen Kranken ausgerichtet sein und muß sich allein auf das eigene Gewissen gründen. Gerade die jüngste Entwicklung der Chirurgie legt damit eine neue Last auf die Schultern der Chirurgen.

Über allem Tun und Lassen sollte hier das Wort stehen, das für den Arzt aller Zeiten Geltung behalten muß, das Wort „nihil nocere". Nicht auf die Anzahl der gelungenen Operationen kommt es an, sondern auf die Anzahl der geheilten Menschen. Und niemals ist es berechtigt, Leben oder Gesundheit eines Menschen für das eines anderen zu opfern. Und noch etwas verlangt vom Chirurgen eine klare und tragfähige Persönlichkeit. Der Chirurg greift am unmittelbarsten in den Körper der Kranken ein und hat fast täglich deren Leben buchstäblich in der Hand. Hat er auch auf der einen Seite die Freude und Genugtuung der sichtbarsten Erfolge, so treffen ihn die Mißerfolge um so schwerer.

Es gehört zwar ganz allgemein zu den elementaren Pflichten des ärztlichen Berufes, dem Kranken auch auf dem letzten, schweren Wege helfend zur Seite zu stehen und ihn nicht zu verlassen. Dem Chirurgen im weitesten Sinne stellt sich aber die darin enthaltene Problematik allzu häufig in dramatischer Dringlichkeit und zwingt ihn so, die seelische Führung des hoffnungslos Kranken oder Schwerverletzten augenblicklich zu übernehmen. Er sollte dabei auch an den Satz Hufelands denken, den Tod verkünden, heiße den Tod geben.

Zudem bleibt ihm die Aufgabe nicht erspart, den besorgten Angehörigen die volle, im chirurgischen Bereiche so häufig ganz unerwartete Wahrheit zu enthüllen, daß der Verletzte oder Kranke nicht oder doch nur für kurz zu ihnen zurückkehren wird. Das alles führt naturgemäß zu inneren Spannungen, denen nur der gewachsen ist, der sich jeden Abend Rechenschaft vor seinem Gewissen über seine Tagesarbeit ablegt und sich der Grenzen allen menschlichen Tuns bewußt bleibt.

Wenn ich heute zurückschaue auf die wie im Fluge vergangenen 46 Jahre seit meinem Staatsexamen und die 23 Jahre seit der Übernahme dieser Klinik, so ist mein Herz voll Dankbarkeit. Aus meiner Klinik haben sich 20 Mitarbeiter habilitiert, 5 meiner früheren Mitarbeiter sitzen auf eigenen Lehrstühlen, 17 meiner Schüler in angesehenen und sie befriedigenden Chefarztstellen.

Ihnen schulde ich Dank für gemeinsame glückliche und erfolgreiche Arbeitsjahre. Sie sind inzwischen selbst Meister geworden und es verbindet mich mit ihnen herzliche Freundschaft und gegenseitiges Vertrauen. Was kann es für einen Chef und akademischen Lehrer Schöneres geben als das Bewußtsein, daß die Saat aufgegangen ist und die Schüler seinen Geist weitertragen!

Daß ich meinem Nachfolger, der einst mein Schüler war und die persönliche Beziehung nie abreißen ließ, Lehrstuhl und Klinik übergeben darf, erfüllt mich mit großer Freude.

Schwer fällt mir der Abschied vom Kranken. Die menschliche Beziehung zwischen Arzt und Krankem ist doch der eigentliche Inhalt unseres ärztlichen Berufes. Dem Kranken gelten unsere tägliche Arbeit, unsere Gedanken und Sorgen, aus seinem Vertrauen erwächst uns die Verpflichtung zu redlichem Tun und schöpfen wir die Kraft, die nicht selten allzu schwere Bürde zu tragen, die uns auferlegt ist.

Schwer fällt mir auch der Abschied von Ihnen, der Jugend, der die Zukunft gehört. Aber meine Wünsche und Gedanken werden immer bei Ihnen sein!

Rechtliche Probleme des Chirurgen

1974

Der tiefgreifende Wandel, der sich in unserer Zeit auf allen Gebieten vollzieht, geht auch an der medizinischen Wissenschaft und der Substanz des Arzttums nicht spurlos vorüber und die Entwicklung zeigt keineswegs nur die freundliche Seite des Janus-Kopfes. Die naturwissenschaftliche Evolution führt zur zunehmenden Entmythologisierung und verändert dadurch zwangsläufig das klassische Arzt-Patienten-Verhältnis, das die psycho-somatische Wechselbeziehung zur Grundlage hatte. Kranke wie Ärzte sind Kinder ihrer Zeit und wandeln sich mit ihr. In zunehmendem Maße wird das Vertrauensverhältnis durch ein kühles Partnerschaftsverhältnis abgelöst, das bei Unstimmigkeiten auf dem Rechtswege endet. Nun ist es aber die Eigenart des ärztlichen Berufes, daß er sich weniger als andere zu irgendeiner Form der Reglementierung eignet. Beschäftigt er sich doch mit dem subtilsten, differenziertesten Partner, den es gibt, dem kranken hilfsbedürftigen Menschen. So ist dem Arzt in seiner täglichen Arbeit mehr als anderen auferlegt, mit dem formalen Recht in Konflikt zu geraten. Dies gilt vor allem in der Chirurgie, wo schnellste Entschlüsse gefaßt werden müssen, wo Erfolg und Mißerfolg meist unmittelbar und für jeden sichtbar in Erscheinung treten, wo ein menschliches Versagen, ein Irrtum, ja nur ein Zögern schwerwiegende, oft irreparable Konsequenzen haben können.

„Inter omnes medicinae partes chirurgice effectus evidentissimus" hat schon Celsus vor 2000 Jahren gesagt.

In Situationen von unvermeidlicher Rechtsunsicherheit sind wir Ärzte zunächst auf uns selbst und dann auf die Einsicht des Richters, auf seine wirklichkeitsnahen Entscheidungen angewiesen. Statt Emotionen auf beiden Seiten zu wecken, muß es unsere Aufgabe sein, in einem fortdauernden Gespräche zwischen den Vertretern des Gesetzes und den um ihre Kranken bemühten Ärzten zum gegenseitigen Verständnis beizutragen. Ich bin Ihnen daher zu Dank verpflichtet, daß Sie mir heute die Gelegenheit geben, vor Ihnen zu sprechen. Denn Information scheint mir die einzige erfolgversprechende Brücke zu sein, um die vielfältigen Mißverständnisse, die sich zwischen Rechtsprechung und Ärzten auftürmen, abzutragen.

Erwarten Sie kein standespolitisches Plädoyer von mir, dazu fehlen mir Kenntnisse und Fähigkeiten. Ich möchte Ihnen vielmehr ein Plädoyer halten für die sittlichen Werte und Pflichten des Arzttums, dessen Eigenart im Gestrüpp juristischer Paragraphen erhalten bleiben muß, soll nicht die Heilkunst und damit der Kranke Schaden erleiden.

Hierzu fühle ich mich befähigt und berufen auf Grund der Erfahrungen, die ich in 50 Jahren chirurgischer Arbeit, davon 35 in leitender Stellung in voller eigener Verantwortung sammeln konnte. Bei vielen Erfolgen sind mir auch Enttäuschungen nicht erspart geblieben und das Leben hat mir gezeigt, wie vielfältig die menschliche Natur ist und daß kein Mensch dem anderen gleicht, weder in seinen körperlichen, noch in seinen seelischen Reaktionen.

Und darin scheint mir der wesentliche Grund für die nicht seltenen Mißverständnisse zwischen Rechtsprechung und Ärzten zu liegen.

Das verfügbare Wissen in der Medizin verdoppelt sich nach einer kürzlich veröffentlichten Untersuchung innerhalb von sechs Jahren. So kann es nicht wunder nehmen, daß die Gesetze hinter der Entwicklung weit zurückbleiben und eine Grau-Zone der Rechtsunsicherheit entsteht.

> Vom Rechte, das mit uns geboren ist,
> von dem ist, leider! nie die Frage

Dieser für uns Ärzte oft bedrückende Zustand der Rechtsunsicherheit kann nur durch eine zeitgemäße Rechtssprechung ausgeglichen werden, damit unserem Tun und Unterlassen Gerechtigkeit widerfährt. Ich muß hier ausdrücklich anerkennen, daß Dank der Einsicht und Unterstützung namhafter Rechtsgelehrter in den letzten zwei Jahrzehnten sich Gesetzgeber und Gerichte in manchen strittigen Fragen ärztlichen Problemen erschlossen haben. Sie gewähren dem Arzt einen gewissen Freiraum, den dieser zur Erfüllung seiner ethischen Pflichten braucht.

Es ist klar, daß sich hier zwei grundsätzliche Tendenzen gegenüberstehen: Der Richter vertritt das Gesetz und damit die Gemeinschaft und muß im Rahmen des Möglichen ihm Geltung verschaffen – „nulla poena sine lege" –, der Arzt muß zunächst auf eigene Verantwortung nach dem Grundsatz „nihil nocere" handeln, muß allerdings sein Tun später rechtfertigen können. Der Gesetzgeber versucht Normen aufzustellen, die allgemeine Gültigkeit haben und dem Schutze der Kranken dienen sollen, der Arzt steht täglich dem unverwechselbaren Individuum gegenüber, dessen Persönlichkeit und Situation sich nicht in eine Form pressen lassen. Der Arzt entscheidet ante hoc, der Richter post hoc.

So kommt es, daß richterliche Entscheidungen, auch des höchsten Gerichtes, gefällt werden, die wirklichkeitsfremd, uns Ärzten unverständlich sind und unsere Handlungsfreiheit im vermeintlichen Interesse des Patienten so einengen, daß in das Wesen der ärztlichen Entscheidung eingegriffen wird.

Hierdurch geht der Schutz, dessen nicht nur der Patient, sondern auch der Arzt bedarf, verloren. Dies geschieht gerade in einer Zeit, in der der Arzt, vor allem der Chirurg, zum Ziele einer bisher nicht erlebten Aggression seitens der Massenmedien geworden ist. Berichte über ärztliche Willkür, über sog. Kunstfehler, über unnötige Operationen füllen fast täglich die Tageszeitungen, Illustrierten und die Programme des Fernsehens. Bedauerliche und von Niemandem zu beschönigende Einzelfälle ärztlich menschlichen Versagens werden hochgespielt und verallgemeinert. Ihr Vorkommen soll von mir gewiß nicht bestritten werden.

Natürlich macht man sich Gedanken darüber, warum es die herrschende Tendenz der Publizistik ist, das altgewohnte Bild des vertrauenswürdigen Arztes zu zerstören. In der Zeitenwende, in der wir uns seit der Entschleierung der Natur durch die wissenschaftliche Forschung befinden, ist auch die Medizin aus dem vielleicht etwas mystischen Halbdunkel herausgetreten und zum Politikum geworden. Das ist eine Tatsache, mit der wir leben müssen, ob wir diese Wandlung bedauern oder nicht. Die Medizin ist heute eine gesellschaftliche Einrichtung, sie lebt von der Gemeinschaft und hat ihre sozialen Aufgaben. Dadurch wird sie auch unrettbar in den Strudel politischer Auseinandersetzungen hineingezogen und unterliegt mehr als je zuvor der öffentlichen Kritik. Andererseits spielt sich naturgemäß die Arbeit, etwa des Chirurgen, abgeschlossen von der Öffentlichkeit, hinter den Mauern der Krankenhäuser und Kliniken ab und vermeidet nach Möglichkeit die „publicity“. Meine Generation scheute noch das Auftreten in der Öffentlichkeit, weil es dem Geiste ärztlichen Tuns widerspräche und der Arzt ohne Geschrei in der Stille seine Arbeit verrichten solle. Diese Ansicht muß man unter den heutigen Bedingungen revidieren und selbstverständlich unter Hintanstellung persönlicher Ambitionen, die Tore öffnen. Die Stellung eines Berufes in unserer Gesellschaft hängt weitgehend von dem Schätzwert ab, den ihm die Öffentlichkeit gibt und wird daher heute vor allem durch die Massenmedien bestimmt. Man stellt immer wieder fest, daß die Mehrzahl der Journalisten die Ärzte aus Unkenntnis kritisieren. Sie kann man nur durch eigenes Erleben überzeugen, bei ideologischen Gegnern ist jede Mühe umsonst.

Mit großer Genugtuung würden wir es begrüßen, wenn wir auch den Richtern, die in Arzthaftpflichtprozessen Recht sprechen, die Tore unserer Arbeitswelt öffnen und sie für einige Zeit als Gäste bei uns sehen dürften. Wir können zwar nicht erwarten, ihnen Fachkenntnisse zu vermitteln, ihre Entscheidungen würden aber nach eigenem Erleben in Praxis oder Klinik an Lebensnähe gewinnen. Und das ist genau das, was wir brauchen. Wenn kürzlich ein namhafter Bundesrichter darauf hinwies, daß ein Richter eben gezwungen ist, sich jeweils auch in rechtsfremde Sachgebiete einzuarbeiten, so ist das natürlich richtig. Ich meine aber, daß es kein vergleichbares Gebiet gibt gegenüber dem ärztlichen, in dem es sich ja nicht nur um medizinische, sondern, und nicht zuletzt, um jeweils unvergleichbare menschliche Probleme handelt, deren Atmosphäre man nicht am Schreibtisch erfassen und rekonstruieren kann.

Die Unkenntnis unserer chirurgischen Arbeit ist allerdings nicht der einzige Grund für die derzeitige massive Kritik, der wir ausgesetzt sind und für die erschreckend ansteigende Welle der Haftpflichtforderungen und Kunstfehlerprozesse. In den letzten fünf Jahren hat sich die Zahl der Arzt-Haftpflichtprozesse verzehnfacht! Die Ursachen liegen wohl tiefer. Das nun angebrochene technische Zeitalter mit seinen Errungenschaften auf den Gebieten der Naturwissenschaften und auch der Medizin übersteigern die Erwartungen an das „Machbare". Der Mensch gewöhnt sich daran, die Krankheit nicht mehr als die ihm vom Schicksal auferlegte Last zu sehen, sondern Anspruch auf Heilung zu haben. Auch auf diesem Gebiete hat der Mensch den Übergang in die neue Zeit noch nicht bewältigt. Gegen Krankheit und Tod gibt es nun einmal keine absoluten Heilmittel und der Arzt kann durch seinen Vertrag mit dem Kranken regelmäßig nur die sachgerechte Behandlung, also seine ärztliche Tätigkeit, nicht aber den gewünschten Erfolg, also die Heilung des Kranken versprechen, wie es der Bundesgerichtshof vor kurzem zutreffend definiert hat.

Es kommt hinzu, daß im modernen Sozialstaat die Menschen dazu neigen, für jeden Schaden, den sie erleiden, auch wenn er schicksalsbedingt ist, eine Entschädigung zu erwarten. Auch der Entwurf des neuen Staatshaftungsrechtes ist dafür ein deutlicher Beweis. Die so stark zunehmende Anzahl der an Chirurgen gestellten Rechtsansprüche, wie wir sie in erschreckendem Ausmaße in den USA erleben, führt zu einer für die Kranken gefährlichen, bedauerlichen, aber auch verständlichen Reaktion der Ärzte. In den USA spricht man schon allgemein von der „defensive medicine". Das Sicherheitsrisiko der Chirurgen wird auf den Patienten abgewälzt. Risikoreiche Fälle werden nicht mehr operiert. Um ein Beispiel zu nennen:

Ich habe 1937 eine Frau operiert, bei der sich ein über mannsfaustgroßes Karzinom des Magens mit Metastasen in der Bauchhöhle fand. Bei dem schlechten Allgemeinzustand und dem ausgedehnten Befund war das Risiko einer Radikaloperation sehr groß, so daß ich einen Augenblick zögerte. Die Heilungsaussichten schätzte ich nach Resektion auf kaum mehr als 10%, ohne sie war der Tod innerhalb kürzester Zeit besiegelt. Ich entschloß mich zur Resektion. – Jetzt, nach 40 Jahren, lebt die Patientin gesund in München und schreibt mir dankbar jedes Jahr zum Operationstag.

Ich könnte Ihnen manche ähnlich gelagerten eigenen Fälle nennen, da ich immer den Standpunkt vertreten habe, dem Kranken eine echte Chance der Heilung zu geben, selbst wenn sie gering ist. Die defensive Medizin macht die Chirurgen vorsichtiger und vermindert dadurch die Heilungschancen der Kranken. Gewiß eine bedrückende, aber begreifliche Entwicklung. In 50 Jahren habe ich niemals einen Regreßanspruch erlebt, ob das heute noch so sein würde, wage ich zu bezweifeln. Wer die Forderungen der Vereinigung medizinisch chirurgisch Geschädigter liest, kann nur mit Schaudern an die weitere Entwicklung denken, die heute schon dazu geführt hat, daß junge Ärzte gehetzt werden, in den Kranken den potentiellen Prozeßgegner zu sehen! Bedauerlich ist, daß ähnlich wie schon in den USA, Patienten von manchen Anwälten oder sog. Rechtsvertretern aus meist durchsichtigen Gründen ermuntert werden, auch geradezu unsinnige Forderungen zu stellen. In einem in diesen Tagen aktuellen Falle verlangt ein 74jähriger Mann von einem Chirurgen Schadensersatz, da bei ihm nach einer einseitigen Rezidivoperation eines Leistenbruches Impotenz aufgetreten sei. Daß dieser Anspruch letzten Endes abschlägig beschieden wird, steht außer Frage. Jede auch noch so unbegründete Haftpflichtsache bringt aber für den betroffenen Chirurgen eine Lawine zum Rollen mit Stellungnahmen, Meldungen an den Krankenhausträger und die Versicherung und Schädigung seines Rufes nach dem Prinzip: „semper aliquid haeret". Es ist auf die Dauer wohl die einzige Möglichkeit, entsprechend einem kürzlich in den Staaten ergangenen Urteil auf derartige, gänzlich unbegründete Anschluldigungen mit der Gegenklage wegen Berufsschädigung oder Verleumdung zu antworten, gegebenenfalls auch gegen den Anwalt auf Schadenersatz wegen unerlaubter Handlung, denn der Rechtsanwalt verletzt die im Verkehr erforderliche Sorgfalt vorsätzlich oder fahrlässig, da er erschöpfend zu prüfen hat und eine Belehrungspflicht bei Aussichtslosigkeit besteht.

Es ist ein Trost, daß trotz all' der von mir geschilderten Aggressionen das Vertrauen der großen Masse des Volkes, der Hunderttausende von Patienten in die Sorgfalt und Fürsorge ihrer Ärzte erhalten geblieben ist.

Ich habe vorhin schon angedeutet, daß der Richter in einer schwierigen Lage ist, ohne spezielle Sachkunde Entscheidungen zu fällen. Das obliegt ihm, denn nach dem Gesetz ist der Richter allein verantwortlicher Entscheidungsträger. Der medizinische Sachverständige hat sich darauf zu beschränken, dem Gericht den Tatsachenstoff zu unterbreiten, der nur aufgrund besonders sachkundiger Beobachtungen gewonnen werden kann und das wissenschaftliche Rüstzeug zu vermitteln, das die sachgemäße Auswertung ermöglicht. Der Sachverständige ist jedoch weder berufen noch in der Lage, dem Richter die Verantwortung für die Feststellungen abzunehmen, die dem Urteil zugrunde gelegt werden.

Der medizinische Sachverständige ist also dem Gericht lediglich als Beweisgehilfe beigegeben. Hier hat sich in jüngster Zeit eine für das Recht tief bedauerliche und gefährliche Vertrauenskrise entwickelt. Die Aufgabe, als Sachverständiger in einem sog. Kunstfehlerprozeß aufzutreten, bedeutet immer eine schwere Belastung, gleichgültig, ob man den Einzelfall positiv oder negativ beurteilt. Es muß daher offen zugegeben werden, daß die Bereitschaft, sie zu übernehmen, den Erfordernissen oft nicht gerecht wird.

Wenn aber der Bundesgerichtshof in einem Urteil den Tatrichter darauf hinweist, „daß auch heute noch eine nicht geringe Zahl medizinischer Gutachter Schwierigkeiten hat, sich bei der Ausübung ihres Amtes von überholten und in diesem Zusammenhang der Rechtsordnung widersprechenden Standesregeln freizumachen", so muß man diese verallgemeinernde Behauptung zurückweisen. Daß darüber hinaus ein prominenter Bundesrichter des einschlägigen Senates feststellt, daß „sich die Mehrzahl der Ärzte auch noch in der Gutachterrolle einer hergebrachten Standesmoral verpflichtet glaubt, die in diesem Zusammenhang eindeutig unmoralisch wird" und, „daß das Mauern" zu Gunsten des beklagten Arztes ein fast allgemeiner Brauch sei, so kann man diese Äußerung nur mit Befremden und Besorgnis registrieren.

Das Urteil des Bundesgerichtshofs hat hier – wie auch der Göttinger Strafrechtslehrer Schreiber meint, mit seinen recht pauschalen Vorwürfen, deren es zur Entscheidung des konkreten Falles gar nicht bedurft hätte, keinen guten Dienst geleistet.

Über rechtsmedizinische Fragen, soweit sie die Chirurgie betreffen, besteht eine fast unübersehbare juristische und medizinische Literatur mit sehr widersprüchlichen Meinungen. Es kann nicht meine Aufgabe sein, hier über sie zu referieren, ich will Ihnen nur an eigenen Erlebnissen und Entscheidungen, zu denen ich mich als Arzt verpflichtet fühlte, zu erklären versuchen, wie schwer, ja unmöglich es ist, alle Situationen, vor die man als Chirurg gestellt ist, in einer Norm oder einem Urteil zu erfassen und daß der Arzt einen Freiraum braucht, der dem Kranken dient, aber diesen gewiß nicht zum Freiwild machen darf!

Die allgemein gebräuchliche Bezeichnung „Kunstfehler" halte ich für denkbar unglücklich und nicht zutreffend. Ich habe dazu an anderer Stelle gesagt: „Ärztliche Kunst" ist wie jede andere, etwa die bildende Kunst, vielfältig, individuell gestaltet und ohne scharfe Grenzen. Überall gibt es fließende Übergänge. Ärztliche „Kunst" darf nicht zum Dogma erstarren, sonst würde sie das Charakteristikum ärztlichen Handelns verlieren. Es gibt also auch Grenzbereiche, die noch innerhalb der sog. „lex artis" liegen.

Andererseits führt die Rechtsprechung aus, daß die in gewissenhafter Prüfung gewonnene Überzeugung des Arztes, die der lex artis widerspricht, als übergeordnete ärztliche Verpflichtung anzuerkennen ist.

Zudem hat das Reichsgericht sogar entschieden: „Die allgemein oder weitaus überwiegend anerkannten Regeln der ärztlichen Wissenschaft genießen grundsätzlich keine Vorzugsstellung vor den von der Wissenschaft abgelehnten Heilverfahren ärztlicher Außenseiter oder nicht-ärztlicher Heilbehandler."

Ich führe das aus, um darauf hinzuweisen, daß ein Verstoß gegen die ärztliche oder dem nicht-ärztlichen Heilbehandler obliegende Verpflichtung nicht unbedingt die Bezeichnung „Kunstfehler" verdient. Es wäre daher besser, den im allgemeinen Sprachgebrauch eingeführten Begriff des „Kunstfehlers" durch eine treffendere Bezeichnung zu ersetzen, ihn also etwa als „fahrlässige Schädigung", „Verletzung der Sorgfaltspflicht" oder vielleicht am besten als „Behandlungsfehler" zu bezeichnen. Die ärztliche Wissenschaft, die heute weitgehend auf naturwissenschaftlichen Erkenntnissen beruht, läßt sich nicht mit dem Worte „Kunst" nach dem heutigen Sprachgebrauch identifizieren. So kann eben ein Arzt oder Heilpraktiker einen sog. „Kunstfehler" begehen, ohne die Sorgfaltspflicht verletzt zu haben.

Da ein Behandlungsfehler schwer nachzuweisen ist, stützt sich die Mehrzahl der juristischen Ansprüche und auch der Urteile auf die Verletzung der Aufklärungspflicht. Damit wird das Bestreben deutlich, den „ante hoc" offensichtlich dem Arzt in seiner hilfesuchenden Situation stets unterlegenen Patienten „post hoc" in einen Stand zu versetzen, in dem das vorher entscheidende, individuelle Arzt-Patienten-Verhältnis, das juristisch kaum faßbar ist, auf die Seite geschoben wird. An seine Stelle tritt ein gerichtlich voll und relativ einfach nachprüfbarer Bereich, nämlich der der Aufklärung. Hier gerät der Arzt, wie zahlreiche Urteile beweisen, in der Regel allzu leicht in Beweisnot.

Ich muß es mir versagen, auf die zentrale und heute besonders aktuelle Frage der Aufklärungspflicht zu sprechen zu kommen, da sie morgen ausgiebig behandelt werden wird. Erlauben Sie mir nur aus der großen und vielschichtigen Problematik zwei Punkte kurz zu erwähnen, die mit der ärztlichen Aufklärung in engem Zusammenhang stehen: Die Einwilligung zur Operation und die Frage nach der Wahrheit.

Zu 1) Es gibt Grenzfälle, in denen Selbstbestimmung des Kranken und ärztliche Fürsorge nicht miteinander in Einklang zu bringen sind. Hier kann nur der Arzt selbst der gegebenen Situation Rechnung tragen und abwägen, welches der beiden Güter in diesem Falle schwerer wiegt: das rechtlichnormative oder das ärztlich-individuelle.

Hierzu einige Beispiele: Ein etwa 60jähriger Mann leidet auf Grund jahrzehntelangen Nikotinabusus an Durchblutungsstörungen beider Beine. Der rechte Fuß hat sich blau-schwarz verfärbt: Es hat sich ein Brand entwickelt. Ich erkläre ihm, daß man das Bein am Oberschenkel absetzen muß. Er verweigert die Amputation. Nach längerem Zureden erklärt er sich mit dem Absetzen des Fußes einverstanden. Ich setze ihm auseinander, daß die Amputationswunde am Unterschenkel nicht heilt und nur die Absetzung am Oberschenkel zu verantworten ist. Er bleibt bei der Ablehnung. Nun bin ich allerdings verpflichtet, ihm eindeutig zu erklären, daß der brandige Prozeß vom Fuß auf das ganze Bein übergreifen wird und er unter starken Schmerzen an einer Allgemeininfektion zugrunde gehen muß. Er äußerte jedoch den festen Entschluß, lieber zu sterben, als ohne das Bein zu leben. Ich sehe von der lebensrettenden Operation ab.

Rechtlich ist dieser Fall eindeutig entschieden: Das Selbstbestimmungsrecht des Kranken ist gewahrt, die ärztliche Fürsorgepflicht erfüllt. Und doch bleibt für den Chirurgen ein belastendes und unbefriedigendes Gefühl zurück. Der Kranke kann, trotz aller deutlichen Hinweise, nicht überblicken, was an Leiden, an unerträglichen Schmerzen noch auf ihn zukommt, daß er dann doch noch spät, zu spät nach ärztlicher Hilfe schreit. Das kann nur der Arzt voraussehen, der den Ablauf in seiner ganzen Grausamkeit immer wieder erlebt und doch durch den Willen des Kranken und das Gesetz verhindert war, ihn zu verhüten.

Wenn allerdings die Zeitungsnachrichten zutreffen, wonach ein 56jähriger Patient in USA, auf Grund gerichtlicher Anordnung sich wegen eines gefährlichen Brandes nach Erfrierungen das Bein abnehmen lassen mußte, da die Ärzte mit antibiotischer Therapie keinen Erfolg mehr hatten, so widerspricht das unseren elementaren, rechtlichen und ärztlichen Grundsätzen.

Ein anderer Fall, der mir wegen seiner Dramatik besonders in Erinnerung geblieben ist: An einem Aschermittwoch-Morgen wird ein jugendlicher Pierrot eingeliefert. Sein Mädchen war mit einem anderen davongelaufen, und er hatte sich vor Verzweiflung in die Brust geschossen. Er schrie, er wolle sterben, und er wehrte sich mit allen ihm verbliebenen Kräften gegen jede ärztliche Hilfe. Ich ließ ihm gegen seinen Willen eine Injektion geben, eröffnete in Narkose die Brusthöhle und versorgte die Lungenwunde. Der Junge war zwar nicht geisteskrank, er befand sich aber in einem psychotischen Zustand, der die freie Willensbildung eindeutig ausschloß. Übrigens fragte mich ein Richter, mit dem ich den Fall einmal besprach, wie ich eine solche Entscheidung ohne Hinzuziehen eines Psychologen hätte treffen dürfen! Die Vorstellung der dramatischen Situation, des nach Luft ringenden Verletzten, war ihm völlig fremd. Der junge Mann hat das Mädchen später wiedergesehen und war nicht nur von seiner Verletzung, sondern auch von ihr geheilt.

Hier kann meine Entscheidung eigentlich nur mit dem übergesetzlichen Notstand erklärt werden, der mich auch hinderte, die Einwilligung der Eltern des Jugendlichen einzuholen. Aber hätte ich auch nur Minuten verlieren dürfen, hätte ich gar dem Willen des Jungen nachkommen müssen? Eine für einen Arzt unmögliche Vorstellung, wie er das später vor sich selbst und den Eltern hätte verantworten sollen.

Eberhard Schmidt hat gefordert, die Grundsätze gewissenhafter ärztlicher Fürsorge zum rechtlichen Maßstab zu erheben und die von ihm als sehr wenig sinnvoll bezeichnete Überbetonung der Selbstbestimmungsrechte in der Arzt-Patienten-Beziehung einzuengen. Würde diese Forderung Allgemeingültigkeit erlangen, wären wir Ärzte von vielen Gewissenskonflikten befreit und wäre manches Leben zu retten.

Zu 2) Soll und darf der Chirurg dem Kranken die volle Wahrheit sagen?

Diese Frage ist nicht mit „Ja" oder „Nein" zu beantworten. Das häufigste Beispiel ist der Krebs. Ist hier die „pia fraus", die barmherzige Lüge erlaubt; bei vielen Tausenden von Krebskranken, die ich behandelt habe, waren es nur ganz wenige, denen ich die Wahrheit sagen konnte. Der Krebskranke verlangt nach der Wahrheit und fürchtet sie zugleich. Die Richter des Bundesgerichtshofs erleben nicht immer wieder diese erschütternden menschlichen Katastrophen, dieses Auseinanderbrechen der Persönlichkeit, die Angst und Verzweiflung, die das Wort Krebs hervorruft, das für die Kranken mit dem Todesurteil gleichbedeutend ist. Nicht verständlich sind uns daher Urteile des Bundesgerichtshofs, wie

> „soweit die mit der Einholung der Einwilligung verbundene Aufklärung die Herabdrückung seiner Stimmung oder sogar seines Allgemeinbefindens zur Folge habe, handele es sich um unvermeidbare Nachteile, die in Kauf genommen werden müssen" (10. 7. 1954)

oder

> „das richtige Wort gegenüber dem Patienten zu finden, sei eine ärztliche Aufgabe, lasse sich aber zur Erhaltung der Einwilligung die Bekanntgabe der Krebsdiagnose nicht vermeiden, so dürfe der Arzt hiervor nicht zurückschrecken. Nur in dem besonderen Falle, daß die mit der Aufklärung verbundene Eröffnung der Natur des Leidens zu einer ernsten und nicht behebbaren Gesundheitsschädigung des Patienten führen würde, könnte ein Absehen von der Aufklärung gerechtfertigt sein".

Sie sehen allein aus diesen zwei Urteilen die ganze Unsicherheit und Widersprüchlichkeit der Rechtslage, mit der wir leben müssen. Wer kann voraussehen, ob die labile Patientin, wie das wiederholt vorgekommen ist, nicht aus dem Fenster springt oder der standfest scheinende Mann sich erschießt, obgleich das Karzinom heilbar gewesen wäre?

In konsequenter Anwendung der Rechtsprechung auf Grund dieses Urteils würde sich möglicherweise aus der vorgenommenen Aufklärung sogar eine Haftpflicht des Arztes ergeben.

Ich habe es immer wieder erlebt, daß man den Krebskranken die Hoffnung lassen muß. Die Wahrheit ist, auch wenn sie in Watte verpackt dargereicht wird, brutal. Ein Mensch ohne Hoffnung, mit dem Blick auf den Tod, ist wie ein Schiff ohne Segel im Sturm. Selbst der Glaube ist nur selten der rettende Anker. Ich habe mich oft gewundert, daß auch alte Menschen sich noch so ans Leben klammern!

Auch hier kann man nicht reglementieren und bei allem Verständnis für die Judikatur erreichen nach ärztlicher Meinung die Urteile oft nicht die Wirklichkeit. Die Krebsdiagnose als Nötigung zur Einwilligung zu gebrauchen, müssen wir ablehnen. Man kann zum gleichen Ziel durch Umschreibung und wiederholtes verständnisvolles Zureden kommen. Einem inoperablen, nicht mehr kurablen Krebskranken die Diagnose zu sagen, wäre eine Brutalität. Und auch da gibt es Ausnahmen:

Ich erinnere mich an einen besonderen Mann, bei dem ich ein inoperables Karzinom festgestellt hatte. Wenige Tage nach der Operation bat er mich um eine Aussprache unter vier Augen. Er sei der Chef eines sehr großen Betriebes und müsse für den Fall seines Ablebens für den Betrieb und die Zukunft einer großen Anzahl von Angestellten und Arbeitern sorgen. Er fühle, daß es mit ihm zu Ende gehe, und wir beide sollten uns doch in der verbleibenden Zeit nicht gegenseitig belügen. Er akzeptierte die Wahrheit mit ruhiger Gelassenheit. Männer dieser Art sind selten.

Andererseits ist es mir aber gelungen, etwa einer um ihren Mann und ihre kleinen Kinder verängstigten Frau die Wahrheit bis zu ihrem Ende vorzuenthalten und ihr damit den schmerzlichen Abschied zu ersparen.

Wie sehr Krebskranke die Augen verschließen und sich täuschen lassen wollen, habe ich sehr eindrucksvoll gerade auch bei bedeutenden Kollegen erlebt, die sich an die barmherzige Lüge geradezu in einer Spaltung ihres Geistes klammerten.

Um den Kranken von der Notwendigkeit der Operation zu überzeugen, habe ich niemals das Vorliegen eines Karzinoms bestätigen müssen, es genügte stets, auf die dringende Gefahr einer krebsartigen Entwicklung hinzuweisen.

Nur das Arzt-Patienten-Gespräch gibt dem Arzt Anhaltspunkte für sein Verhalten. Dieses allein bietet die Möglichkeit, sich über die seelische, körperliche und soziale Struktur und derzeitige Lage des Patienten ein Bild zu machen. Nur das Gespräch von Mensch zu Mensch schafft die notwendige Vertrauensbasis.

Karl Jaspers hat in seinem großartigen Werk ‚Von der Wahrheit‘ in unübertrefflicher Weise zu dieser Frage gesagt:

„Zwischen Arzt und Patient ist in jedem besonderen Falle daß nicht endgültig festzustellende Voraussetzung, wie weit beide imstande sind, den Sinn der hier möglichen Wahrheit zu fassen und zu verwirklichen. Die Fragen sind: Ist der Arzt auf der methodischen Höhe, zu wissen, wie alles Wissen relativ ist, wie daher keine Prognose absolut gewiß sein kann? Ist der Patient in der existentiellen Verfassung, solches Wissen methodisch zu erfassen, ohne einer falschen Endgültigkeit zu verfallen? Ist er ein offener Mensch, der sein Schicksal wissend zu finden und zu tragen vermag, weil er in jeder Situation auch die Möglichkeit festhalten und darum Hoffnung haben kann, solange er lebt? Nur in dem Maße, wie der Mensch diese existentielle Helle und Kraft hat, hat er ein Recht auf Wahrheit. Nur der Arzt, der den untrüglichen Sinn für dieses Selbstsein hat und der damit zugleich gleichsam Schicksalsgefährte wird, als solcher und nicht als Autorität fühlt, hat das Recht, wahr zu sprechen."

Dem habe ich nichts hinzufügen.

Wie schwierig diese Dinge sind, mögen Sie aus folgendem Beispiel ersehen: Nachdem ich einmal erlebt hatte, daß eine Basedowkranke im Vorraum des Operationssaales vor Erregung einem akuten Herztod erlag, haben wir in wochenlangem Bemühen eine junge Frau mit schwerstem Basedow auf ihre Operation vorbereitet und ihr im Einverständnis mit ihrer Familie den Operationstermin verheimlicht. Um sie völlig im Unklaren zu lassen, ließ ich ihr schon mehrere Tage zuvor morgens eine Injektion mit Aqua dest geben, damit sie am Operationsmorgen nicht überrascht wäre. Als ich sie dann morgens vor der geplanten Operation besuchte, fand ich sie im schwersten thyreotoxischen Koma, mit fliegendem Puls, benommen und in höchster motorischer Unruhe. Was war geschehen? Die um ihr Seelenheil besorgte Ordensschwester hatte in der Nacht den Pfarrer geholt und ihr die letzte Ölung geben lassen. Eine Operation war unmöglich und es gelang uns nur mit Mühe, die Patientin am Leben zu halten. Hätte man die Schwester nicht im Todesfalle schuldig sprechen müssen, weil sie die Wahrheit gesagt hat?

Es gibt noch viele sehr dringende rechtliche Probleme für den Chirurgen, die vor Ihnen besprochen werden müßten, ich nenne nur die Zwangsernährung Gefangener, die Schweigepflicht, die Schlichtungsstellen, die Organtransplantation und viele andere mehr. Lassen Sie mich bitte kurz nur noch eingehen auf ein Thema, das z. Zt. meines Erachtens sensationell hochgespielt wurde: die Sterbehilfe.

Ich trenne von ihr den Begriff der Euthanasie völlig ab, schon dieses Wort erregt in Deutschland – nicht ohne Grund – noch immer ein Schaudern. Es ist bedauerlich, daß im angloamerikanischen Schrifttum, dem ein dem deutschen Worte „Sterbehilfe" entsprechender Begriff fehlt, unter der Sammelbezeichnung „Euthanasie" Situationen und Maßnahmen zusammengefaßt sind, die aber auch gar nichts miteinander zu tun haben. Hierdurch entsteht nicht nur in Publikationen der Massenmedien, sondern auch in wissenschaftlichen Veröffentlichungen ein kaum entwirrbares und der Sache abträgliches Durcheinander.

Zur Definition: Unter Euthanasie verstehe ich die gewollte Beendigung eines noch nicht abgelaufenen Lebens, also eines Leidens ohne akute Todesgefahr, entweder aktiv durch entsprechende Maßnahmen oder passiv durch Unterlassen der lebensverlängernden Therapie. In diesem Sinne lehne ich beide Formen ab.

Als häufiges Beispiel möge der Kranke dienen, dessen Magenkarzinom sich bei der Probelaparotomie als inoperabel herausgestellt hat. Hier ist selbstverständliche ärztliche Pflicht, trotz der vielleicht nur auf begrenzte Zeit verkürzten Lebenserwartung alles zu tun, um durch zusätzliche Ernährung und Stützung des Kreislaufs den Zustand zumindest in der Schwebe zu halten und das Leiden erträglich zu machen.

In jüngster Zeit sind wir mit einem neuen und sehr ernsten Problem konfrontiert worden, das uns die moderne Medizin beschert hat und das zwischen Euthanasie und Sterbehilfe liegt: dem Schicksal der Apalliker. Sie waren uns bisher so gut wie unbekannt, bis sie als traurige Überreste der sonst so erfolgreichen apparativen Reanimation die Intensivstationen unserer Kliniken füllten. Durch Trauma oder Intoxikation bedingt hat der vorübergehende Sauerstoffmangel zu einer Schädigung der Hirnrinde mit Verlust des Bewußtseins und des Kontaktes mit der Umwelt geführt, während die vegetativen Funktionen erhalten geblieben sind. Dieser Zustand kann reversibel oder irreversibel sein. Ich selbst habe Regenerationen noch nach Wochen und Monaten erlebt.

Daß die Beendigung von apparativen Maßnahmen bei Gehirntoten rechtmäßig ist, steht außer Zweifel. Mit der irreversibel erloschenen Gehirnfunktion ist das Leben beendet. Wie aber soll man mit diesen noch lebenden, aber nur noch vegetativ funktionierenden Wesen verfahren, die das charakteristisch Menschliche verloren haben?

Der Fall der 22jährigen Ann Quinlan hat die ganze Welt bewegt und auch bei uns eine lebhafte Diskussion ausgelöst, an der sich Juristen und Ärzte beteiligen.

Die differenten Urteile des Richter Muir und des Berufungsgerichtes zeigen die Konfliktsituation sehr deutlich. Da die Ärzte übereinstimmend die Patientin nicht für tot erklärten und sich weigerten, das Leben zu beenden, lehnte der Richter einen Antrag der Eltern, die künstliche Beatmung abzusetzen, ab mit der Begründung, daß dies eine ärztliche Entscheidung sei, die außerhalb seines Ermessens liege. Das Berufungsgericht gab dem Antrag statt mit dem Hinweis, daß beim Abwägen der Rechtsgüter Unantastbarkeit des Lebens einerseits und Wohl des einzelnen andererseits das letztere schwerer wiege. So wurde wohl zum ersten Male in der Geschichte die Genehmigung zur Tötung eines lebenden Kranken durch ein ordentliches Gericht erteilt. Heute vegetiert die Patientin mit Spontanatmung in unverändertem Allgemeinzustand weiter.

Im Rahmen dieses Vortrags ist es nicht möglich, den ganzen Komplex rechtlicher, medizinischer und ärztlich-ethischer Erwägungen vor Ihnen auszubreiten. Ich will mich auf die Darlegung meines eigenen Standpunktes beschränken, wie ich ihn an anderer Stelle vorgetragen habe:

Apalliker mit erhaltener und ausreichender Spontanatmung sich auch bei infauster Prognose als Pflegefälle zu behandeln. Man beschränke sich dabei allerdings auf die Minimalbedingungen zur Erhaltung des Lebens und verzichte auf zusätzliche therapeutische Maßnahmen bei eventuell auftretenden Komplikationen.

Bei Apallikern, die nur noch durch den Respirator am Leben erhalten werden können, bleibt die Entscheidung, ob die Reanimation zu beenden ist, eine ausschließlich ärztliche. Der Richter kann und darf den Ärzten die Verantwortung nicht abnehmen. Die Entscheidung wird nach entsprechend langer Beobachtungszeit durch ein Gremium von drei unabhängigen Ärzten, möglichst einem Anaesthesisten, einem Chirurgen und einem Neurologen gefällt. Sie bedarf nicht der richterlichen Zustimmung.

Wie different der ärztliche und der juristische Aspekt sind und wohl sein müssen, geht aus der an mich gerichteten Frage eines bedeutenden Strafrechtslehrers hervor, ob ich im Falle etwa einer akuten Verletzung mit Blutung bei einem spontan atmenden Apalliker, bei dem ich therapeutische Maßnahmen bei interkurrenten Komplikationen ablehne, auch passiver Zuschauer bleiben wolle. Rechtlich sei da kein Unterschied, denn in jedem Falle verlängere man doch das hoffnungslose Dahinsiechen. Fraglos wird jeder Arzt die Blutung stillen und die Verletzung behandeln, der Unterschied liegt für uns Ärzte in der Hilfeleistung bei einem akuten Notfall gegenüber der sinn- und aussichtslosen Therapie eines schicksalsmäßig ablaufenden apallischen Zustandes. Das ist gewiß keine juristische, aber eine ärztliche Differenzierung.

Ich gebe unumwunden zu, daß diese ärztliche Entscheidung nicht rational begründet ist, sondern der subjektiven Gewissensentscheidung des einzelnen Arztes entspringt, der um des Humanen willen gegen das Formaljuristische verstößt.

Eine rechtliche Regelung etwa auf der Grundlage dieser Vorschläge ist zur Behebung der Rechtsunsicherheit dringend erforderlich. Daß sie äußerst komplizierte juristische Überlegungen und Entscheidungen von größter Tragweite verlangen wird, liegt in der tiefgreifenden, auch rechtlich-menschlichen Problematik begründet, die uns die Technik der modernen Medizin aufzwingt.

Unter Sterbehilfe verstehe ich etwas anderes. Hier handelt es sich um die ärztliche Fürsorge bei einem Sterbenden. Der Arzt darf dem mit dem Tode Ringenden nicht durch immer neue Medikamente den Todeskampf ins Unerträgliche verlängern, andererseits muß er sich darüber klar sein, daß er durch schmerzlindernde und das Bewußtsein dämpfende Mittel die Gefahr etwa einer Lungenentzündung vergrößert oder durch Unterlassen weiterer medikamentöser Behandlung das Leben verkürzt.

Lassen Sie mich aus der großen Anzahl von Fällen, in denen ich Sterbenden bei der Überwindung des Todeskampfes helfen mußte, einen herauszugreifen, der mir wegen der Grausamkeit des Geschehens unauslöschlich in Erinnerung geblieben ist: Ein etwa 50jähriger Mann litt an einem nicht mehr operablen Lungenkrebs. Durch Rö-Bestrahlungen und zytostatische Behandlung gelang es, den Zustand etwa ein Jahr erträglich zu gestalten. Er trug sein Leiden, um dessen Natur er wußte, mit bewundernswerter Mannhaftigkeit und gab selbst Frau und Tochter den notwendigen Halt. Dann wurde er in die Klinik eingeliefert in einem akuten Erstickungsanfall. Er war nicht im Bett zu halten, riß die Fenster auf und bei fast jedem Atemzug erschütterte den Körper ein schmerzhafter Reizhusten. Frau und Tochter sahen wortlos und verzweifelt dem Todeskampf zu. Ich gab Morphium in großen Dosen, obgleich mir dessen atemdepressorische Wirkung bekannt war. Und erst nach immer wiederholten hohen Morphiumgaben wurde er ruhiger, verlor das Bewußtsein und schlief dann für immer ein. Hier war der Tod als Würger gekommen!

Die künstliche Verlängerung eines Leidens, das sich auf natürliche und schicksalsmäßige Weise dem Ende nähert, gehört keinesfalls zum Heilauftrag des Arztes, ja sie widerspricht seiner elementaren Aufgabe als Helfer. Das ärztliche Handeln ist hier eindeutig vorgezeichnet, seit es Ärzte gibt.

Hier steht der Arzt allein am Bett seines Kranken und kein Richter kann ihm sagen, was Recht oder Unrecht ist. Hier muß er beweisen, daß er der wahren Heilkunst dient und auch dem Sterbenden die Hilfe nicht verweigert. Denn auch das gehört zur Heilkunst.

Ist es nicht erschütternd, daß der sterbende Rainer Maria Rilke seine getreue Helferin anfleht: „Helfen Sie mir zu meinem Tod, ich will nicht den Tod der Ärzte!"

Wir kommen zum Schluß. Die rechtlichen Probleme des Chirurgen liegen im Spannungsfeld zwischen der Achtung des Persönlichkeitsrechtes und damit der Würde des Menschen und der uns obliegenden Fürsorgepflicht, zwischen den sittlichen Gesetzen unseres Berufes und den Gesetzen des Staates.

Generell sind diese Probleme nicht zu lösen, sie können nur im Einzelfall entschieden werden. Und diese Entscheidung unter voller eigener Verantwortung zu treffen, bleibt uns nicht erspart. Darin liegen Aufgabe und Bürde unseres ärztlichen Berufes.

Zur Begriffsbestimmung und Problematik
des sogenannten „Kunstfehlers"

1975

Es soll versucht werden, vom Standpunkte eines operativen Faches, in meinem Falle der Chirurgie, auch für den Juristen verständlich darzustellen, wo aus unserer Sicht die grundlegenden Differenzen zwischen Rechtsprechung und operativer Medizin zu suchen sind, die oft zu Unverständnis und zu Unstimmigkeiten führen.

Das schwierige Problem der Aufklärungspflicht, das mit dem des sogenannten Kunstfehlers eng verbunden ist, wird in diesem Kurzreferat ausgeklammert, da es offenbar der Diskussion in einer zukünftigen Sitzung vorbehalten bleiben soll.

Für die operativen Fächer ist die Bedeutung unseres heutigen Themas besonders groß und bedrohlich, liegt doch hier Erfolg und Mißerfolg der Behandlung ganz evident vor aller Augen. Zudem sind hier die Folgen eines, wenn auch vielleicht nur geringen menschlichen Versagens oft unverhältnismäßig schwerwiegend und unter Umständen irreparabel.

Zur Begriffsbestimmung: Ich gehe davon aus, daß man den Begriff „Kunst" nicht auf die allgemeine Heilkunst bezieht, vielmehr, wie üblich, ihn auf die anerkannten „Regeln der ärztlichen Wissenschaft" beschränkt.

Die Bezeichnung „Kunstfehler" halte ich für denkbar unglücklich und nicht zutreffend. Ärztliche „Kunst" ist wie jede andere, etwa die bildende Kunst, vielfältig, individuell gestaltet und ohne scharfe Grenzen. Überall gibt es fließende Übergänge. Ärztliche „Kunst" darf nicht zum Dogma erstarren, sonst würde sie das Charakteristikum ärztlichen Handelns verlieren. Es gibt also auch Grenzbereiche, die noch innerhalb der sogenannten „lex artis" liegen.

Andererseits führt die Rechtsprechung aus, daß die in gewissenhafter Prüfung gewonnene Überzeugung des Arztes, die der lex artis widerspricht, als übergeordnete ärztliche Verpflichtung anzuerkennen ist.

Zudem hat das Reichsgericht sogar entschieden: „Die allgemein oder weitaus überwiegend anerkannten Regeln der ärztlichen Wissenschaft genießen grundsätzlich keine Vorzugsstellung vor den von der Wissenschaft abgelehnten Heilverfahren ärztlicher Außenseiter oder nicht-ärztlicher Heilbehandler."

Ich führe das aus, um darauf hinzuweisen, daß ein Verstoß gegen die ärztliche oder dem nicht-ärztlichen Heilbehandler obliegende Verpflichtung

106

nicht unbedingt die Bezeichnung „Kunstfehler" verdient. Es wäre daher besser, den im allgemeinen Sprachgebrauch eingeführten Begriff des „Kunstfehlers" durch eine treffendere Bezeichnung zu ersetzen, ihn also etwa als „fahrlässige Schädigung", „Verletzung der Sorgfaltspflicht" oder vielleicht am besten als „Behandlungsfehler" zu bezeichnen. Die ärztliche Wissenschaft, die heute weitgehend auf naturwissenschaftlichen Erkenntnissen beruht, läßt sich nicht mit dem Worte „Kunst" nach dem heutigen Sprachgebrauch identifizieren.

Es kann eben ein Arzt oder Heilpraktiker einen sogenannten „Kunstfehler" begehen, ohne die Sorgfaltspflicht verletzt zu haben. Entscheidend sind der therapeutische Erfolg oder Mißerfolg, zu deren Beurteilung der Sachverständige sich in den meisten Fällen auf die vorliegenden Statistiken berufen muß. Ist also ein Arzt oder Heilpraktiker wegen fahrlässiger Körperverletzung oder Tötung angeklagt, so muß ihm zumindest nachgewiesen werden, daß er ein besseres Resultat erzielt hätte, wenn er nach den allgemein-anerkannten Regeln der ärztlichen Wissenschaft behandelt hätte. Gerade diese notwendige Feststellung ist für den Sachverständigen meist schwierig, oft unmöglich. Er muß sich in der Regel auf die nach dem Schrifttum übliche Prognose stützen und diese ist eben nicht in ein Schema zu bringen. Sie hängt ganz von dem individuellen Fall ab. Kein Krankheitsfall ist dem anderen völlig gleich. So ergibt sich die erstaunliche Tatsache, daß ein Arzt, der im Rahmen der anerkannten Regeln eine Fahrlässigkeit begangen hat, vom Gericht eher zur Verantwortung gezogen werden kann als ein Heilpraktiker, der erst durch den Vergleich mit den Ergebnissen der sogenannten „Schulmedizin" zu überführen ist.

Erlauben Sie mir, hier zwei selbst erlebte Fälle kurz zu schildern:

Ein Heilpraktiker war wegen fahrlässiger Tötung angeklagt. Er hatte die ältere Patientin, die ihn wegen einer Geschwulst in der Brust aufgesucht hatte, nicht körperlich untersucht, ja nicht einmal sich entkleiden lassen, sondern hatte ihr eine Salbe verschrieben. Als sie nach etwa 1 Jahr zu ihm kam und ihm sagte, es sei jetzt ein Geschwür entstanden, beruhigte er sie, indem er sagte, nun sei das Böse aufgebrochen und entleere sich von selbst. Nach etwa einem weiteren Jahr starb sie mit der Bitte auf dem Totenbett, nur nichts gegen den Heilpraktiker zu unternehmen. Trotzdem wurde die Anklage erhoben. Es lag hier, ohne jeden Zweifel sowohl ein Verstoß gegen die allgemein anerkannten Regeln der ärztlichen Wissenschaft als auch eine Verletzung der Sorgfaltspflicht vor. Der vom Angeklagten benannte Sachverständige, selbst ein Heilpraktiker, las triumphierend aus dem international bekannten Buch von K.H. Bauer über das Krebsproblem die amerikanische Statistik von Daland vor, wonach von 100 unbehandelten Fällen von Brustkrebs nach drei Jahren noch 40%, nach fünf Jahren noch 22%, nach sieben

Jahren noch 9% und nach zehn Jahren noch 5% am Leben waren! Da
das für die Lebenserwartung entscheidend wichtige, bei Übernahme der Behandlung bestehende Stadium naturgemäß nachträglich nicht festzustellen
war, könnte ich nicht mit der geforderten an Sicherheit grenzenden Wahrscheinlichkeit behaupten, daß die Frau bei schulmäßiger Behandlung, d.h.
bei Operation, Bestrahlung usw. eine längere Lebensdauer gehabt hätte. Die
Überlebensdauer im zweiten Stadium liegt bei lege artis behandelten Frauen,
also nach Radikaloperation, Bestrahlung usw. höchstens bei 50%, im dritten
Stadium bei 4 bis 5%. Der Heilpraktiker wurde von der Anklage der fahrlässigen Tötung freigesprochen.

In einem anderen aufsehenerregenden Prozeß hatte ein Arzt unter vielen
anderen Fällen auch eine Patientin mit Brustkrebs, diesmal im Stadium I,
also einem im Falle einer Behandlung lege artis sehr günstigen Stadium,
mit einer durchschnittlichen Lebenserwartung für fünf Jahre von 80 bis
100%, nicht nach den anerkannten Regeln der ärztlichen Wissenschaft, sondern mit Diät und Medikamenten behandelt, deren Zusammensetzung und
Wirkungsweise ihm zugegebenermaßen nicht exakt bekannt waren. In mehreren Briefen riet der Arzt der durch das Wachstum des Tumors verängstigten
Patientin dringend von einer Operation ab und bestellte sie wieder zur Fortführung seiner erfolglosen Therapie. Das Vorhandensein und die Vergröße-
rung von Lungenmetastasen mißdeutete er. In diesem Falle habe ich als
Sachverständiger die fahrlässige Tötung bejaht. Trotzdem wurde der Arzt
freigesprochen.

Ich habe vorhin erwähnt, daß bezüglich Prognose bzw. Lebenserwartung
für Sachverständige und Gerichte die Statistiken die Unterlage bilden. Ich
muß aber hier doch nachdrücklich darauf hinweisen, daß die Statistiken für
den Einzelfall nur sehr unzulängliche Anhaltspunkte geben. Karzinom ist
keineswegs gleich Karzinom, vielmehr hängt die Bösartigkeit vom Charakter
des Tumors, also nicht nur von der Schnelligkeit des Wachstums und der
Größe des Primärtumors, sondern auch von der verschiedenen Neigung zur
Metastasierung ab. Auch hierfür zwei Beispiele:
Ich erinnere mich an den Fall eines Kollegen, der auf seiner eigenen
Röntgenaufnahme in der präpylorischen Region des Magens eine kleine Un-
ebenheit der Kontur gefunden hatte. Er bat den Chirurgen, ihn zu operieren,
da er ein Karzinom befürchte und nahm ihm das Versprechen ab, unter
allen Umständen den Magen zu resezieren, gleichgültig, welchen Eindruck
er bei der Betastung habe. Der Operateur versprach es, fand aber nur eine
kleine schwielenartige Verdickung und kämpfte mit sich selbst, ob er das
Versprechen einlösen solle oder nicht. Er resezierte, der Befund kam vom
Pathologen mit dem Glückwunsch zurück, er gratuliere zu einem so frühzeitig

entdeckten Karzinom. Wenige Monate später war der Kollege an einer allgemeinen Metastasierung zugrunde gegangen.

Als Gegenbeispiel möchte ich über einen Fall berichten, den ich selbst im Jahre 1937 in München operierte. Es handelte sich bei einer Frau um einen über mannsfaustgroßen malignen Tumor des Magens mit zahlreichen Metastasen im Netz. Ich hatte bei diesem Befund zunächst Bedenken, ob ich der stark reduzierten Patientin den großen Eingriff einer ausgedehnten Magenresektion mit Entfernung aller tastbaren regionalen Lymphknoten zumuten sollte, entschloß mich aber dann doch zu diesem Eingriff, den die Kranke gut überstand. Sie schreibt mir seit nunmehr fast 40 Jahren jährlich zum Operationstag und hat mir auch in diesem Jahr schon ihre Grüße übersandt und von ihrem guten Gesundheitszustand berichtet.

Ich berichte Ihnen über diese Fälle, die ich beliebig vermehren könnte, um den Herren von der Jurisprudenz von den ungeheuren Schwierigkeiten einen Eindruck zu geben, denen wir Sachverständige in vielen, vielleicht den meisten Fällen bei der Beurteilung eines sogenannten „Kunstfehlers" gegenüberstehen, wenn wir über das verantwortliche Handeln eines Arztes entscheiden müssen.

Das Gebäude der Chirurgie, ja aller operativen Fächer, ruht auf den drei Säulen der Diagnostik, der Indikation und der Therapie. Nur in der Diagnostik darf der Chirurg die Verantwortung in besonderen Fällen abgeben. Wenn ein Kranker ihm bereits, etwa vom Internisten, eingehend durchuntersucht überwiesen wird, so wird er in der Regel auf eine nochmalige Untersuchung verzichten, um so mehr als sie gelegentlich mit nicht unerheblichen Strapazen verbunden ist. Dies gilt vor allem für spezielle, eingreifende Untersuchungsmethoden.

Auf dem Gebiete der Therapie ist der Operateur allein verantwortlich. Hier ist die Entscheidung auch für den Sachverständigen in der Regel verhältnismäßig einfach, da die Beurteilung sich aus dem Operationsverlauf und der Beherrschung evtl. entstandener Komplikationen bzw. der gesamten postoperativen Nachsorge ergibt.

Auch für das Gebiet der Indikation trägt der Chirurg allein die Verantwortung und hier ist eine Beurteilung so eminent schwierig, weil sich nichts, aber auch gar nichts in einen Rahmen, in ein Schema pressen läßt. Hier ist jede Überlegung, jede Entscheidung den individuellen Verhältnissen angepaßt und zwar sowohl denen des Arztes, als auch denen des Kranken. Ob, wann, wie operiert wird, entscheidet der Operateur nach bestem Wissen und Gewissen auf Grund seiner eigenen Gesamtpersönlichkeit, seiner Erfahrungen, seines Wagemuts, seines Temperamentes, seines operativen Könnens, der äußeren Verhältnisse, aber auch angepaßt der Individualität des Kranken, nicht nur seiner Krankheit, sondern seiner Persönlichkeit, seinem Alter, seiner Stoffwechsellage, kurz seinem physischen und psychischen Zustand.

Diese Situation, in der so viele objektive wie subjektive Momente mitspielen, verlangt, daß dem Chirurgen ein Beurteilungsspielraum zugebilligt werden muß, der sich der richterlichen Nachprüfung entzieht.

Vor wenigen Wochen rief mich der Chef einer großen Klinik an und bat mich um meine Meinung. Er hatte einen über 80jährigen Patienten mit schwerster Magenblutung in seine Klinik aufgenommen und wurde von den behandelnden Ärzten und den Angehörigen gedrängt, ja von diesen angefleht, den alten Mann nicht sterben zu lassen, sondern durch eine Operation, auch wenn sie riskant sei, die Blutung zum Stehen zu bringen. Ich riet ihm dringend ab mit der Begründung, daß der ausgeblutete Patient in seinem Alter die Operation nicht überstehen werde und das geringere Risiko darin läge, zu versuchen, die Blutung durch konservative Therapie zum Stehen zu bringen. Der Kollege war in einem echten Gewissenskonflikt, in dem er Beistand für wohl seine eigene Meinung suchte. Er verzichtete auf jeden Eingriff und beschränkte sich auf konservative Maßnahmen. Nach 14 Tagen rief er mich an und teilte mir mit, daß der Patient in gutem Zustand aus der Klinik entlassen worden war.

Gerade auf dem Gebiete der Indikation kann ein Sachverständiger trotz Kenntnis der schriftlichen Unterlagen post hoc kaum jemals die Situation voll beurteilen.

Ich habe bisher nur von den wirklich problematischen Fällen gesprochen, über die grobfahrlässigen, in denen die Verletzung der Sorgfaltspflicht offen zutage liegt, brauche ich hier nicht zu sprechen. Es liegt mir aber zum Schluß am Herzen, noch zu einem Punkt in diesem Kreise Stellung zu nehmen:

Es ist mir nicht nur einmal vorgekommen, daß ich als Sachverständiger in Kunstfehlerprozessen gegen Ärzte einspringen mußte, da die Staatsanwaltschaft auf ihre Anfragen bis dahin nur Absagen bekommen hatte. Mir ist ein Fall erinnerlich, wo sich ein Oberstaatsanwalt von weit her an mich wandte mit der dringenden Bitte, doch das Gutachten zu übernehmen, da ihm schon vier bekannte Chirurgen die Erstattung eines Gutachtens aus den verschiedensten Gründen abgelehnt hätten. Ich kann sehr wohl die Hemmungen verstehen, die man auf Grund eigener schwerer Erfahrungen, auf Grund eigener Erfolge und Mißerfolge und harter Selbstkritik hat, wenn man gezwungen ist, über einen Kollegen den Stab zu brechen. Auf der anderen Seite sehe ich in einer entsprechend dem geleisteten Eide völlig objektiven Beurteilung der Fehlleistung eines Kollegen bei aller menschlichen Anteilnahme eine der unangenehmsten, aber vielleicht auch wichtigsten Pflichten zur Erhaltung des Ansehens unseres Standes.

Je mehr die derzeitige Tendenz anhält, den Arzt aus seiner besonderen Stellung zu verdrängen, die er als psychosomatischer Betreuer so dringend braucht, desto sicherer entsteht langsam aus dem notwendigen Vertrauensverhältnis zwischen Arzt und Kranken eine Geschäftsbeziehung, bei der der Kranke für das, was er bezahlt hat, einen Rechtsanspruch auf volle Gegenleistung, also auf den Heilerfolg zu haben glaubt. Werden seine Erwartungen enttäuscht, so meint er Anspruch auf Entschädigung zu haben.

Dieser Tendenz hat sich der Bundesgerichtshof entgegengestellt, indem er im Jahre 1973 eindeutig entschieden hat, daß ein Arzt durch seinen Vertrag mit dem Kranken regelmäßig nur die sachgerechte Behandlung, also seine ärztliche Tätigkeit, nicht aber den gewünschten Erfolg, also die Heilung des Kranken verspreche. Daß der neuen geschäftsmäßigen Einstellung des Kranken gegenüber dem Arzt auch eine vielfach beobachtete Wandlung der Beziehung des Arztes zum Kranken entgegenkommt, soll nicht geleugnet werden.

In jedem Falle werden eine Welle von Schadenersatzansprüchen zivilrechtlicher Art und Klagen strafrechtlicher Art auf uns zurollen, so wie wir es etwa in den Vereinigten Staaten erleben. Wie das Schwert des Damokles wird die ständige Bedrohung über dem Haupte des Chirurgen hängen und ihn in seiner Initiative und der Übernahme von Verantwortung gerade auf dem Gebiete der Indikation hemmen. Daß sich diese Entwicklung letzten Endes zum Schaden der Kranken auswirkt, braucht nicht besonders betont zu werden.

Eine der wichtigsten Fragen, mit denen sich dieser Kreis befassen sollte, ist die, wie man diese anwachsende Flut verhüten kann. Darauf kann ich heute natürlich selbst keine Antwort geben. Entscheidend dürfte sein, das Schwergewicht auf die außergerichtliche Einigung zu verlegen, da bei Befriedigung seiner materiellen Ansprüche der Kläger im allgemeinen von einer gerichtlichen Verfolgung absieht. Leider scheitert, und das ist ein wesentlicher Punkt, die Entschädigung von Ansprüchen durch die Versicherung oft an der Weigerung des Arztes, ein Fehlverhalten zuzugeben. Hierfür sind zwei Gründe anzuführen:

1. Der Arzt befürchtet, daß er durch ein Zugeständnis gegenüber der Versicherung einen vielleicht doch noch in Gang kommenden Strafprozeß präjudiziert. Dies ist eine durchaus verständliche Überlegung.
2. Der Arzt glaubt, aus Gründen des Prestiges und der möglichen Schädigung seines Rufes, keinesfalls ein Fehlverhalten zugeben zu dürfen. Dieser Standpunkt ist nicht zu billigen, denn er geht auf Kosten des Geschädigten.

Erlauben Sie mir, aus manchen von mir erlebten oder mir bekannten Fällen ein Beispiel zur Erläuterung herauszugreifen:

Ein Chirurg vertritt für wenige Tage einen Kollegen. Ihm unterläuft in seiner Praxis bei einer Leistenbruchoperation ein unverzeihlicher Fehler, indem er nicht nur die große Beinschlagader verletzt, sondern sie versehentlich auch umsticht, um die Blutung aus der Tiefe zum Stillstand zu bringen. In den folgenden Stunden klagt der Patient über stärkste Schmerzen, das Bein wird kalt und pulslos. Der Operateur ist bis zum nächsten Tag trotz der Hilferufe des Assistenten nicht erreichbar. Am nächsten Nachmittag kommt der Inhaber der Praxis zurück, es wird ihm der Fall gemeldet, er macht sofort eine Gefäßdarstellung, stellt die Unterbindung fest, legt die Verletzungsstelle frei, holt den Thrombus heraus und macht eine Gefäßnaht. Für zwei Tage erholt sich das Bein, es muß dann aber wegen der hochgradigen Gefäßschädigung und Durchblutungsstörung im Oberschenkel abgesetzt werden. Der Chirurg fordert seinen Vertreter auf, sich an seine Haftpflichtversicherung zu wenden. Diese teilt mit, daß es sich um eine einwandfreie Haftpflicht des Inhabers der Praxis handle, da der Vertreter nur sein Erfüllungsgehilfe gewesen sei. Trotz des Gutachtens des Chirurgen bekannte sich der Vertreter nicht zu einer eindeutigen Schuld. Die Folge war ein etwa dreijähriger Streit zwischen den beiden Versicherungen, bis der Patient starb, ohne eine Entschädigung für seinen Beinverlust erhalten zu haben. Eine strafrechtliche Klage zu erheben, hatte sich der gutmütig bäuerliche Patient geweigert.

Das Kernproblem liegt also darin, unter Vermeidung unnötiger Gerichtsverfahren Richtlinien zu erarbeiten, die die schnelle und unbürokratische Erledigung von berechtigten Ansprüchen gewährleisten, bei offensichtlich unberechtigten Ansprüchen den Arzt so frühzeitig wie möglich entlasten. Es wird allerdings äußerst schwierig sein, Normen zu setzen in einer Sache, in der beide Partner unter so variablen Bedingungen stehen.

Die von der Bayer. Landesärztekammer gemeinsam mit dem HUK-Verband geplante Sachverständigen-Schlichtungsstelle scheint mir ein sehr sinnvolles und aussichtsreiches Vorhaben zu sein. Sie könnte in hohem Maße zur allseitigen Befriedigung beitragen. Aber erst die Erfahrungen werden erweisen, ob sie ihre Aufgabe erfüllen kann.

Chirurgie zwischen Gesetz und Gewissen

1976

Es gehört zum Wesen der menschlichen Freiheit, aus eigener Kraft zwischen verschiedenen Möglichkeiten zu wählen und bereit zu sein, für die getroffene Entscheidung die Verantwortung zu übernehmen. Die freie Willensentscheidung findet allerdings ihre Grenzen an Gesetz und Gewissen. Zwischen diesen beiden im Leben eines jeden Menschen bestimmenden Faktoren besteht keineswegs eine prinzipielle Gegensätzlichkeit, keine Antinomie, da aber beide auf uns einwirkenden Kräfte nicht konstant sind, werden in dem zwischen ihnen liegenden Spannungsfeld Überschneidungen unvermeidlich. Ich möchte meinen, daß ihr gegenseitiges Verhältnis weniger der Polarität als vielmehr dem Komplementärprinzip entspricht: Je unzureichender das Gesetz, desto überwiegender muß das Gewissen sein, je schwächer das Gewissen, desto notwendiger das Gesetz.

In diesem ständigen Wechselspiel den jeweils richtigen Standpunkt zu suchen und zu finden, ist jedem Menschen auferlegt, will er sich sein inneres Gleichgewicht bewahren.

Kaum jemals ist der Arzt mit der zwingenden Notwendigkeit dieser Auseinandersetzung so hart konfrontiert worden wie in der heutigen Zeit. Einerseits haben die revolutionierenden Fortschritte auf dem Gebiete der Naturwissenschaften, der Biologie, der Biochemie, der Medizin und der Technik neue und überraschende diagnostische und therapeutische Möglichkeiten geschaffen, die unvermeidlich wieder bisher nicht bekannte und zunächst unbestimmbare Risiken in sich bergen, andererseits ist der Kranke zum fordernden und kritischen Partner des Arztes geworden. So hat sich zwangsläufig und zeitgemäß das Arzt-Patienten-Verhältnis geändert und es muß unser unverzichtbares Anliegen sein, dem Rechnung zu tragen durch sorgfältige Analyse der gegebenen Situation und aus ihr die notwendigen Konsequenzen zu ziehen.

Max Weber hat gesagt: „Wo neue gesellschaftlich relevante Probleme entstehen, ist die Entfaltung neuer Wissenschaftszweige erforderlich."

Es gilt also in gemeinsamer Arbeit mit Gesetzgeber und Judikatur durch fortlaufendes Gespräch eine gemeinsame Basis zu schaffen, die das gegenseitige Verständnis vermehren soll und die beiden Seiten und damit auch dem Kranken gerecht wird.

In besonderer, oft dramatischer Weise sind Aufgaben und Wirken des Chirurgen zwischen Gesetz und Gewissen eingespannt. Sein Beruf verlangt in unvergleichlicher Weise tagtäglich schnellste Entschlüsse von oft schicksals- oder gar lebensentscheidender Tragweite. Hier den Ausgleich zu finden zwischen den universellen Pflichten der Gemeinschaft und den individuellen dem Kranken gegenüber scheint mir eine zentrale sittliche Aufgabe des Chirurgen zu sein. Ihr gerecht zu werden, verlangt Bekennermut und Haltung von jedem Einzelnen in einer Zeit, da die Medizin zur gesellschaftlichen Institution und dadurch zum Politikum geworden ist, da der Glaube an das „Machbare" und das „Anspruchdenken" unter den Bürgern des modernen Sozialstaates immer mehr um sich greift. Nur dann ist der Kern des Arzttums, wie wir ihn sehen, zu erhalten.

Gesetze sind Akte des Staates, die der jeweils herrschenden rechtlichen und sittlichen Auffassung des Gesetzgebers entsprechen. In Demokratien kommen sie durch oft knappe Abstimmungen zustande. Sie können auf gleiche Weise ergänzt, verändert oder aufgehoben werden. So sind sie in ihrer starren Form kein konstantes Maß für Recht und Unrecht. Zudem wenden sie sich an die Allgemeinheit und können naturgemäß den Einzelfall nicht erfassen. „Wer Normen sät, kann keine Gerechtigkeit ernten" (M.E. Mayer). Summum jus, summa injuria!

Erst die Rechtsprechung kann die Starre von Gesetzen oder ihre Lücken mit Leben erfüllen und dem Einzelfall Gerechtigkeit zuteil werden lassen. Dem Richter obliegt es, nach „Treu und Glauben", nach den „guten Sitten", nach „billigem Ermessen" Recht zu sprechen.

Der Begriff der Billigkeit spielt für uns Chirurgen eine entscheidende Rolle, wenn es sich um Grenzfälle oder gerade auch um Einzelfälle handelt, in denen unsere ärztlichen Entscheidungen staatlichen Gesetzen zu widersprechen scheinen. Die auch heute noch anerkannte Auffassung, daß derjenige Richter „billig" handelt, der „nicht das Recht zu ungunsten anderer auf die Spitze treibt, sondern vom Rechte, ob es ihm gleich beisteht, nachzulassen weiß", geht schon auf Aristoteles zurück. Um der Gerechtigkeit willen, kann es also beim Richterspruch durchaus zum Abweichen von der gesetzlichen Norm kommen.

Es kommt hinzu, daß Gesetze niemals mit der Entwicklung Schritt halten können, um so weniger, als diese sich in einem nie dagewesenen Tempo vollzieht. Das verfügbare Wissen in der Medizin hat sich in den letzten sechs Jahren verdoppelt und dies gerade auf Gebieten, die individuelle Entscheidungen von uns verlangen, ohne daß sie durch Gesetze gedeckt sind. Dies führt erzwungenermaßen zu einem Zustand der Rechtsunsicherheit, der sich nicht vermeiden läßt, da der Gesetzgeber erst dann Gesetze erlassen kann, wenn Entscheidungen zu einem gewissen Abschluß gekommen sind und Erkenntnisse aus Wissenschaft und Praxis erworben wurden, die eine abschließende Stellungnahme wenigstens für eine voraussehbare Zeitspanne ermöglichen.

So sind wir Chirurgen heute, da wir im Kreuzfeuer der öffentlichen Kritik stehen, da nicht nur der ärztliche Stand, sondern gerade auch unsere chirurgische Leistung massiven Aggressionen ausgesetzt sind, mehr denn je auf die Einsicht des Richters angewiesen. Nicht nur der Patient, auch der Arzt bedarf des rechtlichen Schutzes gegen unbegründete sachliche und ideologische Angriffe, wenn vermieden werden soll, daß der Chirurg im Sinne der defensiven Medizin sein Sicherheitsrisiko auf den Kranken abwälzt und von risikoreichen Operationen überhaupt absieht.

Nimmt diese dem Sinne jeden Arzttums widersprechende und doch verständliche Entwicklung, die in den USA schon begonnen hat, auch bei uns ihren Fortgang, so wäre der den Kranken entstehende Schaden unermeßlich.

Darüber hinaus ist die Folge dieser defensiven Medizin, daß der Arzt die diagnostische Laboratoriumsmedizin in einem Maße einschaltet, das für den Einzelfall zwar nicht notwendig erscheint, das ihn aber gegen etwaige spätere Vorwürfe von Unterlassungen sicher abschirmt. Auch das bringt für den Kranken mancherlei Belästigungen, möglicherweise auch Risiken mit sich, für die Gemeinschaft zusätzliche, nicht unerhebliche Kosten.

Hier fällt dem Richter eine Schlüsselrolle zu. Er hat nicht nur die Pflicht, die Gemeinschaft zu vertreten und das Persönlichkeitsrecht des Kranken zu schützen, sondern auch das Recht, im Einzelfall dem Chirurgen den ihm notwendigen Ermessensspielraum zuzubilligen, der gewiß kein unbeschränkter Souveränitätsraum sein darf.

Salus oder Voluntas Aegroti Suprema Lex? Eberhard Schmidt hat gefordert, die „Grundsätze gewissenhafter ärztlicher Fürsorge" zum rechtlichen Maßstab zu erheben und die von ihm als sehr wenig sinnvoll bezeichnete Überbetonung der Selbstbestimmungsrechte in der Arzt-Patienten-Beziehung einzuengen. Würde diese Forderung Allgemeingültigkeit erlangen, wären wir Ärzte von vielen Gewissenskonflikten befreit und wäre manches Leben zu retten.

Durch einige Entscheidungen, auch des höchsten Gerichtes, sind wir stark verunsichert. Sie zeugen von mangelnder Lebensnähe und Sachkenntnis und beweisen immer wieder die Diskrepanz der Betrachtung ante hoc und post hoc. Ein nicht unbilliger Wunsch wäre es, die mit Straf- und Zivilprozessen gegen Chirurgen befaßten Richter für kurze Zeit auf unseren Intensiv- oder Unfallstationen als Gäste zu sehen, damit sie von den vielfältigen Krisensituationen, die wir täglich meistern müssen und über die sie später Recht sprechen sollen, bleibende Eindrücke erhielten. Ich bin sicher, daß dies der richterlichen Einsicht und Objektivität von Nutzen sein würde. Aus Akten allein läßt sich ein einschlägiger Tatbestand oft nur unvollkommen rekonstruieren.

Dem Gericht ist als Beweisgehilfe der medizinische Sachverständige beigegeben. Hier hat sich in jüngster Zeit eine für das Recht tief bedauerliche
und gefährliche Vertrauenskrise entwickelt. Die Aufgabe, als Sachverständiger in einem sog. Kunstfehlerprozeß aufzutreten, bedeutet immer eine
schwere Belastung, gleichgültig, ob man den Einzelfall positiv oder negativ
beurteilt. Es muß daher offen zugegeben werden, daß die Bereitschaft, sie
zu übernehmen, den Erfordernissen oft nicht gerecht wird.

Wenn aber der Bundesgerichtshof in einem Urteil den Tatrichter darauf
hinweist, „daß auch heute noch eine nicht geringe Zahl medizinischer Gutachter Schwierigkeiten hat, sich bei der Ausübung ihres Amtes von überholten
und in diesem Zusammenhang der Rechtsordnung widersprechenden Standesregeln freizumachen", so muß man diese verallgemeinernde Behauptung
zurückweisen. Daß darüber hinaus ein prominenter Bundesrichter des einschlägigen Senates feststellt, daß „sich die Mehrzahl der Ärzte auch noch
in der Gutachterrolle einer hergebrachten Standesmoral verpflichtet glaubt,
die in diesem Zusammenhang eindeutig unmoralisch wird" und, „daß ‚das
Mauern' zu Gunsten des beklagten Arztes ein fast allgemeiner Brauch" sei,
so kann man diese Äußerung nur mit Befremden und Besorgnis registrieren.

Die Gründe für die Hemmungen, die den chirurgischen Sachverständigen
vor Gericht befallen, liegen viel tiefer. Abgesehen von den eindeutigen Fällen
von Verletzungen der Sorgfaltspflicht ist bei den Grenzfällen die Beurteilung
durch eigene Erfahrungen und Erlebnisse überlagert. Kein noch so gewissenhafter Chirurg ist von eigenen Fehlern, Enttäuschungen und Mißerfolgen
verschont geblieben, er kennt das „ante hoc" besser als der Richter und
mißt daher mit anderem Maßstab.

Das von ihm verlangte und entscheidende Wort von der „mit an Sicherheit grenzenden Wahrscheinlichkeit" kann für ihn in Kenntnis der vielfältigen
und oft nicht voraussehbaren Möglichkeiten zu einem wahren Alpdruck werden, denn irreale hypothetische Konstruktionen begegnen in der individuell
und empirisch bestimmten klinischen Chirurgie den größten Schwierigkeiten.

Zugleich empfindet der Gutachter oft die Voreingenommenheit des Richters, wie sie in dem genannten Urteil des Bundesgerichtshofs so eindeutig
dokumentiert ist.

Ich halte es für eine unserer wichtigsten Aufgaben, das Vertrauensverhältnis zwischen dem rechtsprechenden Richter und dem medizinischen Sachverständigen wiederherzustellen durch entsprechendes eigenes Verhalten. Es
kann doch kein Zweifel sein, daß die vorbehaltlose Anerkennung des Sachverständigen als des objektiven Beweisgehilfen durch das Gericht der einzige
Weg ist, um zu einem gerechten Urteil für den angeklagten Arzt zu kommen.
Der sachfremde Richter bedarf in seinem Bemühen um die Wahrheitsfindung
unseres sachkundigen Rates. Die unparteiische eidliche Aussage ist daher
eine der vornehmsten, wenn auch schwersten ärztlichen Pflichten. Die Vor-

schläge, beamtete Sachverständige zu bestellen oder sich auf Rechtsmediziner als Gutachter zu beschränken, halte ich allerdings nicht für richtig. Sachverständig kann nur der sein, der selbst über umfangreiche eigene Erfahrungen auf dem zur Verhandlung stehenden Gebiete verfügt.

Die Zeiten, da man sich dem Kranken, dem Gericht und sich selbst gegenüber bei seinen Entscheidungen auf sein sog. ärztliches Gewissen berufen konnte, sind vorbei. Auch das Gewissen bedarf einer sorgfältigen Analyse. Gewissen ist nicht etwa nur der Ausdruck ethischer Erwägungen. Gewissen bedeutet vielmehr die auf der Grundlage des Wissens übernommene Verantwortung gegenüber der menschlichen Gemeinschaft, also nicht nur als Arzt dem Kranken gegenüber, sondern ebensosehr die sittliche Verpflichtung gegenüber den Fortschritten der Wissenschaft, und zwar sowohl als Forscher, als auch als ihr Nutznießer. Das Gewissen bedeutet weiter Verantwortung gegenüber der Jugend als Lehrer und Vorbild, als Bürger des Staates gegenüber den technischen und wirtschaftlichen Möglichkeiten und den für eine Gemeinschaft notwendigen zwischenmenschlichen Beziehungen, die ihren Ausdruck in den Gesetzen finden.

In der Abwägung aller dieser so verschiedenartigen und sich oft widersprechenden Werte sehe ich das, was wir als Gewissen bezeichnen. Es gibt also weder ein spezifisch-ärztliches Gewissen, noch eine eigene ärztliche Ethik, quasi ein Reservat, es kann nur Gewissensfragen und -konflikte des Arztes oder ethische Probleme des ärztlichen Berufes geben. Diese hat es immer gegeben und sie sind gewiß nicht neu. So zwingt etwa seit jeher die Diskrepanz zwischen Notwendigem und Möglichem, zwischen Wollen und Können die Ärzte, vor allem uns Chirurgen, zu schicksalsschweren Entscheidungen, gerade auch bei konkurrierenden Kranken. Die Grundsätze der Ethik unseres Berufes haben sich nicht gewandelt, wohl aber die Anforderungen, welche die neuen und oft überraschenden technischen Probleme der modernen Medizin an sie stellen. Erst die Einfügung der im Gewissen enthaltenen sittlichen Werte und Verpflichtungen in eine Rangordnung, die in jedem zur Entscheidung anstehenden Falle variieren kann, führt zur verantwortungsbewußten Gewissensentscheidung.

In der Regel ist die ärztliche Verpflichtung einzelnen Kranken gegenüber, das Individualethos mit dem Sozialethos, der Verpflichtung der Gemeinschaft gegenüber, sehr wohl vereinbar. Die Berücksichtigung der allgemeinen sozialen und wirtschaftlichen Umstände kommt letzten Endes auch dem Individuum zugute. Im Falle einer unausweichlichen Interessenkollision allerdings ist der Arzt zunächst dem Individuum verpflichtet, dessen Rechte er gegenüber den Ansprüchen des Kollektivs in seiner Privatsphäre zu schützen hat.

Eine wesentliche Voraussetzung für eine verantwortungsbewußte Gewissensentscheidung ist das Wissen. Zur Diagnostik und im folgenden Gespräch mit dem Kranken reicht die Intuition, der „ärztliche Blick" nicht mehr aus.

Ich bin weit davon entfernt, die Gabe der ärztlichen Intuition zu unterschätzen. Sie stellt die im Unterbewußtsein ablaufende Kette von gefühlsmäßigen Eindrücken und alteingeprägten Erfahrungsbildern dar und ist und bleibt ein wesentlicher Teil der uralten ärztlichen Heilkunst. Sie ist aber zwangsläufig subjektiv und enthält die Gefahr, an der objektiven Realität vorbeizugehen. Intuition kann daher heute nur ein – wenn auch unentbehrlicher – Stein im diagnostischen Mosaik sein. Der naturwissenschaftliche und technische Stand unseres Wissens verlangt darüber hinaus deren gewissenhafte Überprüfung, Korrektur oder Ergänzung zum Nutzen des Kranken und um auch vor dem Rechte bestehen zu können.

Grundlage der Beziehung zwischen Arzt und Kranken ist das Vertrauen in die Diskretion des Arztes. Mit großer Sorge beobachten wir, wie die Bürokratie des modernen Sozialstaates wie eine Sturmflut an den Mauern nagt, die wir um die Intimsphäre unserer Kranken zu bauen verpflichtet sind. Jede neue Welle bricht ein weiteres Stück aus ihnen heraus und wir enden dort, wo die Rationalisierungstendenzen des Staates ihre Triumphe feiern, beim elektronisch gesteuerten, mit seinen Daten austauschbaren Nummern-Menschen. Was einmal eine Art Beichtgeheimnis war, kann schon heute nicht mehr gewahrt bleiben, wird bald unwiederbringlich vom Computer gespeichert und bleibt trotz aller erdenklichen Vorsichtsmaßnahmen dem Mißbrauch ausgesetzt.

Wir Ärzte sollten uns in unserem Bereiche der Zeittendenz der Entindividualisierung widersetzen und auch die jüngere Generation heranwachsender Ärzte von dem essentiellen Wert ärztlicher Diskretion überzeugen. Zum Schweigen verpflichtet uns nicht nur das Gewissen gegenüber unseren Kranken, sondern ebenso der Gemeinschaft gegenüber, die kein Interesse daran haben kann, daß die Kranken sich nicht mehr den Ärzten anvertrauen. Von der Schweigepflicht kann uns nicht das Interesse des Staates, sondern nur der Schutz der Allgemeinheit entbinden.

Ein Gebiet, auf dem das Gewissen des Chirurgen heutzutage besonders häufig in Konflikte gerät, ist das der ärztlichen Aufklärungspflicht. Haftpflichtprozesse wegen angeblich unterlassener oder unzureichender Aufklärung häufen sich, da der Chirurg hier eher in Beweisnot gerät als bei dem Vorwurf eines Behandlungsfehlers. Tatsächlich ist für den beschuldigten Arzt der Nachweis, von einzelnen groben Verstößen gegen das Selbstbestimmungsrecht des Kranken abgesehen, post hoc oft kaum oder gar nicht zu führen. Selbst die differenziertesten schriftlichen Erklärungen können Behauptungen des Klägers nicht völlig entkräften.

Hier sind wir auf die Einsicht und Sachkenntnis der Richter angewiesen, von denen wir leider häufig den Eindruck haben, daß sie den Klagen der Patienten zu gerne Glauben schenken und das „in dubio pro reo" vermissen lassen.

Die Frage, ob, wie weit und in welcher Form der Kranke aufgeklärt werden kann, bleibt letzten Endes im Einzelfall eine echte Gewissensentscheidung des Chirurgen zwischen Fürsorgepflicht und Achtung des Persönlichkeitsrechtes. Der Bundesgerichtshof hat in einem Urteil vom 16.1.1959 ausgeführt:

„Daß die behandelnden Ärzte in der Frage der Aufklärung, also in der Beurteilung einer Rechtsfrage, anderer Meinung sind, kann sie nicht von dem Vorwurf befreien, schuldhaft die Durchführung der Aufklärung unterlassen zu haben."

„Auf eine etwaige gegenteilige ärztliche Übung können die Beklagten sich nicht mit Erfolg berufen, denn eine solche Übung wäre mißbräuchlich."

Dieser absolute Anspruch des Staates gegenüber echten Gewissensentscheidungen des Arztes, in dieser allgemeingültigen Form vorgebracht, kann von uns Ärzten nicht widerspruchslos hingenommen werden. Er widerspricht dem Grundsatz billigen Ermessens und verwehrt uns den Freiraum, den wir für wohl begründete Gewissensentscheidungen brauchen.

Wenn man auch zugeben muß, daß sich der Bundesgerichtshof in seinen jüngsten Entscheidungen zu gewissen Zugeständnissen gegenüber den ärztlichen Forderungen bereit gefunden hat, so hält er doch fest an seiner grundsätzlichen Einstellung, wie sie in diesem Urteil zum Ausdruck kommt.

Die im Zusammenhang mit der Aufklärungspflicht immer wieder gestellte Frage, ob man dem Kranken die Wahrheit über seinen Zustand und seine Lebenserwartung sagen darf, ob man sie ihm in immer wiederholten Gesprächen langsam näherbringen soll, ob man sie verschleiert andeuten oder überhaupt zur „pia fraus" greifen soll, läßt sich nicht allgemein beantworten. Hier muß jede Entscheidung im Einzelfall unter den vier Gesichtspunkten getroffen werden: der Art der Erkrankung, der Persönlichkeit und dem Zustand des Kranken, der Persönlichkeit und der Reife des Arztes und nicht zuletzt der menschlichen Beziehung zwischen beiden Partnern.

In keinem Falle sollte man dem Kranken die Hoffnung nehmen, an die er sich trotz aller gegenteiligen Beteuerungen doch noch klammert. Ein Mensch ohne Hoffnung mit dem Blick auf den Tod ist wie ein Schiff ohne Ruder im Sturm. Selbst der Glaube ist nur selten der rettende Anker. Wir haben es wohl alle schon erlebt, wie selbst Ärzte in einer eigenartigen Spaltung ihres Geistes sich über ihren aussichtslosen Zustand bis zuletzt hinwegtäuschen.

Wenn Karl Jaspers sagt: „Der Kranke will eigentlich nicht wissen, sondern gehorchen. Die Autorität des Arztes ist ihm ein erwünschter fester Punkt, der ihn eigenen Nachdenkens und eigener Verantwortung enthebt," so ist das richtig, setzt jedoch ein ideales Partnerschaftsverhältnis voraus, mit dem wir heute kaum rechnen können und das keinesfalls von der Verpflichtung zu einem aufklärenden Gespräch entbindet. Entscheidend bleibt aber auch hier nicht die Autorität der Stellung, sondern die menschliche Autorität der ärztlichen Persönlichkeit.

Die Bekanntgabe der Krebsdiagnose quasi als Nötigung zur Einwilligung der notwendigen Therapie, wie das der Bundesgerichtshof in einem Urteil gefordert hat, müssen wir ablehnen.

Die Frage der Aufklärung ist auch deshalb in jüngster Zeit zum bevorzugten Feld gerichtlicher Auseinandersetzungen geworden, weil die Fortschritte besonders auf dem Gebiete der Chirurgie zu mancherlei Folgeerscheinungen geführt haben, die der Kranke als überraschend empfindet und mit denen er sich nur schwer abfinden kann. Sie sind meist der Preis für die Erhaltung des Lebens. Refluxoesophagitis, Mangelerscheinungen, Dumping-Syndrom, Schäden durch Bestrahlung und Chemotherapie folgen nicht selten den lebensrettenden Eingriffen. Unter diesen dauernden Beschwerden beginnt der Dank für die Rettung des Lebens schnell zu verblassen und es wird nach Schuld und Versäumnis gesucht.

Wie schwierig in diesen Fällen das präoperative Gespräch ist, das Abwägen der vitalen Indikation auf der einen Seite, auf der anderen die Wahrscheinlichkeit oder auch nur Möglichkeit der genannten postoperativen Komplikationen, die selbst für den Arzt nicht absolut bestimmbar oder voraussehbar, für den Kranken überhaupt nicht zu beurteilen sind, kann nur der ermessen, der immer wieder vor dieser Aufgabe gestanden hat.

Die ärztliche Aufklärung des Kranken wird von uns nicht nur als eine rechtliche, sondern auch als eine Gewissenspflicht anerkannt, gegen die nicht fahrlässig verstoßen werden darf. Das Objekt der Behandlung muß stets als Subjekt respektiert werden. Bezüglich des Umfangs und der Art sollte aber die Rechtsprechung dem begründeten ärztlichen Ermessen sich nicht verschließen und die Rechtfertigungsgesichtspunkte nach gewissenhafter Interessen- und Rechtsgüterabwägung anerkennen.

Als Folge solcher Erwägungen ist es unausbleiblich, daß jeder operativ tätige Arzt sich selbst in jedem Einzelfall die Frage stellt, wie weit er die Fortschritte der technischen Möglichkeiten mit dem realen Nutzen für den Kranken in Einklang bringen kann. Damit rückt die Indikation im Zeitalter der zunehmenden technischen Perfektion wieder in den Vordergrund. Unsere Zeit hat das häßliche Schlagwort von dem „Machbaren" geprägt und es fehlt nicht an Warnungen davor, das technisch Mögliche unter Hintansetzung des ärztlich zu Verantwortenden zu wagen. Ohne die Berücksichtigung der zu erwartenden biologischen, pathologischen und psychologischen Reaktionen des Organismus sind auch die technisch vollkommen durchgeführten Operationen zum Mißerfolg verurteilt.

So sehr eine solche weise und humane Zurückhaltung auch für unsere täglichen Entscheidungen Geltung haben muß, so sehr ergibt sich aber auch wieder aus ihr eine neue Problematik. Wie sollen noch wissenschaftliche und klinische Fortschritte unseres Faches möglich werden, wenn man nicht den Schritt ins Neuland tut? Die Geschichte der Chirurgie ist auch die Geschichte der wagemutigen Taten, wir müssen uns fragen: Wo liegt die Grenze zwischen dem ärztlich-berechtigten Wagnis und dem inhumanen Versuch am lebenden Menschen?

Die Beantwortung dieser Frage liegt auch zwischen Gesetz und Gewissen und doch birgt sie keine Konfliktsituation in sich, da wir hier mit den gesetzlichen Grundlagen und der heutigen allgemeinen Rechtsauffassung übereinstimmen können.

In der Regel bedürfen neuartige operative Eingriffe umfassender theoretischer Vorstudien und der sorgfältigen Vorprüfung durch Tierversuche, wobei allerdings deren Ergebnisse den beim Menschen zu erwartenden nicht ohne weiteres gleichzusetzen sind. Daß der Eingriff dann nur mit dem vollen Einverständnis des Kranken nach besonders sorgfältiger Aufklärung durchgeführt werden darf, darauf hat die Menschenrechtskommission der Vereinten Nationen ausdrücklich hingewiesen. Sie verlangt auch mit Recht, daß ein neues Verfahren nicht für die Allgemeinheit freigegeben werden darf, ehe es nicht durch andere vollqualifizierte Chirurgen erprobt und durch signifikante Statistiken bestätigt worden ist, daß ein annehmbares Verhältnis zwischen dem Nutzen und dem Risiko besteht. Andererseits können in der Chirurgie auch akute Notsituationen zu sofortigem Handeln zwisngen und eine neue Epoche der Chirurgie einleiten, denken wir nur an die erste Herznaht durch Ludwig Rehn oder die erste Resektion eines Magenkarzinoms nach Billroth II.

Ausgelöst durch die Organtransplantationen hat sich in den letzten Jahren die fachliche und die öffentliche Diskussion über die Grenze zwischen Leben und Tod entzündet. Damit ist auch die Frage der Euthanasie weltweit wieder zum Objekt theologischer, medizinischer, juristischer und soziologischer Erörterungen geworden. Die größte Schwierigkeit, die divergierenden Meinungen auf einen Nenner zu bringen, liegt meines Erachtens in der fehlenden Begriffsbestimmung. Da im angloamerikanischen Schrifttum ein dem deutschen Wort „Sterbehilfe" entsprechender Begriff fehlt, werden unter der Sammelbezeichnung „Euthanasie" Situationen und Maßnahmen zusammengefaßt, die aber auch gar nichts miteinander zu tun haben. Hier entsteht nicht nur in den Publikationen der Massenmedien, sondern auch in wissenschaftlichen Veröffentlichungen ein kaum entwirrbares und der Sache abträgliches Durcheinander.

Zur Definition: Unter Euthanasie verstehe ich die gezielte Beendigung eines noch nicht abgelaufenen Lebens, also eines Leidens ohne akute Todesgefahr, entweder aktiv durch entsprechende Maßnahmen oder passiv durch Unterlassen der lebensverlängernden Therapie. In diesem Sinne lehne ich beide Formen ab.

Zwischen Euthanasie und Sterbehilfe hat sich ein neues, sehr ernstes Problem eingeschoben, mit dem uns die moderne Intensivpflege konfrontiert und das unsere klare Stellungnahme fordert: Das Schicksal der Apalliker, die heute die Intensivstationen unserer Kliniken und Krankenhäuser füllen. Sie sind die traurigen Überreste einer sonst so segensreichen apparativen Lebensverlängerung, ohne welche die Kranken längst dem Tode verfallen gewesen wären.

Das Abschalten des Respirators bei einem Patienten, der alle diagnostischen Merkmale des irreversiblen Hirntodes mit Verlust der Spontanatmung aufweist, bedarf keiner Begründung.

Apalliker dagegen sind lebende, auf ihre vegetativen Funktionen reduzierte Wesen, deren Spontanatmung ganz oder teilweise erhalten ist, ohne Bewußtsein und ohne Kontakte mit der Umwelt, denen also alle Funktionen, die den Menschen charakterisieren, fehlen. Der Zustand kann irreversibel oder noch nach Wochen und Monaten ganz oder teilweise reversibel sein. Die widersprüchlichen Urteile der ersten und zweiten gerichtlichen Instanz im Falle der 22jährigen Ann Quinlan verdeutlichen die Konfliktsituation, in der auch wir uns befinden und die auch bei uns eine längst fällige rechtliche Klarstellung erfordert. Die Entscheidung selbst muß eine ärztliche sein und Richter Muir hat eine solche zu Recht als außerhalb der richterlichen Kompetenz liegend abgelehnt.

Hier stehen wir vor einem echten Gewissenskonflikt und wir Ärzte sollten nicht zögern, in dieser weithin mit Emotionen beladenen Frage eindeutig Stellung zu beziehen. Ich halte es für unwürdig, wenn in der Öffentlichkeit erklärt wird, daß man den Respirator nachts heimlich hinter dem Rücken seiner Mitarbeiter abstellt, um deren Gewissen nicht zu belasten. Wie soll man vom Gesetzgeber die gewünschte und notwendige Entscheidung verlangen, wenn die Ärzte ihm nicht die Voraussetzungen liefern? Und wir brauchen in diesem Neuland die gesetzliche oder höchstrichterliche Bestätigung unseres ärztlichen Handelns.

Ich sehe die Aufgabe des Arztes im Heilen und nicht in der Fortführung sinnlos gewordener technischer Maßnahmen. Unser Gewissen ist nicht nur dem einzelnen, sondern auch der Gemeinschaft verpflichtet. Wir töten nicht, wie es in unseligen Zeiten geschah, um vermeintlichen Nutzen für die Gemeinschaft zu gewinnen, wir unterlassen es vielmehr, zwecklos materielle und personelle Opfer zu bringen, die anderen zugute kommen könnten. Und je subtiler und perfekter unsere Erhaltungstechnik wird, desto größer werden die Opfer zwangsläufig werden.

Ich bin mir darüber klar, daß es, wie im Fall der jungen Amerikanerin, ein entscheidender Schritt ist, zum ersten Male die scharfe Grenze zwischen Leben und Tod zu verwischen. Das amerikanische Beispiel zeigt aber, daß die Zeit drängt, wollen wir uns diese wahrhaft ärztliche Entscheidung nicht durch Gerichte präjudizieren lassen.

Darf ich ihnen meinen Standpunkt kurz darlegen:

Apalliker mit erhaltener und ausreichender Spontanatmung sind auch bei infauster Prognose als Pflegefälle zu behandeln. Man beschränke sich dabei allerdings auf die Minimalbedingungen zur Erhaltung des Lebens und verzichte auf zusätzliche therapeutische Maßnahmen bei eventuell auftretenden Komplikationen.

Bei Apallikern, die nur noch durch den Respirator am Leben erhalten werden können, bleibt die Entscheidung, ob die Reanimation zu beenden ist, eine ausschließlich ärztliche. Der Richter kann und darf den Ärzten die Verantwortung nicht abnehmen. Die Entscheidung wird nach entsprechend langer Beobachtungszeit durch ein Gremium von drei unabhängigen Ärzten, möglichst einem Anaesthesisten, einem Chirurgen und einem Neurologen gefällt. Sie bedarf nicht der richterlichen Zustimmung.

Eine gesetzliche Regelung etwa auf dieser Grundlage ist zur Behebung der Rechtsunsicherheit dringend erforderlich. Daß sie äußerst komplizierte juristische Überlegungen und Entscheidungen von größter Tragweite verlangen wird, liegt in der tiefgreifenden, auch rechtlich-menschlichen Problematik begründet, die uns die Technik der modernen Medizin aufzwingt.

Die Sterbehilfe ist etwas anderes. Hier handelt es sich um die ärztliche Fürsorge bei einem Sterbenden. Der Übergang von der passiven Euthanasie zur Sterbehilfe kann allerdings fließend sein und wird einzig und allein durch das Ausmaß subjektiven Leidens bestimmt. Der Arzt darf dem mit dem Tode Ringenden nicht durch immer neue Medikamente den Todeskampf ins Unerträgliche verlängern, auch wenn er sich darüber im klaren ist, daß er vielleicht durch schmerzlindernde und das Bewußtsein dämpfende Mittel die Gefahr etwa einer das Leben verkürzenden Lungenentzündung auf sich nimmt. Dem Sterbenden die Hilfe nicht zu verweigern, ist auch ein Teil der wahren Heilkunst.

Konfliktsituationen zwischen Gesetz und Gewissen ergeben sich für uns in der Regel nur dort, wo die sittlichen Pflichten unseres Berufes gefährdet werden. Aber ist das nicht immer so gewesen? Wir leben zwar in einer Zeit der technischen und naturwissenschaftlichen Evolution, die tagtäglich neue Situationen und mit ihnen verbundene Anforderungen an unser Gewissen mit sich bringt, aber letztlich sind es doch immer dieselben alten Fragen, zu denen jeder einzelne Stellung nehmen muß, auch wenn sie qualitativ und quantitativ eine unerhörte Steigerung erfahren haben.

Auch wir haben unsere ungeschriebenen Gesetze, nach denen wir handeln müssen, das uralte, jedem Arzt auferlegte Gesetz, wonach wir angetreten, das der Humanität, und das Gesetz, das uns der heutige Stand der medizinischen Wissenschaft vorschreibt. Im Konfliktfall können wir selbst den Gesetzen des Staates und seiner Rechtsprechung keine Zugeständnisse machen. Hier steht der Chirurg allein vor seiner Entscheidung und nur eine lebensnahe

Rechtsprechung kann ihm Gerechtigkeit widerfahren lassen. Nur so wird dem gemeinsamen Ziele, dem Schutze und dem Wohle des Kranken gedient.

Lassen Sie mich schließen mit der dreifachen Ehrfurcht, die die drei Weisen dem Wilhelm Meister mit auf den Weg gaben, die zusammenfließen und ein Ganzes bilden und die auch für uns wegweisend sein sollen:

„Die Ehrfurcht vor dem, was unter uns ist, das sind für uns die leidenden Menschen, die Hilfe bei uns suchen,

die Ehrfurcht vor dem, was uns gleich ist, das ist die menschliche Gemeinschaft und sind die Gesetze, die ihr Zusammenleben regeln und

die Ehrfurcht vor dem, was über uns ist, das ist die Einsicht, daß nicht alles auf dieser Erde machbar ist und die einschließt die Ehrfurcht vor dem Leben und Sterben des Menschen.“

Kreativität und Rezeptivität

Gedanken zur Struktur des Autors

1977

Wo Lichtenberg einen Spaß macht,
liegt ein Problem verborgen

Goethe

Der Göttinger Physiker und Lebensphilosoph Georg Christoph Lichtenberg sagt in seinen Aphorismen: „Ich glaube, daß einige der größten Geister, die je gelebt haben, nicht halb so viel gelesen hatten und bei weitem nicht soviel wußten als manche unserer mittelmäßigen Gelehrten. Und mancher unserer sehr mittelmäßigen Gelehrten hätte ein größerer Mann werden können, wenn er nicht so viel gelesen hätte."

‚Leute, die sehr viel gelesen haben, machen selten sehr große Entdeckungen. Ich sage dies nicht zur Entschuldigung der Faulheit, denn Erfinden setzt eine weitläufige Selbstbetrachtung der Dinge voraus, man muß mehr sehen als sich sagen lassen.'

Mit diesen zunächst schockierend klingenden Feststellungen hat Lichtenberg ein wichtiges Problem angesprochen, das des unauflöslichen Antagonismus zwischen dem Kreativen und dem rezeptiven Typus des geistigen Menschen.

Wissenschaftliche Autoren lassen sich nach Konzeption und Leistung in drei Gruppen zusammenfassen, unter denen freilich Übergänge möglich sind:

In der ersten Gruppe finden sich die genialen Entdecker, deren Geistesblitz das Dunkel erhellt und die durch ihre ureigenste schöpferische Idee ein Weltbild wandeln können. Eine Beobachtung, eine plötzliche Erkenntnis öffnet der Allgemeinheit den Blick für etwas, was sie vorher vielleicht gesehen, aber nicht erkannt hatte. ‚Ihre Schöpfungen erscheinen und fallen an einem ruhigen Herbstabend vom Baume, ohne hastig begehrt, gefördert und durch Neues verdrängt zu werden.' (Nietzsche.) Sie sind die seltenen, ewig leuchtenden Sterne, die der suchenden Menschheit den Weg gewiesen haben. Einige Beispiele mögen dies erläutern:

Dem Universalgenie Leonardo da Vinci verdanken wir die Erkenntnis, daß es überall dort keine Sicherheit in der Wissenschaft gibt, wo nicht die Mathematik angewandt werden kann. ‚Der Mann, der die höchste Gewißheit der Mathematik tadelt, nährt die Verwirrung und kann nie die Widersprüche der sophistischen Wissenschaften zum Schweigen bringen, die zu unendlichen Konflikten führen.'

‚Es ist meine Absicht, zuerst das Experiment vorzubringen und dann mit der Ursache zu zeigen, weshalb selbiges Experiment gezwungen ist, in solcher Weise zu wirken. Und dieses ist die wahre Regel, wie die Erforscher der Wirkungen der Natur vorgehen müssen, und wenngleich die Natur mit der Ursache beginnt und mit dem Experiment endet: wir müssen den entgegengesetzten Weg verfolgen, d.h. beginnen mit dem Experiment und mit diesem die Ursache untersuchen.‘

Leonardo hat damit die Logik und das induktive Vorgehen zur Grundlage unseres naturwissenschaftlichen Denkens erhoben.

Am 23. Juli 1847 hielt der Eskadron-Chirurg Hermann Helmholtz, damals noch nicht ganz 26 Jahre alt, in Unkenntnis einer fünf Jahre zuvor erschienenen Notiz von Robert Mayer, seinen klassischen Vortrag ‚Über die Erhaltung der Kraft‘. Dieses große Gesetz, nach dem alle Kräfte nach dem Maße der mechanischen Kräfte zu messen und alle Elementarkräfte Bewegungskräfte sind, bedeutete eine Revolution in der Physik des ausgehenden 19. Jahrhunderts. Außer der Gymnasialbibliothek in Potsdam stand ihm keine Literatur zur Verfügung.

Die populärste Entdeckung von Helmholtz war aber wohl die Erfindung des Augenspiegels. Helmholtz hatte sich in seiner Königsberger Zeit mit der Physiologie der Sinnesorgane beschäftigt. Ganz außer Zusammenhang mit diesen Arbeiten bei der Vorbereitung einer Vorlesung kam ihm Ende 1850 der Gedanke, den dunklen Hintergrund des Auges durch die Pupille hindurch zu beleuchten. Er schreibt dazu am 17.12.1850 an seinen Vater: ‚Die Erfindung lag eigentlich so auf der Hand, erforderte weiter keine Kenntnisse, als was ich auf dem Gymnasium von Optik gelernt hatte, daß es mir jetzt lächerlich vorkommt, wie andere Leute und ich selbst so vernagelt sein konnten, sie nicht zu finden. Es ist nämlich eine Kombination von Gläsern, wodurch es möglich wird, den dunklen Hintergrund des Auges durch die Pupille hindurch zu beleuchten und zwar ohne ein blendendes Licht anzuwenden und gleichzeitig alle Einzelheiten der Netzhaut genau zu sehen …‘

Der Augenspiegel ist ein Segen für die Menschheit geworden.

Ende 1920 liest der junge kanadische Chirurg F.G. Banting eine Arbeit, in der darauf hingewiesen wird, daß bei Verlegung des Ductus pancreaticus das Pankreas zugrunde geht, daß aber die Langerhansschen Inselzellen erhalten bleiben. Besessen von der Überzeugung, daß diese für die innere Sekretion und somit für die Entstehung des Diabetes von entscheidender Bedeutung sind, gibt er seinen Chirurgen-Beruf auf und verfolgt unter unendlichen Schwierigkeiten sein Ziel, nachzuweisen, daß man durch Injektion eines Exprimats von Langerhansschen Zellen den Blutzucker-Stoffwechsel regulieren kann. Da er die Bestimmung des Blutzuckers nicht selbst beherrscht, zieht er den Medizinalpraktikanten C.H. Best zu seinen Tierversuchen hinzu. Das entdeckte Hormon nennt er zunächst X, dann Isletin, später wird es Insulin genannt.

Es dauerte noch Jahrzehnte, bis Insulin in ausreichenden Mengen hergestellt werden konnte, die Genialität und Willensstärke eines jungen Außenseiters war es aber, die uns dieses unentbehrliche Heilmittel des Diabetes geschenkt hat.

Die zweite, für den Fortschritt nicht minder wertvolle Gruppe sind die Forscher, die auf Grund der Leistungen ihrer Vorgänger einen eigenen, vielleicht den entscheidenden Beitrag liefern. ‚Scientiae enim per additamenta fiunt.' Sie stellen die Spitze einer Pyramide dar, sie ernten oft mühevoll die Früchte der Bäume, die sie selbst nicht gepflanzt haben, sie stehen auf den Schultern ihrer Vorgänger. Gekrönt durch den Erfolg wird ihr Bemühen allerdings nur durch systematisches und zielbewußtes, unbeirrbares Streben. Zu dieser Gruppe muß man die übergroße Anzahl der bedeutenden Naturforscher zählen. Es liegt im Wesen dieser Wissenschaft, daß sie nur konsequent und Schritt für Schritt sich entwickeln kann. Auch die großen Triumphe einzelner genialer Forscher, wie Paul Ehrlich, Robert Koch, Emil v. Behring oder Fritz Schaudinn in der Medizin sind ebensowenig ohne die Vorarbeiten anderer denkbar, wie diejenigen von W.C. Röntgen, Walter Nernst, Max Planck, Albert Einstein, Otto Hahn, Werner Heisenberg. Keiner von diesen begnadeten Geistern hat jemals den Anspruch erhoben, ausschließlich aus sich selbst sein Werk geschaffen zu haben, sie haben immer anerkannt, geistige Erben derer zu sein, die vor ihnen Forscherarbeit geleistet haben.

Die dritte Gruppe sichtet kritisch das bisher Erreichte, ordnet es und legt es in Lehr- und Handbüchern oder zusammenfassenden Monographien nieder. Es ist dies wohl vorwiegend eine rezeptive Arbeit, sie bringt nur indirekt den Fortschritt. Die objektive und systematische Einordnung des Erreichten, die Auswahl und die individuelle Prägung verlangen aber Beherrschung des Stoffes, eigene Erfahrung und die Kunst der didaktischen Darstellung. Auch hierin liegt eine hochwertige geistige Leistung.

Ihre Aufgabe ist es, für die großen Zusammenhänge Systeme zu erarbeiten, die Kontinuität der Wissenschaft zu wahren und hierdurch der Lehre und der Tradition zu dienen.

Die Souveränität eines wissenschaftlichen Verlegers erweist sich darin, daß er die Persönlichkeit und Befähigung eines Autors frühzeitig entdeckt und ihn wohl einzuordnen weiß. Er muß die Genialität eines schöpferischen Geistes rechtzeitig erfassen und ihm beim Durchsetzen seiner Idee helfend zur Seite stehen, auch wenn die Fachgenossen und die Umwelt sich nur zögernd seinen Gedanken erschließen oder sich sogar warnend zurückhalten. Die Geschichte zeigt, daß die meisten der großen Entdecker zunächst einer Welle von Mißtrauen begegneten.

Erkennt der Verleger die systematische Aufbauarbeit eines Gelehrten, der sich mit Konsequenz und Überzeugung der Lösung einer speziellen Aufgabe verschrieben hat, so sollte er diese nicht nur mit Interesse verfolgen, sondern darüber hinaus alles tun, um ihn zu fördern und ihm Hindernisse aus dem Wege zu räumen.

Eine der größten und schönsten Pflichten eines wissenschaftlichen Verlegers aber muß es sein, die Ergebnisse der Wissenschaft über alle Ländergrenzen, ja über die Kontinente hinweg allen denen nahe zu bringen, die am Fortschritt von Wissenschaft und Praxis teilhaben wollen. Dann ist der Verleger im wahrsten Sinne Diener menschlicher Kultur.

Aus Anlaß der Verleihung
der Ernst-von-Bergmann-Gedenkmünze in Gold

1978

Ich habe aufrichtig zu danken für eine Ehrung, deren Bedeutung mir wohl bewußt ist und die mich tief bewegt hat. Sie dient dem Andenken des großen Chirurgen Ernst v. Bergmann.

Heute, fast auf den Tag genau, vor einhundert Jahren, am 1. Mai 1878, hielt Bergmann seine denkwürdige Antrittsvorlesung in Würzburg, wohin er als ordentlicher Professor der Chirurgie berufen worden war. Er sagte damals: „Man erhebt sich zu triumphierender Sicherheit, sowie die Kunst in der Chirurgie, ihre technische Seite, durch eine neue und eine bedeutende Erfindung weit vorgeschritten ist und man versinkt in Mißtrauen gegen sein bestes Können, sowie neue Entdeckungen der Wissenschaft ihr Licht auf Gebiete werfen, die bis dahin verschleiert waren und von uns übersehen wurden … Da aber unser Forschen nicht stille steht, sondern mit den ganzen biologischen Wissenschaften rastlos weiterschreitet, verrichten wir an unseren Vorschriften des Chronos Werk: Wir selbst vernichten heute vielleicht schon das, dem wir gestern erst das Leben schenkten."

Wem sollten diese Worte nicht verständlicher sein als uns, die wir Zeitgenossen und staunende, ja manchmal beklommene Zeugen der größten Umwandlung von Naturwissenschaft, Technik und Medizin in der Menschheitsgeschichte sind.

Wir sollten jedoch niemals vergessen, daß es in dem unablässigen „Stirb und Werde" unserer Wissenschaft ein konstantes Element gibt und geben muß, das zu erhalten und gerade in diesen stürmischen Zeiten zu verteidigen unsere Aufgabe und heilige Pflicht ist: den unabdingbaren Kern unseres ärztlichen Berufes, die Humanitas.

In diesem Sinne und im Bewußtsein dieser Verpflichtung habe ich die Ehrung dankbar entgegengenommen.

Resolution der Deutschen Gesellschaft für Chirurgie zur Behandlung Todkranker und Sterbender

Ärztliche und rechtliche Hinweise

1979

Im Grenzbereich von Leben und Tod hat der Arzt nicht selten zwischen verschiedenen Handlungsmöglichkeiten abzuwägen. Die folgenden Hinweise nehmen ihm die eigene Verantwortung nicht ab. Sie wollen ihm vielmehr helfen, Entscheidungen für den Kranken zu treffen, die sowohl mit dem ärztlichen Ethos als auch mit den rechtlichen Erfordernissen in Einklang stehen.

Ärztliches Wissen soll menschliches Leben erhalten und Leiden lindern. Angesichts des unausweichlichen und kurz bevorstehenden Todes kann Lebensverlängerung nicht unter allen Umständen Ziel ärztlichen Handelns sein.

I. Entscheidungsbereich

Zum Tode führen kann

1. plötzliches Versagen einer oder mehrerer vitaler Funktionen aus bis dahin tatsächlicher oder scheinbarer Gesundheit,

2. plötzliches Versagen einer vitalen Funktion im Verlauf einer zwingend zum Tode führenden Krankheit,

3. fortschreitender biologisch oder pathologisch bedingter Kräfteverfall.

II. Therapeutische Grundsätze

1. Unter den genannten Bedingungen (I) ist grundsätzlich alles zur Lebenserhaltung und Leidensminderung Notwendige zu tun. Bei ungewisser Prognose muß die Behandlung immer und auch dann begonnen bzw. fortgesetzt werden, wenn mit irreparablen Schäden zu rechnen ist.

2. Bei manchen zum Tode führenden Erkrankungen steht die notwendige Leidensminderung so stark im Vordergrund, daß die Möglichkeit einer Lebensverkürzung als Nebenwirkung in Kauf genommen werden darf.

3. Maßnahmen zur Lebensverlängerung dürfen beendet werden, wenn bei einer unausweichlich in kurzer Zeit zum Tode führenden Krankheit die vitalen Funktionen des Zentralnervensystems, der Atmung, der Herzaktion und des Kreislaufs offensichtlich schwer beeinträchtigt sind und der fortschreitende allgemeine Verfall nicht aufzuhalten ist oder nicht beherrschbare

Infektionen vorliegen. In solchen Fällen sollte der Arzt Komplikationen nicht mehr über das Maß, das die Leidensminderung erfordert, behandeln.

Entscheidend ist dabei der Umfang der ärztlichen Behandlungspflicht, nicht die rechtliche Einordnung als Handeln oder Unterlassen.

4. Bei schweren angeborenen Mißbildungen Neugeborener darf eine Behandlung unterbleiben oder abgebrochen werden, wenn wegen schwerer Beeinträchtigung vitaler Funktionen offensichtlich keine Lebensfähigkeit besteht.

5. Auch der Kranke, dem sonst nicht mehr geholfen werden kann, hat unbedingten Anspruch auf eine seinen menschlichen Grundbedürfnissen entsprechende ärztliche Betreuung und Pflege. Die medikamentöse Behandlung von Schmerz, Angst und Unruhe soll sich allein nach der Not des Kranken richten.

III. Der Wille des Kranken

1. Der erklärte oder aus der Gesamtheit der Umstände zu entnehmende Wille des Kranken auf Erhaltung des Lebens mit allen verfügbaren Mitteln ist im Rahmen des ärztlich Möglichen maßgebend.

2. Bei einsichts- und willensfähigen Kranken soll der erklärte Wille, sich nicht mehr oder nur noch eingeschränkt behandeln zu lassen, respektiert werden. Jedoch sind – insbesondere krankheitsbedingte – Einschränkungen der Einsichts- und Willensfähigkeit zu berücksichtigen. Ärztliche Aufgabe ist es, gegebenenfalls dem Kranken zu helfen, eine Behandlungsverweigerung aus Resignation zu überwinden.

3. Bei Bewußtlosen, nicht Einsichtsfähigen oder zulässigerweise nicht voll Aufgeklärten soll sich die Behandlung nach dem vernünftig verstandenen Interesse und dem mutmaßlichen Willen des Kranken richten. Hierfür ist seine gegenwärtige Situation entscheidend. Frühere Äußerungen auch gegenüber nahestehenden Personen können dabei nur Anhaltspunkte sein. Im Zweifel soll nach den zuvor (II) entwickelten Grundsätzen gehandelt werden.

4. Besteht für den Kranken ein gesetzliches Sorgeverhältnis, so handelt der Sorgeberechtigte an seiner Stelle, sofern er nicht offensichtlich gegen die wohlverstandenen Interessen des Kranken entscheidet.

IV. Lebensbeendigung

Direkte Eingriffe zur Lebensbeendigung sind ärztlich und rechtlich unzulässig, auch wenn sie vom Kranken verlangt werden. Dem ärztlichen Auftrag widerspricht auch die aktive Mitwirkung bei der Selbsttötung, zum Beispiel durch Überlassen von Tötungsmitteln. Eine grundsätzliche sittliche Wertung der Selbsttötung soll damit nicht verbunden sein.

1. Todkranke und Sterbende bedürfen bis zu ihrem Ende der besonderen Zuwendung und persönlichen Betreuung. Sie verlangen nach menschlicher Nähe und Fürsorge. Ihnen sollte die Vereinsamung durch räumliche und seelische Isolierung erspart bleiben.

2. Im Grenzbereich zwischen Leben und Tod stellt sich die Aufklärungsproblematik anders als sonst vor ärztlichen Maßnahmen. Der wahre Zustand soll dem Kranken insoweit eröffnet werden, als es nach den persönlichen Umständen erforderlich und menschlich tragbar erscheint. Die volle Wahrheit kann inhuman sein. Der Arzt muß insbesondere abwägen, ob die Mitteilung der Wahrheit im Einzelfall erforderlich ist, um dem Kranken notwendige Entscheidungen zu ermöglichen. Nahestehende Personen sollten unterrichtet werden, soweit es geboten und tunlich erscheint.

VI. Unteilbarkeit der Verantwortung

Die Verantwortung trägt der behandelnde Arzt. Sie ist nicht teilbar. Kollegiale Beratungen können hilfreich sein.

> Erarbeitet von einer Kommission der Deutschen Gesellschaft für Chirurgie. Unter dem Vorsitz von W. Wachsmuth waren daran beteiligt H.J. Bochnik, H.E. Bock, G. Carstensen, E. Deutsch, H. Kuhlendahl, H.-L. Schreiber und J. Wawersik.

Über die ärztliche Verantwortung

1978

Ganz zu Unrecht ist seit geraumer Zeit und in wachsendem Maße ein fundamentaler und oft emotionaler Gegensatz zwischen der medizinischen Wissenschaft und der Jurisprudenz konstruiert worden. Ich sehe in Richter und Arzt zwei Berufe, die letzten Endes das gleiche ethische Ziel haben, dem Menschen zu dienen und die Würde des Menschen zu schützen. Nur der Weg ist verschieden: Der Arzt wirkt unmittelbar auf den Menschen ein, während Gesetze und Rechtsprechung ihm seine Freiheit sichern auf dem Wege über die Gesellschaft, in die der Mensch gestellt ist. Denn Ordnung ist Voraussetzung und Grundlage der Freiheit.

Trotz des gleichen Zieles können Spannungen auftreten, die ihre Ursache nicht nur in der schwierigen Materie, sondern wohl vor allem in der Verschiedenheit der Sprache und sogar des Denkens haben und die nur durch das Bestreben beider Seiten verringert oder beseitigt werden können, die Argumente des anderen zu verstehen. Dieser Aufgabe sollen auch meine folgenden Ausführungen über die ärztliche Verantwortung dienen, wie sie sich aus der Sicht des Arztes darstellt.

Kollektivgutachten oder persönliche Verantwortung?

Wir leben in einer Zeit, welche die Verantwortung des einzelnen immer mehr schwinden läßt. Ein demokratisches Staatswesen ist ohne Mehrheitsentscheidungen nicht denkbar, die sich folgerichtig in allen Teilen des öffentlichen Lebens, in Bürokratie, Verwaltung, Politik und Wirtschaft entwickelt haben. Auch die Rechtsprechung beruht im wesentlichen auf Mehrheitsentscheidungen.

Ganz anders liegen die Verhältnisse beim ärztlichen Beruf. Arzt und Patient sind Vertragspartner, die bezüglich der zu treffenden Entscheidungen keineswegs gleichgewichtig sind. Der körperlich und seelisch geschädigte Kranke überträgt die Verantwortung weitgehend oder ganz auf seinen Arzt und je größer das Vertrauen ist, das er diesem entgegenbringt, desto schwerer lastet auf dem Letzteren die Verantwortung, die er mit niemand teilen kann. So ist der Arzt für sein Tun und Lassen meist ausschließlich auf sich selbst angewiesen, denn „wir sind nicht nur verantwortlich für das, was wir tun, sondern auch für das, was wir nicht tun" (Molière).

Auch in der Medizin macht sich der Trend zu Mehrheitsentscheidungen zunehmend bemerkbar. Das liegt nicht nur an dem „Zeitgeist", bei unbequemen Entscheidungen Deckung zu suchen, sondern auch an der zunehmenden Spezialisierung, bei welcher die eigentlichen Fachgebiete immer kleiner werden und den Spezialisten der Überblick immer mehr verlorengeht. Diese Entwicklung führt unaufhaltsam zu der schon seit langem von mir gefürchteten „Zetteldiagnostik", durch welche die Diagnose einer Krankheit durch Summieren und Abstrahieren oder durch den Computer gestellt wird. Dabei gerät der Satz des Heidelberger Klinikers und eigentlichen Begründers der funktionellen und psychosomatischen Medizin, Ludolf v. Krehl, in Vergessenheit, der gesagt hat, daß es keine Krankheiten gibt, sondern nur kranke Menschen.

Natürlich ist es notwendig, die Meinungen und Befunde von Spezialisten einzuholen, aber es sind doch nur die Bausteine, aus denen das Haus entsteht, für das als Ganzes der Architekt die Verantwortung trägt. Um das an einem Beispiel klarzumachen:

Die heutigen diagnostischen Untersuchungsmethoden sind größtenteils kostspielig, zum Teil nicht risikolos, man denke nur an die endoskopischen Verfahren. Sie können demnach wegen der Kosten, wie auch der Belästigung oder Gefährdung der Kranken, nicht beliebig wiederholt werden. Der Chirurg muß die Ergebnisse sichten, auswerten und in seine Entscheidung einbauen. Für jeden der Einzelbefunde ist der jeweilige Fachmann, der Röntgenologe, der Kardiologe, der Gastroenterologe, der Hämatologe, der Anästhesiologe voll verantwortlich. Für den zusammenfassenden Entschluß aber, für die Indikation zur Operation und für die Durchführung des Eingriffs selbst trägt dann der Chirurg, als der in diesem Falle zentral handelnde Arzt die volle Verantwortung. Ohne klare Scheidung der Verantwortlichkeiten kommt es zum Verwischen der Kompetenzen und es entsteht eine weder dem Arzt, noch dem Kranken zuträgliche Rechtsunsicherheit.

Selbst ein Konsilium erfahrener Ärzte dient nur der Klärung von Diagnose, Indikation oder Therapie, es kann aber niemals zu einer Mehrheitsentscheidung führen, da eine solche sehr differente, individuelle Entscheidungsgründe enthalten mag und als Ganzes nichts anderes als die Meinung einer Mehrheit manifestiert.

Ich habe es immer als berechtigt und notwendig empfunden, daß die Rechtsprechung grundsätzlich auf die Einzelverantwortung abstellt und konnte daher auch dem vielfach von ärztlicher Seite gemachten Vorschlag, Kollektiv-Gutachten durch besondere Gutachtergremien bei unangenehmen, insbesondere bei sog. Kunstfehlerprozessen zuzulassen, nicht folgen. Sie würden dem einzelnen zwar eine gewisse Deckung geben und ihn von der persönlichen Verantwortung entlasten, entwerten aber dadurch zugleich seine Aussage. Auch die Verantwortung als Sachverständiger ist unteilbar und das um so mehr, als er sich von jedem Verdacht kollegialer Rücksichtnahme befreien muß.

Das Kollektiv hat im ganzen ärztlichen Bereich, insbesondere aber in der Partnerschaft gegenüber dem kranken Menschen keine Berechtigung. Die zwischenmenschliche Beziehung ist hier entscheidend.

Der Wille des Kranken

Wir Ärzte sind verantwortlich zunächst dem Kranken, sodann der Gesellschaft, dem Gesetz und uns selbst. Dem Arzt ist wie jedem Menschen vom Schicksal aufgegeben, den rechten Weg zu finden zwischen „Wollen und Können", zwischen „Können und Dürfen". Er unterliegt wie jeder Mensch dieser Antinomie mit den durch sie bedingten Versuchungen. Seine Position ist aber darüber hinaus dadurch erschwert, daß sich in jeden Entscheidungsprozeß noch ein weiterer und zwar gravierender, ja bestimmender Faktor einschiebt, der Wille des Kranken.

„Non salus, sed voluntas aegroti suprema lex", ein Grundsatz, den wir Ärzte einzuhalten verpflichtet sind, der uns unsere Verantwortung aber gelegentlich zur Bürde machen kann, wenn Selbstbestimmungsrecht und ärztliche Fürsorgepflicht sich unvereinbar gegenüberstehen.

Die Zustimmung des Kranken hängt von seiner Einsicht in das notwendige Geschehen ab. Diese Einsicht kann nur erreicht werden durch das aufklärende Gespräch. Ich halte das ärztliche Gespräch mit dem Kranken für das Kernstück, die conditio sine qua non im Arzt-Patienten-Verhältnis, das die notwendige zwischenmenschliche Beziehung erst ermöglicht. Es dient dem Aufbau der Gemeinsamkeit zwischen beiden Partnern und ist nicht nur die wichtigste, sondern auch wohl die schwierigste ärztliche Aufgabe. Es ist ein wahrer Prüfstein für ärztliche Befähigung und ärztliche Kunst und schafft allein die Voraussetzung für eine gedeihliche und effektvolle Zusammenarbeit.

Wer, wie ich, rund 50 Jahre viele tausende solcher Gespräche geführt hat, kennt die verschiedene Ausgangslage der Kranken, eine Skala, die vom Hochintelligenten bis zum Primitiven, vom Optimisten bis zum Resignierten, von vertrauensvoller Hingabe bis zu mißtrauischer Zurückhaltung reichen kann. Hier kann der Arzt seine Kunst des Einfühlungsvermögens und der Menschenführung unter Beweis stellen, er darf den Kranken nicht bedrängen und ihm die eigene Entscheidung aufzwingen, sondern muß ihn durch eine objektive, allerdings angemessene Darlegung der Sachlage überzeugen.

Es muß zugegeben werden, daß auch die Persönlichkeit des Arztes für den Erfolg von entscheidender Bedeutung ist. Nicht jeder verfügt über das erwünschte Kontaktvermögen und die notwendige naturgegebene Autorität. Zeitmangel darf jedenfalls nicht als Entschuldigung gelten.

Die Judikatur mißt diesem Gespräch mit Recht größtes Gewicht bei, wie aus allen einschlägigen höchstrichterlichen Entscheidungen klar hervorgeht, die sich aus dem lawinenartigen Anschwellen von Haftpflichtprozessen wegen unterlassener Aufklärung ergeben haben.

Grundsätzlich sind sich hier Ärzte und Richter einig. Nur über Form und Umfang der ärztlichen Aufklärung im Einzelfall bestehen naturgemäß verschiedene Auffassungen.

Die Aufklärung des Kranken

Es soll von uns Ärzten dankbar anerkannt werden, daß sich der Bundesgerichtshof insbesondere in den letzten Jahren bemüht hat, durch Urteile sowohl die Interessen der Kranken wie der Ärzte zu wahren und Normen für das ärztliche Verhalten aufzustellen. Es ist ihm allerdings nicht gelungen, die Rechtsunsicherheit auf dem Gebiete der ärztlichen Aufklärungspflicht zu beseitigen. Wir bedauern vor allem, daß der Bundesgerichtshof bei der Entscheidung von Einzelfällen Leitsätze aufgestellt hat, deren Befolgung ohne Bezug auf den jeweiligen Fall von Ministerien und Krankenhausträgern den Ärzten zur Pflicht gemacht wird. Das führt mitunter zu grotesken Forderungen.

Ich habe daher an anderer Stelle einen Appell an den Bundesgerichtshof gerichtet, bei der Entscheidung von Einzelfällen nicht unnötig zu verallgemeinern und gerade im Arztrecht die Besonderheiten des Einzelfalles zu berücksichtigen. Ich habe appelliert an Rechtsprechung und Rechtswissenschaft, vorsichtig zu sein bei der Ableitung allgemeiner Leitsätze aus höchstrichterlichen Entscheidungen, die für das Gebiet ärztlicher Tätigkeit nur mit größter Vorsicht formuliert werden können. Die Deutsche Gesellschaft für Chirurgie hat kürzlich auf Anregung von Carstensen eine ähnliche Resolution verabschiedet.

Von Ärzten wie von Juristen werden derzeit dankenswerte Versuche unternommen, in gemeinsamer verständnisvoller Arbeit die ärztlichen Rechte und Pflichten bei der Aufklärung von Kranken informativ zu erfassen und die Einwilligung durch Formulare stufenweise und auf den einzelnen Fall bezogen, sicherzustellen. Versäumnisse sollen hierdurch vermieden und größtmögliche Sicherheit gegen spätere Regreßansprüche geboten werden.

Absolute Sicherheit ist nicht zu erreichen, denn gerade aus ärztlicher Verantwortung heraus kann es keine allgemeine Pflicht zur restlosen Aufklärung des Kranken geben. Eine Auffassung, die auch die Deutsche Gesellschaft für Chirurgie sich ausdrücklich zu eigen gemacht hat.

Gerade auf dem so wichtigen Gebiete der ärztlichen Aufklärung „führt der Versuch der Perfektionierung tatsächlich zur Unsicherheit und verführt den Kranken möglicherweise zur Entschlußunfähigkeit und den Chirurgen zum Verzicht auf notwendige, aber risikoreiche Maßnahmen" (Steinbuch).

Zu den ernstesten Gewissensentscheidungen gehört in diesem Zusammenhang die Frage, ob der Arzt dem Kranken die volle Wahrheit sagen muß oder darf. Die Wahrheit hat viele Gesichter, sie kann wohltuende Befreiung und untragbare Last bedeuten. Die höchstrichterlichen Urteile haben hier keine klärende Hilfe gebracht, ja sie haben die Rechtsunsicherheit noch vermehrt.

Wenn der Bundesgerichtshof feststellt, daß, „soweit die mit der Einholung der Einwilligung verbundene Aufklärung die Herabdrückung seiner Stimmung oder sogar seines Allgemeinbefindens zur Folge habe, es sich um unvermeidbare Nachteile handelt, die in Kauf genommen werden müssen", oder „lasse sich aber zur Erhaltung der Einwilligung die Bekanntgabe der Krebsdiagnose nicht vermeiden, so darf der Arzt hiervor nicht zurückschrekken", so müssen wir Ärzte das als unzumutbar ablehnen, um so mehr als im Nachsatz eingeschränkt wird, „nur in dem besonderen Falle, daß die mit der Aufklärung verbundene Eröffnung der Natur des Leidens zu einer ernsten und nicht behebbaren Gesundheitsschädigung des Patienten führen würde, könnte ein Absehen von der Aufklärung gerechtfertigt sein".

Hierdurch wird letzten Endes dem Arzt wieder die Verantwortung übertragen. Hier verlangt das Gericht, den Widerstand des Kranken gegebenenfalls durch die vorzeitige und vielleicht unnötige Konfrontation mit dem Krebstod zu überwinden, denn für die breite Masse bedeutet Krebs leider immer noch das Todesurteil.

Man muß fragen: Was sind „unvermeidbare Nachteile", was sind „ernste und nichtbehebbare Gesundheitsschädigungen", die der Arzt zu verantworten hat. Das Gespräch mit dem Kranken darf keinesfalls eine Schockwirkung haben und zu unvorhersehbaren Reaktionen führen. Denn Resignation und Selbstmorde nach Eröffnung der Krebsdiagnose sind keine Seltenheit. Ich selbst habe solche Fälle erlebt.

In konsequenter Anwendung der Rechtsprechung auf Grund dieses Urteils würde sich möglicherweise aus der vorgenommenen Aufklärung sogar eine Haftpflicht des Arztes ergeben.

Es kommt hinzu, daß beim Krebsleiden sowohl bezüglich der Diagnose, als bezüglich der Prognose Irrtümer immer möglich sind.

Ich habe vor kurzem erlebt, daß sich eine Frau, die ich 16 Jahre zuvor wegen eines Brustkrebses operiert hatte, in höchster Verzweiflung an mich wandte. Sie trug sich mit Selbstmordabsichten. Ihr hatte ein Arzt auf Grund einer Röntgenaufnahme der Wirbelsäule erklärt, es seien Krebsmetastasen im fortgeschrittenen Stadium vorhanden und er müsse ihr die volle Wahrheit sagen, daß sie nur noch begrenzte Zeit zu leben hätte. So lange solle sie noch das Leben nach Möglichkeit genießen. Die Diagnose stellte sich bei mir als ein eindeutiger Irrtum heraus, die sog. Wahrheit hätte die Frau fast getötet.

Um die Schwierigkeit der Problematik noch weiter zu beleuchten, zwei Beispiele:

Ich erhielt von einem alten Freunde, der seit Jahren gelähmt war, einen jubelnden Brief. Er teilte mir voller Freude mit, daß ein Wunder geschehen sei, daß es ihm plötzlich viel besser gehe und er große Fortschritte mache. Als ich wenige Tage später anrief, um ihn zu beglückwünschen, lag er bereits im Sterben. Die präfinale Euphorie ist uns Ärzten wohl bekannt. Ein gnädiges Geschick breitet den Schleier aus vor das Erkennen der Wirklichkeit. Sollen wir Ärzte diesen Schleier zerreißen und brutaler sein als das Schicksal?

Das zweite Beispiel, über das Thomas Mann berichtet:

Theodor Storm erkrankte in hohem Alter an einem Magenkrebs. Von seinem Arzt verlangte er Klarheit „unter Männern". Als er die Wahrheit über sein unheilbar tödliches Leiden erfuhr, brach er völlig zusammen. Sein Bruder Emil, ein Arzt, berief, um ihm zu helfen, ein Ärztekonsil ein. Diese Ärzte machten Storm in bewußter Täuschung klar, die anfängliche Diagnose sei falsch, seine Magenerkrankung sei harmlos.

Thomas Mann schreibt weiter: „Storm glaubte es sofort, schnellte empor und hatte einen vorzüglichen Sommer, in dessen Verlauf er mit den guten Husumern seinen 70. Geburtstag sinnig-fröhlich beging und außerdem den ‚Schimmelreiter' fortführte und siegreich beendete, diese mächtige Erzählung, mit der er die Novelle, wie er sie verstand, als epische Schwester des Dramas auf einen seither nicht wieder erreichten Gipfel führte. Das Meisterwerk, mit dem er sein Künstlerleben krönte, ist ein Produkt barmherziger Illusionierung."

In seinem großartigen Werke von der Wahrheit hat Karl Jaspers folgendes gesagt:

„Zwischen Arzt und Patient ist in jedem besonderen Falle die nicht endgültig festzustellende Voraussetzung, wie weit beide imstande sind, den Sinn der hier möglichen Wahrheit zu fassen und zu verwirklichen. Die Fragen sind: Ist der Arzt auf der methodischen Höhe, zu wissen, wie alles Wissen relativ ist, wie daher keine Prognose absolut gewiß sein kann? Ist der Patient in der existentiellen Verfassung, solches Wissen methodisch zu erfassen, ohne einer falschen Endgültigkeit zu verfallen? Ist er ein offener Mensch, der sein Schicksal wissend zu finden und zu tragen vermag, weil er in jeder Situation auch die Möglichkeit festhalten und darum Hoffnung haben kann, solange er lebt? Nur in dem Maße, wie der Mensch diese existentielle Helle und Kraft hat, hat er ein Recht auf Wahrheit. Nur der Arzt, der den untrüglichen Sinn für dieses Selbstsein hat und der damit zugleich gleichsam Schicksalsgefährte wird, als solcher und nicht als Autorität fühlt, hat das Recht, wahr zu sprechen." Dem habe ich weiter nichts hinzuzufügen.

Das Offenbaren der Wahrheit – ob erlaubt oder sogar geboten – bleibt als empfindlichster Teil der ärztlichen Aufklärung ausschließlich der Entscheidung des Arztes im Einzelfall überlassen und entzieht sich dem Anspruch jeder normativen Regelung.

Die ärztliche Verantwortung gegenüber dem Kranken, der sich dem Arzte anvertraut hat, kennt keine Grenzen, sie endet nicht, wenn die therapeutischen Möglichkeiten der wissenschaftlichen Medizin erschöpft sind, sie muß auch den Sterbenden begleiten. Denn der Tod kommt in mancherlei Gestalt, er kommt als Freund, als Erlöser oder als Würger, und der Sterbende bedarf mehr denn je des ärztlichen Beistandes.

Sterbehilfe

An der vielschichtigen Problematik der heutigen Intensivmedizin hat sich auch die weltweite Diskussion über die Sterbehilfe entzündet. Einige spektakuläre Fälle gaben hierzu den äußeren Anlaß. Sterbehilfe gehört seit jeher zu den elementaren ärztlichen Pflichten. Das rasche Fortschreiten der Technik in der Medizin ebenso wie die psychologischen und weltanschaulichen Veränderungen, die unsere zum Materialismus neigende Zeit mit sich bringt, machen diese öffentliche Diskussion erklärlich und notwendig.

Die Ehrfurcht vor dem Leben und die Einschätzung seines Wertes verlieren heute immer mehr an Bedeutung und das Erdulden von Leiden wird immer weniger als Fügung des Schicksals hingenommen. So sind Ärzte und Juristen aufgerufen, in gemeinsamer Arbeit eine gesicherte Rechtsgrundlage zu schaffen für ein Gebiet, auf dem rechtliche, ärztlich-ethische und nicht zuletzt weltanschauliche Gesichtspunkte auf Klärung drängen.

Ich möchte vorausschicken, daß Sterbehilfe nach meiner Auffassung sich eindeutig und ausschließlich auf den Sterbenden bezieht. Der Sterbevorgang ist zeitlich nicht zu bemessen, er beginnt mit dem irreversiblen Schwinden der lebenserhaltenden, vitalen Funktionen und endet mit ihrem Erlöschen, dem Hirntod.

Die gezielte Lebensverkürzung im Sinne der aktiven Euthanasie ist auch bei Zustimmung oder auf Wunsch des Kranken ärztlich nicht vertretbar und mit Recht strafbar. Die Zeiten aktiver Euthanasie sind uns noch in allzu naher schrecklicher Erinnerung. Der Arzt darf nicht töten. Es würde dies seinem Heilauftrag widersprechen und wäre mit seiner sittlichen Verpflichtung nicht zu vereinbaren.

Über die Grenzen der passiven Euthanasie, d.h. des Unterlassens therapeutischer Maßnahmen bei Schwerkranken mit infauster Prognose, scheint mir eine Regelung und Verständigung zwischen Ärzten und Juristen besonders dringlich, da hier fließende Übergänge zur Sterbehilfe möglich sind. Es besteht hier fraglos die Gefahr, daß die therapeutischen Maßnahmen zu frühzeitig eingestellt werden. Aufgabe des Arztes ist es, nicht vorzeitig in therapeutische Resignation zu verfallen, sondern den noch verbleibenden Rest lebenswert zu gestalten.

Als häufiges Beispiel möge der Kranke dienen, dessen Magenkarzinom sich bei der Probelaparotomie als inoperabel herausgestellt hat. Hier ist selbstverständliche ärztliche Pflicht, trotz der vielleicht nur auf Wochen oder Monate verkürzten Lebenserwartung, alles zu tun, um durch zusätzliche Ernährung und Stützung des Kreislaufs den Zustand zumindesten in der Schwebe zu halten und das Leiden erträglich zu machen.

Ein Sonderfall, dessen Einordnung in die üblichen Begriffe der aktiven oder passiven Euthanasie umstritten ist, liegt in dem Abbruch der Reanimation beim irreversibel apallischen Patienten, also keinesfalls etwa schon in einer reversiblen oder möglicherweise irreversiblen Phase. Das Besondere liegt darin, daß es sich in diesen Fällen nicht eigentlich um die Beendigung einer therapeutischen Maßnahme handelt, sondern um das Einstellen einer sinnlos gewordenen Lebensverlängerung bei unwiderruflichem Bewußtseinsverlust mit totaler Reaktions- und Kommunikationsunfähigkeit.

Wir Ärzte sehen in diesem Tun keineswegs einen Eingriff im Sinne der aktiven Euthanasie, vielmehr die Pflicht, den Körper, welchen die menschliche Seele für immer verlassen hat, nicht zum Objekt technischer Künste zu entwürdigen.

Sterbehilfe ist etwas anderes. Sie bedeutet nicht die Hilfe zum Sterben, sondern beim Sterben. Ich habe an anderer Stelle betont, daß der Arzt dem mit dem Tode Ringenden nicht durch immer neue Eingriffe und Medikamente den Todeskampf ins Unerträgliche verlängern dürfe, auch wenn er sich darüber im klaren ist, daß er vielleicht durch schmerzlindernde und das Bewußtsein dämpfende Mittel die Gefahr etwa einer das Leben verkürzenden Lungenentzündung auf sich nimmt.

Es ist von anderer Seite darauf hingewiesen worden, daß sich in einem solchen Falle die Grenzen zwischen Sterbehilfe und aktiver Euthanasie verwischen. Ich halte das für eine theoretische Konstruktion. Durch die Schmerzlinderung beim Sterbenden wird ja nicht eine lebensverkürzende Komplikation beabsichtigt, nur die Möglichkeit müßte der Qual des Leidenden untergeordnet werden.

Tötung auf Verlangen?

Wie wenig die gesamte Problematik der Sterbehilfe ausdiskutiert, wie sehr alles noch im Flusse ist, macht ein vor einigen Monaten in den Zeitungen veröffentlichter amerikanischer Fall deutlich:

Der an einer unheilbaren Krankheit leidende 73jährige Patient kann nur mit Hilfe eines Respirators am Leben erhalten werden. Er kann sich seit 18 Monaten nicht bewegen und will sterben. Seine Versuche, die Schnur des Respirators aus dem Stecker zu reißen, scheiterten vor Monaten, als er sich noch ein wenig bewegen konnte. Seiner Klage, über Leben und Tod selbst entscheiden zu können, gab der Richter nach vorherigem Besuch am Krankenbett statt.

Demgegenüber argumentierte der Staatsanwalt, daß derjenige, der das Abschalten des Respirators besorgt, wegen Tötung angeklagt werden könne. Diese richterliche Entscheidung wirft auch für uns eine Reihe von Fragen auf.

Wie ist die Rechtslage in diesem Falle?

Der Richter hat seiner Verantwortung Genüge getan, indem er das Abschalten als straffrei erklärt hat. Wem soll nun der entscheidende Akt zufallen? Ich glaube nicht, daß sich ein Arzt finden wird, einen geistig gesunden Menschen, der den Selbstmord nicht selbst vollziehen kann, zu töten. Wer soll das Leben aber sonst durch einen Handgriff beenden, eine Krankenschwester, ein Angehöriger, ein Justizbeamter? Wäre diese richterlich erlaubte lebensbeendende Maßnahme nach unserem Recht nicht doch Tötung auf Verlangen? Uns Ärzten ist es auch nicht verständlich, daß hier die strafrechtliche Würdigung einer Tat vorgenommen wird, die noch nicht begangen wurde, durch einen präsumptiven Täter, der noch nicht bestimmt ist.

Wenige Tage später brachten die Zeitungen die Nachricht aus einer Stadt der Bundesrepublik, daß ein Mann seine drogensüchtige Ehefrau nach deren vergeblichen Selbstmordversuchen getötet habe. Ich frage, wo liegt da der Unterschied, der berechtigt, den einen straffrei zu lassen, den anderen zu verurteilen?

Vor wenigen Wochen hat ein belgisches Gericht einen Mann, der seine leidende Mutter aus Mitleid tötete, freigesprochen und ihm für zu Unrecht erlittene Untersuchungshaft eine hohe Entschädigung zugesprochen.

Diese Rechtfertigung der Tötung auf Verlangen, wie sie außerhalb unseres Landes beobachtet wird, kann man nur mit größter Sorge betrachten, um so mehr, als noch weitere bekannt gewordene Fälle für eine steigende Tendenz in dieser Richtung sprechen.

Wohin führt diese liberalisierte Rechtsprechung, welche die Tötung eines Kranken freigibt, bei der das qualitativ und quantitativ nicht bestimmbare Mitleid als rechtfertigendes Motiv anerkannt wird?

Soll hier das Leiden des Kranken oder das Mitleiden des Täters als Maßstab der rechtlichen Beurteilung dienen?

Für den Arzt ergibt sich jedenfalls gerade aus dieser zeitgemäßen Tendenz die besondere Pflicht der gewissenhaften Beschränkung auf die sittlichen Grenzen seines ärztlichen Auftrags.

Eines muß ich aber noch hinzufügen: Die Sterbehilfe ist auch eine psychologische Aufgabe des Arztes. Nie ist das ärztliche Gespräch so wichtig, wie am Sterbebett. In einer Zeit, in der die meisten Menschen nicht mehr im Kreise ihrer Familie in gewohnter Umgebung, sondern in den kalten Sterbezimmern der Krankenhäuser und Kliniken einsam sterben, fürchten sie nichts mehr als die Isolierung. Hier wird ein gutes Wort des Arztes zu einem letzten Halt. Auch das gehört zur ärztlichen Verantwortung, selbst wenn sie völlig außerhalb der rechtlichen Zuständigkeit liegt.

Der Arzt trägt Verantwortung nicht nur gegenüber dem Kranken, sondern auch gegenüber der Gesellschaft.

Den Arzt früherer Zeiten, der nur seinem Berufe lebte in Abgeschiedenheit von der großen Welt, gibt es nicht mehr und kann es nicht mehr geben. Auch die Medizin ist zum Politikum geworden und der Arzt sieht sich zunehmend der öffentlichen Diskussion ausgesetzt. Das ist nötig und muß nicht unbedingt eine Fehlentwicklung sein, solange es sich um sachliche Auseinandersetzungen handelt, woran es leider heute allzuhäufig fehlt. Das Ansehen des Arztes zu schmälern, führt unvermeidlich zum Vertrauensschwund der Kranken und beseitigt damit einen wesentlichen Heilfaktor.

Lockerung der Schweigepflicht

Der moderne Staat stellt den Arzt mittenhinein in das soziale Gefüge. So wird er mit vielen Problemen konfrontiert, die seine Freiheit im Interesse des Ganzen einengen und ihm Pflichten auferlegen, denen er sich einsichtsvoll unterziehen muß. Auch dies gehört zur ärztlichen Verantwortung. Hier gilt für ihn, zwischen den Interessen seiner Patienten und denen der Gesellschaft zu entscheiden.

Der Konfliktsituationen gibt es zahlreiche. Lassen Sie mich einige anführen:

Die Schweigepflicht bildete seit eh und je die Grundlage des Vertrauensverhältnisses zwischen Arzt und Patient. Die zunehmende Durchlöcherung dieser elementaren Verpflichtung erfüllt uns Ärzte mit großer Sorge. Das beginnt mit der Zulassung Tausender von Studenten zum Unterricht am Krankenbett. Ich erinnere mich eines tragischen Falles, als ein junges Mädchen, das ich in der Vorlesung vorgestellt hatte, in sein Dorf zurückkehrte und dort in die schwersten persönlichen Verwicklungen geriet, die ihr Lebensglück zerstörten und fast zu ihrem Selbstmord geführt hätten. Ein aus dem gleichen Dorf stammender Student hatte ihre Krankengeschichte bis zu den intimsten Einzelheiten dort herumgetragen. Heute, nach Öffnung praktisch aller Krankenhäuser, sind derartige Möglichkeiten fast unbegrenzt und kommen m. E. der Abschaffung der Schweigepflicht nahe. Uns Lehrern bleibt nichts anderes übrig, als immer wieder Mahnungen auszusprechen, leider geschieht dies viel zu wenig. Studenten, die nicht von Anfang an entsprechend erzogen sind, werden auch später als Ärzte diesen wichtigen Grundsatz ärztlicher Ethik nicht beachten.

Nur mit Sorge müssen wir denn auch die Auswirkungen der medizinischen Dokumentation betrachten, deren Speicherung trotz aller Datenschutzmaßnahmen eine Gefährdung der Intimsphäre des Kranken bedeuten kann. Der „große Bruder" ist uns zwar ein Schreckgespenst, vor dem wir uns fürchten, wir müssen uns aber manchmal fragen, ob wir nicht schon auf dem Wege zu ihm sind.

Wirtschaftlichkeit?

Selbst in einem modernen Sozialstaat gilt die Forderung, daß sich Geben und Nehmen die Waage halten müssen. Für die sozialen Leistungen hat auch der einzelne auf Teile seiner persönlichen Freiheit zu verzichten. Er bleibt eingeordnet in das große Gefüge sozialer Institutionen. Gesetzliche Krankenversicherung, Unfallversicherung, soziale Fürsorge stellen ihre Ansprüche in mancherlei Hinsicht. Jeder Arzt, nicht nur etwa der Kassen- oder Betriebsarzt, ist der berufene Mittler, der den sozialen Einrichtungen ebenso wie seinen Kranken verantwortlich ist. Es sei hier nur auf die gebotene Wirtschaftlichkeit hingewiesen, die außer acht zu lassen den Zusammenhang des ganzen ökonomischen Aufbaus bewirken könnte, wobei es allerdings auch der Einsicht und des Verantwortungsgefühls des Partners bedarf.

Die Tatsache, daß 90% der insgesamt zur Verfügung stehenden finanziellen Mittel für etwa 10% der Krankheiten und Krankheitszustände ausgegeben werden, weil diese eine hochspezialisierte und technisch aufwendige Behandlung verlangen, muß nachdenklich stimmen und zu verantwortlicher Überlegung verpflichten.

Der aus diesen hohen Einzelkosten und der zahlenmäßigen Beschränkung hochwertiger technischer Apparaturen sich ergebende Zwang zu einer Auswahl der Kranken wird zu einem neuen Problem, das unsere ärztliche Verantwortung aufs Schwerste, zunehmend und drohend belastet. Wir Ärzte fürchten nichts mehr, als den materiellen Druck auf die ärztliche Indikation, wenn es sich um Menschenleben handelt, denn die Entscheidung zwischen Kranken mit guten und solchen mit geringen oder schlechten Chancen widerspricht im Grundsatz ärztlicher Ethik. Sie kann aber notwendig werden, um von zwei Menschenleben wenigstens eines zu erhalten.

Dem Arzt obliegt die Fürsorge für den kranken Menschen, dem Gesetz und der Rechtsprechung obliegt sein Schutz. Ich sehe hierin keinen Widerspruch, vielmehr eine sinnvolle und notwendige Ergänzung.

Gesetze sind die ordnende Kraft des Staates, die dem ärztlichen Tun und Lassen Grenzen setzen und seine Verantwortlichkeit regeln. Ich darf dies am Beispiel der Forschung klarmachen. Über die Lebensnotwendigkeit der Forschung als Voraussetzung des Fortschritts in der Medizin besteht kein Zweifel, aber es gilt auch heute noch die Forderung Immanuel Kants:

„Festhalten an freier Forschung als Bürgschaft strengster Wissenschaftlichkeit, aber auch an einer starken Moral als Grundlage für unsere Verantwortung gegenüber der leidenden Menschheit."

Neue Operationsverfahren

Deutsch hat vor kurzem in einer zusammenfassenden Darstellung auf ein Urteil des Bundesgerichtshofes hingewiesen, das unterscheidet zwischen Behandlung, therapeutischem Versuch und wissenschaftlichem Experiment. Dies scheint auch uns Ärzten eine durchaus zweckmäßige Einteilung, wobei die Grenzen zwischen den beiden ersteren allerdings oft nicht scharf gezogen werden können.

Von allen medizinischen Disziplinen ist wohl der Chirurgie die größte Verantwortung in der Forschung auferlegt, denn der letzte und entscheidende Schritt von der Vorbereitung zur Durchführung einer neuen operativen Therapie bedeutet immer ein Wagnis.

Ein neuartiges operatives Vorgehen kann durch eine akute Notlage ausgelöst sein, die dem Operateur das Messer in die Hand zwingt, um ein Menschenleben zu retten. Das klassische Beispiel hierfür ist die erste Herznaht durch Ludwig Rehn, mit der er eine Stichverletzung des Herzens heilte. Er wagte den Eingriff, obgleich der Altmeister der Chirurgie, Theodor Billroth, gewarnt hatte: „Der Chirurg, der jemals versuchen würde, eine Wunde des Herzens zu nähen, kann sicher sein, daß er die Achtung seiner Kollegen für immer verlöre."

Mit dieser Notoperation wurden die Tore zu einem neuen Gebiet aufgestoßen, der Herzchirurgie, die in den letzten Jahrzehnten eine nie geahnte Vollkommenheit erreicht hat und zu einem Segen für Herzkranke in aller Welt geworden ist.

Auch bei unerwartetem Befunde, der sich im Laufe einer Operation ergibt, können neue Wege notwendig oder zweckmäßig werden. Als Theodor Billroth ein Magenkarzinom resezieren wollte, nahm er zunächst an, daß der Tumor nicht zu entfernen sei und führte eine Umgehungsoperation durch. Er entschloß sich dann doch noch, die Tumorentfernung zu wagen. So entstand die zweite Methode der Magenresektion, die heute noch ihre Bedeutung behalten hat, der sog. Billroth II.

Neue Operationsverfahren mit Vermehrung der Erfolgsaussichten und vermindertem Risiko sind uns durch die Vervollkommung der Technik ermöglicht worden. Ganz neue Gebiete konnten auf diese Weise erschlossen werden. So hat die optische Industrie die Mikrochirurgie geschaffen, die heute aus der Neurochirurgie, der Handchirurgie, der Replantationschirurgie nicht mehr wegzudenken ist. Die Entwicklung gewebefreundlicher Stoffe hat die Unfall- und die plastische Chirurgie von grundauf gewandelt.

Alle diese neuartigen Eingriffe fingen als Heilversuche an und wurden dann zum festen Bestandteil der Therapie. Sorgfältige experimentelle Versuche waren vorausgegangen. Auch wenn diese nicht ohne weiteres auf den Menschen übertragen werden können und bei ihrer Verwertung Vorsicht und Kritik angezeigt sind, so kann auf ihre Durchführung vor der Anwendung eines erstmaligen operativen Eingriffs am Menschen nicht verzichtet werden.

Die besonders sorgfältige Aufklärung und die Zustimmung der Versuchsperson wird von der Judikatur bei allen Heilversuchen mit Recht verlangt. Auch sollte die Zurückhaltung um so größer sein, je geringer die Einsichtigkeit der Versuchsperson ist.

Sind alle diese zum Schutze der Kranken geforderten und von uns voll anerkannten Voraussetzungen erfüllt, so hält auch die Rechtsprechung ihre schützende Hand über die medizinische Forschung.

Die volle Verantwortung für Erfolg oder Mißerfolg trägt letzten Endes der Chirurg, der den entscheidenden Schritt tut, ohne den es keinen Fortschritt gibt. Denn „Theorie und Erfahrung stehen gegeneinander in beständigem Widerstreit. Nur durch Handeln können sie vereinigt werden." (Goethe)

Die letzte, vielleicht schwerste Verantwortung trägt der Arzt sich selbst gegenüber. In der Verantwortung sehe ich ein objektivierbares Faktum, das die Pflichten enthält, die sich aus Beruf, Stellung, Rechtsprechung ergeben.

Gewissen ist dagegen die ganz subjektive, individuelle und mahnende innere Stimme, wie sie sich aus Anlage, Erziehung, Werden und Reifen entwickelt hat.

Verantwortung kann man jemand auferlegen, das Gewissen läßt sich nicht zwingen.

Einer Verantwortung kann man sich entziehen, das Gewissen läßt sich nicht täuschen.

Nur wenn die Verantwortung mit dem Gewissen übereinstimmt, kann der Mensch ohne innere Spannungen und Disharmonien leben.

Berufliche Selbstbeschränkung

Verantwortung verlangt Selbstkontrolle und Selbstkritik. Mit zunehmender Spezialisierung in der Medizin finden Kenntnisse und Können des einzelnen Arztes ihre immer enger werdenden Grenzen. Den Rat eines Erfahrenen in einem besonderen Falle einzuholen, wird immer notwendiger und ist echter Dienst am Kranken. Prestige-Denken darf es nicht geben, ebensowenig wie Hemmungen, den Kranken einem Kompetenteren zu überweisen.

Nicht nur aus Gründen des geringeren Wissens oder der geringeren Erfahrung, sondern schon aus technischen Gründen wird diese berufliche Selbstbeschränkung immer dringlicher. Denn nicht nur, ob das Können ausreicht, sondern ob die räumliche und instrumentelle Ausstattung von Praxis oder Krankenhaus für den speziellen Fall alle Möglichkeiten bieten, muß einer strengen Eigenkontrolle unterliegen. Routine und Selbstzufriedenheit sind mit dem ärztlichen Ethos nicht zu vereinbaren.

Erlauben Sie mir, ein Wort von Friedrich Nietzsche zu zitieren: „Die Rechte, die ein Mensch sich nimmt, stehen im Verhältnis zu den Pflichten, die er sich stellt, zu den Aufgaben, denen er sich gewachsen fühlt."

Konfliktsituationen zwischen der übernommenen oder übertragenen Verantwortung und dem Gewissen sind nicht selten.

Um den Unterschied deutlich zu machen, beziehe ich mich noch einmal auf das vorhin angeführte Urteil aus den Vereinigten Staaten. Der Richter kann durch seinen Spruch dem Arzt wohl die Verantwortung für das Abstellen des Respirators abnehmen, indem er ihm Straffreiheit zusichert, er kann ihn aber nicht von der Gewissensentscheidung entbinden, die ihm verbietet, zu töten.

Ich selbst habe in einem langen Chirurgenleben wiederholt vor der Entscheidung gestanden, zwischen einer mir auferlegten Verantwortung und der Stimme meines Gewissens wählen zu müssen und bereit zu sein, die Folgen zu tragen.

Wer Arzt ist oder Arzt werden will, muß sich bewußt sein, daß diese innere Auseinandersetzung ein essentieller Bestandteil des ärztlichen Berufes ist, der man nicht ausweichen kann und in der man sich bewähren muß.

Und das ist vielleicht der Kern unserer ärztlichen Aufgabe: Uns ist aufgegeben, die unsichtbare Flagge durch eine Welt zu tragen, die voller Wirrnisse ist, voll von Paradoxien, in der Millionen Menschen des Hungers sterben, während die zu ihrer Rettung notwendigen Milliarden zur Raumfahrt und Rüstung verwendet werden, in der einerseits Tausende und Abertausende von Menschen durch Kriege, Unruhen und Terror sinnlos geopfert werden und man andererseits unter Einsatz aller personellen und materiellen Mittel um das Leben eines einzelnen Menschen ringt. In dieser ganzen Widersprüchlichkeit spiegelt sich das Wesen des Menschen zwischen dem Streben nach erlösender Vollkommenheit und den irdischen Zwängen im Kampf ums Dasein.

Gesetze sind von Menschen für Menschen geschaffen. Normen, die erstarrt sind, führen nicht auf den Weg zur Gerechtigkeit, sie müssen mit Leben erfüllt werden.

Leben bedeutet Bewegung. Das atemberaubende Tempo immer neuer naturwissenschaftlicher, technischer und medizinischer Erkenntnisse in der heutigen Zeit stellt an uns Ärzte tagtäglich neue Forderungen, wollen wir sie für den Kranken nutzbar machen. Da die Gesetzgebung mit dieser Entwicklung niemals Schritt halten kann, müssen wir auf eine zeitgemäße und sachkundige Rechtsprechung vertrauen können, die unsere ärztlichen Aufgaben erkennt und anerkennt.

Arzt und Richter dienen beide dem Kranken, jeder auf seine Weise und in getrennter Verantwortung. Wohl und Würde des Menschen sind ihrer Obhut anvertraut.

Die chirurgische Indikation

Rechtsnorm und Realität

1979

Wenn es gilt, dem Jubilar Paul Bockelmann Gaben auf den Geburtstagstisch zu legen, dürfen wir Ärzte gewiß nicht fehlen. Sehen wir doch in ihm den souveränen, verständnisvollen Interpreten des Arztrechtes, ebenso wie die geistvolle und charmante Persönlichkeit. Möge er diese Gabe eines alten Arztes und Klinikers wohlwollend entgegennehmen. Mit ihr soll versucht werden, zum Verständnis der ärztlichen Vorstellungswelt beizutragen, wie sie in den Entscheidungen des Arztes, in seinem Tun und Lassen ihren Ausdruck findet.

Der tiefgreifende Wandel, der sich in unserer Zeit auf allen Gebieten vollzieht, geht auch an der medizinischen Wissenschaft und der Substanz des Arzttums nicht spurlos vorüber, und die Entwicklung zeigt keineswegs nur die freundliche Seite des Janus-Kopfes. Die naturwissenschaftliche Evolution führt zur zunehmenden Entmythologisierung und verändert dadurch zwangsläufig das klassische Arzt-Patientverhältnis, das die psycho-somatische Wechselbeziehung zur Grundlage hatte. Kranke wie Ärzte sind Kinder ihrer Zeit und wandeln sich mit ihr. In zunehmendem Maße wird das Vertrauensverhältnis durch ein kühles Partnerschaftsverhältnis abgelöst, das bei Unstimmigkeiten auf dem Rechtswege endet. Nun ist es aber die Eigenart des ärztlichen Berufes, daß er sich weniger als andere zu irgendeiner Form der Reglementierung eignet. Beschäftigt er sich doch mit dem subtilsten, differenziertesten Partner, den es gibt, dem kranken hilfsbedürftigen Menschen. So ist dem Arzt in seiner täglichen Arbeit mehr als anderen auferlegt, mit dem formalen Recht in Konflikt zu geraten. Dies gilt vor allem in der Chirurgie, wo schnellste Entschlüsse gefaßt werden müssen, wo Erfolg und Mißerfolg meist unmittelbar und für jeden sichtbar in Erscheinung treten, wo ein menschliches Versagen, ein Irrtum, ja nur ein Zögern schwerwiegende, oft irreparable Konsequenzen haben können.

„Inter omnes medicinae partes chirurgiae effectus evidentissimus" hat schon Celsus vor 2000 Jahren gesagt.

In Situationen von unvermeidlicher Rechtsunsicherheit sind wir Ärzte zunächst auf uns selbst und dann auf die Einsicht des Richters, auf seine wirklichkeitsnahen Entscheidungen angewiesen. Statt Emotionen auf beiden Seiten zu wecken, muß es unsere Aufgabe sein, in einem fortdauernden Gespräch zwischen den Vertretern des Gesetzes und den um ihre Kranken bemühten Ärzten zum gegenseitigen Verständnis beizutragen. Denn Information scheint mir die einzige erfolgversprechende Brücke zu sein, um die vielfältigen Mißverständnisse, die sich zwischen Rechtsprechung und Ärzten auftürmen, zu überwinden und die sittlichen Werte und Pflichten des Arzttums zu erhalten. Seine Eigenart muß im Gestrüpp juristischer Paragraphen und Gerichtsurteile bestehen bleiben, soll nicht die Heilkunst und damit der Kranke Schaden erleiden.

Das verfügbare Wissen in der Medizin verdoppelt sich nach einer kürzlich veröffentlichten Untersuchung innerhalb von sechs Jahren. So kann es nicht wunder nehmen, daß die Gesetze hinter der Entwicklung weit zurückbleiben und eine Grau-Zone der Rechtsunsicherheit entsteht.

Dieser für uns Ärzte oft bedrückende Zustand der Rechtsunsicherheit kann nur durch eine zeitgemäße Rechtsprechung ausgeglichen werden, damit unseren Entscheidungen und unserem Handeln Gerechtigkeit widerfährt. Ich muß hier ausdrücklich anerkennen, daß dank der Einsicht und Unterstützung namhafter Rechtsgelehrter in den letzten zwei Jahrzehnten sich Gesetzgeber und Gerichte in manchen strittigen Fragen ärztlichen Problemen erschlossen haben. Sie gewähren dem Arzt einen gewissen Ermessensspielraum, den dieser zur Erfüllung seiner ethischen Pflichten braucht.

Zwei grundsätzliche Tendenzen stehen sich gegenüber: Der Richter vertritt das Gesetz und damit die Gemeinschaft und muß im Rahmen des Möglichen ihm Geltung verschaffen, der Arzt muß zunächst auf eigene Verantwortung nach dem Grundsatz „nihil nocere" handeln, muß allerdings sein Tun später rechtfertigen können. Der Gesetzgeber versucht Normen aufzustellen, die allgemeine Gültigkeit haben und dem Schutze der Kranken dienen sollen, der Arzt steht täglich dem unverwechselbaren Individuum gegenüber, dessen Persönlichkeit und Situation sich nicht in eine Form pressen lassen. Der Arzt entscheidet ex ante, der Richter ex post.

Das angespannte Verhältnis zwischen Judikatur und Ärzten hat seine Ursache nicht nur in den Schwierigkeiten gegenseitiger begrifflicher Verständigung, der viel beklagten „Sprachbarriere", sondern wohl vor allem in einer „Denkbarriere". Der Jurist sollte kühl, logisch und distanziert argumentieren, zum Wesen des Arztes gehört dagegen eine emotionale Komponente, ohne welche die echte Arzt-Patienten-Beziehung kaum möglich ist. Es war dem so notwendigen Ausgleich kaum dienlich, daß der Bundesgerichtshof den ärztlichen Sachverständigen als den berufenen Mittler durch sein Urteil vom 22. 7. 74 (VI ZR 50/74) – „in nicht geringer Zahl" – in seiner Objektivität angezweifelt und dadurch abgewertet hat.

Das Gebäude der Chirurgie ruht auf den drei Pfeilern der Diagnostik, der Indikation und der Therapie. Diagnostik und Therapie sind rechtlich relativ unproblematisch, da sie im großen und ganzen objektiv faßbare Faktoren enthalten, auf die sich die Rechtsprechung gründen kann.

Eine Diagnose kann richtig oder falsch sein, Sachverständige und Richter haben zu prüfen, ob eine Verletzung der Sorgfaltspflicht vorgelegen hat, das heißt, ob alle für den vorliegenden Fall notwendigen diagnostischen Maßnahmen durchgeführt und richtig gedeutet wurden, wobei keinesfalls eine für den Einzelfall sinnlose, nur der Absicherung des Arztes dienende schematische Durchführung aller nur denkbaren Untersuchungsmethoden befürwortet werden soll.

In der Therapie können Durchführung und Erfolg eines operativen Eingriffs umstritten sein. Aber auch hier gibt es objektiv nachweisbare Daten und Maßstäbe, die, abgesehen von Grenzfällen, in der Regel eine Entscheidung in der Frage eines Behandlungsfehlers verhältnismäßig leicht ermöglichen.

Ganz anders liegen die Verhältnisse auf dem weiten und besonders gewichtigen Gebiete der Indikation. Sie schiebt sich in den Gang des Geschehens ein zwischen den Abschluß der Untersuchung und den Beginn der eigentlichen ärztlichen Behandlung. Sie ist abhängig von unendlich vielen inneren und äußeren Faktoren. In keinem Stadium der Beziehung zwischen dem Chirurgen und seinem Kranken spielen außer rein medizinischen Feststellungen und Erfahrungen so viele andere, vor allem ärztlich-menschliche Erwägungen eine so ausschlaggebende Rolle. Daher muß die Entscheidung zwangsläufig subjektiv und auf den einzelnen Kranken ausgerichtet sein und sich letzten Endes auf das eigene Gewissen gründen. Die Rechtsnorm kann die Realität hier nicht erfassen.

Wir Ärzte haben daher grundsätzliche Bedenken dagegen, daß Urteile, auch des höchsten Gerichtes, die wohl im Einzelfalle ihre Berechtigung haben mögen, zur Norm erhoben werden und ihnen Allgemeingültigkeit gegeben wird, so daß die Gefahr besteht, daß Gerechtigkeit zu Unrecht wird.

So kommt es, daß richterliche Entscheidungen gefällt werden, die wirklichkeitsfremd, uns Ärzten unverständlich sind und unsere Handlungsfreiheit im vermeintlichen Interesse des Patienten so einengen, daß in das Wesen der ärztlichen Entscheidung eingegriffen wird. Hierdurch geht der Schutz, dessen nicht nur der Patient, sondern auch der Arzt bedarf, verloren. Dabei ist es meist weniger die richterliche Entscheidung an sich, die uns Ärzte beunruhigt, sondern die Erhebung des in einem speziellen Falle gefällten Urteils zur allgemein-gültigen Rechtsnorm, die dann mit der Realität nichts mehr zu tun hat.

Hierzu möge das folgende Beispiel dienen: Die durch die Häufung von Prozessen angeheizte öffentliche Diskussion über die ärztliche Aufklärungspflicht ist um eine neue Variante bereichert worden. Der Bundesgerichtshof hat in einem Urteil vom 2. 11. 1976 (VI ZR 134/75-NJW 1977, 337) ausgeführt: „Der Arzt, der während der Operation auf ein erhöhtes Operationsrisiko stößt, muß den Eingriff abbrechen, wenn er für seine Fortsetzung nunmehr mangels Aufklärung darüber keine wirksame Einwilligung des Patienten hat und die Operation ohne dessen Gefährdung unterbrochen oder abgebrochen werden kann, um die Einwilligung einzuholen."

Es steht mir nicht zu, mich zu dem speziell vorliegenden Falle zu äußern, da er aus der operativen Otologie stammt und ich nicht sachverständig bin. Aus der Begründung des Urteils geht jedenfalls hervor, daß der Fall sehr sorgfältig und unter Hinzuziehung von Sachverständigen geprüft worden ist.

Bedenken muß ich aber dagegen erheben, daß dieser ungewöhnlich seltene Einzelfall zu einem Urteil des Bundesgerichtshofes geführt hat, das Leitsatzcharakter gewinnen und nun über den Einzelfall hinaus weitreichende und für Ärzte und Patienten geradezu verheerende Konsequenzen haben kann. Es ist nun einmal das Charakteristikum der operativen Medizin, daß man aus einem Einzelfall gewonnene Erkenntnisse nicht verallgemeinern darf.

Das Urteil hat große Beunruhigung unter den operativ tätigen Ärzten hervorgerufen wegen seiner allgemeinen Fassung und wegen des Anspruchs auf Allgemeingültigkeit. Es dient dem Arzte nicht als Rechtshilfe, belastet ihn vielmehr mit einer untragbaren Verantwortung.

Zunächst verkennt der Bundesgerichtshof die Tatsache, daß viele Eingriffe ohne vorher genau festzulegenden Operationsplan begonnen werden müssen. In der Bauchchirurgie etwa werden wegen der vorher nicht absolut sicher bestimmbaren Diagnose in einem hohen Prozentsatz Probelaparotomien vorgenommen. Die spezielle Indikation über das weitere Vorgehen wird erst nach sorgfältiger Exploration am offenen Bauche gestellt. Abgesehen von einer Blankovollmacht, die dem Patienten nicht zuzumuten und darüber hinaus rechtlich wirkungslos ist, kann sich der Chirurg nicht gegen alle nur denkbaren Möglichkeiten absichern.

Aber selbst wenn die präoperative Diagnose feststeht, sind Art des Vorgehens, Umfang des Eingriffs, zusätzliche Maßnahmen und damit verbunden die Einschätzung des Risikos in der Regel erst nach Eröffnen der Bauchhöhle aufgrund des jeweiligen Befundes bestimmbar.

Vor wenigen Tagen stellte sich bei mir eine 84jährige Patientin vor, die ich vor 20 Jahren operiert hatte. In dem präoperativen Gespräch hatte ich ihr von einem Magengeschwür gesprochen, das man entfernen müsse, obgleich die Diagnose eines Magenkrebses sicher war. Ich rechnete mit einem relativ kleinen Eingriff, einer typischen Magenresektion. Nach Eröffnen der Bauchhöhle fand ich ein Karzinom, das den ganzen Magen eingenommen hatte und in die vordere Bauchwand und in den Querdarm eingebrochen war. Ich mußte den Magen und den Querdarm total entfernen und ein Stück der vorderen Bauchwand resezieren. Möglicherweise wäre ich auch gezwungen gewesen, ihr zumindestens vorübergehend eine Dickdarmfistel anzulegen, um den Darm zu entlasten.

Hätte ich die Operation unterbrechen sollen? Wer kann sagen, ob die Patientin einen zweiten Eingriff überstanden oder überhaupt abgelehnt und damit ihr Todesurteil unterschrieben hätte?

In seiner Urteilsbegründung spricht das Gericht von einer Abwägung mit der vitalen medizinischen Indikation. Wir unterscheiden die relative und absolute von der vitalen Indikation. Eine vitale Indikation, also akute Lebensgefahr, hat auch in dem von mir geschilderten Falle nicht vorgelegen. Die Operation war nicht vital, aber absolut indiziert, um die Patientin vom Krebs zu heilen.

Das Urteil des Bundesgerichtshofes verlangt unter den gegebenen Umständen die Unterbrechung oder den Abbruch der Operation, falls dies „ohne Gefährdung des Patienten" möglich ist. Hierdurch wird dem operierenden Arzt die Entscheidung über die mögliche Gefährdung zugeschoben. Was soll er mit diesem verwaschenen, unbestimmbaren Begriff der Gefährdung anfangen? Damit ist er überfordert, denn er muß gegebenenfalls dem Richter glaubhaft machen, aus welchem Grunde er ex ante den Kranken für so gefährdet hielt, daß er trotz ungenügender Aufklärung die Operation nicht abbrach.

Dazu ist zu sagen, daß jeder Zweiteingriff ein erhöhtes Risiko in sich birgt, gleichgültig, ob die zweite Operation unmittelbar nach dem Ersteingriff vorgenommen wird, wobei der Schock, die Stoffwechsellage und vor allem der psychische Zustand eine wesentliche Rolle spielen, oder erst nach Tagen, wenn das Eingreifen in die gerade begonnenen Heilungsvorgänge zur Störung im Wundverlauf oder zur technischen Erschwerung durch frisch entstandene Verklebungen und Narbenbildungen führen kann. Gewiß soll dem unberechtigten „Räubern" im Bauche nicht das Wort geredet werden, etwa der grundsätzlichen Entfernung des Wurmfortsatzes bei einer Gallenblasenoperation, ohne daß der Patient zuvor seine ausdrückliche Einwilligung gegeben hat. Hier handelt es sich auch nicht um kleine, kosmetische Eingriffe, die ohne weiteres in einzelnen Sitzungen nach wiederholten Rücksprachen mit dem Patienten vorgenommen werden können. Es handelt sich vielmehr darum, daß durch ein so allgemein gefaßtes höchstrichterliches Urteil die Gefahr besteht, daß ein überspitztes Selbstbestimmungsrecht sich ins Inhumane verkehrt. Schon Eberhard Schmidt hat gefordert, die Grundsätze gewissenhafter ärztlicher Fürsorge zum rechtlichen Maßstab zu erheben und die von ihm als sehr wenig sinnvoll bezeichnete Überbetonung der Selbstbestimmungsrechte in der Arzt-Patient-Beziehung einzuengen.

Ein weiteres Beispiel: Ich habe stets vor Operationen wegen eines Mastdarmkrebses die Möglichkeit der Anlegung eines endgültigen oder zumindest temporären künstlichen Afters erwähnt und die Einwilligung eingeholt, im Falle der Verweigerung aber die Operation abgelehnt. Erfahrungsgemäß sind die Besorgnisse der Patienten in dieser Hinsicht besonders groß (berufliche

Nachteile, Eheprobleme usw.). Es bedarf meist mehrerer Tage und geduldigen guten Zuredens, um von dem Patienten die grundsätzliche Einwilligung zu erhalten. Andererseits kann sich im Verlaufe einer Bauchoperation überraschend die Notwendigkeit eines künstlichen Afters ergeben. Da Lebensgefahr nicht besteht, wäre technisch die Möglichkeit gegeben, die Operation abzubrechen und nachträglich die Einwilligung einzuholen. Die Konfrontation eines frisch Operierten mit einem so bedrückenden Entschluß wäre schlechthin unmenschlich, und wohl kein Chirurg würde sich nur zu seiner eigenen rechtlichen Absicherung zu einem solchen Schritt bereitfinden, auch wenn er sich nach dem Urteil des Bundesgerichtshofes möglicherweise strafbar machen würde.

Wenn der Richter dem Operateur während des Eingriffes quasi in den Arm fällt, dann verunsichert er ihn und verführt ihn zu der defensiven Haltung, die kühle Berechnung seines eigenen Risikos an die Stelle der Heilkunst setzt, eine Entwicklung, die wir mit zunehmender Sorge allenthalben beobachten.

Jeder Operateur, der während des Eingriffs die Indikation stellen muß, steht vor der Frage, ob er sie radikal oder palliativ durchführt oder ob er den Eingriff abbricht. Die radikale Operation verspricht Heilung durch Ausrottung des Krankheitsherdes, birgt aber meist ein wesentlich größeres Risiko in sich. Die palliative (von pallium – der Mantel), also „Bemäntelungsoperation" beläßt den Krankheitsherd, beseitigt aber wenigstens auf Zeit die Symptome und mindert das Leiden. Das typische Beispiel hierfür ist die Umgehungsoperation bei nicht operablen Geschwülsten des Magen-Darm-Traktes zur Vermeidung des Darmverschlusses. Der Verzicht auf jedes weitere Vorgehen ist angezeigt bei völlig aussichtsloser Situation, insbesondere bei ausgedehnten Metastasen und wenn bei Durchführung der an sich notwendigen Maßnahmen akute Lebensgefahr besteht.

Ich habe 1937 eine Frau operiert, bei der sich ein übermannsfaustgroßes Karzinom des Magens mit Metastasen in der Bauchhöhle fand. Bei dem schlechten Allgemeinzustand und dem ausgedehnten Befund war das Risiko einer Radikaloperation sehr groß, so daß ich einen Augenblick zögerte. Die Heilungsaussichten schätzte ich nach Resektion auf kaum mehr als 10%, ohne sie war der Tod innerhalb kürzester Zeit besiegelt. Ich entschloß mich zur Resektion und zur Fortnahme der nachweisbar erkrankten Lymphknoten. Jetzt, nach 40 Jahren, lebt die Patientin gesund in München und schreibt mir dankbar jedes Jahr zum Operationstag.

Dieser Fall zeigt sehr deutlich die Gewissensnot, in der sich der Operateur befinden kann. Die Entscheidung für jedes der drei genannten Verfahren wäre berechtigt gewesen, ohne daß man dem Operateur einen Vorwurf hätte machen können. Metastasenbildung, deren Bösartigkeit auch während der Operation histologisch festgestellt wurde, bewies, daß das Karzinom nicht mehr begrenzt, sondern unkontrollierbar weit in den Körper verbreitet war. Bei dem großen Primärtumor und dem schlechten Allgemeinzustand wäre ein Abbrechen des Eingriffs durchaus erlaubt gewesen. Auch die Beschränkung auf eine palliative Resektion des Tumors zur Verhütung von bisher noch nicht vorhandenen, aber mit Sicherheit zu erwartenden Passagestörungen wäre durchaus zu vertreten gewesen. Daß der als Radikaloperation durchgeführte Eingriff zur vollständigen Heilung führen würde, war mehr als fraglich.

Diese Betrachtung soll zeigen, welche Last auf dem vollverantwortlichen Operateur liegt, wenn er intraoperative Entscheidungen zu treffen hat, die manche schlaflose Nacht kosten, und wie leicht es sich Rechtsprechung und Rechtswissenschaft machen, wenn sie aus einem seltenen Einzelfall allgemeingültige Normen ableiten. Die operative Indikation wird vom Operateur getroffen nach Verantwortungsfreudigkeit, aber auch nach strenger Selbstkritik, Abwägen des Risikos, technischen Möglichkeiten und Erfahrungen. Es ist für einen Chirurgen sehr viel leichter, „defensiv" in einem fraglichen Falle den Bauch wieder zu verschließen und den Zustand als inoperabel zu erklären, als ein Risiko einzugehen. Mir sind gelegentlich von kleineren Krankenhäusern Patienten zur Radikaloperation überwiesen worden, bei denen nach Eröffnen der Bauchhöhle ein Befund erhoben worden war, der die Leistungsfähigkeit des betreffenden Chirurgen oder Krankenhauses überstieg. Ich habe das immer als ein Zeichen höchsten Verantwortungsgefühls respektiert.

Ich glaube, gezeigt zu haben, daß das Urteil des Bundesgerichtshofes Unmögliches von den Operateuren verlangt. Nach der geforderten Unterbrechung der Operation wäre der Chirurg gezwungen, dem schockierten Patienten die Wahrheit zu sagen, um ihn zur Nachoperation zu bewegen. Hierzu braucht es Zeit und nicht zeitliche Bedrängnis. Ich vergesse nicht den Herztod zweier Patientinnen aus Angst vor der Operation und die akute Lebensgefahr einer Basedow-Patientin, der wir den Termin der Operation notwendigerweise verheimlicht hatten und der die um ihr Seelenheil besorgte Ordensschwester nachts die letzte Ölung geben ließ. Die Wahrheit dem Kranken gegenüber ist nur erlaubt im ärztlichen Gespräch von Mensch zu Mensch oder, wie Jaspers sagt, gleichsam als Schicksalsgefährten.

Die rechtlichen Probleme des Chirurgen liegen im Spannungsfeld zwischen der Achtung des Persönlichkeitsrechtes und damit der Würde des Menschen und der uns obliegenden Fürsorgepflicht, zwischen den sittlichen Gesetzen unseres Berufes und den Gesetzen des Staates.

Durch ihrem Wesen nach stets generalisierende Normen sind diese Probleme nicht zu lösen, sie können nur im Einzelfall entschieden werden durch einen sachkundigen und verständnisvollen Richter, der die Realität des ex ante erfaßt und von dem ihm zustehenden Ermessensspielraum, den wir auch für den Arzt fordern, Gebrauch macht.

Wir Ärzte richten den Appell an den Bundesgerichtshof, bei der Entscheidung von Einzelfällen nicht unnötig zu verallgemeinern und gerade im Arztrecht die Besonderheiten des Einzelfalles zu berücksichtigen.

Wir appellieren aber auch und vor allem an Rechtsprechung und Rechtswissenschaft, vorsichtig zu sein bei der Ableitung allgemeiner Leitsätze aus höchstrichterlichen Entscheidungen, die für das Gebiet ärztlicher Tätigkeit nur mit größter Vorsicht formuliert werden können. Schon jetzt hat es sich eingebürgert, daß Krankenhausträger, bei staatlichen Kliniken sogar die Ministerien, zur eigenen Absicherung höchstrichterliche Urteile kommentarlos zur Beachtung an die nachgeordneten Ärzte weitergeben.

Vor dieser „Leitsatzjustiz" ist zu warnen, sie verunsichert die Ärzte, gefährdet die Kranken und verleitet die Juristen, die Eigenart ärztlicher Tätigkeit zu verkennen. Uns Chirurgen aber bleibt im Einzelfall nicht erspart, unter voller eigener Verantwortung zu handeln. Darin liegen Aufgabe und Bürde unseres ärztlichen Berufes.

Ärztliche Selbstkontrolle

1979

Man hat mich gebeten, zu dem Thema „Ärztliche Selbstkontrolle“ einige einführende Worte zu sagen. Ich werde mich auf die mir wesentlich erscheinenden allgemeinen Gesichtspunkte beschränken müssen. Über die heute angezeigten Maßnahmen müssen die Fachleute sprechen, die über eigene praktische Erfahrungen verfügen.

Selbstkontrolle ist im Leben eines jeden Menschen ein notwendiges Element, das ihn erst befähigt, geordnet mit seiner Umwelt zu leben. Sie erwächst aus Gaben, die nur dem Menschen eigen sind, dem Verantwortungsgefühl und dem Gewissen. Selbstkontrolle ist vergleichbar dem Kompaß, der das Lebensschiff des Menschen auf dem richtigen Kurse hält. Je stürmischer die See, desto dringlicher wird sein Gebrauch.

Der Arzt befindet sich heute im schwersten Sturm seiner Geschichte und ein alter Arzt, der fünf Jahrzehnte seinem Berufe mit Hingabe gedient und ihn aus früheren Zeiten noch als den angesehensten und vertrauenswürdigsten erlebt hat, fragt sich sorgenvoll nach den Ursachen und nach der künftigen Entwicklung. Vielleicht ist es der Zusammenstoß von Idealismus und Materialismus in unserer heutigen Zeit, der gerade auch von den Ärzten seinen Tribut fordert. Nachlassen der selbstlosen Hingabe an den Beruf des Samariters auf der einen Seite, Anspruchsdenken auf der anderen, haben die Umwandlung des Vertrauensverhältnisses zwischen Arzt und Krankem vielfach in ein nüchternes Vertragsverhältnis gefördert.

Sicher spielen bei der Erschütterung dieser veränderten zwischenmenschlichen Beziehung auch gewisse Medien eine nicht zu unterschätzende Rolle, die unter den hunderttausenden von täglich den Arzt aufsuchenden Patienten einzelne in aller Breite herausstellen, in denen Versagen der Therapie, der Organisation oder auch nicht entschuldbares Versagen eines Arztes angeprangert und dadurch der Schein der Allgemeingültigkeit erweckt wird. Hier gilt der Satz: Es ist leichter zu zerstören, als aufzubauen.

Es kann nicht meine Aufgabe sein, hier eine tiefgehende Analyse der Gründe für die heute leider so umstrittene Stellung des Arztes in der Öffentlichkeit zu versuchen. Es genügt die Feststellung, daß er seinerseits alles Erdenkliche tun muß, um berechtigten Vorwürfen gegen seine Haltung und Leistung den Boden zu entziehen. Und das kann ihm nur durch eine strenge

Selbstkontrolle gelingen, will er nicht eine zunehmende Reglementierung und Kontrolle des Staates herausfordern.

Je größer der Anspruch des Arztes auf Freiheit bei der Ausübung seines Berufes im Rahmen der Gesellschaft ist, desto mehr muß von ihm verlangt werden, sich selbst über sein Tun und Lassen Rechenschaft abzulegen und die Konsequenzen daraus zu ziehen.

Unter ärztlicher Selbstkontrolle kann man sowohl die Eigenkontrolle des einzelnen Arztes, wie auch die Kontrolle der Ärzteschaft gegenüber ihren Mitgliedern verstehen.

Die Selbstkontrolle des einzelnen Arztes gründet sich nicht nur auf die Verantwortung, die ihm durch die Fürsorge für den kranken Menschen, dieses kostbarste Gut auferlegt ist, nicht nur auf die Forderung seines Gewissens, sondern nach meiner Erfahrung auch auf die Erziehung, die er als junger Arzt genießt.

Mein chirurgischer Lehrer hielt uns an, jeden Abend eine „Gewissenserforschung" zu halten und sich selbst zu bekennen, was man besser habe machen können, welche Fehler man begangen habe, entschuldbare und unentschuldbare. Und wir wurden dazu verpflichtet, jeden Zwischenfall persönlich dem Chef zu melden, nicht, um von ihm zurechtgewiesen zu werden, sondern als Mittel der Selbsterziehung und um einen Rat von ihm zu erhalten. Für diese Erziehung bin ich mein Leben lang dankbar gewesen und habe es als Chef selbst so gehalten und meinen Schülern weitergegeben. Denn die frühen Erlebnisse am Krankenbett sind für die Entwicklung der späteren Arztpersönlichkeit entscheidend. Damals bestand allerdings auch die Möglichkeit, Mitarbeiter, die ihre Fehler zum Schaden der Kranken wiederholt bewußt verheimlichten und dadurch sich und den Chef betrogen, sofort aus der Klinik zu entfernen. Das war hart, aber gerecht und notwendig, heute wäre es eine Unmöglichkeit dank eines bis ins letzte perfektionierten Rechtsschutzes.

Ärzte, die sich nicht Rechenschaft über ihr Tun ablegen, verdienen nicht das Vertrauen ihrer Kranken. Sie sind für den ärztlichen Beruf nicht geeignet.

Ärztliche Verantwortung verlangt Selbstkontrolle und Selbstkritik. Mit zunehmender Spezialisierung in der Medizin finden Kenntnisse und Können des einzelnen Arztes ihre immer enger werdenden Grenzen. Den Rat eines Erfahrenen in einem besonderen Falle einzuholen, wird immer notwendiger und ist echter Dienst am Kranken. Prestigedenken darf es nicht geben, ebensowenig wie Hemmungen, den Kranken einem Kompetenteren zu überweisen.

Nicht nur aus Gründen des geringeren Wissens oder der geringeren Erfahrung, sondern schon aus technischen Gründen wird diese berufliche Selbstbeschränkung immer dringlicher. Denn nicht nur, ob das Können ausreicht, sondern ob die räumliche und instrumentelle Ausstattung von Praxis oder

Krankenhaus für den speziellen Fall alle Möglichkeiten bieten, muß einer strengen Eigenkontrolle unterliegen. Routine und Selbstzufriedenheit sind mit dem ärztlichen Ethos nicht zu vereinbaren.

Leider stößt der Arzt auch auf Grenzen seiner Selbstkontrolle. Als Beispiel mögen die Schwierigkeiten dienen, die vielfach und in letzter Zeit vermehrt der Obduktion entgegenstehen. Mortui vivos docent. Die Klärung einer ungewissen Diagnose durch den Pathologen, „das Gewissen der Medizin", bringt neue und unentbehrliche Erkenntnisse und ist die Voraussetzung weiterer Erfolge in der Behandlung von Kranken. Für einen verantwortungsvollen Arzt ist nichts so unbefriedigend, wie der ungeklärte und unklärbare Tod eines Kranken. Ich wage zu behaupten, daß ein Obduktionsgesetz, das unter gewissen, für den Arzt jedoch tragbaren Bedingungen die Leichenöffnung freigibt, also nicht etwa nur in forensischen Fällen, als unabdingbares Mittel der Selbstkontrolle wichtiger ist und mehr Menschenleben zu retten vermag als das zur Zeit diskutierte dem Wesen nach viel kompliziertere Transplantationsgesetz. Heute besteht auf diesem Gebiet ein praktisch rechtloser Zustand und der Staat entzieht sich der Verantwortung, weil unpopuläre Entscheidungen von ihm verlangt werden. Hierdurch hindert er den Arzt, sich in wichtigen Fällen ein objektives, kritisches und damit fruchtbares Urteil über seine Arbeit zu bilden.

Ein Gesetz allerdings, das die Sektion über das heute übliche Maß noch erschweren würde, wäre ein unabsehbarer Schaden für ärztliche Praxis und medizinische Forschung.

Die ärztliche Selbstkontrolle bezieht sich aber auch auf die Reinhaltung des ärztlichen Standes, denn der schlechte Ruf eines einzelnen Arztes schädigt das Ansehen der ganzen Ärzteschaft. Hier geschieht einiges und in den nachfolgenden Referaten wird davon gesprochen werden.

Die Einrichtung der Schlichtungsstellen und Gutachten-Kommissionen, die ihrem Wesen nach verschiedene Aufgaben haben, halte ich für segensreich. Man sollte mehr in ihnen sehen, als nur Selbstschutzeinrichtungen aus Gründen der Opportunität zur Verminderung der Haftpflichtprozesse. Es liegt ihnen doch das Bestreben zugrunde, geschädigten Kranken zu helfen, damit sie nicht in dem Räderwerk der finanziellen Auseinandersetzung zermalmt werden und zu ihrem Recht kommen. Ich sehe hierin eine echte ärztlichethische Verpflichtung: es darf keine Parteinahme aus Standesrücksichten geben. Der Patient verdient auch nach Abschluß seiner Behandlung unseren Schutz, wenn wir uns sein Vertrauen erhalten wollen. Aufgabe der genannten Stellen ist es allerdings, die Spreu vom Weizen zu trennen und unberechtigte Ansprüche abzulehnen.

Sie werden mich vielleicht für einen Rufer in der Wüste halten, einen laudator temporis acti. Sie werden vielleicht glauben, daß ich aus der Sicht

einer anderen Generation die Zeichen der Zeit nicht erkannt habe, in der
sich so vieles in Umwandlung befindet, in der die ärztliche Tätigkeit nach
Arbeits- und Überstunden gemessen wird, eine Vorstellung, die mir noch
völlig fremd ist. Auch die Ärzte sind eben Kinder ihrer Zeit.

Solange man von dem Arzt ganz selbstverständlich die Erfüllung über
das sonst übliche Maß weit hinausgehender Pflichten erwarten konnte, war
auch sein Ansehen ungewöhnlich groß. Mit der zunehmenden Einreihung
und Gleichstellung in die sozialen Arbeitsbedingungen der anderen Berufe
verliert er konsequenterweise diese besondere Vertrauensstellung, seine naturgegebene Berufsmoral verfällt und er wird zum Gewerbetreibenden.

Solange es aber verantwortungsbewußte Ärzte gibt, die ihr Tun und
Lassen selbst unter strenger Kontrolle halten und mit dem Idealismus, den
ihr Beruf verlangt, dem Kranken mit Hingabe dienen und solange es kranke
Menschen gibt, die in ihrer Not Hilfe suchen, wird das für beide Partner
notwendige Vertrauensverhältnis zu erhalten sein, eine zwischenmenschliche
Beziehung, die fraglos heute überwiegend noch besteht.

Ich appelliere an Sie, die mächtigen Herren von der Presse, bei aller
notwendigen Kritik im Einzelfalle das redliche Bemühen der Ärzte um den
Erhalt der ethischen Substanz ihres Berufes zu unterstützen.

Fortschritt als ärztliches Problem

Vortrag, gehalten am 11. Dezember 1979
vor der Polytechnischen Gesellschaft in Frankfurt am Main

Erlauben Sie mir zunächst eine persönliche Bemerkung. In der Hinterlassenschaft meines Vaters findet sich eine Ehrenplakette, die auf der Vorderseite den von emsigen Bienen umschwärmten Bienenkorb zeigt, auf der Rückseite die Inschrift trägt: „Für selbstlose Arbeit."

Es ist dies die Anerkennung einer Geisteshaltung, die gerade den Arzt in mir in besonderem Maße verpflichtet. Mein Vater, den Sie soeben so freundlich erwähnten und dessen ich heute in Dankbarkeit und Verehrung gedenke, hat seit 1915 als Mitglied des Vorstandes und von 1932 bis 1936, also in den schwierigsten Jahren ihrer Geschichte der Gesellschaft als Präsident gedient, bis er wegen der Gleichschaltung durch das Regime dieses Ehrenamt niederlegte.

Als der Wunsch, vor Ihnen zu sprechen, an mich herangetragen wurde, habe ich es daher als ein nobile officium empfunden, ihm nachzukommen und ich danke Ihnen dafür, daß Sie mir dazu Gelegenheit gegeben haben.

Das Thema dieses Vortrages lautet: „Fortschritt als ärztliches Problem." Dazu bedarf es zunächst einer begrifflichen Definition. Während das Fortschreiten ein unabdingbares Merkmal jeder Entwicklung ist, bedeutet Fortschritt nach unserem Sprachgebrauch ein positives Ergebnis dieser Entwicklung, das dann in eigener Dynamik weiter wirkt, nach Kant ein Fortschreiten vom Schlechteren zum Besseren. Fortschritt ist allerdings niemals ein absolutes Faktum, es gewinnt vielmehr seinen Wert und seine Bedeutung erst in der Relation. Wenn ich heute die Bedeutung des Fortschritts in seiner Beziehung zum Humanen meinen Betrachtungen zugrunde lege, so tue ich dies nicht nur als Arzt, sondern weil ich zutiefst davon überzeugt bin, daß das Menschliche, das Wohl, Würde, Individualität und Freiheit umfaßt, das höchste und ureigenste Gut ist, das der Mensch in das Spiel der Kräfte einbringt und daß daher jeder Fortschritt am Menschen selbst gemessen werden muß.

Die Erfolge der wissenschaftlichen Forschung und Technik für sich genommen sind also keineswegs diesem auf das Wohl des Menschen bezogenen Fortschritt gleichzusetzen, ja beide stehen zueinander gelegentlich in scharfem Gegensatz. In diesem Spannungsverhältnis liegt das große Problem unserer Zeit, auch das ärztliche.

Als Prometheus dem Olymp entstieg und der Menschheit das Feuer brachte, schenkte er den Menschen ein zwiespältiges Element, das wärmt und verbrennt, das erhält und zerstört. So ist dem Menschen die schmale Gratwanderung vom Schicksal vorgeschrieben, den rechten Weg zu finden zwischen „Wollen und Können", zwischen „Können und Dürfen". „Nur aus dem Kampf des Entgegengesetzten entsteht alles Werden" (Heraklit).

Der Arzt unterliegt wie jeder Mensch dieser Antinomie von Ratio und Ethos und den durch sie bedingten Versuchungen. Er muß gerade in der heutigen Zeit des verführerischen Glaubens an die technische Vollkommenheit sich der Grenzen seiner Entscheidungen und seines Handelns bewußt sein, um nicht die humanitären Fundamente des Arzttums zu untergraben. Er muß wissen, daß zwar gewiß nicht alles machbar ist, was getan werden sollte, daß aber keinesfalls alles getan werden sollte, was machbar ist. Diese Erkenntnis bleibt Grundlage und Maßstab, will man echte Fortschritte im ärztlich-humanitären Sinne erzielen.

Kommen wir zu meinem Fachgebiet der Chirurgie: Sie wurzelt, wie die gesamte Medizin im menschlichen Leben. Sie ist eine auf das Experiment gegründete empirische Wissenschaft. Hermann von Helmholtz sagt: „Wer wie der Arzt den heil- und verderbenbringenden Kräften handelnd gegenübertreten soll, dem liegt unter schwerer Verantwortlichkeit die Verpflichtung ob, die Kenntnis der Wahrheit und nur der Wahrheit zu suchen. Er muß streben, vorauszuwissen, was der Erfolg seines Eingreifens sein wird, wenn er so oder so verfährt".

Dieses Suchen nach der Wahrheit bedarf einer strengen kritischen Kontrolle des scheinbaren Fortschritts und der eigenen ärztlichen Leistung. Scheinerfolge und Irrwege, die zum Umdenken, ja zu plötzlicher oder langfristiger Umkehr zwingen, sind nicht selten. Entscheidend ist hier aber auch die Selbstkontrolle des Arztes. Sie ist, wie im Leben eines jeden Menschen, ein notwendiges Element, das ihn erst befähigt, geordnet in seiner Umwelt zu leben. Selbstkontrolle ist vergleichbar dem Kompaß, der das Lebensschiff des Menschen auf dem richtigen Kurs hält. Je stürmischer die See, desto dringlicher wird sein Gebrauch und heute befindet sich der Arzt im schwersten Sturme seiner Geschichte.

Der Nachweis, ob ein operativer Eingriff wirklich ein Fortschritt ist, wird nicht durch das augenblickliche Gelingen geführt, sondern bedarf auch des weiteren Verfolgens des Lebensweges im medizinischen, vor allem aber auch im menschlichen Bereich. Der französische Chirurg Leriche hat in seiner „Philosophie der Chirurgie" verlangt, wir sollten in unseren Statistiken neben der Spalte über den technischen Erfolg auch eine Rubrik über den menschlichen Wert unserer Operationen einführen. Wir sollten nachforschen, ob Operierte von ihrem neuen Zustand, den sie uns verdanken, wirklich befriedigt sind. Unter diesem Gesichtspunkt wird man manche Therapie, die man zunächst als Fortschritt zu verzeichnen gewohnt ist, neu überdenken müssen.

Wieder müssen wir uns die Frage stellen, welche Rolle darf und soll die Technik in unseren chirurgischen Erwägungen und Handlungen spielen. Wo sind ihre Grenzen und ihre Postulation oder mit anderen Worten, wie weit ist erlaubt und wie weit ist man verpflichtet, alle technischen Errungenschaften auszuschöpfen, um ein chirurgisches Problem zu bewältigen?

Um diese Frage beantworten zu können, ist es von Wert, die kausalen Zusammenhänge, wie sie sich aus der geschichtlichen Betrachtung der Chirurgie ergeben, zu überprüfen. Die Fragestellung lautet: Wird aus der wissenschaftlichen Forschung die zur Lösung eines Problems notwendige Technik erst entwickelt oder liegt das Primat bei dem jeweiligen Stand der Technik, aus dem sich neue und nunmehr lösbare wissenschaftliche Probleme ergeben? War im Anfang das Wort oder die Tat?

Aus der historischen Entwicklung unseres Faches ergibt sich eindeutig, daß von einem derartigen Primat keine Rede sein kann. Vielmehr haben sich unaufhörlich wissenschaftliche Forschungen, technische Entwicklungen und praktische Erfahrungen wechselseitig gefördert. Forschungsergebnisse der reinen Wissenschaft vermitteln der Technik neue Impulse, die nach erfolgter Realisierung und praktischer Erprobung der wissenschaftlichen Forschung wieder neue Anregungen geben.

Dies sei an einigen Beispielen aus dem Bereich der allgemeinen Medizin erläutert, in der es echte, unbezweifelbare Fortschritte gibt, ferner solche, die sich in der Folge nur bedingt bewähren und letztlich Erfolge, die sich unter dem Gesichtspunkt des Humanen als fragwürdig erweisen und also nicht als Fortschritt in unserem Sinne gewertet werden können.

Kein wirksamer Eingriff ist ohne Nebenwirkungen denkbar. Der Organismus ist ein homöostatisches Gebilde im Gleichgewicht, das durch Krankheit, aber auch durch jede Art von Eingriff medikamentöser oder operativer Art gestört wird. Wir müssen daher klar erkennen, daß unser therapeutisches Vorgehen dieses Gleichgewicht nicht allein wieder herstellt, sondern zwangsläufig auch verändert.

Es ist also bei jeder Therapie zwischen dem gewünschten Effekt und den möglichen Nebenwirkungen abzuwägen. Eine maximale Therapie ist nicht zwangsläufig auch die optimale. Beide decken sich nur in glücklichen Ausnahmen.

Eine dieser Ausnahmen stellt zweifelsohne die Insulintherapie dar. Bei der Zuckerkrankheit wird durch den Ausfall der Insulinproduktion der Stoffwechsel derart gestört, daß daraus Siechtum und Tod folgen. Durch die Entdeckung des Insulin durch Banting und Best wurde es möglich, die reguläre Stoffwechselsituation wieder herzustellen. Obwohl eine Gesundung im strengen Sinne nicht erfolgt, wird Leben mit völliger geistiger und körperlicher Funktion erhalten.

Als Beispiel für einen therapeutischen Fortschritt, der in der Hand des Arztes zum Positiven oder Negativen ausschlagen kann, mögen die Antibiotika dienen. Ausgehend von der Entdeckung Sir Alexander Flemings gelang es, immer neue und wirksamere Substanzen zu entwickeln, die in der Lage sind, Bakterien in ihrer Effizienz soweit zu hemmen, daß Infektionskrankheiten beherrscht werden können. Aus der rein symptomatischen Therapie der vorantibiotischen Ära wurde eine kausale, deren Segen wohl nur für den noch erkennbar ist, der die Schrecken der Infektionskrankheiten selbst erlebt hat.

Dieser unschätzbare Fortschritt wird überschattet von zunächst nicht erwarteten Risiken und Gefahren. Lassen Sie mich in diesem Zusammenhange nur hinweisen auf die Entwicklung resistenter Keime, die Steigerung der Virulenz bisher harmloser Bakterien und die sich daraus ergebenden Gefahren, die zu dem heute gefürchteten Hospitalismus führten. Aber auch der Kranke ist unmittelbar durch Nebenwirkungen, wie z.B. organische Schäden bedroht. Hier ist dem Arzt auferlegt, durch indiziertes, gezieltes und dosiertes Anwenden Nutzen zu stiften und Schaden abzuwenden.

Als Beispiel eines in seiner Berechtigung noch nicht voll anerkannten Fortschrittes seien die Zytostatika genannt. Es sind dies Zellgifte, die um so stärker wirken, je schneller das Zellwachstum vor sich geht. Sie schädigen daher die schnell wachsenden und sich rapid vermehrenden Tumorzellen, allerdings ebenso andere Körperzellen, die nach dem gleichen Prinzip sich vermehren.

Die zwangsläufige Folge ist, daß nicht nur Tumorzellen, sondern auch Zellen lebenswichtiger Provenienz vernichtet werden. In dieser Doppelwirkung liegt die bedrückende Gefahr, daß die angestrebte Vernichtung des Tumors durch irreversible Zerstörung des gesamten Organismus ad absurdum geführt wird. Zudem wissen wir, daß durch die Anwendung der Zytostatika keine Heilung, sondern bestenfalls eine Remission erzielt wird.

Diese begrenzte Lebensverlängerung ist erkauft durch Beeinträchtigungen und belastet mit Beschwerden, die den Sinn der Therapie für den Betroffenen in Frage stellen. Hier steht der Arzt vor der Gewissensfrage: ohne Zytostatika-Behandlung keine Hilfe – mit zytostatischer Behandlung ungewisse Hilfe mit allen belastenden Nebenwirkungen. Eine Entscheidung kann nur nach sorgfältiger Abwägung im Einzelfall getroffen werden.

Auf dem Gebiete der Chirurgie hat das Fortschreiten der operativen Technik seit der Mitte des vergangenen Jahrhunderts eine ungeahnte Ausweitung der therapeutischen Möglichkeiten erfahren: Kein Organ des menschlichen

Körpers, das dem erfolgreichen operativen Eingriff nicht erschlossen worden wäre. Aber es ist auch hier zu unterscheiden zwischen dem Eingriff, der Heilung ohne funktionellen Substanzverlust bringt, dem Eingriff, bei dem ein zwangsläufiger Verlust vom Körper kompensiert wird und dem grob verstümmelnden Eingriff, dessen Folgen nur durch äußere Hilfe bedingt ausgeglichen werden können.

Ihnen allen ist das Krankheitsbild der sog. Blinddarmentzündung ein Begriff, die unbehandelt zur Perforation, Bauchfellentzündung und damit zu einem qualvollen Ende führen kann. Ein kleiner, rechtzeitig ausgeführt, nahezu gefahrloser und überall durchführbarer Eingriff bringt endgültige Heilung.

Die Möglichkeit, durch die Entfernung eines Organs keinen Schaden setzen zu müssen, bietet sich dem Chirurgen etwa bei der Fähigkeit der Eigenkompensation des Organismus.

Als klassisches Beispiel sei die Entfernung eines der paarigen Organe angeführt. So ist die Entfernung etwa einer erkrankten Niere durch Übernahme der Funktion durch das Restorgan ohne bleibenden Schaden.

Ganz anders liegen die Verhältnisse beispielsweise bei der Notwendigkeit der totalen Entfernung des krebserkrankten Magens, deren technische Schwierigkeiten überwunden sind. Der Ausfall der Magenfunktion führt ohne äußere Hilfe über schwere Mangelerscheinungen zum körperlichen Verfall. Gerade hier zeigt sich, wie allein durch das erfolgreiche Zusammenwirken von Fortschritten auf verschiedenen Gebieten eine wirksame Hilfe möglich wird. Ohne die Erkenntnisse der Ernährungsphysiologie, ohne deren Umsetzen in die Praxis durch die Entwicklung adäquater Ernährung, Substitution mit notwendigen Vitaminen und essentiellen Elementen bliebe die beste chirurgische Technik Stückwerk.

Wir verkennen dabei selbstverständlich nicht, daß die Grundkrankheit Krebs das Schicksal des Operierten immer im Ungewissen läßt und trotz aller heute möglichen Hilfe sein Leben mit nicht zu unterschätzenden Beschwerden belastet bleibt.

Das verpflichtet den Arzt, mit großem Ernst abzuwägen, welches Schicksal er dem Kranken aufbürden kann. Unter klarer Einsicht in ein sonst qualvolles Ende wird er die Möglichkeiten einer wenn auch nur relativen Hilfe ausschöpfen.

Am eindeutigsten kommt das Nebeneinander von Segen und Fluch des Fortschrittes wohl im Bereich der Anaesthesie zum Ausdruck: Der Operationssaal ist nicht mehr erfüllt von den Schmerzensschreien der gequälten Menschen, sondern eine Stätte der Ruhe und der konzentrierten Arbeit.

Der Kranke schläft tief und ruhig. Die Reflexausschaltung entspannt seine Muskulatur. Künstliche Atmung sichert ausreichende Sauerstoffzufuhr. Infusion und Transfusion ersetzen Blut und Flüssigkeit. Herz und Kreislauf sind stabilisiert, die Narkosetiefe läßt sich willkürlich regulieren, den Bedürfnissen der Operation und dem Zustande des Kranken angepaßt.

Erst durch moderne Anästhesieverfahren wurden große und größte Eingriffe möglich, ohne Hast und in subtiler Technik durchführbar. Ohne moderne Anästhesie sind die heutigen Erfolge der Chirurgie undenkbar. Das drückt sich insbesondere auch am Rückgang der Operationssterblichkeit trotz ständiger Ausweitung der Eingriffe aus.

Erkenntnisse aus Physiologie und Anästhesiologie führten auch zu den zweifelsohne segensreichen Möglichkeiten der Wiederbelebung, insbesondere bei Unfallverletzten, Herz- oder Atmungsstillständen, nach Blutverlusten, elektrischen Unfällen bis hin zu Vergiftungen.

In der Anästhesie kommt aber auch die Hybris der modernen Medizin ganz besonders zum Ausdruck: Durch technische Verfahren Leben zu erhalten, das kein Leben mehr ist. Hier steht der Arzt vor Entscheidungen bisher nicht vorstellbarer Tragweite.

Als Beispiel möge ein Problem dienen, das in den letzten Jahren die Öffentlichkeit stark bewegt hat: Die Sterbehilfe.

Durch einige spektakuläre Fälle und durch den Laien erschreckende Bilder von Intensivstationen ist der Eindruck entstanden, die Ärzte versäumten unter dem Einfluß der Technik und der unklaren Rechtslage die Erfüllung ihrer elementaren Aufgabe, auch dem Sterbenden Helfer und Wegebegleiter zu sein, wobei allzu leicht vergessen wird, daß die Intensivmedizin eine Revolution in der modernen Medizin darstellt, der wir die Rettung von vielen Tausenden von Menschenleben verdanken.

Die Deutsche Gesellschaft für Chirurgie hat durch einen interdisziplinären Ausschuß Hinweise für den Arzt erarbeitet, die zu Anfang dieses Jahres veröffentlicht wurden. Sie beginnen mit der Präambel:

„Im Grenzbereich von Leben und Tod hat der Arzt nicht selten zwischen verschiedenen Handlungsmöglichkeiten abzuwägen. Die Hinweise nehmen ihm die eigene Verantwortung nicht ab. Sie wollen ihm vielmehr helfen, Entscheidungen für den Kranken zu treffen, die sowohl mit dem ärztlichen Ethos als auch mit den rechtlichen Erfordernissen in Einklang stehen.

Ärztliches Wirken soll menschliches Leben erhalten und Leiden lindern. Angesichts des unausweichlichen und kurz bevorstehenden Todes kann Lebensverlängerung nicht unter allen Umständen Ziel ärztlichen Handelns sein".

Für den Arzt, der mitten in die sich ständig wandelnden gesellschaftspolitischen Entwicklungen unserer Zeit hineingestellt ist und sich und seine Kranken mit immer neuen technischen Errungenschaften konfrontiert sieht, ergeben sich stets neue Probleme. Der Arzt ist seiner Berufung nach der Verteidiger des Individuums und muß doch zugleich der Gemeinschaft dienen. Er ist der berufene Mittler in dem Spannungsverhältnis zwischen den Erfordernissen der Gemeinschaft und den Ansprüchen des Einzelnen. Und je eingreifender die Veränderungen der Umwelt sind, desto stärker ist auch ihr Einfluß auf die Wesensbildung des Menschen selbst.

Es wäre ein Irrglaube und müßte zu einer grundsätzlichen Fehleinschätzung führen, wollte man die medizinische Wissenschaft herauslösen aus den jeweiligen gesellschaftlichen Bedingungen. Die moralischen Begriffe, welche die Umwelt leiten, können nicht ohne Rückwirkungen auf die sittliche Haltung von Arzt und Kranken bleiben. Der moderne Sozialstaat, der die notwendige Folge des industriellen Zeitalters ist, bedeutet dem einzelnen Menschen Sicherung und materielle Entlastung. Neben den unbestreitbaren Fortschritten, die in der humanitären sozialen Fürsorge liegen, birgt er in sich die Gefahr, dem Menschen das Gefühl für die Selbstverantwortung zu nehmen. Diese Entwicklung erleben wir Ärzte in zunehmendem Maße. Die Weltgesundheitsorganisation hat Gesundheit als „einen Zustand vollkommenen körperlichen, seelischen und sozialen Wohlbefindens" definiert und betont, daß „der Genuß des höchsten erreichbaren Gesundheitszustandes eines der fundamentalen Rechte jedes Menschenwesens ist". Aus dieser wirklichkeitsfremden Feststellung entwickelt sich ein Anspruchsdenken, das nicht nur zu einem Problem für den Arzt wird, vielmehr beim Kranken selbst zur inneren Krise und zum echten Hemmnis für eine Gesundung führen kann. Wievielmehr muß man dem Tübinger Arzt und Theologen Dietrich Rössler beipflichten, der gesagt hat: „Gesundheit ist nicht die Abwesenheit von Störungen. Gesundheit ist die Kraft, mit ihnen zu leben."

Diese Einsicht, die allein dem Menschen in Selbstbescheidung die innere Harmonie erhalten kann, wird immer mehr verdrängt durch den Glauben, ein Recht auf Gesundheit zu haben. Das frühere Vertrauensverhältnis zwischen Arzt und Patient wird immer mehr belastet und wandelt sich zum geschäftlichen Vertrag. Erfüllt der Arzt die Erwartungen auf Heilung nicht, so wird nach seiner Schuld gesucht, denn irgendjemand muß für jeden Schaden haften.

Daß das Arztrecht in den letzten Jahrzehnten immer mehr an Bedeutung gewonnen hat und zu einem immer größeren Forschungs- und Diskussionsbereich zwischen Juristen und Ärzten geworden ist, hat seinen Grund nicht nur im Auftreten immer neuer, differenzierterer und risikoreicherer medizinischer Verfahren, sondern wohl vor allem in dem grundlegenden zeitbedingten Wandel des Arzt-Patienten-Verhältnisses, über den heute fast jeder Arzt seine Erfahrungen hat machen müssen.

Erlauben Sie mir, aus vielen Beobachtungen zwei Beispiele anzuführen, mit denen ich selbst zu tun hatte:

Ein Unfallverletzter mit schwerem Schädelhirntrauma wird in wochenlanger tiefer Benommenheit von einer Ordensschwester aufopfernd gepflegt.

Da kein männlicher Pfleger vorhanden ist, wird die schwere körperliche Arbeit von der Schwester selbst durchgeführt. Der Patient verdankt dieser selbstlosen Hilfe sein Leben. Er wird wieder völlig hergestellt und es bleibt nur für eine begrenzte Zeit eine teilweise Lähmung eines Armnerven übrig, die durch das Liegen des Armes auf der Bettkante entstanden ist. Als der Patient wieder völlig gesund geworden und auch die Lähmung verschwunden war, suchte er die Ordensschwester haftpflichtig für Schadenersatz und Schmerzensgeld zu machen. Es gelang mir den Anwalt von der Unverhältnismäßigkeit der Klage zu überzeugen, der den Kläger zur Rücknahme bewog.

Ein zweites Beispiel aus jüngster Zeit: Ein Vater läßt sein 4jähriges Töchterchen, das er Huckepack trägt, auf den Boden fallen, so daß es mit dem Kopf schwer aufschlägt. Es wird sofort tief bewußtlos in das nächste Krankenhaus gebracht, von wo es am nächsten Tage schon sterbend in eine nahegelegene Universitätsklinik verlegt wird.

Die Staatsanwaltschaft leitet gegen den Vater ein Ermittlungsverfahren wegen fahrlässiger Tötung ein, das nach entsprechenden Ermittlungen eingestellt wird.

Unmittelbar darauf erstattet der Vater Strafanzeige gegen die Ärzte des Krankenhauses wegen fahrlässiger Tötung, da sie das Kind nicht unverzüglich in die nächste Spezialklinik verlegt hätten. Die Obduktion ergab die Haltlosigkeit dieser Anschuldigung, da die Hirnverletzung tödlich war und das Kind auf keine Weise hätte gerettet werden können.

Die Entwicklung des sozialen Versicherungswesens gliedert den Arzt zwangsweise ein in ein kompliziertes bürokratisches System, das a priori mit seinem eigentlichen Berufe nichts zu tun hat, dem er sich aber willig einordnen muß im Interesse der ökonomischen Leistungsfähigkeit des Ganzen. Sollen die finanziellen Mittel im Krankheitsfall aufgebracht werden, so bedarf es eben einer Verwaltung, die ohne Formulare, Berichte, Kontrollen und Verfügungen nicht auskommt.

Eines der nicht wenigen Probleme, die sich hier für den Arzt ergeben, ist die Wahrung der Schweigepflicht, dieser fundamentalen Voraussetzung des Vertrauensverhältnisses zwischen Arzt und Krankem.

Daß der Kranke als Ausgleich für den Nutzen auf Teile seiner Persönlichkeitsrechte verzichten muß, ist verständlich und notwendig. Unvermeidlich führt dieser Verzicht aber zur Durchlöcherung des Berufsgeheimnisses bis zu seiner praktischen Aufhebung, ein Zustand, der den Arzt allzu oft in Gewissenskonflikte bringen muß. Gegen die heute überall in zunehmendem Maße eingeführten Anlagen zur elektronischen Datenverarbeitung, die fraglos auch für die Medizin, für Diagnostik und Therapie eine nicht zu unterschätzende Bedeutung haben, gelten die gleichen Vorbehalte. Wie weit ein Datenschutzgesetz mit Vorschriften für Sammlung, Weitergabe, Verarbeitung und Löschung die Intimsphäre des Kranken schützen wird, der sich seinem Arzt anvertraut, bleibt mit großer Skepsis abzuwarten.

Jeder grenzenlose, ungesteuerte Automatismus führt zur Indifferenz, Gleichgültigkeit und Stumpfheit gegenüber dem Leiden des Nächsten. Damit entfernt er sich von dem ärztlichen Auftrag der Menschlichkeit, ohne den wahres Arzttum nicht denkbar ist. Man sollte nicht vergessen, daß der Computer zwar wichtige Informationen liefert, daß er aber nur die Rolle einer Gedächtnis- und Intelligenzhilfe spielt und nicht etwa Entscheidungen treffen kann, die ausschließlich dem Menschen, also in unserem Falle dem Arzte vorbehalten bleiben, für die dieser die volle Verantwortung trägt, die er eben nicht mit dem Computer teilen kann.

Derartige technische Informationsquellen werden durch die zunehmende Spezialisierung immer notwendiger. Sie ergreift unabwendbar, mit den Fortschritten der Technik im weitesten Sinne unlösbar verbunden, die meisten Berufszweige unserer Zeit auf geisteswissenschaftlichem, auf naturwissenschaftlichem, auf medizinischem und auf rein technischem Gebiet. So fruchtbar sich die Spezialisierung auf den anderen Gebieten auswirken mag, so fruchtbar sie auch für die medizinische Praxis und Forschung ist, eine so große Gefahr bedeutet sie für den Arzt, in dessen Betrachtung und bei dessen Maßnahmen immer der Mensch den Mittelpunkt bilden muß. Je größer die Spezialisierung, desto mehr ist die Medizin in Gefahr, sich von dem Menschen in seiner Ganzheit zu entfernen. Zu lösen ist dieses Problem nur durch eine enge Arbeitsgemeinschaft, eine Integration der verschiedenen Disziplinen mit begrenzten Aufgaben, wobei die menschliche Führung der Kranken in der Hand eines Arztes liegen muß, dessen Aufgabe es ist, die Befunde zusammenzufügen und das Gespräch mit dem Kranken zu führen.

Die persönliche Begegnung mit dem Arzt, der Kontakt des Blickes, der untersuchenden Hände und der Stimme lassen sich nicht durch noch so fortschrittliche Apparaturen ersetzen. Gewiß bedarf es ihres Einsatzes im Rahmen des Notwendigen zur Klärung der Diagnose und zur Einleitung der Therapie und es wäre eine Unterlassung, auf sie zu verzichten. Aber ärztliche Entscheidungen dürfen nicht nur fern vom Kranken im Laboratorium getroffen werden. Sie verlangen die menschliche Nähe und das Erfassen der Persönlichkeit des Kranken, wie es sich erst aus dem Gespräch ergibt.

Mit fortschreitender Technisierung unserer Welt werden auch der Glaube an das Machbare übersteigert und die Grenzen des im humanen Bereich Erlaubten immer mehr verwischt. Diese Gefahr gilt für den Kranken wie den Arzt. Der heutige Mensch liest in den Massenmedien fast täglich von neuen, bisher nicht für möglich gehaltenen, ans Wunderbare grenzenden Erfolgen der modernen Medizin, Erwartungen und Ansprüche an eine Heilung sind die Folge. Dabei sollten uns selbst die größten technischen Errun-

genschaften nicht die Grenzen allen menschlichen Wirkens und Erkennens
vergessen lassen, hinter denen das Land des „Unerforschlichen" liegt.

Dürer hat uns in der Gestalt der Melancholie (1514) ein erschütterndes,
allegorisches Bild geschenkt: Die Hand mit dem Zirkel der Frau ist zur
Ruhe gekommen, der Blick geht ins Leere, vorbei an all den Geräten der
Wissenschaft und Technik in der endlich gewonnenen Einsicht, daß man
die Natur nicht durch Errechnen und Erkennen beherrschen kann.

Auch in unserem Fache herrscht die niemals auflösbare Antinomie, daß
die Technik zugleich Rettung und Gefahr bedeutet: „wo aber Gefahr ist,
wächst das Rettende auch" (Hölderlin).

Der Fortschritt, der für den einzelnen erreicht wird, kann zum Rückschritt
für die Gemeinschaft werden. Der modernen Medizin ist es gelungen, Morta-
lität in Morbidität umzuwandeln. Sie ist durchdrungen von einer Heilsmis-
sion, die nurmehr Lebenslänge, nicht aber Lebensinhalte anerkennt. Es ist
ihr zwar gelungen, seit der Jahrhundertwende die durchschnittliche Lebensdauer etwa zu verdoppeln, ohne jedoch auf die jeweiligen gesellschaftspolitischen zeitbedingten Vorstellungen über Lebensinhalte Einfluß nehmen
zu können. Ansteigen des Lebensalters bei anhaltendem Rückgang der Gebur-
tenziffer wird zwangsläufig die Einstellung gegenüber körperlich Behinderten, chronisch kranken und alten Menschen wandeln müssen. Die Medizin
ist heute nicht mehr vom wissenschaftlichen Fortschritt und der Humanitas,
sondern in zunehmendem Maße von wirtschaftlichen Voraussetzungen abhängig. Das bedeutet, daß das im ärztlichen Sinne Wünschenswerte und
Machbare durch rein ökonomische Zwänge begrenzt wird. Wir müssen darüber hinaus bedenken, daß eine ungehemmt angewandte Fortschrittsmedizin
die natürliche Auswahl in zunehmendem Maße einschränkt und zu einer
genetischen Belastung führt, deren Folgen wir unseren Kindern und Enkeln
aufbürden.

Der bedeutende Wiener Chirurg Theodor Billroth schreibt am 25.2.1892
an seinen Freund Johannes Brahms: „Ich habe übrigens schon seit vielen
Jahren das Paradoxon aufgestellt, daß die steigende Vervollkommnung der
ärztlichen Kunst wohl dem Individuum zugute kommt, die menschliche Gesellschaft aber ruinieren muß."

Vor dieser Zukunft kann uns allein die geistige Potenz und Produktivität
des Menschen bewahren. Allerdings lassen sich die äußeren Zerfallserschei-
nungen unserer heutigen Welt keineswegs nur durch immer neue Errungenschaften von Wissenschaft und Technik beherrschen. Vielmehr bedarf es
einer gesteigerten geistigen Disziplin und moralischen Verantwortung des
einzelnen sowie der Gemeinschaft.

Wir haben zu Beginn ausgeführt, daß wir als Ärzte den wahren Fortschritt
in seiner Beziehung zum Menschen sehen, dem wir die Ergebnisse von Wis-

senschaft und Technik nutzbar machen. Nach unseren Betrachtungen scheint es aber notwendig, diese Definition zu ergänzen:

Oberstes ärztliches Ziel sollte sein, Kranken zu einem seelisch und körperlich möglichst ausgeglichenen Zustande zu verhelfen, ich möchte sagen, zur Annahme des ihnen auferlegten Lebens. Das hat nichts mit dem politisch verbrauchten und verschwommenen Begriff der sog. Lebensqualität zu tun, unter der sich jeder in unserer Wohlfahrtsgesellschaft etwas anderes vorstellt und deren Wesen in der Befriedigung von Wünschen liegt. Dieses Streben nach materiellem Wohlbefinden bei Vernachlässigung der inneren Werte liegt im Menschen begründet und ist nichts Neues. Dante sagt in seiner Göttlichen Komödie: „Die blinde Gier, die Euch behext und plagt, stellt jenem Kinde Euch ja an die Seiten, das Hungers stirbt, doch fort die Amme jagt."

Der Fortschritt, der unser ärztliches Problem ist, bleibt auf den einzelnen Menschen bezogen, denn es wäre abwegig, an die biologische, psychologische oder charakterliche Gleichheit der Menschen zu glauben, so sehr auch alle Menschen vor dem Gesetz gleich sein sollen. Die Individualität ist vielmehr das ausdrucksvollste Charakteristikum des Menschen. Diese herauszufinden und nach ihr zu handeln ist echte ärztliche Aufgabe.

Intuitives Erfassen von Zusammenhängen und Situationen und die Abstimmung von technischen Möglichkeiten mit den Grundsätzen ärztlicher Ethik schaffen das, was wir als ärztliche Kunst bezeichnen. Sie erfaßt den Menschen als eine untrennbare Einheit von Körper und Geist und bedarf daher zum Erfolg des Verantwortungsbewußtseins und der inneren Bereitschaft beider Partner. Nur der gemeinsame Wille von Arzt und Krankem läßt den Fortschritt zur Tat werden.

Dankesworte zum 29. März 1980

Erlauben Sie nun auch dem Jubilar, einige Worte zu sagen, Worte, die bei diesem Anlaß nur sehr persönlich sein können.

Ich muß Sie zunächst um Verständnis dafür bitten, daß ich Ihnen diesen offensichtlich zu kleinen Raum zugemutet habe. Das liegt gewiß nicht an der mangelnden Fürsorge oder freundschaftlichen Hilfsbereitschaft des Initiators und Hausherrn dieses akademischen Festaktes, Ernst Kern; es war vielmehr mein ausdrücklicher Wunsch, meinen 80. Geburtstag – wenn er schon gefeiert werden sollte – in dem Hörsaal zu feiern, in dem ich fast fünfundzwanzig Jahre lang die Jugend Chirurgie gelehrt und ihr gesagt und – wie ich hoffe – gezeigt habe, was ich unter einem Arzt verstehe. Verba docent, exempla trahunt.

Als ich im Sommer 1946 diese weitgehend zerstörte und ausgebrannte Klinik übernahm, ließ ich den Spruch Goethe's an die Wand schreiben, damit die Jugend ihn immer vor Augen habe:

> Was ist das Schwerste von allem
> Was Dir das Leichteste dünkt.
> Mit den Augen zu sehen
> was vor den Augen Dir liegt.

In diesem einzigen Satz ist das Wesentlichste dessen enthalten, was wir als ärztliche Kunst bezeichnen, wenn man sich nur bemüht, den tieferen Sinn in ihm zu finden.

Nun stehe ich also an dem Pult meines alten Hörsaals, an dem ich übrigens, wie meine früheren Schüler wissen, niemals während der Vorlesungen gestanden habe, da ich immer der Meinung war, daß ein Kliniker am Krankenbett, aber nicht vom Pult aus dozieren soll, und mache mir Gedanken darüber, welche Bedeutung dieser Tag eigentlich für mich hat.

Es ist ein Tag wie jeder andere, an dem ich selbst keinerlei Verdienst habe. Ich habe weder ein Verdienst daran, daß ich am 29. März 1900 geboren wurde, noch daran, daß ich heute bei guter Gesundheit und relativ geistiger Frische vor Ihnen stehe. Auch die Zeit hält keinen Augenblick an, der Zeiger der Uhr springt unaufhörlich weiter.

Der heutige Tag gibt mir aber doch Gelegenheit, im Weiterschreiten

Rückschau zu halten auf einen langen Lebensweg, der über Höhen und durch Tiefen ging und an manchen Klippen vorbeiführte. Vielleicht ist es gerade das, was ein Leben erst in Spannung hält und lebenswert macht.

Ein gewaltiger Bogen spannt sich über diesen verhältnismäßig so kurzen Zeitraum von 80 Jahren, er beginnt in den friedvollsten Tagen des deutschen Kaiserreichs zu Beginn unseres Jahrhunderts, führt über zwei Weltkriege in diese unsere Tage, da die Welt voll Unruhe ist, voll Haß und Kampf der Ideologien und da uns die Angst vor den Folgen der Kernspaltung nicht loslassen will. In dieser kurzen Zeitspanne von 80 Jahren hat der Mensch auf dem Gebiete der Naturwissenschaften und der Technik mehr vollbracht, als jemals zuvor.

Ob es ein Segen für die Menschheit war, wird von dem sinnvollen Gebrauch der sich ihr bietenden Möglichkeiten abhängen und wird erst die Zukunft lehren.

Die moderne Medizin hat das durchschnittliche Lebensalter verdoppelt, die explosive Entwicklung während dieses Jahrhunderts hat aber den Wechsel der Generationen vervielfacht. Denn schon lange ist nicht mehr die Generation einem Lebensalter gleichzusetzen.

Zum ersten Mal erfuhr ich dies, als ich im Jahre 1918 als letzter Offizier meines Regiments mit den übriggebliebenen 17 Mann aus der Materialschlacht Flanderns heimkehrte und meinen nur drei Jahre jüngeren Bruder wieder traf. Der Unterschied zwischen der Frontkämpfer- und der Nachkriegsgeneration war unverkennbar. Und wer wollte behaupten, daß die Generation der 6oer Jahre dieselbe sei wie die Generation der 7oer?

Erlauben Sie mir, einige Erinnerungen wachzurufen, welche diese Entwicklung verdeutlichen sollen.

Zu meinen frühesten Kindheitserinnerungen gehört es, daß die Rostocker Professoren zum Geburtstage des Großherzogs nach Ludwigslust fuhren, um ihm mit Ritterspielen ihre Aufwartung zu machen. O jerum, jerum, jerum, o quae mutatio rerum!!

Im Jahre 1907 machte ich meine erste Autofahrt. Es war eine Tagesfahrt von Frankfurt zum Taunus und zurück. Als wir mit großem Getöse unter Aufwirbeln von viel Staub eine Straße entlang fuhren, kam eine Frau aus dem Wald, glaubte, dem Gott-sei-bei-uns persönlich zu begegnen, bekreuzigte sich und rannte schreiend in den Wald zurück.

Es war im Jahre 1909, als ich anläßlich der Ila, der 1. Internationalen Luftfahrtausstellung, einem freundlichen alten Herrn die Hand geben durfte, an dessen blaue Jacke, weiße Mütze und den großen weißen Schnurrbart ich mich noch deutlich erinnern kann. Man sagte mir später, es sei der Graf Zeppelin gewesen. Wettbewerbe waren ausgeschrieben für bemannte Flugapparate mit und ohne Motor. Blériot errang unter großem Jubel den Krupp-Preis, als es ihm gelang, über drei je 15 m hohe Linien hinwegzufliegen, derselbe Blériot, der dann 1914 als erster den Ärmelkanal überquerte. Der Rekord für Segelflieger lag bei 44,5 m und 8,5 sek.

Unvergeßlich ist mir der 1. August 1914, den ich in einer tiefergriffenen tausendköpfigen Menge erlebte, die barhäuptig das Niederländische Dankgebet: „Wir treten zum Beten" sang und ich erinnere mich des nur um einen Monat verschobenen Tages 25 Jahre später, als ich im Foyer eines Berliner Hotels in einer schweigenderstarrten Menge diese dämonische Stimme, die man nicht vergessen kann, aus dem Lautsprecher hörte mit der Ankündigung, die deutschen Panzer seien in Polen einmarschiert und ich vergesse auch nicht, wie der hinter mir stehende Hotelportier laut und deutlich sagte: „Um Gottes Willen."

Ich erinnere mich heute an den 3. September 1944, als ich die schwerste Entscheidung meines Lebens zu treffen hatte, entgegen einem ausdrücklichen sogenannten „Führerbefehl" meine 1200 nicht transportfähigen Schwerverwundeten dem anrückenden Feinde und vor allem dem tobenden Mob nicht zu überlassen, sondern zu ihrem Schutz und zu ihrer Pflege bei ihnen zu bleiben. Und ich bin heute noch stolz darauf, daß von meinen Ärzten, Schwestern und dem Personal sich nicht einer dieser sittlichen Pflicht entzog, mit den Verwundeten in die Ungewißheit der Gefangenschaft zu gehen. Zwei Schicksalsgefährten dieser Tage sind heute hier anwesend.

Ich erinnere mich der 6 Monate Einzelhaft, heute Isolierfolter genannt, in einer winzigen Zelle mit einem kleinen vergitterten Fenster, durch das ich in den englischen Nebel hinausschauen konnte, bis man feststellte, daß ich kein „war criminal", sondern ein „good German" sei und man mich dann wieder arbeiten ließ.

Und dann ist mir meine erste Nacht in Würzburg nach dem Kriege im Mai 1946 unvergeßlich. Ich kam von Kiel zur Nachtzeit in Würzburg an und stolperte im Stockfinstern an Geröll vorbei, den Berg hinauf, wo ich Licht sah, von dem ich annahm, daß es vom Luitpoldkrankenhaus käme. Auf halbem Wege sah ich zur Linken ein beleuchtetes Schild, auf dem stand: Ausweichstelle der Chirurgischen Abteilung des Juliusspitals.

Es war mir keineswegs klar, daß ich am Missionsärztlichen Institut angelangt war. Eine Ordensschwester gewährte mir Quartier in einem Krankenbett zwischen zwei Frischoperierten, gab mir einen Becher Tee und ein Stück Brot. Morgens wurde ich sehr früh geweckt, da die Stationsärztin, Frl. Dr. Bundschuh, es nicht liebe, wenn sie bei der Morgenvisite Gesunde in den Krankenbetten fände.

Und dann sah ich zum ersten Mal von dem Dach des Missionsärztlichen Instituts auf die tote Ruinenstadt, die einmal das von mir als frohem Studenten geliebte Würzburg gewesen war. Es beschlich mich ein Gefühl der Hoffnungslosigkeit und des Zweifels, ob es möglich sein würde, aus diesem Trümmerhaufen jemals wieder eine belebte Stadt zu machen.

Es folgte die herrliche Zeit des Wiederaufbaues, dieser großen Aufgabe, der sich alle unterordneten und dienten. Es war eine klassenlose Gemeinschaft, in der Ärzte und Handwerker, Heizer und Pflegepersonal sich die Hände reichten in unvergleichlicher Hilfsbereitschaft. So unüberwindbar zunächst die Schwierigkeiten schienen, so groß die materiellen Sorgen waren, man kann an diese Zeit heute nur mit Sehnsucht zurückdenken.

Und dann kam der weitere Aufbau einer Klinik mit dem Werden und Reifen von Schülern, bis 1969 auch diese Zeit erfüllt war und den Abschied brachte von Skalpell, akademischer Lehre und den Kranken.

Blicke ich heute zurück auf die Vergangenheit, so muß ich dankbar sagen, daß ich ein glückliches und reiches Leben gehabt habe und vielleicht gerade deshalb, weil es wechselvoll war, denn nur „aus dem Kampf des Entgegengesetzten entsteht alles Werden".

Je älter man wird, desto mehr lernt man, daß man keinen Anspruch auf die Werte des Lebens wie Gesundheit, Erfolg im Beruf und auf Glück hat, wie allzuviele Menschen heutzutage glauben. Dieser Feststellung liegt keinerlei Resignation zugrunde, sondern die Erkenntnis, daß Glück und Lebensfreude sich nicht ohne eigenes Bemühen in einem selbst entwickeln und wenn einem auch das große Glück nicht beschert wird, so soll man doch die kleinen Glücke Theodor Fontane's suchen und in ihnen Zufriedenheit finden.

Dieser Tag ist also ein Tag des Dankes.

Ich habe meinen Eltern zu danken dafür, daß sie mich gelehrt haben, die echten Werte zu erkennen und nach ihnen zu streben.

Ich habe meiner Frau zu danken, die nun fast 50 Jahre den manchmal dornenvollen Weg der Frau eines engagierten Chirurgen gegangen ist, einen Weg, der allzu oft gepflastert war mit verfallenen Konzert- und Theaterkarten und die in manchen schwierigen, ja existenzbedrohenden Situationen stets durch Dick und Dünn zu mir gehalten hat.

Ich habe meinen Lehrern zu danken, von denen ich nur drei hier erwähnen will:

Friedrich v. Müller in München, der große Internist, wohl der letzte, der noch das Gesamtgebiet der Inneren Medizin, einschließlich der Neurologie, meisterhaft beherrschte, der begeisternde Lehrer, der den didaktischen Aufbau der Diagnostik zum Erlebnis werden ließ;

Eugen Enderlen in Heidelberg, den ich als meinen eigentlichen chirurgischen Lehrer betrachte, von unerbittlicher Strenge gegen sich selbst und seine Mitarbeiter, ein Meister anatomisch-fundierter Operationskunst;

Erich v. Redwitz in Bonn, den ich wiederholt sagen hörte, daß es die größte Genugtuung für einen Chef sein müsse, wenn ihm seine Schüler über den Kopf wüchsen und der in chevaleresker Liberabilität uns die Freiheit gab, selbständig zu arbeiten.

Alle drei, so verschieden sie in persönlicher Art und Klinikführung waren, sind uns jungen Ärzten echte Vorbilder gewesen.

Es würde eine unverzeihliche Unterlassung sein, wenn ich nicht hier des Mannes gedächte, dessen Schüler im eigentlichen Sinne ich nicht war und der doch mein großer Lehrmeister gewesen ist: Ferdinand Sauerbruch.

Ich hatte das große Glück, mit ihm wochenlang allein reisen zu dürfen und so Seiten von ihm kennenzulernen, die anderen, insbesondere wohl seinen Schülern, verborgen geblieben sind.

Die Faszination, die von ihm ausging, hatte ihren Grund in einer einzigartigen Mischung von kindlicher Unbefangenheit und höchster menschlicher Reife, in der Unmittelbarkeit seiner Begegnung mit dem Nächsten, seiner universalen Bildung, dem Reichtum und Wortschatz seiner Sprache und in einer menschlichen Güte und Wärme, die ich hundertfach an den Betten Schwerverwundeter bei ihm erlebte. Daß es bei einem solchen Menschen auch elementare Temperamentsausbrüche gab, ist nicht zu verwundern.

Über Ferdinand Sauerbruch ist viel geschrieben worden, Positives, Laues und Negatives. Ich kenne keine einzige Darstellung, die seine Persönlichkeit ganz ausgeschöpft hätte. Auf ihn paßt wahrhaft das Wort Hamlets: „Er war ein Mann, nehmt alles nur in allem, ich werde selten seinesgleichen sehen!"

Ich habe zu danken meinen Schülern, die mir das, was ich Ihnen geben durfte, um ein Vielfaches wiedergegeben haben durch ihre eigene Leistung und die Treue und Freundschaft, die sie mir im Alter beweisen.

Im Alter schließt man in der Regel keine Freundschaften mehr, dafür ist die Zeit der Jugend da. Daß ich in den letzten Jahren noch die Göttinger Freunde gefunden habe, gibt meinem Leben einen neuen Akzent. Gemeinsame Interessen, geistige Anregung, gegenseitige Achtung und herzliche Sympathie verbinden uns miteinander.

Dank schulde ich auch den unzähligen Kranken, die durch meine Hände gegangen sind. Zwischen Arzt und Patienten ist es ein ewiges Geben und Nehmen und der Arzt gewinnt in der Berührung mit dem Schicksal der Leidenden und Hilfsbedürftigen, an menschlicher Erfahrung und an Reife.

Und zuletzt möchte ich Ihnen allen danken, die Sie heute gekommen sind, um diesen Tag mit mir zu feiern und festlich zu gestalten. Sie haben mir damit ein Geschenk gemacht, das mir viel bedeutet.

Lassen Sie mich schließen mit einem Worte des von mir immer wieder gelesenen und sehr geliebten Horaz: „Tu ne quaesieris scire nefas, quem mihi, quem tibi finem di dederint." zu deutsch: „Frage nicht, denn es ist verboten zu wissen, welches Ende mir, welches Ende Dir die Götter bestimmt haben."

Wie und wann es auch kommen mag: ich werde immer dankbar sein, daß ich Arzt werden und ein Leben lang als Arzt wirken durfte.

Ärztliche und rechtliche Hinweise zur Resolution über die Behandlung Todkranker und Sterbender*

1980

Für die nicht zur Ruhe kommende Diskussion in der Öffentlichkeit über die Sterbehilfe gibt es mancherlei gewichtige Gründe. Ärzte, Juristen, Theologen, Politiker und andere Interessierte haben sich mit diesem Thema beschäftigt und dabei seine Bedeutung bewiesen, die letzte menschliche Fragen berührt. Es ist daher kein Wunder, daß, je nach Einstellung zu Sterben und Tod, sehr unterschiedliche Auffassungen zutage getreten sind.

Sie erklären sich aus der verschiedenen Ausgangslage wie Beruf, religiöser Einstellung, Alter und innerer Bereitschaft. Auch die Einstellung dem Arzt gegenüber und die erweiterten Möglichkeiten der heutigen Intensivmedizin spielen fraglos eine gewichtige Rolle.

Zudem führt die weitgehende Verlagerung des Sterbens aus dem vertrauten Kreise der Familie in die fremde Umgebung des Krankenhauses jedem das Problem deutlich vor Augen. Alle Betroffenen empfinden die belastende Unsicherheit. Da die vorhandenen gesetzlichen Regelungen die wesentlichen Fragen nicht ausreichend beantworten können, bleiben die Ärzte im Ungewissen. Zwar verbietet § 216 des Strafgesetzbuches die Tötung auf Verlangen. Zu entscheidenden Problemen wie z.B. den Grenzen zulässiger Passivität beim Sterben eines Menschen sagt das Gesetz aber nichts.

Die Diskussion ist nicht auf unser Land beschränkt, sie beherrscht weltweit das Interesse der Öffentlichkeit. Dabei machen sich insbesondere aus dem amerikanischen Raum Stimmen bemerkbar, die einer aktiven Euthanasie das Wort reden.

Es mag sein, daß in Deutschland auf Grund des Mißbrauchs des Euthanasiegedankens zur Vernichtung des sog. „lebensunwerten Lebens" zunächst eine begreifliche Zurückhaltung gegenüber jeder Beschäftigung mit der Sterbehilfe bestand. Um so notwendiger war es, daß die in dieser Hinsicht unbelastete Schweiz den ersten Schritt unternahm.

Die von der Schweizerischen Akademie der Medizinischen Wissenschaften am 5. November 1976 veröffentlichten Richtlinien für die Sterbehilfe stellen fraglos eine Pioniertat dar. Der eigentliche Text dieser Richtlinien besteht aus nur wenigen, recht allgemein gehaltenen knappen Absätzen, denen aus-

---

* Gemeinsam mit Hans-Ludwig Schreiber

führliche Kommentare angefügt sind. Diese Kommentare sind entsprechend den verschiedenen Disziplinen der Kommissionsmitglieder in „Ärztliche Überlegungen", „Ethische Gesichtspunkte" und „Rechtliche Beurteilung" aufgegliedert. Hierdurch ergeben sich naturgemäß Überschneidungen.

Der Vorstand der Bundesärztekammer hat im ‚Deutschen Ärzteblatt' vom 5.4.1979 (S. 957ff.) die Schweizer Richtlinien mit einigen Änderungen noch einmal wiedergegeben. Durch diese Änderungen haben diese Richtlinien keineswegs gewonnen.

Die von den Schweizern getroffene Unterscheidung in aktive und passive Sterbehilfe wird von der Bundesärztekammer im ärztlichen Teil des Kommentars aufgegeben. Als Sterbehilfe wird hier „die Beschränkung auf eine Linderung von Beschwerden bei gleichzeitigem Verzicht auf lebensverlängernde Maßnahmen beim Todkranken" definiert. Dagegen wird im rechtlichen Teil des Kommentars die Unterscheidung beibehalten, denn dort ist von „passiver Sterbehilfe" die Rede.

Unklarheiten müssen weiterhin entstehen, wenn die ärztliche Zulässigkeit der Sterbehilfe im Abschnitt über die „gezielte Lebensverkürzung" (13) behandelt wird.

In der Fassung der Bundesärztekammer sind die Abschnitte der Schweizer Richtlinien, die sich mit den besonders schwierigen und umstrittenen Fragen des apallischen Syndroms und den schweren Mißbildungen Neugeborener befassen, leider gestrichen worden.

Unterschiede zwischen den Schweizer Richtlinien und den von der Bundesärztekammer vorgenommenen Abänderungen tun sich auch auf, wenn zum Beispiel für den Austausch von „medizinischen Indikationen" durch „von dem Arzt für geboten angesehene Therapie" bzw. „medizinisch erforderliche Behandlungsmaßnahmen" eingetreten wird.

Auch trifft es nicht ganz den Sinn der Schweizer Richtlinien, wenn statt vom „lebensgefährlich Verletzten" wiederholt vom „dem Tode nahe Verletzten" gesprochen wird.

Die Deutsche Gesellschaft für Chirurgie hat es als ihre Aufgabe angesehen, den gesamten Fragenkomplex einheitlicher, d.h. ohne Trennung nach verschiedenen Disziplinen und differenzierter zu erarbeiten und darzustellen. Der von ihr gebildete interdisziplinäre Ausschuß kam nach eineinhalbjähriger Arbeit am 10.4.1979 zu einer Resolution (s. Seite 130ff). Auf „Richtlinien" wurde bewußt verzichtet, man hat sich auf „Hinweise" beschränkt. Das geschah aus der in der Präambel enthaltenen Überlegung, daß dem Arzt die eigene Verantwortung nicht abgenommen werden kann. Es kann nur um Hilfen bei seinen Entscheidungen gehen.

Die Mitglieder des Ausschusses haben sich bemüht, eine gemeinsame Sprache für die ärztlichen, ethischen und rechtlichen Fragen zu finden. Der Ausschuß hat die Ansicht vertreten, daß nur so die Grundlage für die notwendige einheitliche Betrachtung durch Ärzte, Juristen und sonst mit diesen Problemen Konfrontierte gefunden werden kann.

Die Hinweise gehen von konkreten ärztlichen Entscheidungssituationen aus. Um Irrtümer zu vermeiden, muß ausdrücklich betont werden, daß sie sich nicht etwa mit Schwerkranken allgemein befassen, sondern sich ausschließlich, wie der Abschnitt I zeigt, auf die Behandlung Todkranker und Sterbender beschränken.

Sie stellen die Grundsätze der Lebenserhaltung und der Leidensminderung gleichrangig in den Vordergrund. Die Hinweise vermeiden bewußt den Gebrauch des unklaren Begriffes der „aktiven Euthanasie", halten aber am Verbot direkter Maßnahmen zur Lebensbeendigung fest und treten damit den angeführten weitergehenden, neueren Tendenzen entgegen.

Obwohl es strafrechtlich zweifelhaft ist, wird auch die aktive Mitwirkung bei der Selbsttötung aus ärztlich-ethischen Gründen abgelehnt.

Die notwendige Hilfe für den Leidenden, welche grundsätzlich in den Mittelpunkt gestellt wird, sollte auf anderen Wegen erreicht werden.

Es könnte der Eindruck entstehen, als legten die Hinweise in ihrem Abschnitt „Therapeutische Grundsätze" (II) zu viel Gewicht auf das Ziel der Lebenserhaltung. So sollen danach (II 3) Maßnahmen zur Lebensverlängerung nur unter sehr engen Voraussetzungen abgebrochen werden dürfen. Dabei ist aber der Zusammenhang mit dem Abschnitt „Wille des Kranken" (III) zu beachten.

Die Resolution differenziert hinsichtlich der Bedeutung dieses Willens. Zielt er auf Lebenserhaltung mit allen verfügbaren Mitteln, so ist das im Rahmen des ärztlich Möglichen maßgebend. Schwieriger ist es dagegen, wenn der Kranke sich gegen weitere Behandlung sträubt oder keinen Willen äußern kann. Dann muß vom Arzt unterschieden und abgewogen werden. Er darf sich nicht mit der bloßen Feststellung einer Behandlungsverweigerung begnügen, vielmehr soll er insbesondere krankheitsbedingte Beschränkungen der Einsichts- und Willensfähigkeit berücksichtigen. Aus Depression und Resignation stammende Verweigerungen des Kranken sollte der Arzt nur in dem Maße zu beeinflussen suchen, als dies im wohlverstandenen Interesse des Kranken liegt. Diesem Gedanken hat der Ausschuß durch die Einfügung des Wortes „gegebenenfalls" (III 2, Satz 3) Rechnung getragen.

Die Beurteilung im Einzelfall ist schwierig und bedarf der Fähigkeit zum verständnisvollen Erfassen der Gesamtsituation. Das Prinzip einer Lebensverlängerung unter allen Umständen hat der Ausschuß keineswegs vertreten wollen. Bei geäußertem Willen des einsichts- und willensfähigen Kranken ist der Arzt daher schon früher zur Einschränkung oder Beendigung der Therapie berechtigt, als unter den im Abschnitt II 3 genannten Voraussetzungen.

In den vielen Fällen, in denen der Kranke nicht zu einer eindeutigen Willensäußerung kommt, bleibt nichts anderes übrig, als auf sein vernünftig verstandenes Interesse und seinen mutmaßlichen Willen abzustellen. Das entspricht auch den rechtlichen Grundsätzen.

In der öffentlichen Diskussion ist aus der Vielfalt der Probleme offenbar wegen seiner Aktualität und leichten Faßlichkeit immer wieder der Abbruch der künstlichen Beatmung in den Vordergrund gestellt worden. Dabei hat vor allem die rechtliche Einordnung als Handeln oder Unterlassen eine wesentliche Rolle gespielt. Es wird betont, daß es darauf nicht ankommt, daß vielmehr der Umfang der ärztlichen Behandlungspflicht maßgebend sein muß.

Die Resolution ist geprägt von der Überzeugung, daß den Bedürfnissen des Kranken gegenüber sonstigen Interessen der Vorrang gebührt. So dürfen Rücksichten auf andere nicht bei der medikamentösen Behandlung von Schmerz, Angst und Unruhe bestimmend sein. Der vielseitigen Versuchung sollte widerstanden werden, Todkranke und Sterbende von der Umwelt räumlich und menschlich zu isolieren.

Die Mitglieder des Arbeitsausschusses haben sich nicht gescheut, zur Frage der Aufklärung im Grenzbereich zwischen Leben und Tod Stellung zu nehmen. Insbesondere hier kann eine ärztliche Pflicht zur restlosen Aufklärung nicht bestehen, vielmehr sollen ärztlich-therapeutische Gesichtspunkte bestimmend sein.

Diese Hinweise werden die weitere Diskussion nicht beenden über ein Thema, mit dem sich jeder Mensch konfrontiert sieht und dessen Beurteilung von zeitbedingten Einflüssen und den jeweils herrschenden sittlichen Anschauungen abhängig sein wird.

Der unheilvolle Weg in die defensive Medizin*

Der rechtliche Selbstschutz des Arztes und die Fürsorge für den Kranken

1980

Die ärztliche Aufklärung in der gesellschaftlichen Entwicklung und Kritik

Das Problem der ärztlichen Aufklärungspflicht belastet das Arzt-Patienten-Verhältnis in zunehmend unerträglichem Maße. Es droht zu einer Schicksalsfrage der Medizin, insbesondere in den operativen Fächern, zu werden. Eine oft unverständliche Rechtsprechung und ihre Auswirkungen zwingen dem Arzt zu seiner Absicherung ein Verhalten auf, das mit seiner Fürsorgepflicht nicht zu vereinbaren ist und zu tiefgreifenden Störungen in der Beziehung zum Kranken führt. Will man eine Entwicklung beenden, die letztlich zum Schaden der Patienten den Arzt zu einem defensiven Verhalten nötigt, so bedarf es einer sorgfältigen und freimütigen Betrachtung ihrer Ursachen, Erscheinungsformen und Folgen.

Fragt man, warum sich die Frage der ärztlichen Aufklärung heute derart zugespitzt hat und zu einem in der Öffentlichkeit umstrittenen Diskussionsthema geworden ist, so hat man die Ursachen in den individuellen und gesellschaftlichen Entwicklungen zu suchen, denen wir heute unterliegen. Zwar hat eine vom Bundesministerium für Arbeit und Sozialordnung veranlaßte Umfrage ergeben, daß 79 Prozent der Patienten meinen, im Krankenhaus vom Arzt ausreichend aufgeklärt worden zu sein, und 22 Prozent sogar überzeugt sind, es sei nutzlos oder verwirrend, alles über den eigenen Zustand zu wissen. Trotzdem ist bei Kranken in den letzten Jahrzehnten ein deutlicher Wandel der Mentalität festzustellen. Gesundheit wird zunehmend als ein Gut angesehen, auf dessen Erhaltung man ein Recht hat. Man ist weniger geneigt, ihren Verlust als unabänderliches Schicksal hinzunehmen. Fehlt sie, oder kann sie nicht wiederhergestellt werden, so wird das auf ein Verschulden anderer zurückgeführt, für das diese verantwortlich zu machen sind.

Die an sich notwendige und richtige materielle Absicherung durch die Sozialgesetzgebung führt andererseits zwangsläufig zu einer Abnahme der Eigenverantwortung.

Trotz ihrer gewaltigen Fortschritte und Erfolge ist die moderne Medizin heftig umstritten. Die Problematik des Fortschrittes, seine Kehrseite, zeigt

---

* Gemeinsam mit Hans-Ludwig Schreiber

sich deutlich. Der Arzt und sein Selbstverständnis sehen sich im Schnittpunkt vielfältiger Kritik. Seine gesellschaftliche Stellung wird ebenso angefochten wie seine ärztliche Kompetenz. Wenn auch nach einer Umfrage die weit überwiegende Mehrheit der Patienten vor kurzem erklärt hat, sie habe Vertrauen zu ihrem Arzt, darf das doch nicht darüber hinwegtäuschen, daß die Vertrauensbasis zwischen Arzt und Patient schwer in Mitleidenschaft gezogen worden ist. Soviel von der Medizin erwartet wird, so kritisch wird das Verhalten ihrer Vertreter beurteilt. Als Kind seiner Zeit ist auch der Arzt auf seine materielle und rechtliche Absicherung bedacht.

Das Selbstbestimmungsrecht des Patienten

Das Selbstbestimmungsrecht des einzelnen, in Artikel 2 Absatz I des Grundgesetzes als Grundrecht geschützt, ist auch für das Arzt-Patienten-Verhältnis bestimmend geworden. Es ist ein allgemein anerkannter und zwischen allen Beteiligten unstreitiger Rechtsgrundsatz. Die Gerichte haben es zum Ausgangspunkt ihrer Rechtsprechung zur ärztlichen Aufklärung genommen. Das Recht auf körperliche Unversehrtheit verbietet grundsätzlich jeden, auch den dringend erforderlichen und fachgerecht ausgeführten ärztlichen Eingriff ohne Einwilligung. Um sein Selbstbestimmungsrecht wirksam ausüben zu können, bedarf der Kranke der Information über die für seine Entscheidung wesentlichen Gesichtspunkte durch den fachkundigen Arzt. Das sind – so hat es die Rechtsprechung immer wieder formuliert – in der Regel der ärztliche Befund, die danach drohenden Folgen für Leib und Leben, die Art des vorgesehenen Eingriffes, die erwarteten Heilungschancen und die mit dem Eingriff verbundenen Gefahren und Risiken. Das Ausmaß der Aufklärung über solche Risiken und Gefahren hat die Rechtsprechung mit Hilfe der Figur des „verständigen Patienten" zu bestimmen versucht. Nicht über sämtliche, aber über solche Risiken sei aufzuklären, die ein verständiger Mensch in dieser Lage für seine Entscheidung über die Behandlung als bedeutsam ansehen würde. Eingeschränkt wird die Aufklärungspflicht durch das sogenannte „therapeutische Privileg", wenn die Aufklärung zu schweren – früher hat der Bundesgerichtshof gesagt: nicht behebbaren – körperlichen oder psychischen Schäden führen könne.

Unter Verwendung dieser Formel hat die Rechtsprechung die Aufklärungspflicht in den letzten Jahren ständig ausgeweitet und auch auf entfernt liegende Risiken erstreckt. Zwar finden sich durchaus unterschiedliche Nuancen, der Trend geht aber deutlich auf Ausweitung: Den vorläufig letzten Stand dieser Entwicklung zeigt ein Urteil des Bundesgerichtshofes vom 22. April 1980, das eine Pflicht zur Aufklärung auch bei einer „nicht ganz außerhalb der Wahrscheinlichkeit" liegenden Komplikationsdichte von eins zu zweitausend, d.h. also bei 0,05 Prozent, bejaht, soweit es sich nur um ein typisches Risiko handle. Wie ein solches allerdings ohne Rückgriff auf die Häufigkeit bestimmt werden soll, bleibt unverständlich.

Das Arzt-Patienten-Verhältnis

Die unmittelbaren und mittelbaren Auswirkungen dieser Rechtsprechung auf das Arzt-Patienten-Verhältnis sind verheerend.

Mit Recht wird der Kranke heute nicht mehr als passives Behandlungsobjekt angesehen. Er hat sich zum aktiven Partner entwickelt, der dem Arzt gegenüber in Konsequenz seines Selbstbestimmungsrechtes einen Teil der Verantwortung übernimmt. Wie weit er dazu bereit und in der Lage ist, hängt jedoch entscheidend vom Einzelfall ab. Die Aufklärung muß daher auf diesen abgestellt und individuell gestaltet werden, sie läßt sich nicht an starre Regeln binden.

Die Partnerschaft zwischen Arzt und Krankem kann keineswegs gleichgewichtig sein. Es wird allzu leicht vergessen, daß der Patient in seinem psychosomatischen Zustand aus dem Gleichgewicht geraten ist und Hilfe bei dem insoweit durch Wissen und Aufgabe Überlegenen sucht. Es ist das Grundübel der Aufklärungsrechtsprechung, daß sie eine ganz irreale Vorstellung vom Kranken hat.

Der Mensch wird als ein abstrakt-vernünftiges Wesen verstanden, nicht als konkret Leidender, Hilfsbedürftiger, als der er dem Arzt entgegentritt. Eine erhebliche Krankheit mindert die Möglichkeiten seiner Selbstverfügung. Das nicht zu sehen und auf das juristisch ungemindert weiter bestehende Selbstbestimmungsrecht abzuheben, erscheint verfehlt. Die Alternativen des Kranken, der seine Einwilligung geben soll, sind meist doch bedrückend gering: entweder ein – wie jeder weiß – mit Risiken behafteter Eingriff oder die Verschlimmerung des Leidens, möglicherweise der Tod. Die Überbetonung des abstrakten Selbstbestimmungsrechtes geht über die wirkliche Abhängigkeit von der Krankheit und die Hilfsbedürftigkeit des Patienten hinweg. Der Kranke nimmt, der Arzt gibt.

Medizinisches Pseudowissen

Einem medizinischen Laien ist es nicht möglich, Zusammenhänge zu erkennen, die dem Arzt aufgrund seiner Ausbildung und Erfahrung bekannt sind. Der Kranke neigt meist zu vorwiegend subjektiver Beurteilung seines Zustandes. Das Urteil des Arztes muß objektiv sein. Die vielfache Erfahrung zeigt, daß gerade auch erfahrene Mediziner als Kranke nicht in der Lage sind, ihren eigenen Zustand einigermaßen objektiv zu erfassen. Die heute so beliebte medizinische Information und Aufklärung in den Massenmedien, insbesondere im Fernsehen, führt, so wie sie vielfach betrieben wird, zu einem medizinischen Pseudo- und Halbwissen, das nicht nur falsche Vorstellungen, sondern auch fehlgeleitete Befürchtungen und Ängste weckt und den wirklichen Verhältnissen nicht gerecht werden kann.

Was soll man dazu sagen, wenn im Fernsehen junge Leute aufgefordert werden, sich durch einen Knopfdruck zu entscheiden, ob sie in der ärztlichen Aufklärung volle oder eingeschränkte Wahrheit oder nicht die Wahrheit verlangen wollen? Welch leichtfertige Form der Meinungsbildung ist das bei diesen Menschen, die fern jeder Erfahrung und ohne Beziehung zur Realität ein Urteil abgeben sollen, das dann in Zahlen an der Tafel erscheint und ausgewertet wird! Die Befragten können sich nicht vorstellen, wie schwierig und problembeladen der Umgang mit der Wahrheit in der Partnerschaft zwischen Arzt und Kranken ist. Der Rigorismus der Wahrheit kann ebenso schädlich sein wie die Lüge. Die Wahrheit hat viele Gesichter, sie kann befreiend und grausam sein. Im Verhältnis zum Kranken fordert sie vom Arzt viel, sehr viel mehr, als nach der Rechtsprechung scheint. Mit der bloßen Mitteilung von Risiken um der Selbstbestimmung willen ist es nicht getan. Vielmehr sind menschliche Zuwendung, Begleitung und Beistand gefordert.

Ärztliches Fach- und Erfahrungswissen lassen sich nicht einfach im Wege einer formularmäßigen Aufklärung des Kranken vermitteln. Auch der Arzt kann im Einzelfall über die Krankheit ungewiß sein, insbesondere etwa über ihren Verlauf, den Grad der Malignität und die Dauer der künftigen Lebenserwartung. Man denke etwa nur an den Mastdarm- oder den Prostatakrebs.

Die Partnerschaft im Arzt-Patienten-Verhältnis bedeutet keine Gleichstellung, sie ist vielmehr gekennzeichnet durch das Ernstnehmen der Person des Kranken und die verständnisvolle Fürsorge und Führung durch den Arzt. Diese Feststellung ist gerade im Interesse des Kranken notwendig, auch wenn sie heute stürmischen Widerspruch hervorrufen mag.

Die Rechtsprechung zur Aufklärung

Die Rechtsprechung zur Aufklärung ist anhand von Fällen entwickelt worden, in denen es eigentlich um Haftung für mißlungene Behandlung ging und Patienten Schadensersatz für erlittene Gesundheitsnachteile erstrebten. Da ein schuldhafter Behandlungsfehler sich oft nur schwer nachweisen läßt, liegt das Ausweichen auf die unterbliebene Aufklärung nahe. Es soll auch nicht verkannt werden, daß die begreiflichen Schwierigkeiten bei der Feststellung eines Behandlungsfehlers mit Hilfe medizinischer Sachverständiger ein Anlaß für dieses Ausweichen der Rechtsprechung gewesen sind. Hier trägt der Arzt die Beweislast, daß der Patient auch über das Risiko, das sich realisiert hat, aufgeklärt worden ist. So werden Fälle, in denen es eigentlich um etwas anderes geht, unter dem Aspekt einer Verletzung der Aufklärungspflicht behandelt.

Die Leitsätze der Rechtsprechung zur Aufklärungspflicht sind also ursprünglich nicht unter diesem Gesichtspunkt entwickelt worden, sondern um festzulegen, in welchen Fällen Patienten Ersatz ihrer bei der Behandlung erlittenen Schäden erhalten sollen. Es ist verständlich, daß die Rechtsprechung unter dem unmittelbaren Eindruck eines offensichtlich leidenden Menschen zur Hilfe geneigt ist, soweit dies rechtlich möglich erscheint. Das erklärt die erhebliche Ausweitung der Aufklärungspflicht sowie die vielfach beklagte Uneinheitlichkeit der Rechtsprechung, die zu erheblicher Verunsicherung geführt hat. Sie ist nicht geeignet, Maßstäbe für das Aufklärungsverhalten in der Beziehung zwischen Arzt und Kranken zu setzen, da sie die Wahrheit am Krankenbett nur ganz unvollständig und unter ihr eigentlich fremden Aspekten, nämlich Haftungsgesichtspunkten, behandelt.

Das Thema ist viel zu ernst, um es allein der Rechtsprechung der Schadensersatzsenate des Bundesgerichtshofes und der Oberlandesgerichte zu überlassen.

Der Zwang zur Aufklärung

Die Grundsätze der Rechtsprechung bestimmen zunehmend das Verhalten aller mit der ärztlichen Behandlung und der Arzthaftung befaßten Stellen. Die höchstrichterliche Rechtsprechung entscheidet ja nicht nur einzelne Haftungsfälle, sondern hat auch die Aufgabe, an der allgemeinen Fortentwicklung des Rechts mitzuwirken. Sie beeinflußt angesichts des Schweigens des Gesetzgebers mittelbar das Verhalten aller Beteiligten. Die ärztliche Seite muß sich nach den Grundsätzen dieser Rechtsprechung richten, wenn sie sich vor Ansprüchen sichern will. Ein entsprechender Druck zur Handhabung der Aufklärung im Sinne der Rechtsprechung geht auf den Arzt von den Versicherungen, Krankenhausleitungen, Stadtverwaltungen und Ministerien aus. Verständlich ist es, daß die Versicherungen ihre Versicherungsnehmer zu einem Verhalten zu veranlassen suchen, das den Haftungsfall vermeidet. Die Bediensteten der Versicherungsgesellschaften müssen darauf dringen, weil sie sonst von ihren Gesellschaften selbst haftbar gemacht würden. Dem Arzt bleibt nichts anderes übrig, als sich nach dem zu richten, was die Versicherungen ihm empfehlen, wenn er nicht Kündigung oder Prämienerhöhung riskieren will.

Die Verwaltungen und Aufsichtsinstanzen in staatlichen, kommunalen und privaten Krankenhäusern dringen verständlicherweise auf Absicherung durch Aufklärung im Sinne der Rechtsprechung. Täten sie es nicht, so würden sie möglicherweise selbst regreßpflichtig, wenn ein Schadensfall eintritt. Ähnlich geht es den Chefärzten in den Kliniken: Achten sie nicht sorgfältig darauf, daß alle ihnen unterstellten Ärzte gemäß den Prinzipien der Rechtsprechung aufklären und das bewiesen werden kann, so droht ihnen selbst eine

Inanspruchnahme wegen Dienstpflichtverletzung. Dem einzelnen Arzt bleibt, wenn er nicht seine wirtschaftliche Existenz gefährden will, gar nichts anderes übrig, als sich nach den Entscheidungen der Rechtsprechung zu richten, selbst wenn sein ärztliches Gewissen dem noch so heftig widerspricht. Die Rechtsprechung setzt ein ganzes System von Abhängigkeiten in Gang, ein ungeheurer Konformitätsdruck geht von ihr aus. Wer in den Kliniken, Versicherungen und Verwaltungen kann sich dem Zwang zur Absicherung noch entziehen?

Die Abwehr der Ärzte gegen die überzogene Aufklärungspflicht

Es ist verständlich, daß die ärztliche Seite, assistiert von ihren Versicherungen und Rechtsberatern, sich mit allen Mitteln bemüht, den ihr durch die Rechtsprechung überbürdeten Teil des Behandlungsrisikos wieder zurückzuschieben. Schon findet das ärztliche Dilemma eine geschäftliche Resonanz: In Konsequenz der Rechtsprechung liegen „Merkblätter zur ärztlichen Aufklärung" vor, wie sie von einem Verlag seit kurzem in den Handel gebracht werden. Sie werfen wahrlich ein Schlaglicht auf die heutige Situation. Die Bögen sollen den Patienten ausgehändigt werden und eine erste Stufe der allgemeinen Unterrichtung darstellen, während die zweite Stufe in Form eines Aufklärungsgespräches vor sich gehen soll.

Bisher ist für sage und schreibe einundsechzig verschiedene Krankheitszustände je ein Bogen beim Verlag verfügbar, weitere werden vorbereitet. In diesen Formularen, die in „praktischen Formularboxen" mit Aufbewahrungsständern für je zehn Boxen angeboten werden, sind, wenn auch teilweise nur verklausuliert und vorsichtig, alle möglichen, zum Teil nur theoretisch denkbaren Risiken und Komplikationen aufgeführt, deren Wesen, Entstehung und Bedeutung sich der verläßlichen Beurteilung durch den Nichtarzt entziehen, um so mehr, als die tatsächliche Gefährdung in jedem einzelnen Fall wesentlich variiert. Wir belasten also den Kranken vor seiner Entscheidung mit der Kenntnis umfänglicher Risiken, über deren jeweilige Bedeutung sich selbst der Arzt im speziellen Falle oft nicht sicher sein kann. Der Bogen enthält dann zu Beweiszwecken den Vordruck für eine Erklärung des Patienten nach dem Aufklärungsgespräch. Mit der Aushändigung des Bogens wird dem Kranken eine Aufklärung ohne Rücksicht auf seine individuellen Verhältnisse aus Gründen der ärztlichen Absicherung aufgedrängt. Er bleibt zunächst in der ersten Stufe mit der Schilderung der vielfältigen Gefahren allein. Das für die zweite Stufe vorgesehene ärztliche Gespräch ist durch die pauschale Vorwegnahme der Aufzählung von Risiken seines eigentlichen Sinnes beraubt, der in der individuellen Anpassung an den einzelnen Patienten besteht.

Es fragt sich, ob derartige Formen des bürokratischen Selbstschutzes noch mit dem ärztlichen Auftrag der Fürsorge für den Kranken vereinbar sind.

Von einem anderen Verlag werden z. Zt. „Dienstanweisungen" zur Verteilung an die Krankenhausärzte den Klinikverwaltungen zugesandt, in denen auf einunddreißig Gerichtsentscheidungen hingewiesen wird, die als „Leitsätze" in einer anliegenden Liste wahllos aufgeführt sind, obwohl sie bis zu zwanzig Jahre alt und infolge der Veränderung der Rechtsprechung teilweise überholt sind. Zudem sind solche Leitsätze keineswegs immer mit Inhalt und Sinn der entsprechenden Urteile identisch.

Wenn man den Arzt in eine derartige Formularpraxis und solche Dienstanweisungen zwängt, so hindert man ihn an der Erfüllung seiner Aufgaben. Die schematische Erfassung aller Kranken, gesondert nach bestimmten Erkrankungen, widerspricht dem ärztlichen Prinzip der Erfassung des Individuums. Darin liegt der grundlegende Fehler derartiger schematischer Aufklärungsformulare. Nicht nur nach typisierten Erkrankungen, sondern nach dem Kranken selbst soll sich der Arzt richten. Er muß überlegen, was und wieviel er in der jeweiligen Situation im einzelnen seinem Patienten zumuten kann.

Beim Widerspruch gegen die an der Rechtsprechung orientierte, auf Absicherung bedachte formularmäßige Aufklärungspraxis geht es uns keineswegs um die Sicherung irgendwelcher Standesprivilegien der Ärzteschaft. Vielmehr steht das Wohl der Kranken auf dem Spiel. Dem Arzt kann, wenn er nach den Bögen verfährt − diese werden sich übrigens nach den Erfahrungen, die man mit ihnen in der Rechtsprechung macht, noch „verbessern" und weiter differenzieren −, eigentlich nichts mehr passieren. Der Umweg zur Inanspruchnahme für erfolglose Behandlung über die Aufklärung wird versperrt. Um zu erreichen, daß der Patient wieder das Risiko des unverschuldeten Mißerfolges einer Operation trägt, wird er nach dem Vorbild der sogenannten „Allgemeinen Geschäftsbedingungen" in der Wirtschaftspraxis mit einer natürlich möglichst schonenden, teilweise auch verbergenden und beschönigenden, aber inhaltlich umfassenden Darstellung aller Risiken belastet. Während sonst das sogenannte „Kleingedruckte" durch das Gesetz zurückgedrängt wird, befindet es sich ausgerechnet im Arzt-Patienten-Verhältnis im Vordringen. Der Patient wird bald bemerken, daß es eigentlich nicht um ihn geht, sondern, nach allgemeinen Regeln der sogenannten Kautelarjurisprudenz, um Vermeidung von Haftungsrisiken für den Arzt. Zutreffend hat die weitaus größte Zahl befragter amerikanischer Patienten angegeben, nach ihrem Verständnis gehe es bei der Aufklärung vor allem um den Schutz der Rechte des Arztes.

Es handelt sich nicht um eine geglückte Synthese von berechtigten Interessen des Arztes und der Patienten. Vielmehr verlieren beide. Durch formale Absicherung, die die Verantwortung weitgehend auf den Kranken überwälzt, mag der Arzt zwar an forensischer Sicherheit gewinnen. Er verliert aber an eigener Würde und Glaubhaftigkeit, die für das Vertrauen des Kranken von entscheidender Bedeutung sind. Es darf nicht sein, daß die ständige Sorge um gerichtliche Folgen, das Schielen nach dem Richter, bei jeder Maßnahme das ärztliche Handeln bestimmt. Nicht nur in der Aufklärung, auch in der Therapie beginnt sich zunehmend eine defensive Praxis durchzusetzen. Der Arzt ist versucht, den Weg des für ihn selbst geringsten Risikos zu gehen. Das von der Rechtsprechung zur Risikoaufklärung in Gang gesetzte System zerstört die Grundlagen der ärztlichen Verantwortung in ihrem Kern, indem es den Arzt geradezu zwingt, zum eigenen Selbstschutz möglichst jedes Risiko zu vermeiden.

Die Konsequenzen für den Patienten

Die Folgen für die Kranken werden unabsehbar sein. Das, was den Arzt eigentlich ausmacht, Verantwortungsgefühl und Gewissen, würde zerstört. In seiner Konsequenz wird es dazu kommen, daß Menschenleben, deren Rettung nur unter Eingehen eines größeren ärztlichen Risikos möglich wäre, aufgegeben werden.

Ein verfassungsrechtlich verbürgtes Grundrecht sollte nicht so interpretiert und angewandt werden, daß es sich zuletzt gegen denjenigen wendet, den es schützen müßte. Der Arzt hat das Selbstbestimmungsrecht des Kranken zu achten. Dieses darf aber nicht so überzogen werden, daß es sich gegen den Kranken selbst richtet. Die Rechtsprechung sollte zugunsten der Patienten dem Arzt die Befugnis geben, nicht alle Risiken mitteilen zu müssen, und ihm dadurch den für den Einzelfall notwendigen Handlungs- und Ermessensspielraum zubilligen. Nur dadurch ist der unheilvolle Trend zu einer defensiven Medizin aufzuhalten.

Der Arzt aber sollte sich nicht scheuen, nach seinem Gewissen zu handeln, und bereit sein, auch vor Gericht für seine Überzeugung einzustehen. Dabei soll freilich nicht verkannt werden, wie existenzgefährdend das heute sein kann.

Der Rechtsprechung muß entgegengehalten werden, daß die von ihr vertretene Dominanz der „voluntas aegroti" den Erfordernissen nicht gerecht wird. Zwingt man den Patienten in eine übertriebene Aufklärungssituation, belastet man ihn mit einer Verantwortung, der er kaum gewachsen sein kann. Damit verstößt der Arzt gegen ein Grundprinzip ärztlichen Handelns, seine Fürsorgepflicht. Bindet man ihn an formalistische, bürokratische „Dienstanweisungen", schränkt man ihn zwangsläufig in der Erfüllung seiner Aufgabe ein, den Menschen als individuelles Wesen zu sehen.

Hier soll keineswegs einem autoritären Zwangsbehandlungsrecht des Arztes ohne Rücksicht auf den Willen des Patienten das Wort geredet werden.

Die Aufklärung müßte aber von der ihr fremden Problematik der Haftung für vermutete Behandlungsfehler befreit werden. Sie hat ihre Bedeutung im Rahmen eines vom Vertrauen getragenen Verhältnisses zwischen Arzt und Krankem, darf aber nicht zum Mittelpunkt ärztlichen Handelns werden, eine Gefahr, die unter dem Druck der Rechtsprechung heute besteht. Dem Patienten ist nicht jedes mögliche Risiko zur Absicherung mitzuteilen.

Die Rechtsprechung hätte einen Ansatzpunkt, wenn sie vom Bild eines „verständigen Patienten" ausgeht. Ein solcher Patient will nicht alles wissen, nicht jede Gefahr eines Mißerfolges oder einer Komplikation, sondern nur solche Umstände, die für seine Entscheidung, sich behandeln zu lassen oder nicht, von Bedeutung sind. Der Patient muß wissen, welche Alternativen er hat, etwa zwischen operativer und konservativer Behandlung. Im übrigen hat der Arzt verantwortlich zu entscheiden, wann und wieweit er es mit allen Konsequenzen auf sich nehmen kann, dem Patienten, der sich ihm anvertraut, die Wahrheit zu sagen. Dafür ist allein das unmittelbare ärztliche Gespräch geeignet, das dem gegenseitigen Erfassen der Situation, dem Erkennen des von sittlichem Ernst getragenen Willens beider Seiten dient.

Die Lösung kann nur in einer glücklichen Synthese von „salus et voluntas aegroti" zu suchen sein. Nur so kann der Arzt frei von äußeren Zwängen seiner Aufgabe für den Kranken gerecht werden.

Der Strafrechtler Eberhard Schmidt hat seinem Gutachten über die Aufklärung für den Juristentag 1962 als Motto den Satz aus Goethes Westöstlichem Diwan vorangestellt: „Wofür ich Allah höchlich danke? Daß er Leiden und Wissen getrennt. Verzweifeln müßte jeder Kranke, das Übel kennend, wie der Arzt es kennt." Eberhard Schmidt hat recht gegenüber der fatalen Euphorie der Selbstbestimmung, die unsere gegenwärtige Rechtsprechung trägt.

Erwartungen

Kritische Rückblicke der Kriegsgeneration

1981

Sechsundsechzig, im öffentlichen Leben stehende Frauen und Männer der Kriegsgeneration, der heute 50–80jährigen, sollten auf folgende, im Sommer 1980 gestellte Fragen antworten:

1. Wie war im Sommer 1945 Ihre persönliche Situation?

2. Welche Erwartungen setzten Sie in die Zukunft:

   a) beruflich, und zwar bezogen auf Ihre eigenen Vorstellungen und Ihren weiteren Lebensweg,

   b) politisch und wirtschaftlich für das deutsche Volk,

   c) die weltpolitische Entwicklung?

3. Welche Gedanken und eigenen Initiativen haben Sie in den ersten Nachkriegsjahren entwickelt?

4. Haben sich Ihre Erwartungen erfüllt und wie beurteilen Sie im Rückblick das Gewordene mit Blick auf Ihre Antworten zu den Fragen 2 und 3?

Im Sommer 1945 befand ich mich in englischer Kriegsgefangenschaft. Ich war entgegen einem ausdrücklichen „Führerbefehl" mit meinen sämtlichen Ärzten, Schwestern und dem Sanitätspersonal entsprechend meiner ärztlichen Fürsorgepflicht bei den 1200 nicht transportablen Schwerverwundeten geblieben und hatte mein ortsfestes Lazarett dem anrückenden Engländer übergeben, um die Verwundeten nicht dem tobenden Mob zu überlassen. Vor der Vollstreckung der Todesstrafe hat mich die Gefangenschaft bewahrt.

Nach sechsmonatiger Einzelhaft – heute „Isolierfolter" genannt – und nachdem sich herausgestellt hatte, daß ich kein „war criminal" sondern ein „good German" sei, erhielt ich die Leitung eines Kriegsgefangenen-Hospitals mit 750 Betten, in dem wir Tausende von Verwundeten versorgen konnten.

Im Mai 1946 kehrte ich nach Deutschland zurück und erhielt nach wenigen Monaten die Berufung auf chirurgische Lehrstühle an drei Universitäten, darunter Würzburg, das man damals wegen seiner fast völligen Zerstörung das „Grab am Main" nannte. Ich wählte trotzdem Würzburg, das ich schon als Student kennen und lieben gelernt hatte.

Hier fand ich ein völliges Chaos vor, menschlich, organisatorisch und räumlich. In die nur zum Teil zerstörten Kliniken hatte sich ein großer

Teil der obdachlosen Bevölkerung geflüchtet, auf den Stationen hatten sich Geschäfte und Friseurläden eingerichtet. Dazwischen lagen nur schlecht versorgte Kranke, da die Ärzteschaft zum großen Teil durch die Besatzungsmacht entlassen und dafür fragwürdige Elemente eingestellt worden waren, deren Schwarzhandel und Rauschgiftschmuggel zunächst zu eliminieren war. Eine echte Klinikführung hatte schon längere Zeit nicht bestanden, von einem geordneten klinischen Betrieb konnte zunächst keine Rede sein.

Es folgte die Zeit des systematischen Aufbaues, die zu den schönsten Erinnerungen meines Lebens gehört. Die neu in die Klinik eintretenden Ärzte, die selbstlosen und opferwilligen Ordensschwestern, Krankenpfleger und technisches Personal arbeiteten als große Gemeinschaft, in der jeder dem anderen half, einen geordneten Betrieb wiederherzustellen. Hier gab es wirklich keine Klassenunterschiede, und die Zugehörigkeit zu irgendwelchen politischen Parteien war völlig belanglos. Wenn man heute sagt, die Menschen wären nach dem Zusammenbruch in Resignation verfallen, so ist das sicher nicht richtig. Mit einem nicht erwarteten Idealismus stürzten sich jung und alt geradezu auf die neuen Aufgaben und vollbrachten das, was man in der Welt als „das deutsche Wunder" bezeichnet. In dieser Zeit wurde die Grundlage für Achtung und Freundschaft unter Menschen gelegt, die nach Stand, Bildung und Herkommen verschieden waren. Diese damals begründeten menschlichen Beziehungen sind vielfach heute noch erhalten geblieben.

Ich muß gestehen, daß wir in der damaligen Zeit mit unserer unmittelbaren Aufgabe, menschenwürdige und ärztlich zu verantwortende Verhältnisse für unsere Kranken zu schaffen, so vollbeschäftigt waren, daß uns nicht viel Zeit blieb, uns mit politischen Fragen zu beschäftigen. Wir hatten Tag und Nacht zu arbeiten, die Kliniken waren überbelegt, teils durch die Opfer des Kriegs, teils dadurch, daß eine Flut von Patienten in die Kliniken strömte, die sich seit vielen Monaten, als die Kliniken nicht leistungsfähig waren, aufgestaut hatte.

Mit dem Beginn des Lehrbetriebs nach Eröffnung der Universität im Jahre 1947 kamen neue große Aufgaben auf uns zu. Die aus dem Kriege meist aus Gefangenenlagern heimkehrenden Studenten waren ausgehungert nach geistiger Arbeit und stellten an uns Hochschullehrer mit Recht die größten Anforderungen, zudem mußte für ihr leibliches Wohl gesorgt werden. Um sie unterzubringen, wurde im Klinikgelände eine große Baracke erstellt, die uns auf unsere Bitten hin von einer Firma gestiftet wurde, da hierfür staatliche Gelder nicht zur Verfügung standen.

Die Beziehung zu den Studenten war eine wahre Freude. Sie waren trotz meist großer wirtschaftlicher Not dankbar, interessiert, fleißig und aufgeschlossen. Es kam hinzu, daß die Zahl noch überschaubar war und daher der persönliche Kontakt zu ihnen gepflegt werden konnte. Oft saßen wir abends nach getaner Arbeit in freundlicher, kollegialer Atmosphäre mit ihnen zusammen und diskutierten die Erfahrungen des Tages.

Von seiten der amerikanischen Besatzungsmacht gab es keine Schwierigkeiten, aber auch keine Hilfe. Es sei mir gestattet, ein Erlebnis zu erwähnen, das es wert ist, vor dem Vergessen bewahrt zu werden. Die Amerikaner hatten ein strenges militärisches Verbot jeglicher Abgabe von Penicillin an Deutsche erlassen, um den schwarzen Markt zu verhüten. Ich hatte in meiner Klinik drei Buben, die unter schwerster septischer Knochenmarkentzündung litten mit einer Aussaat von Abszessen in den ganzen Körper. Sie konnten nur mit dem neuen „Wundermittel" Penicillin gerettet werden, das wir nicht besaßen. Nachdem meine dringenden persönlichen Bitten von allen militärischen Dienststellen schroff abgelehnt worden waren, setzte ich einen Brief in die Zeitung, der mir seitens der Amerikaner den Vorwurf einbrachte, ein amerikafeindlicher, unverbesserlicher „Nazi" zu sein. Am nächsten Tage erschien bei mir ein junger Arzt, amerikanischer Captain, mit seinem Sergeant und bat mich, die drei Buben selbst untersuchen und die Befunde ansehen zu dürfen. Nachdem er sich überzeugt hatte, betonte er, daß ihm sein ärztliches Gewissen trotz aller möglichen disziplinären Folgen wichtiger sei als ein militärischer Befehl. Er kam jeden Tag selbst, um die Injektionen von Penicillin vorzunehmen; alle Drei wurden gerettet. Ich habe meinen Studenten dies immer als ein Vorbild ärztlicher Ethik vor Augen geführt. Humanität sollte keine Grenzen kennen!

Wenn Sie mich heute fragen, ob sich meine damaligen Erwartungen erfüllt haben, so kann ich das nicht bejahen. Damals, in der Zeit der Not, kamen die Ärzte der Erfüllung ihres klassischen Ideals sehr nahe, für und mit dem kranken Menschen zu leben. Heute regelt sich die Tätigkeit des Arztes nach Dienststunden und Überstunden und wenn diese nicht bezahlt werden, so wird entsprechende Freizeit gefordert. Mit dem Beginn des Wohlfahrtsstaates hat sich eben auch das Bild des Arztes gewandelt und meines Erachtens nicht zu seinen Gunsten. Man verlangt heute lautstark die Humanisierung des Krankenhauses und feiert auf der anderen Seite als soziale Errungenschaft die strikte Einhaltung der vorgeschriebenen Arbeitsstunden von Arzt und Pflegepersonal. Der hierdurch bedingte „Schichtwechsel" belastet den Kranken und erschwert das Zustandekommen einer echten, vertrauensvollen Arzt-Patientenbeziehung.

Vergleicht man die heutige Zeit mit der frühen Nachkriegszeit, so erkennt man, in wie gefährlicher reziproker Beziehung Fleiß und Leistung zu materiellem Wohlstand stehen.

Auch die erschreckende Bürokratisierung erstickt die freie Entfaltung des Lebens. Wo wir in der Nachkriegszeit unter schwierigsten Verhältnissen mit 1–2 Verwaltungsbeamten auskamen, sind es heute 50 und in vielen ärztlich-wichtigen Fragen dominiert die Verwaltung.

Nicht zuletzt hat sich der Kranke gewandelt. Eingebettet in die materiellen Sicherheiten des modernen Sozialstaates hat sich gegenüber dem Arzte an Stelle von Dankbarkeit und Vertrauen ein Anspruchsdenken entwickelt, so daß in zunehmendem Maße selbst für den unverschuldeten Mißerfolg einer Behandlung nach Schuld und Entschädigung gesucht wird. Das Verantwortungsgefühl für die eigene Gesundheit und das sich Abfinden mit dem einem Menschen nun einmal auferlegten Schicksal ist weitgehend verloren gegangen.

Es soll dies alles kein Grund zur Resignation sein. In der Zeit der Not und des Trümmerräumens hat sich gezeigt, was an Kräften im Menschen steckt und was er leisten kann, wenn er gefordert wird. Die heutige Zeit beweist nur, daß verbesserte sogenannte Lebensqualität keineswegs verbesserte Qualität menschlicher Eigenschaften bedeutet.

Über den Umfang der ärztlichen Aufklärungspflicht

Zu einer Entscheidung des Bundesgerichtshofes

1980

Das Urteil des Bundesgerichtshofes vom 22. 4. 1980 kann von ärztlicher Seite nicht widerspruchslos hingenommen werden. Es ist geeignet, die schon bestehende Unsicherheit der Ärzte zu vergrößern.

Vor allem in zwei wesentlichen Punkten gibt es zu schwerwiegenden Bedenken Anlaß: Zunächst weitet es den Kreis der zur Aufklärung Verpflichteten unangemessen aus und schafft insoweit neue Unklarheiten. Weiterhin wird die Risikoaufklärung in einem bisher nicht bekannten Umfang und auf unverständliche Weise bestimmend.

1. Der Chefarzt eines Krankenhauses hatte in seiner ambulanten Praxis den Kläger untersucht und zu einer Tympanoplastik geraten. Bei der Aufklärung wurde das Risiko einer Schädigung des nervus facialis nicht erwähnt. Die Operation wurde nicht vom Chefarzt, sondern in „seinem" Krankenhaus von „seinen" Ärzten durchgeführt. Dabei stellte sich ein atypischer Verlauf des nervus facialis heraus. Ohne Verschulden des Operateurs wurde der Nerv verletzt, die Folgen wurden durch spätere Eingriffe weitgehend wieder beseitigt.

Der Bundesgerichtshof sieht den Chefarzt, der die Operation nicht selbst durchgeführt hatte, in einer Garantenstellung gegenüber dem ihm sich anvertrauenden Patienten. Er wird als mittelbarer Verursacher der von den operierenden Ärzten wegen des Fehlens einer hinreichenden Einwilligung begangenen rechtswidrigen Körperverletzung angesehen und wegen der nicht ausreichenden Aufklärung haftbar gemacht. Das ist nicht vertretbar. Das Urteil dehnt die Aufklärungspflichten eines Chefarztes, der nur eine ambulante Beratung durchführt, unberechtigt weit aus. Auch von einem Chefarzt kann eine umfassende Aufklärung in der ambulanten Praxis nicht verlangt werden, da die dafür notwendigen Vorbedingungen erst im Krankenhaus vor der Operation erarbeitet werden können. Die Aufklärung ist Sache der die Operation im Krankenhaus dann verantwortlich durchführenden Ärzte. Der Chefarzt könnte nur dann in Anspruch genommen werden, wenn er – was im vorliegenden Fall gar nicht behauptet wird – seine Aufsichtspflichten verletzt hätte.

Zu besonderen Bedenken gibt es Anlaß, wenn der Bundesgerichtshof über den Einzelfall hinaus die Entscheidung der Frage offen läßt, ob auch der Arzt, der dem Patienten nur zu einer Operation geraten und ihn deshalb in ein Krankenhaus eingewiesen hat, auch zur Aufklärung verpflichtet ist. Das würde jedem niedergelassenen Arzt eine Verpflichtung auferlegen, der er weder sachlich noch rechtlich noch moralisch gewachsen sein kann.

2. Der Umfang der Pflicht zur Risikoaufklärung wird vom Bundesgerichtshof in unverständlicher Weise ausgeweitet. Verlangt wird in Übereinstimmung mit früheren Entscheidungen, daß der Patient über ihm nicht erkennbare „typische" Risiken auch dann aufzuklären ist, wenn sie „sehr selten" sind. Im vorliegenden Fall wird eine Aufklärung bei einer Komplikationsdichte von 1:2000, d.h. von 0,05 % (!) für nicht entbehrlich erklärt. Die Verletzung des nervus facialis wird als ein „zwar recht seltener, aber immerhin gerade für diese Operation typischer Zwischenfall" bezeichnet. Damit ist im Ergebnis neben einer ganz minimalen Komplikationsdichte kein sachlich brauchbares Kriterium zur Begrenzung des Umfanges der Risikoaufklärung mehr vorhanden. Der Begriff des „Typischen" ist dazu nicht geeignet. Mit „typisch" soll wohl der Zwischenfall gemeint sein, der bei einer bestimmten Art von Operationen vorkommen kann. Wie aber ein solcher Begriff von dem der Häufigkeit getrennt werden soll, ist nicht zu verstehen. Denn eine typische Komplikation kann nicht nur eine gelegentlich vorkommende, sondern muß, auch wenn man auf eine bestimmte Art von Operationen abstellt, bei diesen eine häufige sein.

Ein derartiges Urteil zeigt die Grenzen, die dem Bemühen entgegenstehen, das lebendige Verhältnis zwischen Arzt und Krankem juristisch zu erfassen.

In memoriam Rudolf Nissen

Unsere Zeit macht es dem einzelnen immer schwerer, als Vorbild prägend auf die Umwelt einzuwirken. Einengung der eigenen Entfaltungsmöglichkeit, allgemeine Nivellierungstendenz und Skepsis der jungen Generation sind nicht ohne Schuld an dieser Entwicklung. So sind wir arm an tragenden Leitbildern geworden.

Um so mehr scheint es nicht nur eine Pflicht der Dankbarkeit, sondern eine echte Aufgabe zu sein, beim Abschied von einem bedeutenden Menschen sein Leben und Wirken in einem Gesamtbild noch einmal erstehen zu lassen. Verba docent, exempla trahunt.

Rudolf Nissen war ein solches Vorbild, und das in dreifacher Hinsicht:

Vorbildlich, weil er sein Leben kraftvoll meisterte, das von schicksalhaften Stürmen bedroht war und auf hellen und dunklen Blättern seinen Niederschlag fand.

Vorbildlich in seinen ungewöhnlichen Leistungen als Chirurg, Lehrer und Forscher, der das Skalpell mit sicherer Hand führte, in seinen Schülern durch vollendete Darstellungskunst Begeisterung erweckte und durch eigene Gedanken die Chirurgie bereicherte.

Vorbildlich, weil er zur Feder griff, um in scharfsinnigen und geistvollen Betrachtungen zu den zeitlosen und zeitgebundenen Fragen ärztlicher und chirurgischer Kunst Stellung zu nehmen, als ihm das Alter das Skalpell aus der Hand nahm.

Rudolf Nissen, ein Ehrenmitglied dieser Vereinigung, wurde am 9. September 1896 als Sohn eines Chirurgen in Schlesien geboren. Sein Vater und Ferdinand Sauerbruch, sein späterer großer Meister und Freund, sind bis zu seinem Lebensende die beiden Sterne geblieben, denen er folgte und die auf seinem Wege leuchteten.

Die Geschichte unserer Generation ist das Spiegelbild der dramatischen Ereignisse unseres Jahrhunderts. Zum ersten Male griff das Schicksal in sein Leben ein, als er infolge des Kriegsausbruchs das medizinische Studium unterbrechen mußte. Nissen wurde als Feldhilfsarzt an der Front vor Aufgaben gestellt, die angesichts seiner mangelhaften medizinischen Kenntnisse für ihn zur schweren Gewissensbelastung wurden. Das Mißverhältnis zwischen fachlichem Können und dem Verantwortungsgefühl wiesen ihn auf

das Unverzichtbare des psychologischen Einwirkens in der ärztlichen Führung hin, ein Problem, das ihn nicht mehr losgelassen hat. Selbst nach 50
Jahren hat er in einer Betrachtung über die „Wunder der Heilung" noch
einmal bekannt, daß das fundamentale Rätsel der Heilung nicht allein durch
Menschenhirn und Menschenhand gelöst werden kann.

Nach zweimaliger Verwundung konnte Nissen dann sein medizinisches
Studium 1918 in Breslau fortsetzen, wo er 1920 das Staatsexamen bestand.
Nach fünfmonatigem Aufenthalt an der Medizinischen Klinik unter Minkowski folgte er einer Einladung von Aschoff nach Freiburg, zu dem er vorübergehend im Kriege als Helfer abgestellt worden war und der an dem geistig
regen jungen Mann Interesse gefunden hatte. Doch schon 1921 begann die
für sein Leben entscheidende Phase als Assistent Sauerbruchs an der Münchener Klinik, mit dem er dann 1927 nach Berlin wechselte.

Diese Münchener Jahre waren vielleicht die glücklichsten und unbeschwertesten seines Lebens. Zwischen uns, der ich damals bei Friedrich
v. Müller arbeitete, entstand eine Freundschaft, die fast 60 Jahre überdauerte.
Ein Kreis lebensfroher und geistig interessierter junger Männer, deren sprühender Mittelpunkt er war, nahm den Geist des München der zwanziger
Jahre nach überstandenem Schrecken und trotz der drückenden Inflation
voll in sich auf. Darunter durfte die Arbeit freilich nicht leiden. Schon 1926
erfolgte seine Habilitation.

Seine Tätigkeit an der Charité als Oberarzt unter seinem schwierigen,
aber verehrten und geliebten Chef füllte ihn ganz aus. Die Zuneigung war
gegenseitig, und Sauerbruch hat mir gegenüber Nissen wiederholt als seinen
Lieblingsschüler bezeichnet, der ihm ans Herz gewachsen sei und um dessen
weiteren Lebensweg er sich ständig Sorgen machte. Nissen seinerseits hat
Sauerbruch in seinen Erinnerungen, in Nachrufen und Briefen ein Denkmal
gesetzt, wie man es nicht schöner und treffender hätte tun können. Wer
das Glück hatte, diesen vitalen großen Mann außerhalb des Klinikbetriebes
in Ruhe und Besinnlichkeit erleben zu dürfen, konnte sich der Ausstrahlung,
die von ihm ausging, nicht entziehen.

Die Berliner Jahre an der Seite und in Vertretung Sauerbruchs, seine
Reisen mit ihm in alle Weltteile haben auf seine Entwicklung zu einem wahrhaft weltoffenen Menschen entscheidenden Einfluß gehabt. Kaum eine Persönlichkeit von geistiger, persönlicher oder politischer Bedeutung dieser Zeit
ist ihm fremd geblieben.

Dann hat das Schicksal zum zweiten Male brutal in sein Leben eingegriffen. 1933 mußte Nissen Deutschland mit seiner jungen Frau verlassen, die
ihm bis zum Lebensende die treueste Lebenskameradin geblieben ist. Nissen
trug die Entscheidung, Heimat und Arbeit zu verlassen, mit vorbildlicher
Würde, wovon sein Abschiedsbrief an Sauerbruch und dessen auf dem Boden,
wie dieser wörtlich schrieb, „echter männlicher Freundschaft" stehender Ant-

wortbrief ergreifendes Zeugnis ablegen. Die weiteren Stationen Istanbul, Boston, New York sind bekannt, in denen er stets von neuem beginnen und sich das ihm zukommende Ansehen verschaffen mußte, bis er dann 1951 nach Europa zurückkehren konnte, um die Basler Klinik zu übernehmen, die er bis zu seiner Emeritierung führte und zu einer Wallfahrtsstätte für Kranke und Kollegen machte.

So hat er mit Energie und Haltung, kraft seiner Persönlichkeit, die vielfachen Hindernisse überwunden, die sich seinem Leben entgegenstellten.

Betrachten wir die operative und wissenschaftliche Leistung, die Nissen trotz aller äußeren Hemmungen vollbrachte, so kann man seine immense Arbeitsleistung ebenso wie den Reichtum schöpferischer Ideen, die er ins Praktische umzusetzen wußte, nur bewundern. Neben zahlreichen Handbuchbeiträgen, Operationslehren, Monographien und wissenschaftlichen Veröffentlichungen, die sich mit allen Gebieten der Chirurgie beschäftigten, hat er unser Wissen durch neue Operationsverfahren bereichert.

Seinen Namen hat der damals erst 35jährige Nissen aber in das Buch der Geschichte unseres Faches eingetragen durch die 1931 von ihm als erstem mit Erfolg durchgeführte totale Entfernung eines Lungenflügels. Nissen beschreibt Vorgeschichte, Indikation, Bedenken und Verlauf dieses denkwürdigen Falles sehr eingehend in seinen Erinnerungen und in seiner Monographie „Erlebtes aus der Thoraxchirurgie". Viermal zuvor war anderwärts ein Versuch unternommen worden, jedesmal mit tödlichem Ausgang. Es handelte sich in seinem Falle um ein 12jähriges Mädchen, das ein Jahr zuvor als Folge einer schweren Brustkorbquetschung eine Ruptur des linken Hauptbronchus erlitten hatte. Die ausgedehnten Bronchiektasen mit großem Eiterverlust berechtigten dazu, den Gedanken der Entfernung des ganzen Lungenflügels zu verwirklichen.

Im Einverständnis mit Sauerbruch sollte der Versuch unternommen, aber sofort beendet werden, wenn bei einem zunächst probeweisen Verschluß der Arteria pulmonalis Störungen der Herztätigkeit einsetzen sollten. Da es bei der Abschnürung der Lungenwurzel sofort zum Herzstillstand kam, der durch Massage behoben werden konnte, wurde der Versuch abgebrochen. Aufgrund anschließender Diskussionen kam man aber dann doch zu der Überzeugung, daß das Anziehen des Hilus und nicht die Drosselung der Arterie die Ursache des Herzstillstandes gewesen sei. Der nun folgende Eingriff mit Umschlingung des Hilus mit einem Gummischlauch und Befestigung mit Seidennähten verlief komplikationslos. Nach 14 Tagen konnte der nekrotische Flügel entfernt werden. Schon zwei Jahre später hat dann Rienhoff die subtile Versorgung des Bronchusstumpfes empfohlen.

Ein neues Kapitel der Thoraxchirurgie hatte begonnen. Auch in diesem begrenzten Rahmen schien es mir notwendig, wenigstens kurz auf das Entstehen eines neuen und so entscheidenden Schrittes in der operativen Chirurgie einzugehen, um das Verantwortungsgefühl und die Entschlußfähigkeit desjenigen zu verdeutlichen, der dieses Wagnis unternimmt.

Rudolf Nissen war ein Meister sprachlicher Vollendung, wie er sie bei Sauerbruch bewundert hatte. Er stand ihm darin nicht nach. Klarheit der Gedanken und Reichtum der Ausdruckskraft zeichnen seine Schriften aus. Er hat drei Jahre vor seinem Tode ausgewählte Vorträge und Schriften noch einmal zusammengefaßt unter dem Titel „50 Jahre erlebter Chirurgie". Zwei Jahre zuvor waren seine „Randbemerkungen zur ärztlichen, besonders der chirurgischen Berufsführung" erschienen.

Mit der Weisheit des Alters und dem geschulten Blick des erfahrenen Arztes und Klinikers hat er sich mit den vielseitigen Problemen auseinandergesetzt, die den Arzt unserer Zeit beschäftigen und dabei kein Thema, sei es kritisch oder zustimmend, ausgespart. Wer sich in diesen seinen Schriften Rat holen will, wird ihn finden.

Seine Lebenserinnerungen kann man zudem nicht ohne Bewegung lesen. Sie gehören zu den reifsten und wertvollsten ärztlichen Autobiographien überhaupt, farbig durch die Begegnung mit vielen historischen Persönlichkeiten, ein wechselvolles Dasein vor dem Hintergrund der turbulenten Weltgeschichte.

Am 22. Januar 1981, im 85. Jahre seines Lebens, starb Rudolf Nissen, seit Jahren schon in tragischer Weise seiner körperlichen Beweglichkeit beraubt, aber bis zuletzt klaren Geistes.

„Der Tod", hat er einmal gesagt, „ist der Horizont unseres Lebens, aber – der Horizont ist nichts anderes als das Ende unserer Sicht."

Ein Leben hat sich vollendet, das über die Maßen reich und fruchtbar war, das Leben eines wahren Arztes, eines chirurgischen Meisters, eines wegweisenden Denkers. Wenn auch seine wissenschaftlichen Erkenntnisse, wie es nicht anders sein kann, zeitgebunden sind, wertvolle Bausteine, auf denen die Nachfolgenden aufbauen können, so wird doch die sittliche Überzeugungskraft, die in seinen Schriften niedergelegt ist, zeitlos den kommenden Generationen über alle Schwankungen hinweg sein geistiges Erbe vermitteln.

Ich schließe mit dem gleichen Wort, mit dem ich von ihm in der kleinen Dorfkirche in Riehen Abschied genommen habe:

> Das Ew'ge regt sich fort in allen,
> denn alles muß in nichts zerfallen,
> wenn es im Sein beharren will.

Das Dilemma der ärztlichen Aufklärung*

1981

Die Rechtsprechung hat die ärztliche Aufklärung zunehmend ihrer eigentlichen Bestimmung entfremdet und einen gefährlichen circulus vitiosus in Gang gesetzt. Auf ärztlicher Seite entwickelt sich eine defensive Formularpraxis, die zu einer schweren Belastung des Arzt-Patientenverhältnisses führen muß. Je mehr die Ärzte den Grundsätzen der Judikatur folgen, desto weniger kann diese ihren eigentlichen Zweck erreichen, von mißlungener Behandlung betroffenen Patienten zum Ersatz ihrer Schäden zu verhelfen. Versuche einer Beweislastverschiebung werden die Folge sein. Vor ihnen wird nachdrücklich gewarnt. Eine Schlüsselrolle bei der künftigen Entwicklung der Arzthaftung kommt den medizinischen Sachverständigen zu.

I. Problemstellung

Es ist ein allgemein beobachtetes und doch zunächst überraschendes Phänomen, daß die Ansprüche von Patienten auf Ersatz der ihnen bei ärztlicher Behandlung entstandenen Schäden zunehmend nicht mehr auf Fehler bei dieser Behandlung, sondern auf eine Verletzung der Pflicht zur Aufklärung über mögliche damit verbundene Risiken gestützt werden. Diese Verlagerung ist um so sinnwidriger, als beim Behandlungsfehler nachweisbare physische oder psychische Schäden verursacht werden, während es sich bei Aufklärungsfehlern um etwas ganz anderes, nämlich die Verletzung des Anspruches auf Achtung von Persönlichkeitsrechten, also um eine immaterielle Beeinträchtigung handelt. Auf diesen wesentlichen Unterschied hat Laufs kürzlich wieder zutreffend hingewiesen[1].

Steffen, ein Mitglied des für die Arzthaftung zuständigen Senates des Bundesgerichtshofes, hat mitgeteilt, daß heute zwei Drittel der Haftungsklagen vorsorglich auf Aufklärungsmängel gestützt werden. Mit Recht hat er festgestellt, daß die Risikoaufklärung dazu benutzt wird, dem Arzt die Verantwortung für Fehlschläge zuzuschieben, die ihm „auf geradem Weg nicht angelastet werden können"[2]. Der Grund für diese Entwicklung liegt im wesentlichen im verständlichen Bestreben der Patienten, sich von der Beweispflicht zu entlasten: Während dem Patienten grundsätzlich die Beweislast

---

* Gemeinsam mit Hans-Ludwig Schreiber

für einen Behandlungsfehler obliegt, hat der Arzt dagegen die vollständige Erfüllung der Aufklärungspflicht zu beweisen[3].

II. Umfang der aufklärungsbedürftigen Risiken

1. Diese Entwicklung hat dazu geführt, daß die Rechtsprechung immer wieder zu Fragen der Aufklärungspflicht Stellung nehmen mußte und dabei im Bestreben, dem Patienten zum Ersatz der erlittenen Schäden zu verhelfen, den Umfang der aufklärungsbedürftigen Risiken immer mehr erweitert hat[4]. Wie wir an anderer Stelle bereits dargetan haben, sind die Auswirkungen dieser Rechtsprechung verheerend. Zu einseitig stellt sie das abstrakte Selbstbestimmungsrecht des Menschen in den Mittelpunkt und geht über die Hilfsbedürftigkeit des konkreten Patienten und seine wirkliche Abhängigkeit von der Krankheit hinweg[5]. Das Ausmaß der Anforderungen an die Aufklärung nimmt dabei zunehmend einen Umfang an, der dem eigentlichen Sinn einer Aufklärung fremd ist.

Die Folge dieser Entfremdung der Aufklärung von ihrer eigentlichen Bestimmung durch die Rechtsprechung zwingt in steigendem Maße den Arzt, sich durch möglichst weitgehende Mitteilung aller auch nur entfernt möglichen Risiken gegen Ansprüche zu schützen. So kommt es beim Versuch nach Absicherung zu einer defensiven Formularpraxis, welche die Anonymität des Apparates unterstützt und genau das Gegenteil von dem bewirkt, was Aufklärung bezweckt. Steffen hat es treffend eine ungute Entwicklung genannt, „Patientenvertrauen als Kapital für die Therapie dadurch zu zerstören, daß der Patient auf diese Weise bösgläubig gemacht wird"[6]. Die weitgehende Umwandlung des mündlichen Gesprächs in einen mehr oder weniger ausgedehnten Schriftverkehr führt zwangsläufig zur Vernachlässigung des individuellen Charakters der Arzt/Patienten-Beziehung und schränkt dadurch die ärztlich gebotene Fürsorge ein[7]. Auch eine vor oder nach der schriftlichen Information stattfindende Unterredung mit dem Arzt ersetzt das umfassende ärztliche Gespräch in seiner zentralen Bedeutung nicht. Nur durch ein solches kann der Gefahr einer noch so schonend verklausulierten, allgemein gehaltenen Überinformation, die den Patienten in Not stürzt[8], vorgebeugt werden. Zudem mehren sich erklärlicherweise die Beschwerden von Patienten über von ihnen verlangte, sich zum Teil wiederholende Bestätigungen, die von verschiedenen, an der Behandlung beteiligten Spezialisten (Chirurgen, Anästhesisten, Radiologen usw.) verlangt werden. Das gleiche gilt vor allem auch für das zahlreiche Disziplinen betreffende, wichtige Gebiet der Endoskopie. Die weitere Entwicklung einer Formularpraxis für die verschiedenen Spezialbehandlungen und Eingriffe führt so in der für die moderne Medizin unvermeidbaren Kette untersuchender und behandelnder Ärzte zur Absurdität.

Daß man sich damit immer mehr von den Forderungen ärztlicher Ethik entfernt, liegt auf der Hand. Diese Folge ist aber bei der derzeitigen rigorosen Rechtsprechung unvermeidlich. Die Ärzte stehen tatsächlich vor der Wahl, im von der Rechtsprechung verlangten Umfang aufzuklären oder ihre wirtschaftliche Existenz zu gefährden. Schon hier zeigt sich ein gefährlicher circulus vitiosus, der von der Rechtsprechung in Gang gesetzt wird: Alle Beteiligten sehen sich dem Zwang ausgesetzt, einer Rechtsprechung zu folgen, die sie in vieler Hinsicht für weit überzogen halten und die sie mit ihren ärztlichen Pflichten in Konflikt bringt. Staatliche Aufsichtsinstanzen und Krankenhausverwaltungen suchen sich durch „Dienstanweisungen" an die ihnen unterstellten Ärzte von der Haftung zu entlasten, die auf sie selbst zukäme, wenn sie ihrer Organisationspflicht nicht nachkämen und auf die Beachtung des jeweiligen Standes der Rechtsprechung zur Aufklärung nicht dringen würden[9]. Sie greifen dadurch zwangsläufig in die Entscheidungsbefugnisse des einzelnen Arztes ein. Nicht anders ergeht es den Chefärzten und verantwortlichen Oberärzten: Würden sie nicht auf der Einhaltung der von den Krankenhausträgern erlassenen „Dienstanweisungen" bestehen und sie durch Stichproben überwachen, so würden sie sich selbst der Inanspruchnahme aussetzen[10]. Der entscheidende Druck zur genauen Beachtung der Rechtsprechung auf alle genannten Beteiligten geht schließlich von den Versicherungen aus, die ihre Versicherungsnehmer auf die Obliegenheiten zur Schadensvermeidung hinweisen müssen. Der einzelne Arzt kann sich dem nicht entziehen, wenn er den Verlust seines Versicherungsschutzes nicht riskieren will. So wird der Arzt in einen unerträglichen Konflikt zwischen den Maximen der Rechtsprechung zur Aufklärung und seinem ärztlichen Gewissen gedrängt[11]. Es ist also immerhin verständlich, daß der an die Ärzte gerichtete Rat, hinsichtlich der Aufklärung eher dem ärztlichen Gewissen als der Rechtsprechung zu folgen[12], als Aufforderung zum wirtschaftlichen Selbstmord bezeichnet worden ist.

2. Der weitere Gang der Entwicklung ist abzusehen: Die Ärzte werden aus den genannten Gründen zunehmend dem Druck der Rechtsprechung nachgeben und dadurch an ihrer Substanz verlieren. Die Praxis der Aufklärung wird sich an umfassenden Katalogen häufiger bzw. typischer Behandlungsrisiken orientieren. Sie dürften immer mehr verbessert und vervollständigt werden, um sich möglichst dem jeweils neuesten Stand der Rechtsprechung anzupassen. Je mehr sich die Praxis der Aufklärung den Vorstellungen der Rechtsprechung angleicht, desto geringer wird damit die Aussicht eines Patienten, der Schadensersatz verlangt, auf dem von ihm gewählten Wege über die unvollständige Aufklärung zum Ziel zu kommen. Man muß daher erwarten, daß dieser Weg verlassen wird und sich die Ansprüche wieder auf dem sachlich eigentlich richtigeren Felde des Behandlungsfehlers bewegen werden. Die Rechtsprechung würde von dem leidigen Aufklärungsproblem,

das für generelle rechtliche Normen denkbar ungeeignet ist, weitgehend entlastet. Sie würde damit auf ein Gebiet zurückkehren, auf dem die Tatbestände eher objektiv faßbar sind. Damit wäre freilich auch der heute vielfach begangene Umweg verbaut, den Arzt für Fehlschläge haftbar zu machen, bei denen ein Verschulden nicht nachweisbar ist, aber in der Sache doch vermutet wird. Abzusehen ist allerdings, daß sich die Schwierigkeiten auf dem Gebiete des Behandlungsfehlers, das heute noch durch die Aufklärungsproblematik entlastet ist, dann vermehren werden. Es besteht begründeter Anlaß anzunehmen, daß die Rechtsprechung den auftretenden Schwierigkeiten durch Änderungen auf beweisrechtlichem Felde begegnen könnte. So läge es nahe, dem Drängen auf weitergehende Umkehr der Beweislast bzw. weitere Beweiserleichterungen beim vermuteten Behandlungsfehler nachzugehen.

Bisher hat die Rechtsprechung eine solche Umkehr der Beweislast nur in besonderen Ausnahmefällen vorgenommen.

Grundsätzlich trägt nach den allgemeinen Regeln der Patient die Beweislast für einen Behandlungsfehler und die aus ihm folgenden Gesundheitsschäden. Dies gilt für die vertragliche ebenso wie die deliktische Haftung. Der Auffassung, auch bei einer positiven Forderungsverletzung im Arztvertrag sei die Beweislastregel des § 282 Bürgerliches Gesetzbuch entsprechend anzuwenden[13], ist die Rechtsprechung nicht gefolgt. Sie hat die Ansicht vertreten, der ärztliche Heileingriff könne nicht wie eine normale sonstige Dienstleistung behandelt werden, da Zwischenfälle während der Behandlung infolge der unberechenbaren Reaktionen des lebenden Organismus ausnahmsweise schicksalhaft einsetzen können, so daß die gesetzliche Vermutung des § 282 Bürgerliches Gesetzbuch für ein pflichtwidriges Verhalten des Schuldners nicht berechtigt sei[14]. Für den Fall, daß die Ursachen von Gesundheitsschäden nicht geklärt werden können und der Patient hierdurch in Beweisnot gerät, hilft die Rechtsprechung mit einem abgestuften System von Beweiserleichterungen bis zur Beweislastumkehr[15]. Eine solche findet z. B. bei groben Behandlungsfehlern statt. Nach der Rechtsprechung des Bundesgerichtshofes hat der Arzt das Risiko der nicht vollen Feststellbarkeit des ursächlichen Verlaufs zu tragen, wenn er schuldhaft einen schweren Behandlungsfehler begangen hat, der geeignet war, den tatsächlich eingetretenen Schaden herbeizuführen[16]. Dies gilt auch für die fehlerhafte Bedienung medizinischer Geräte oder ein Geräteversagen selbst[17]. Weiterhin kommt es zu einer Umkehr der Beweislast zugunsten des Patienten, wenn der Arzt eine sonst mögliche Beweisführung durch eigene pflichtwidrige Handlung oder Unterlassung vereitelt, er etwa seine Dokumentationspflicht verletzt[18]. Entsprechend hat die Rechtsprechung in Fällen der Gefahraussetzung[19] und mangelnder Qualifikation des behandelnden Arztes[20] entschieden.

Daneben hat die Rechtsprechung für bestimmte Fälle die Möglichkeit des Anscheinsbeweises entwickelt. Er ist gegeben bei typischen Geschehensabläufen. So kann ein Behandlungsfehler als prima facie bewiesen angenommen werden, wenn die ärztliche Behandlung einen Schaden zur Folge gehabt hat, der ganz regelmäßig auf einen Behandlungsfehler zurückgeführt werden muß[21]. Maßgeblich sind aber immer die Umstände des Einzelfalles[22].

Für eine weitergehende Beweislastverschiebung zu Lasten des Arztes bis zur völligen Umkehr hin gibt es deutliche Anzeichen. Einfluß auf die Entwicklung hat hier offenbar das Minderheitsvotum im Urteil des Bundesverfassungsgerichts zur Arzthaftung vom 25. 7. 1979, das rein auf Zumutbarkeitserwägungen abstellt[23]. Entsprechende Äußerungen in Wissenschaft und Publizistik z.B. von Giesen[24] und Grunsky[25] weisen in dieselbe Richtung. Je umfassender die ärztliche Aufklärung auf Druck der Rechtsprechung zum oben beschriebenen „circulus vitiosus" wird, desto mehr ist zu erwarten, daß der Fluß sich ein anderes Bett sucht und die Tendenzen zur weitergehenden bzw. generellen Umkehr der Beweislast sich durchsetzen.

Vor solchen Versuchen einer Beweislastumkehr muß nachdrücklich gewarnt werden. Wird der Arzt mit dem Risiko des Nachweises für fehlerfreie Behandlung belastet, so wird ihm damit praktisch eine Garantiepflicht für den Erfolg seiner Behandlung auferlegt. Zu Recht weist demgegenüber Laufs darauf hin, daß eine überstrenge Einstandspflicht des Arztes infolge hochgespannter Beweislastregeln, die auf eine Gefährdungshaftung hinauslaufen, die ärztliche Tatkraft behindern, den medizinischen Fortschritt lähmen und zu einer defensiven Medizin führen könnte[26]. Es gibt nun einmal in der Medizin aus mancherlei Gründen keine hundertprozentige Sicherheit für erfolgreiche Therapie. Zutreffend hat Steffen eine andere Beweislastverteilung beim Behandlungsfehler zu Lasten des Arztes als indiskutabel bezeichnet[27].

III. Die Anforderungen an die medizinischen Sachverständigen

Wenn die Haftungsfragen wieder auf das Gebiet des Behandlungsfehlers zurückgeführt sind, gewinnt die Tätigkeit der medizinischen Sachverständigen größeres Gewicht. Diese ist freilich heute mit wachsenden Problemen belastet. Bei der rapide zunehmenden Spezialisierung der Medizin, bei den rasch sich entwickelnden neuen Fachgebieten und bei der immer größer werdenden Vielfalt von diagnostischen und therapeutischen Verfahren nimmt auch naturgemäß der wissenschaftliche Meinungsstreit zu. Bei komplexen medizinischen Sachverhalten, die sich über mehrere Fachgebiete erstrecken, kann heute schon ein einzelner Sachverständiger überfordert sein. Selbst innerhalb der neu entstehenden Fachgebiete entwickelt sich eine Vielfalt technischer und therapeutischer Verfahren. Wir haben wiederholt ausdrücklich auf die Pflicht der Sachverständigen hingewiesen, dem Richter ein objektiver und auch seinen ärztlichen Kollegen gegenüber unparteiischer Berater zu sein. Hierzu verpflichtet ihn nicht nur der geleistete Eid, sondern auch die

Verantwortung für den Erhalt ärztlicher Grundwerte, die zum Wohle der Kranken unerläßlich sind. Es ist gegenwärtig eine der wichtigsten Aufgaben, das Vertrauensverhältnis zwischen den Gerichten und den medizinischen Sachverständigen wiederherzustellen[28]. Andererseits muß vom Sachverständigen heute und in Zukunft voraussichtlich vermehrt erwartet werden, daß er angesichts der Vielfalt diagnostischer und therapeutischer Verfahren und Fragen der Indikation sachlich begründete Toleranz übt, vertretbare fremde Auffassungen anerkennt, selbst wenn die in Frage stehende Behandlung nicht seiner eigenen Erfahrung und Übung entspricht.

Die Probleme der Gerichte bei der Urteilsfindung über Behandlungsfehler dürften künftig nicht geringer werden. Insoweit nimmt die Rechtsprechung notwendigerweise an der Entwicklung der Medizin teil. Die damit verbundenen Schwierigkeiten sind aber unvermeidlich, da das Ausweichen auf die Aufklärung oder die generelle Umkehr der Beweislast aus den von uns dargelegten Gründen zu keiner gerechten Lösung führen kann.

[1] Laufs, in: Jung-Schreiber (Hrsg.), Arzt und Patient zwischen Therapie und Recht (1981), S. 85 ff. Vgl. auch Laufs, ArztR, 2. Aufl. (1978), S. 100.

[2] Steffen, Verh. des 52. DJT, Sitzungsbericht I, S. 14.

[3] BGH, NJW 1980, 1333; 1978, 587 (588); Mertens, in: MünchKomm, § 823 Rdnr. 460; Laufs, NJW 1974, 2025 f.; Zur Problematik der Verlagerung der Arzthaftungsprozesse von der Behauptung eines Behandlungsfehlers auf die Rüge der Verletzung der Aufklärungspflicht vgl. näher Wachsmuth-Schreiber, Arzt und Krankenhaus 1981, 76; Laufs (o. Fußn. 1), Rdnr. 192.

[4] BGH, NJW 1980, 1905: mangelhafte Aufklärung bei Risiken mit einer Wahrscheinlichkeit von 2000:1 bei typischen, wenn auch nicht häufigen Gefahren. Anfang der fünfziger Jahre wurde demgegenüber bei einem Risiko von 50:1 eine Aufklärung nicht für nötig gehalten, BGH, VersR 1961, 1039.

[5] Wachsmuth-Schreiber, Arzt und Krankenhaus 1981, 75 f.; zuerst in FAZ v. 3. 10. 1980.

[6] Steffen, Verh. des 52. DJT, Sitzungsbericht I, 13, 14.

[7] Näher Wachsmuth-Schreiber, Arzt und Krankenhaus 1981, 75 f.

[8] Deutsch, VersR 1981, 295.

[9] Ist eine Belehrung der angestellten Ärzte darüber, wie sie generell der ihnen obliegenden Aufklärungspflicht gegenüber den Patienten zu genügen hätten, unterlassen worden, haftet der Krankenhausträger wegen Verletzung der Organisationspflicht aus § 823 BGB unabhängig vom dezentralisierten Entlastungsbeweis des § 831 I 2 BGB: BGH, NJW 1956, 1106.

[10] Vgl. BGH, NJW 1980, 1905; OLG Celle, NJW 1979, 1251 m. Anm. Schünemann, NJW 1980, 2753 und Wachsmuth, NJW 1979, 1252.

[11] Wachsmuth, Chirurgie zwischen Gesetz und Gewissen, Chirurg 1976, 469–474 und S. 113 ff. dieser Ausgabe.

[12] Schreiber, Chirurg 1980, S. 41 ff.

[13] Stoll, AcP 176, 145 (155, 156); Gaupp, Beweisfragen im Rahmen ärztlicher Haf-

tungsprozesse, Diss. Tübingen 1969, S. 67; Palandt-Heinrichs, 40. Aufl., § 282 Anm. 2e; Gottwald, Jura 1980, 307; zust. Baumgärtel-Wittmann, JA 1979, 113, soweit die Anwendung von § 282 BGB auf das Verschulden beschränkt bleibt (aaO, 117).

[14] BGH, VersR 1978, 542 (544); NJW 1969, 553 (554); VersR 1967, 644; BGH, LM § 286 (C) ZPO Nr. 25; für den Tierarzt BGH, JR 1978, 61 (62) m. Anm. Baumgärtel-Wittmann.

[15] BVerfGE 52, 131 (154) = NJW 1979, 1925 (1927); vgl. ferner BGH, NJW 1969, 553 (554); Baumgärtel-Wittmann, JA 1979, 113 (114f.); Gottwald, Jura 1980, 307; Emmerich, in: MünchKomm, Vorb. § 275 Rdnrn. 298f.; Mertens, in: MünchKomm, § 823 Rdnrn. 411f.; Palandt-Heinrichs, 40. Aufl., Vorb. § 249 Anm. 8c, cc; Die Rechtsprechung vermeidet teilweise die genaue Festlegung, ob im Rahmen der richterlichen Beweiswürdigung (§ 286 ZPO) im Wege des prima-facie-Beweises vorgegangen wird oder ob es zu einer echten Beweislastumkehr kommt. So Rosenberg-Schwab, ZPO, 13. Aufl., § 118 II 4a.

[16] BGH, NJW 1974, 1424 (1426); 1978, 1683; 1969, 553; 1978, 584; 1967, 1508; 1968, 1185; 1971, 241; OLG Frankfurt, VersR 1979, 39; OLG Hamm, VersR 1980, 291 (292); vgl. auch schon RGZ 171, 168 (171).

[17] BGH, NJW 1978, 584; JR 1978, 372 mit Anm. Baumgärtel; vgl. auch Deutsch, JZ 1978, 277; Baumgärtel-Wittmann, JR 1978, 373f.; BGH, NJW 1978, 1683.

[18] BGH, NJW 1978, 1681 (1682); BGHZ 72, 132 (139) = NJW 1978, 2337 = JZ 1978, 806 m. Anm. Walter; vgl. dazu umfassend Lilie, Ärztliche Dokumentation und Informationsrechte des Patienten, Recht und Medizin V, S. 127f.

[19] BGH, NJW 1971, 241; OLG Köln, NJW 1978, 1690.

[20] BGH, NJW 1978, 1681.

[21] Vgl. BGH, LM § 286 ZPO (C) Nr. 25. Näher Laufs, ArztR, 2. Aufl. (1978), S. 104 m. w. Nachw.

[22] BGH, NJW 1952, 382; BGH, VersR 1960, 416.

[23] BVerfGE 52, 131 = NJW 1979, 1925.

[24] Giesen, ArzthaftungsR – Medical malpractice Law (1981), S. 1378. Giesen meint, es könne „derzeit noch keine generelle Beweislastumkehr zugunsten des Patienten in Betracht gezogen werden, soweit es sich um etablierte und bewährte (Schul-)Methoden" handle. Er plädiert unter Berufung auf das BVerfG aber für eine „flexible Handhabung des Beweisrechts", für eine Umkehr der Beweislast dort, wo es im Einzelfall erforderlich sei.

[25] Im ZDF am 29. 6. 1981.

[26] Laufs, ArztR, 2. Aufl. (1978), S. 101.

[27] Steffen, Verh. des 52. DJT, Sitzungsbericht I, 23.

[28] Wachsmuth, Chirurgie zwischen Gesetz und Gewissen, Chirurg 1976, 469–474 und S. 113ff. dieser Ausgabe; Schreiber, Aufgaben und Probleme des chirurgischen Sachverständigen im Arzthaftungsprozeß, in: Heberer-Schweiberer (Hrsg.). Indikation zur Operation, 2. Aufl. (1981), S. 31ff.; Schreiber, Die Stellung des Sachverständigen im Strafprozeß, Anstöße Bd. 27 (1980), 127.

Ein falsches Bild vom Patienten
und seiner Belastbarkeit

1982

I. Vorbemerkung

Das Einsichtsrecht des Patienten in die Krankenunterlagen gehört zu den gegenwärtig am meisten umstrittenen Problemen des Arztrechts, weil es den Kern des Arzt-Patienten-Verhältnisses berührt. In den letzten Jahren ist eine Reihe gerichtlicher Entscheidungen dazu ergangen, jüngst haben sich das Kammergericht[1] und das Oberlandesgericht Köln[2] mit dieser Frage beschäftigt und ins Grundsätzliche reichende Erwägungen dazu angestellt. In den folgenden Ausführungen soll nicht zu den vielfältigen Einzelaspekten des Problems Stellung genommen werden. Es ist zu hoffen, daß der Bundesgerichtshof in seiner demnächst zu erwartenden Grundsatzentscheidung über die Revision gegen das Urteil des Oberlandesgerichts Bremen[3] eine für alle Beteiligten annehmbare Lösung finden wird. Hier soll nur zu zwei wesentlichen Argumenten Stellung genommen werden, mit denen das Kammergericht[4] seine Entscheidung begründet. Diesen muß mit Nachdruck von einem Arzt, der sich seiner Verantwortung dem Kranken gegenüber bewußt ist, widersprochen werden. Folgende zwei Punkte sind für ihn unannehmbar:

1. Die Entscheidung enthält eine aus der neueren Entwicklung abgeleitete, bedenkliche Charakterisierung des Arzt-Patienten-Verhältnisses.
2. Die Eröffnung der „Wahrheit am Krankenbett" darf nicht ohne Rücksicht darauf erfolgen, ob der Patient sie „verkraften kann", um so weniger, als nach dem Urteil des Kammergerichtes der Arzt auf die Relativität der Wahrheit hinweisen muß.

II. Die wirklichkeitsfremde Darstellung des Arzt-Patienten-Verhältnisses

Die für die Entscheidung unnötig ausgeweiteten, lehrhaften Ausführungen des Kammergerichtes zum Arzt-Patienten-Verhältnis zeigen in einer uns Ärzte erschreckenden Weise, wie sehr fachkundige und sachliche durch ideologische und modische Argumente in der Rechtsprechung verdrängt werden.

Die im Urteil enthaltene verzerrte Darstellung des Arzt-Patienten-Verhältnisses ist geeignet, den Kern der ärztlichen Aufgabe zum Schaden der Kranken in Frage zu stellen. Sie geht von der heute in der Rechtsprechung häufig zu findenden, nur abstrakt rechtlich zutreffenden Annahme aus, daß es sich bei dem hilfsbedürftigen Kranken um einen gleichgewichtigen Vertragspartner handelt, der in die juristische Rechnung mit 1:1 einzusetzen ist. So einfach liegen die Dinge nicht. Seit rund 50 Jahren hat sich in der modernen Medizin statt der rein naturwissenschaftlichen Betrachtung die Erfassung des Menschen als einer psychosomatischen Einheit allgemein durchgesetzt. Sicher spielen in der Psychiatrie besondere Umstände eine Rolle, wie sie ja auch im Urteil des Kammergerichtes zum Teil anerkannt werden. Es ist aber mit aller Deutlichkeit darauf hinzuweisen, daß jeder Kranke nicht nur körperlich leidet, sondern auch in seinem seelischen Zustande labil, gestört oder sogar außer Kontrolle geraten ist. Ihn daher in jeder Hinsicht als einen „gleichgeordneten Vertragspartner" zu beurteilen, ist völlig wirklichkeitsfremd und eigentlich nur bei jemandem, der niemals selbst schwer krank die Hilfe eines Arztes gesucht hat, verständlich. Das vom Kammergericht angeprangerte „auf mythologischen Wurzeln beruhende Unterwerfungsverhältnis", das „Verhältnis der Über- und Unterordnung", wie es in dieser Form niemals bestanden hat, ist nur als eine entstellende Karikatur der besonderen Arzt-Patienten-Beziehung zu bezeichnen.

Wenn sich „in den letzten Jahrzehnten und besonders in den letzten Jahren" dieses Verhältnis weitgehend und einschneidend verändert haben sollte, so ist dies nicht zuletzt auf den Einfluß von Massenmedien und leider auch von Urteilen, wie etwa dem des Kammergerichts, zurückzuführen, welche der Öffentlichkeit ein keineswegs zutreffendes Bild vermitteln. Daß zu etwa 80% ein seit Generationen überliefertes Vertrauensverhältnis bei den Kranken in alter Weise fortbesteht, ist einerseits der unveränderten Hingabe der großen Mehrzahl der Ärzte, andererseits dem gesunden Empfinden der Kranken zu verdanken, die in dem Arzt ihres Vertrauens nicht den gleichgeschalteten Geschäftspartner mit Honoraransprüchen sehen wollen. Mag man die suggestive Wirkung und Ausstrahlung einer Arztpersönlichkeit als „Mythologisierung" verdammen und eine „sachlichere, rationellere und entmythologisierte Einordnung des Arzt-Patienten-Verhältnisses" fordern, so verliert dieses wesentlich an menschlicher Substanz. Der, dessen Beistand in der Not gesucht wird, würde zum reinen Geschäftspartner, von dem sich das Gros der Kranken ab- und Kurpfuschern und heilenden Sekten zuwenden wird, welche in den Mittelpunkt ihres Handelns einen falschen Mythos stellen.

Mit dem Versuch, für die besondere zwischenmenschliche Beziehung zwischen Helfer und Hilfesuchendem die rechtlichen Formen einer Geschäftsbeziehung zur maßgebenden Grundlage werden zu lassen, zerstört die Rechtsprechung zum schweren Schaden beider deren eigentliche Basis, die auf den Einzelmenschen abgestimmte Sorge des Arztes um den Kranken einerseits und andererseits beim Kranken die Gewißheit des Umsorgtseins. Notwendig sind Idealismus und menschliche Anteilnahme von seiten des Arztes,

Bereitwilligkeit zum Offenbaren selbst der Intimsphäre von seiten des Kranken, wie es sonst nur gegenüber dem Geistlichen möglich ist. Bei der vom Kammergericht geforderten Gleichstellung mit einem „normalen (Dienst-) Vertragsverhältnis" kann es etwas Derartiges nicht geben. Daß das Arzt-Patienten-Verhältnis sich in die geltende Rechtsordnung einfügen muß, sich nicht im rechtlosen Raum bewegen darf, vielmehr beide Partner vor dem Recht gleichwertig sind, ist eine Selbstverständlichkeit, die einer besonderen Begründung nicht bedarf.

Welchen verheerenden Einfluß die zunehmende Entidealisierung und Vermarktung des ärztlichen Berufes auf die Entwicklung unseres ärztlichen Nachwuchses haben wird, ist nicht abzusehen und nicht zu verantworten. Anzeichen entsprechender Tendenzen sind erklärlicherweise schon heute zu erkennen und werden für den Patienten spürbar.

III. Unbegrenztes Recht auf Wahrheit trotz ihrer Relativität?

Kürzlich hat schon das Oberlandesgericht Bremen[5] darauf hingewiesen, und das Kammergericht folgt ihm darin, daß „ebenso wie der Patient die Behandlung trotz Hinweises auf die Folgen einer Nichtbehandlung ablehnen darf, also die Freiheit hat, sich insoweit selbst zu schädigen, muß ihm auch die Freiheit und das Recht zustehen, sich durch Kenntnisnahme von der Wahrheit zu schädigen, wenn er das will". Dieser Vergleich ist unzutreffend. Bei der Verweigerung der Behandlung entscheidet der Patient frei aufgrund seines Selbstbestimmungsrechtes in klarer Erkenntnis des zu erwartenden Schadens, bei der Aufklärung muß von dem Arzt im Regelfall auf das Verlangen des Kranken volle Information gegeben werden, „selbst wenn er fürchtet, der Patient werde die Wahrheit nicht verkraften". Dabei geht es also nicht mehr um das reine Selbstbestimmungsrecht des Kranken, das selbstverständlich unbestritten ist, sondern um eine ärztliche Handlung, die mit dem Gewissen des Arztes und dem obersten Grundsatz „nihil nocere" nicht vereinbart werden kann. Hier liegt eine Perversion des Selbstbestimmungsrechtes vor, das im Sinne des Grundgesetzes den Bürger eigentlich vor Schaden schützen soll. Das den Arzt fast täglich beschwerende Problem der Wahrheit am Krankenbett läßt sich nur individuell lösen, in Inhalt und Form dem Kranken und seinem Zustande angepaßt. Die brutale Eröffnung durch Wort oder Schrift kann unmenschlich sein. Es erhebt sich die Frage, ob man einen Arzt, der hierdurch den Tod durch Schock oder Selbstmord herbeiführt, nicht wegen fahrlässiger Tötung schuldig sprechen muß. Derartige Fälle sind nicht etwa nur theoretisch erdacht, sondern kommen nicht selten vor. Vielfältige Erfahrungen beweisen das. Erst vor kurzem drängte ein hoher Richter den Chirurgen, seiner krebskranken Frau nicht zu sagen, daß sie nur noch einige Monate zu leben habe, da sie die Wahrheit nicht „verkraften" könne.

Wenn darüber hinaus das Kammergericht ausführt, daß „der Patient allerdings wissen und erfahren muß, daß der Begriff der Wahrheit auch in der modernen Medizin mit allen ihren Hilfsmitteln ein relativer Begriff ist, und daß der menschliche Organismus mitunter auch unerwartet, rätselhaft und auch vom Arzt nicht vorhersehbar reagieren kann", so zeigt sich hierin der ganze Widersinn der Begründung des Urteils. Nach ihm ist der Arzt verpflichtet, dem Kranken, dem er die Wahrheit sagen muß, mitzuteilen, daß Wahrheit ein relativer Begriff und von den erwähnten nicht übersehbaren Umständen abhängig ist. Jedem erfahrenen Arzt ist die Unsicherheit von Prognosen bezüglich Art und Dauer des Verlaufs klar. Es gibt etwa Karzinome, die unbehandelt und ohne Beschwerden zu machen über Jahre oder Jahrzehnte bestehen. Wie lange soll sich der Kranke mit einer ungewissen „relativen" Wahrheit abquälen? Die Todesangst ist nicht „relativ", sondern absolut und oft lebenszerstörend. Soll man dem Kranken mit einer ungewissen Wahrheit, über deren Fragwürdigkeit man ihn auf seinen rechtlichen Anspruch hin selbst aufklären müßte, vielleicht unnötig das Leben zerstören? So einfach, wie dieses Urteil es fordert, liegen die Dinge nicht. Nach den Jahren der Entrechtung hat uns das Grundgesetz das Recht auf Selbstbestimmung geschenkt, ein kostbares Gut, mit dem wir sorgfältig umgehen müssen. In unserem „fast perfektionierten Rechtswegestaat" mit seinem zum Anspruchsdenken verführenden „fast lückenlosen Rechtsschutzsystem" ist es in Gefahr auszuufern und sich gegen den zu richten, den es schützen soll.

---

[1] NJW 1981, 2521 ff.

[2] NJW 1982, 704.

[3] NJW 1980, 644.

[4] NJW 1981, 2521.

[5] NJW 1980, 644.

Zur Problematik des medizinischen Sachverständigen im Arzthaftungsprozeß

1982

„Der medizinische Sachverständige als Herr des Prozesses ist ein notwendiges Übel, das im Interesse einer objektiven Rechtsfindung so gering wie möglich gehalten werden muß. Dazu sind Verwaltung, Gerichte, Anwälte und Prozeßbevollmächtigte aufgerufen."

So beginnt ein vor wenigen Jahren erschienenes Buch über die Beurteilung medizinischer Gutachten aus der Feder von Werner Schimanski, Rechtssekretär des DGB in Bremen[1].

Beide Sätze führen uns unmittelbar zu den zwei Kernproblemen unseres Themas.

1. Der medizinische Sachverständige ist nur dann „Herr des Prozesses", wenn der Richter ihm die Führung überläßt und das vor allem, sofern er nicht durch gezielte Fragen während der Verhandlung sich selbst ein Bild von der Stichhaltigkeit des Gutachtens macht, um zu dem ihm allein zustehenden Urteil zu gelangen. Nur so kann er dem medizinischen Sachverständigen die Rolle zuweisen, die ihm zusteht und auf die dieser sich zu beschränken hat, nämlich die des fachlichen Beraters. Daß dies offenbar nicht immer gelingt, geht aus einem Hinweis von Dunz[2] hervor, daß die Möglichkeiten eines Klägers beschnitten werden, wenn ein „mauernder" Gutachter mit einem etwas hilflosen Tatrichter zusammentrifft[3].

2. Die Bezeichnung des medizinischen Sachverständigen als „notwendiges Übel" zeigt die völlige Verkennung der Situation. Richter und medizinischer Sachverständiger sind Partner mit verschiedenen Aufgaben. Ihr sachliches Zusammenwirken ist eine unerläßliche Voraussetzung der Rechtsprechung.

Das Wort von der „Krise" des medizinischen Sachverständigenbeweises breitet sich aus und erhält sein besonderes Gewicht dadurch, daß es in dieser oder ähnlicher Form aufgenommen und von prominenten Juristen, ja selbst einem Bundesrichter des Sechsten für Arzthaftpflichtfragen zuständigen Senats sowie von einem zumindest umstrittenen Urteil des BGH bestätigt wird. Diese Krise beschäftigt nicht nur Ärzte und Juristen, sondern hat auch in der öffentlichen Publizität einen breiten Raum eingenommen. Die verantwortungsbewußten Ärzte sind nicht nur, wie Laufs[4] meint, enttäuscht, sondern empört über den unangemessen verallgemeinernden Vorwurf, in der Mehrzahl ihrer pflichtgemäßen Objektivität als Sachverständige vor Gericht nicht nachzukommen. Ich darf dazu sagen, daß ich selbst rund 50 Jahre in wohl hunderten von Fällen als chirurgischer Gutachter tätig gewesen bin, davon etwa die Hälfte der Zeit als verantwortlicher Chef einer großen Klinik, und daß ich in einer von mir nicht mehr bezifferbaren Anzahl von Zivil- und Strafprozessen als chirurgischer Sachverständiger vor Gericht vernommen worden bin. Nicht ein einziges Mal ist meine Objektivität angezweifelt worden. Soweit ich in einzelnen Fällen die einseitige Parteinahme von Sachverständigen zugunsten des angeschuldigten Arztes feststellen konnte, habe ich dies als ein menschliches Versagen angesehen und dementsprechend Stellung genommen. Denn in der ungerechtfertigten Entlastung des Kollegen ist unvermeidlich eine, wenn auch mittelbare Verletzung der Fürsorgepflicht für einen geschädigten Menschen, also ein Verstoß gegen die Grundsätze der ärztlichen Ethik zu sehen. Ich habe wiederholt darauf hingewiesen, daß ich die Objektivität des medizinischen Sachverständigen für eine der vornehmsten Aufgaben eines Arztes halte, zu der er nicht nur durch seinen Eid verpflichtet ist, sondern zugleich für die Reinerhaltung des eigenen Berufes sorgt[5].

Der medizinische Sachverständige ist nach dem Gesetz der Gehilfe des Richters und als solcher sein Partner. Differenzen, welcher Art auch immer, lassen sich nach meiner festen Überzeugung nicht durch Konfrontation, sondern nur durch Verständigung lösen, durch Überzeugen von der Aufgabe, den Rechten und Pflichten des anderen. Das mag manchmal schwierig sein, denn Richter und Arzt unterscheiden sich in wesentlichen Punkten, so in ihrer Denkweise und ihrer Sprache. Es wäre ein falsches Verlangen, beide so verschiedene Partner harmonisieren zu wollen. Unverzichtbar ist aber das Bemühen, durch Argumente zu überzeugen und das Vertrauen in die Lauterkeit des anderen zu gewinnen. Dazu bedarf es des eingehenden Gesprächs zwischen dem Richter und seinem fachlichen Helfer in der Verhandlung, das oftmals für beide Seiten ganz neue, bisher noch nicht ausreichend erkannte Gesichtspunkte ergeben mag. Das noch so ausführlich begründete schriftliche Gutachten kann daher meines Erachtens auch in Zivilprozessen meist nicht ausreichen, um dem Richter die für die Urteilsfindung notwendige Klarheit über die Rechtslage zu verschaffen.

Eine Krise darf man nicht hinnehmen und sich mit ihr abfinden, vielmehr muß man den Ursachen auf den Grund gehen und versuchen, sie zu beseitigen. Massive und in dieser verallgemeinernden Form von den Ärzten als unberechtigt empfundene Vorwürfe bringen uns nicht weiter und vertiefen nur noch die Kluft. Sie lassen Ressentiments entstehen.

Ich bedauere es aufrichtig, daß die Polemik gegen die Ärzte auch von manchen Juristen in der Form mit solcher Schärfe geführt wird, daß sie oft weniger sachlich als emotional erscheint. Vorwürfe wie „auf Trägheit oder Ignoranz beruhende Unterlassungen oder gedankenlose oder nach Augenblickserfolgen schielende Medikationen in der Praxis des niedergelassenen Arztes"[6] oder „ein unwürdiges Versteckspiel"[7], dienen ebensowenig einer notwendigen Verständigung wie das Abtun ernsthafter Bedenken eines namhaften Klinikers als „larmoyantes Lamento"[8]. Kommen solche Äußerungen selbst aus höchstrichterlichem Munde, so könnten sie den Eindruck der Voreingenommenheit erwecken und das Vertrauen der Ärzteschaft in die richterliche Objektivität gefährden, die wir für die Grundlage unseres freiheitlichen Rechtsstaates halten.

So sehe ich meine Aufgabe darin, Ihnen die oft schwierigen, aber ehrlichen Probleme zu schildern, denen sich der chirurgische Sachverständige bei der Erfüllung seiner Aufgabe ausgesetzt sieht. Ich möchte Sie davon überzeugen, daß ich keineswegs etwaige Fälle, die landesüblich unter „Krähentheorie" eingestuft werden und die nach meiner nicht geringen Erfahrung weitaus die Minderheit betreffen, beschönigen oder entschuldigen will.

Aus der Flut kritischer, zum Teil aggressiver und unberechtigter Stellungnahmen und Urteile, die Ihnen im einzelnen gewiß besser bekannt sind als mir, nenne ich nur folgende Beispiele:

Bundesrichter Dunz schreibt: „Es ist nun einmal so, daß sich die Mehrzahl der Ärzte auch noch in der Gutachterrolle einer hergebrachten Standesmoral verpflichtet glaubt, die in diesem Zusammenhang eindeutig unmoralisch wird, das gilt nicht für alle. Die großen wissenschaftlichen Kapazitäten, die aber ohnehin überlastet sind und deren Einsatz oft sachlich gar nicht notwendig wäre, urteilen nach meiner Erfahrung mindestens subjektiv redlich; ihre Assistenten gehen mitunter im Beckmessern sogar zu weit. Sonst aber ist das ‚Mauern‘ zugunsten des beklagten Arztes ein fast allgemeiner Brauch"[9].

Ich halte es für recht fragwürdig, wenn derselbe Bundesrichter wiederholt die „redlichen" Gutachter von der Mehrzahl der anderen unterscheidet[10].

In dieselbe Richtung zielt ein Urteil des Bundesgerichtshofes, das Zweifel in die Zuverlässigkeit des medizinischen Sachverständigen setzt: „Zur Aufgabe des Tatrichters gehört es gegebenenfalls auch zu prüfen, ob ein Gutachter auch dazu neigt, Ermessensspielräume im Sinne einer vorfixierten Tendenz auszunützen oder gar auf Tatsachenfeststellungen überzugreifen, die dem Richter vorbehalten bleiben müssen. Daß gerade für medizinische Gutachter im Kunstfehlerprozeß solche Untersuchungen aus einer unterschwelligen Standessolidarität mitunter erwachsen können, ist eine Erfahrungssache, die kein Richter außer acht lassen darf[11] ...". Zunächst darf der Tatrichter nicht übersehen, daß auch heute noch eine nicht geringe Zahl medizinischer Gutachter Schwierigkeiten hat, sich bei der Ausübung ihres Amtes von überholten und in diesem Zusammenhang der Rechtsordnung widersprechenden Standesregeln freizumachen. Dies gilt vor allem im Kunstfehlerprozeß. Das bedeutet nicht, daß deshalb einem solchen Gutachten grundsätzlich zu mißtrauen wäre. Wohl aber hat der Richter sorgfältig auf Anzeichen einer hieraus möglicherweise entspringenden – gewiß häufig nicht bewußten – Voreingenommenheit des Gutachters zu achten, und kann deshalb, soweit er sich daran nicht durch mangelnde eigene Sachkunde gehindert sehen muß, vor allem auch Urteile des Gutachters, die notwendig auf subjektiver Wertung beruhen, durch eigene korrigieren oder ersetzen[12].

Mit dieser Form der Auseinandersetzung werden wir die Krise nicht meistern. Die Aufforderung des Bundesgerichtshofes an den Tatrichter, der Richter habe sorgfältig auf eine Voreingenommenheit des Gutachters zu achten, stellt primär die Glaubwürdigkeit des Partners als Helfer in Frage, den der Richter ja selbst nach Persönlichkeit und Fachwissen bestimmt hat. Es ist nicht verwunderlich, daß unter diesen Umständen die Bereitschaft zur Übernahme der Aufgabe eines medizinischen Sachverständigen ständig abnimmt. Das Mißtrauen ist von vornherein dem Richter zur Pflicht gemacht. Vor einigen Jahren bat mich ein Oberstaatsanwalt dringend, in einem Arztstrafprozeß als Sachverständiger einzuspringen, nachdem er von fünf Ordinarien Absagen erhalten hatte.

Der Hinweis von Dunz[13] auf den Gutachtermißstand, den er nur bei ärztlichen Sachverständigen, nicht z. B. bei Architekten finde, enthält einen Vergleich, der indiskutabel ist, da es sich in einem Fall um Komplexe schwieriger menschlicher Probleme und im anderen Fall um Häuser, Materialien oder Konstruktionsfehler handelt. Gerade dieser Vergleich zeigt, wie nötig es ist, vor Richtern einmal über die echte Problematik des medizinischen Sachverständigen zu sprechen.

Zunächst die äußere Problematik, wenn ich sie so nennen darf. Der medizinische Sachverständige geht nicht mehr unbefangen vor Gericht, sondern fühlt sich vom Richter auf seine „Redlichkeit" überprüft, er muß zunächst den Verdacht ausräumen, sich der immer wieder vorgeworfenen „Standesmoral" verpflichtet zu fühlen. Hier liegt eine völlige Entfremdung des Begriffes vor. Standesmoral bedeutet nicht das Decken vielleicht selbst tragisch schuldig gewordener Kollegen, bedeutet keine billige Kumpanei – die Standesmoral, wie ich sie kenne, die sich in echter Kollegialität, kollegialer Hilfsbereitschaft und Beratung beweist, ist entsprechend der zeitgemäßen Änderung unserer gesellschaftlichen Grundwerte, der zunehmenden Konkurrenz und der mit der Vermassung zunehmenden Entfremdung auch des Ärztestandes leider immer seltener geworden. Hier gehen beste Traditionen zu Ende und man kann sich fast nur noch ihrer in den Biographien großer Ärzte erinnern.

Das heute von der Berufsordnung für deutsche Ärzte geforderte Verhalten schreibt Kollegialität im ärztlichen Dienst vor, verlangt aber im Gegensatz zu den immer wiederholten unwahren, z. T. tendenziösen Unterstellungen niemals die Verletzung der Sachverständigen-Amtspflicht im Arztprozeß[14].

Als psychologisch verständlich weist Schreiber auf die auch von mir zu bestätigende Gefahr hin, daß als Folge der öffentlichen Kritik ärztliche Sachverständige manchmal darauf aus zu sein scheinen, ihre Unparteilichkeit und Unabhängigkeit dadurch zu beweisen, daß sie unbedingt Behandlungsfehler finden. Die sprichwörtliche „Krähe" scheint also bereit, der anderen ein Auge auszuhacken. Damit würde ein Mißstand durch einen anderen ersetzt[15], ein untrügliches Symptom für das ungesunde Klima.

Äußere durchaus achtbare Gründe können einen Arzt auch zwingen, sich in einem besonderen Falle für befangen zu erklären. Persönliche nahe Freundschaft, jahrelange gemeinsame Ausbildungszeit an der gleichen Klinik, regionale Nachbarschaft und auch tiefgreifende wissenschaftliche Differenzen über das zur Verhandlung stehende Thema können ihn von vornherein an seiner eigenen Objektivität zweifeln lassen. Es gibt wohl kein Gericht, das derartige Gründe nicht anerkennen würde.

Das schwierigste innere Problem, das sich gerade für den erfahrenen und gewissenhaften, um mit Dunz zu sprechen, „redlichsten" medizinischen Sachverständigen ergibt und seine Pflicht zur Objektivität oft belastet, liegt in der Erkenntnis der eigenen Unzulänglichkeit. Ich muß Ihnen das erklären, weil es in dieser Form einem medizinischen Laien, auch dem Richter also, kaum verständlich ist. Ich sage das ohne jede Überheblichkeit. Der Kampf des Arztes gegen Krankheit und Tod ist seiner Natur nach von unvermeidlichen Mißerfolgen begleitet. Schon als junger Chirurg habe ich gelernt, daß kein Tag zu Ende gehen darf, ohne daß man sich in kritischer Gewissenserforschung über das Geleistete Rechenschaft ablegt und es verging kein Abend, an dem man sich nicht fragte, was man hätte anders oder besser machen können, welche Zwischenfälle zu vermeiden gewesen wären. Diese schonungslose Ehrlichkeit gegen sich selbst, die ich auch meinen Schülern weiterzugeben versucht habe, verbürgt erst die für unseren Beruf notwendige innere Standfestigkeit, die erforderlich ist, wenn wir guten Gewissens das kostbare Gut, Leben und Gesundheit des Menschen, in Händen halten wollen. So ist es verständlich, daß gerade der Erfahrene das Versagen eines Arztes eben mit den Augen eines Arztes und nicht des Richters sieht. Trotzdem oder vielleicht gerade deshalb ist er als Sachverständiger zu der strengen Objektivität verpflichtet, die ihm als sachkundigem Helfer des Richters obliegt.

Wie fremd diese uns verständlichen inneren Spannungen und wie oberflächlich ihre Beurteilung durch den medizinischen Laien sein können, geht aus der Einstellung von Giesen[16] hervor, wenn er über den Sachverständigen unbegründet und fast böswillig schreibt: „Ein Vergleich dieser eigenen u. U. nicht immer ausreichenden Sorgfalt liegt nahe und kann ihn zu einer unausgesprochenen apologia pro vita sua, zu einer Verteidigung des eigenärztlichen Selbstverständnisses veranlassen."

Ich will keineswegs bestreiten, daß der Geist der Zeit auch schon Idealismus und Moral mancher Ärzte angenagt hat, ich bitte Sie aber, aus der

Tatsache, daß Sie einmal schlechte Erfahrungen gemacht haben, keine Rückschlüsse auf die Allgemeinheit zu ziehen.

Die Auswahl eines medizinischen Sachverständigen, die der Richter zu treffen hat, wird sowohl für ihn wie auch für den Sachverständigen immer problematischer. Die rasant zunehmende Spezialisierung in der Medizin, die Aufspaltung in immer kleinere sich gegeneinander abgrenzende oder sich überschneidende Wissensgebiete verlangen von dem Richter einen für die Beurteilung des Falles besonders kenntnisreichen und erfahrenen Fachmann. Mit zunehmender Entwicklung wird sich die Verhandlung auf mehrere übergreifende Gebiete zu erstrecken haben. Hier setzt eine echte Partnerschaft ein. Der Sachverständige muß erkennen und bekennen, daß er im vorliegenden Fall überfordert ist und zum Hinzuziehen eines weiteren Spezialisten rät. Grundsätzlich – und das ist die wesentlichste Forderung, die von seiten der Ärzte erhoben wird – sollten nur solche Ärzte als Sachverständige fungieren, die auf dem zur Verhandlung stehenden Gebiete wissenschaftlich und praktisch selbst gearbeitet und nicht nur ihre Weisheit aus Büchern geschöpft haben. Die Heranziehung eines Facharztes für Rechtsmedizin als Sachverständiger in einem komplizierten chirurgischen Falle, wie das immer wieder vorkommt, ist fehl am Platze. Ein derartiger Fall durchlief sämtliche Instanzen, bis ein erfahrener Gefäßchirurg das abschließende, die bisherigen wiederlegende Gutachten abgab.

Die zunehmende Spezialisierung birgt auch für den Sachverständigen Gefahren. Er muß sich hüten vor einer zu engen Auslegung seiner eigenen Auffassungen. Voraussetzung jedes Fortschritts in der Medizin ist die zum Teil sehr kontroverse Diskussion. So darf der medizinische Sachverständige die dogmatische Auslegung seiner Schule, seiner eigenen Erfahrungen nicht zum entscheidenden Gesichtspunkt einer Beurteilung machen. Hier liegt die Gefahr eines gewissen Pharisäertums, das wir gelegentlich beobachtet haben und das die Aussage eines Sachverständigen nicht mehr als objektiv erscheinen läßt. Bei einem Narkosezwischenfall in einem kleinen Krankenhaus darf nicht einfach dem Arzt oder dem Krankenhausträger vom anaesthesiologischen Sachverständigen ein Vorwurf gemacht werden, weil nicht ein Fachanaesthesist die Narkose durchgeführt hat. Für die Beurteilung der Schuldfrage sind andere Gesichtspunkte maßgebend.

Nicht nur die aus der Spezialisierung folgernde Beteiligung mehrerer, oft einer ganzen Reihe von Ärzten lassen Fragen nach der Verantwortlichkeit bezüglich Aufklärung und Behandlung aufkommen, der Sachverständige hat heute bereits Schwierigkeiten, im Einzelfall die Verantwortlichkeit eines bestimmten Arztes festzustellen. Der Ruf nach Humanisierung des Krankenhauses tönt aus allen Mündern und Gazetten, während die soziale Errungenschaft festgelegter Dienstzeiten für Ärzte und Personal sowie die Bürokratisierung des Krankenhausbetriebes zu einer noch nie dagewesenen Enthumanisierung führt. Streng begrenzte Arbeitszeit und hierdurch bedingter Schichtwechsel gehen zu Lasten der Patienten sowohl in menschlicher Beziehung als auch durch die Verwischung der Verantwortung, deren Grenzen selbst für den Sachverständigen nur noch schwer feststellbar werden: Der Patient wird mit einer akuten Erkrankung abends aufgenommen, es erfolgt das notwendige aufklärende Gespräch durch den diensthabenden Arzt und wenn der Patient am nächsten Vormittag in den Operationssaal gefahren wird, ist der Operateur bereits seit Stunden laufend mit Eingriffen beschäftigt. Zur Nachmittagsvisite kommt der Arzt vom Tagesdienst und nachts wird notfalls der Nachtdienst gerufen. So wandert der Patient von Hand zu Hand und bei den Schwestern und Pflegern ist es nicht anders. Wer soll bei postoperativen Komplikationen die Verantwortung tragen, da sich diese oft langsam oder in Schüben entwickeln und der Zeitpunkt ihrer Erkennbarkeit häufig nicht mehr festzustellen ist? Der Sachverständige kann hier vor unlösbaren Problemen stehen.

Lassen Sie mich noch ein Wort zu der besonders aktuellen Frage der Aufklärung sagen.

Seit Jahren habe ich betont, daß das ärztliche Gespräch mit dem Kranken Voraussetzung und Grundlage jeder zwischenmenschlichen Beziehung zwischen Arzt und Patient ist. Ich muß unumwunden zugeben, daß dieses ausführliche Gespräch von vielen Ärzten in der Bedeutung nicht mehr voll erkannt und aus mancherlei äußeren Gründen, wie Zeitmangel, Schichtwechsel oder sprachlichen Verständigungsschwierigkeiten vernachlässigt wurde. Darin, daß sich hier ein grundsätzlicher Wandel vollzogen hat, sehe ich die Frucht der Diskussion der letzten Jahre und nicht zuletzt der Kritik von juristischer Seite. Das Gespräch enthält die Pflicht zur Aufklärung, da nur durch eine solche die Einwilligung des Kranken zur Behandlung, insbesondere zu Operationen, erlangt werden kann.

Volles Einverständnis besteht zwischen Juristen und Ärzten über die prinzipielle Pflicht zur Aufklärung. In zahlreichen Entscheidungen, die hier nicht aufgeführt werden können, hat der Bundesgerichtshof dem „therapeutischen Privileg" Rechnung getragen[17]. Trotzdem werden sich im Einzelfall zwischen den Prinzipien des salus und der vom Juristen betonten voluntas aegroti suprema lex Differenzen nicht ausräumen lassen. Wirklich schwierig werden die Entscheidungen bei infauster Prognose. Dem in jüngster Zeit in Urteilen geforderten Recht des Kranken auf totale Information steht die Ablehnung durch die Ärzteschaft gegenüber[18]. Ob, wie, wann einem krebskranken Patienten die Wahrheit mitgeteilt werden darf oder muß, hängt allein vom Einzelfall ab und unterliegt ausschließlich der Entscheidung des Arztes, dessen Einfühlungsvermögen, Sachkenntnis und Geduld allein zur Entscheidung berufen ist. Erst vor wenigen Monaten brach ein bekannter Rechtsgelehrter bei der brutalen Eröffnung über seinen lebensbedrohlichen

Zustand, die er ausdrücklich verlangt hatte, völlig zusammen und mußte noch seine Frau trösten, die ohne ihn nicht mehr weiterleben wollte.

Wie weit hat dies mit unserem Thema des medizinischen Sachverständigen zu tun? Die Frage, ob der Vorwurf einer unterlassenen oder eingeschränkten Aufklärung berechtigt war, ist für ihn kaum zu beantworten, es sei denn, daß es sich um grobe Nachlässigkeiten und Versäumnisse gehandelt hat. Der Hinweis des Bundesgerichtshofes „nur in dem besonderen Falle, daß die mit der Aufklärung verbundene Eröffnung der Natur des Leidens zu einer ernsten und nicht behebbaren Gesundheitsschädigung des Patienten führen würde, könnte ein Absehen von der Aufklärung gerechtfertigt sein[19]", gibt dem Arzt wenig Anhaltspunkte für sein Handeln. Prognose, voraussichtliche Lebensdauer und oft sogar die Diagnose sind schwer faßbar und Irrtümern ausgesetzt. Die Wahrheit in der Medizin ist relativ. Die Reaktionen auf Eröffnung der Wahrheit sind kaum abzuschätzen. Ich habe in dieser Beziehung positive und negative Überraschungen erlebt, die den Erwartungen nicht entsprachen.

Der Sachverständige muß bei der Anklage unzureichender Aufklärung gegen einen Arzt dessen Argumente sorgfältig prüfen und versuchen, sich in die Situation ex ante zu versetzen und seiner Beurteilung nicht etwa den tatsächlichen Verlauf zugrunde zu legen. Hier handelt es sich nicht nur um schwieriges Abwägen, sondern um echte Gewissensfragen auch für den Sachverständigen. Es ist daher unverständlich, wenn Bundesrichter Dunz schreibt: „Ich bin nicht auf die Frage eingegangen, inwieweit echte therapeutische Belange ausnahmsweise eine Einschränkung der an sich gebotenen Aufklärung, insbesondere über die Risiken eines für erforderlich erachteten Eingriffes rechtfertigen können. Der Bundesgerichtshof hat sich der Möglichkeit solcher Konstellationen nie verschlossen, sie vielmehr gelegentlich ausdrücklich bejaht. Die praktische Bedeutung dieses Aspekts scheint mir aber sehr viel geringer zu sein als man nach der Beliebtheit des Themas in der wissenschaftlichen Diskussion wie in der Laienpresse vermuten könnte. Der Verfasser entsinnt sich aus den letzten fünf Jahren keines an den Bundesgerichtshof herangetragenen Falles, in dem die angebliche Aufklärung mehr war als eine kaum ernstgemeinte Schutzbehauptung des Beklagten, der eine angemessene Aufklärung einfach aus Gedankenlosigkeit oder Selbstherrlichkeit versäumt hatte[20]."

Diese erstaunliche Ansicht bagatellisiert eines der schwierigsten Probleme, mit denen wir Ärzte uns Tag für Tag in jedem Einzelfall neu auseinanderzusetzen haben und ist wohl nur zu erklären durch die geringe Anzahl von einschlägigen Fällen, vorwiegend negativen Charakters, die auf dem Tische des Bundesgerichtshofes landen.

Noch eine Schwierigkeit möchte ich erwähnen, die sich zwischen den Auffassungen des Richters und denen des medizinischen Sachverständigen ergibt. Es handelt sich um die gebräuchliche Formel „mit an Sicherheit grenzender Wahrscheinlichkeit". Für den naturwissenschaftlich denkenden Arzt gibt es den Begriff der Sicherheit nicht. Er kann eine dahin gehende Frage des Gerichts daher mit gutem Gewissen in der Regel nicht beantworten. Der Richter dagegen ist gewohnt, von der Bejahung oder Verneinung dieser Formel sein Urteil abhängig zu machen. Dadurch verlagert er letzten Endes die Verantwortung, die er allein zu tragen hat, auf den Sachverständigen. Herr Schreiber und ich haben uns mit dieser Frage eingehend befaßt[21]. Aktuell wurde die Bedeutung wieder durch ein Verfahren, in dem ein Arzt beschuldigt wurde, durch Nachlässigkeit und grobe Fahrlässigkeit bei einem von ihm wegen Appendicitis operierten kleinen Mädchen die sich durch Stumpfinsuffizienz langsam ausbreitende Peritonitis nicht erkannt zu haben. Seine dauernden Verstöße gegen elementare ärztliche Pflichten waren tatsächlich unentschuldbar. Drei Sachverständige bejahten uneingeschränkt den kausalen Zusammenhang zwischen der entstandenen Peritonitis und dem Tod. Sie konnten aber – und wie ich meine mit Recht – nicht mit an Sicherheit grenzender Wahrscheinlichkeit feststellen, daß das Kind bei einem rechtzeitigen operativen Eingriff hätte gerettet werden können, obgleich dies sehr wahrscheinlich war. Es gibt eben gelegentlich auch Bauchfellentzündungen, die wegen der Virulenz der Erreger oder der mangelnden Abwehrkraft trotz regelrechter Behandlung zum Tode führen. In einem etwas unglücklichen Urteil wich das Gericht auf die von den Sachverständigen bejahte Frage der Lebensverkürzung um einen Tag aus, ein Urteil, das in der Ärzteschaft mangels Kenntnis des genauen Sachverhalts meines Erachtens zu Unrecht viel Staub aufwirbelte[22].

In einem Verfahren gegen einen Naturheilkundigen wurde mir die gleiche Frage gestellt. Er hatte eine Frau wegen Mammakarzinoms, ohne sie jemals körperlich untersucht zu haben, durch Verschreiben von Salben behandelt und als nach vielen Monaten der Tumor ulcerierte, sie, wieder ohne sie zu untersuchen, beruhigt, nun komme das Böse aus der Wunde heraus. Da ich nicht mit an Sicherheit grenzender Wahrscheinlichkeit erklären konnte, daß die Frau bei rechtzeitiger ärztlicher Behandlung geheilt worden wäre, wurde der Angeklagte freigesprochen. Einen 100%igen Erfolg in der Medizin kann man eben nicht versprechen.

Ich konnte nur versuchen, Ihnen zu zeigen, daß die Aufgaben eines medizinischen Sachverständigen viele Probleme mit sich bringen und Sie zu überzeugen, daß man diese Krise nicht mit Mißtrauen beseitigen kann. Richter und medizinischer Sachverständiger haben ihre getrennten Aufgaben, dem Richter ist die Rechtsprechung vorbehalten, der Sachverständige ist sein Helfer in fachlichen Fragen, sie sind also beide Partner. Dazu gehört gegenseitiges Vertrauen und keine unerlaubte Kategorisierung in „redlich oder unredlich". Entscheidend ist das Gespräch zwischen beiden, für das beide im Interesse der Sache aufgeschlossen sein müssen. Ich habe verständige und bürokratische Richter erlebt, solche, die der Amtshandlung die unerläßliche Würde gaben und solche, die gegen die Form gröblich verstießen. Bei meiner letzten Vernehmung als Sachverständiger in einem Arztstrafprozeß setzte sich der ersuchte Richter – wohlbemerkt im Januar – in Hemdsärmeln mir gegenüber, steckte sich eine Pfeife an und blätterte gelangweilt in den ihm offensichtlich noch unbekannten Akten, auf deren wesentliche Punkte ich mich gezwungen sah, ihn aufmerksam zu machen. Meine Aussage mußte ich notgedrungen selbst dem Protokollführer diktieren. Die Gelegenheit zu einer Aussprache ergab sich naturgemäß nicht.

Kommt es aber über das schriftliche Gutachten hinaus zu einem echten Dialog, so wird es für beide Seiten etwas Befreiendes haben, wobei auch der Sachverständige der Anstrengung bedarf, Denkweise und Sprache des Richters zu verstehen. Beide Partner müssen sich entgegenkommen, die Konfrontation vermeiden und die Kooperation suchen.

Für die gegenseitige Verständigung kann hilfreich sein, wenn sich die Ärzte allgemein mehr als bisher mit den rechtlichen Möglichkeiten und Grenzen ihres Handelns befassen, ebenso wie die im ärztlichen Haftpflichtverfahren tätigen Richter die Gelegenheit haben sollten, sich durch persönliche Einsicht in den Tagesablauf einer Praxis oder eines klinischen Betriebes von Art und Umfang ärztlicher Arbeit zu überzeugen. Ein erster Schritt in dieser Richtung ist schon durch die Übertragung einschlägiger Verfahren an Sonderdezernenten bei der Staatsanwaltschaft und an bestimmte Kammern getan worden.

Um auch dem neutralen Beobachter eine eindeutige und gerechte Beurteilung der Situation zu ermöglichen, wäre es wünschenswert, die in der juristischen Fachpresse wie auch in den Medien so allgemein erhobenen Vorwürfe mangelnder Objektivität der medizinischen Sachverständigen zu konkretisieren. Eine Kommission, etwa bestehend aus zwei Richtern und zwei Ärzten unter der Leitung etwa des Vorsitzenden des Richterbundes, sollte spezielle ihr gemeldete Fälle überprüfen. Hierdurch könnte zweierlei erreicht werden: Die Feststellung, ob es sich um bedauerliche Einzelfälle handelt oder ob die vom Bundesgerichtshof behauptete Mehrzahl der Sachverständigen sich pflichtwidrig verhält, zum anderen könnte die Tatsache einer solchen Kontrolle allein schon regulierend wirken.

Seien wir zuversichtlich, daß das beiderseitige ehrliche Bemühen im Interesse der Rechtspflege zur Überwindung des derzeitigen für alle Beteiligten unbefriedigenden Zustandes führen wird.

---

[1] W. Schimanski, Beurteilung medizinischer Gutachten, Methoden der Kritik an ärztlichen Verwaltungs- und Gerichtsexpertisen, 1976

[2] W. Dunz, Aktuelle Fragen zum Arzthaftungsrecht unter Berücksichtigung der neueren höchstrichterlichen Rechtsprechung, RWS – Seminarscript Nr. 75, Kommunikationsforum, Köln 1980, S. 53

[3] Dieses Zitat wird auch von D. Giesen, Arzthaftungsrecht im Umbruch (III), JZ 1982, 456 übernommen

[4] A. Laufs, Fortschritte und Scheidewege im Arztrecht, NJW 1976, 1124

[5] W. Wachsmuth, Chirurgie zwischen Gesetz und Gewissen, Chirurg 47, 1976, 469 und S. 113 ff. dieser Ausgabe.

[6] W. Dunz, Zur Praxis der zivilrechtlichen Arzthaftung, Juristische Studiengesellschaft, Karlsruhe 116, 1974, 25

[7] W. Dunz, Das heikle Thema oder das Unbehagen an der Kunstfehlerbegutachtung, Der medizinische Sachverständige 4, 1976, S. 74

[8] D. Giesen, Arzthaftungsrecht im Umbruch (III), JZ 1982, 458

[9] W. Dunz, Zur Praxis der zivilrechtlichen Haftung, Juristische Studiengesellschaft, Karlsruhe 1974, 27

[10] Ebenda

[11] BGH, NJW 1971, 24

[12] BGH, NJW 1975, 1463

[13] W. Dunz, Der medizinische Sachverständige 4, 1976, 74

[14] Hierzu näher A. Laufs, Arztrecht (1975) II, Rdnrn. 215 ff.

[15] H.-L. Schreiber, Langenbecks Archiv, Bd. 352 (1980), S. 45

[16] D. Giesen, Arzthaftungsrecht im Umbruch (III), JZ 1982, 456

[17] Dazu E. Deutsch, Das therapeutische Privileg des Arztes (Nichtaufklärung zugunsten des Patienten), NJW 1980, 1305

[18] KG, NJW 1981, 2521 ff. Kritisch dazu W. Wachsmuth, NJW 1982, 686 und S. 206 ff. dieser Ausgabe.

[19] BGHZ 29, 176 = NJW 1959, 814

[20] W. Dunz, Zur Praxis der zivilrechtlichen Arzthaftung, Juristische Studiengesellschaft, Karlsruhe 116, 1974, 14

[21] NJW 1982, 2094

[22] BGH, NStZ 1981, 218 und Anmerkung Wolfslast

Erinnerungen an den
Neubeginn der Universität Würzburg 1946/47

1982

Man mag Zweifel haben, ob es notwendig oder überhaupt sinnvoll ist, persönliche Erinnerungen an die ersten Nachkriegsjahre wieder zum Leben zu erwecken und der Nachwelt zu überliefern. Wenn es aber der eigentliche Sinn der Geschichte ist, aus den Erlebnissen früherer Generationen zu lernen und die weitere Entwicklung zu verstehen, so darf gewiß dieser Abschnitt aus dem Leben der Universität nicht fehlen. Denn gerade diese Jahre bilden ein aus der Kette ihrer Geschichte unlösbares Glied, und das um so mehr als hier Altes und Neues an einer Bruchstelle zusammengefügt und die Kontinuität wiederhergestellt wurde, die in diesen Schicksalstagen unseres Volkes verlorengegangen war.

Als ich Mitte 1946, durch den Kultusminister auf Vorschlag von Rektor und Senat auf den chirurgischen Lehrstuhl berufen, zum ersten Besuch mitten in der Nacht in Würzburg eintraf, stolperte ich über Geröll hinweg durch die gespenstisch leeren und stockfinsteren Straßen einer Totenstadt. Außer einigen amerikanischen Soldaten, die in einem Jeep vorbeifuhren, waren die über den Boden raschelnden Ratten die einzigen Lebewesen, welche die beklemmende Stille unterbrachen. Da ich das beleuchtete Gebäude, das von der Höhe durch die stockfinstere Nacht auf die Stadt herabstrahlte, irrtümlicherweise für das Luitpoldkrankenhaus hielt — es stellte sich am nächsten Tage als das amerikanische Hospital heraus — so machte ich mich bergaufwärts auf den Weg dorthin. Auf halbem Wege bemerkte ich zur Linken ein beleuchtetes Schild: „Ausweichstelle der Chirurgischen Abteilung des Juliusspitals". Die diensthabende Ordensschwester ließ mich auf meine Bitte ein, labte mich mit einem Becher Tee und wies mir ein leeres Bett zum Schlafen zu.

So begann mein erster Morgen in Würzburg in einem Krankenbett zwischen zwei Frischoperierten und mit einem Blick auf den zu meinen Füßen liegenden Trümmerhaufen, in den die Stadt verwandelt war, die ich unmittelbar nach dem ersten Weltkrieg als Student kennen und lieben gelernt hatte. In die Erschütterung mischten sich bei diesem Anblick Zweifel, ob hier jemals wieder etwas Neues entstehen könne, das den Namen Würzburg verdiene oder ob das erschreckende Wort von dem „Grab am Main" Wirklichkeit werden sollte.

Die alte Beziehung zu dieser Stadt und zugleich die große Aufgabe, die hier auf jeden Helfer wartete, veranlaßten mich trotz aller Warnungen, zwei weitere Berufungen auszuschlagen und mein Schicksal mit dieser Stadt zu verbinden.

Mitte August 1946 übernahm ich die Chirurgische Klinik und als einziger im Amt befindlicher Klinikdirektor zugleich das Direktorat des Staatlichen Luitpoldkrankenhauses, ein Amt, das ich dann 18 Jahre innehaben sollte. Da zunächst an ein Unterkommen in der Klinik nicht zu denken war, zog ich fürs erste in ein gastfreundlich von der Druckerei Stürtz in deren Gebäude zur Verfügung gestelltes Zimmerchen ein. Über den heute nicht mehr vorstellbaren Grad der Zerstörung gibt ein Bericht Auskunft, der von der Amerikanischen Militärregierung angefordert war. Ihm sind folgende Angaben zu entnehmen:

In den ersten Monaten des Jahres 1945 wurden durch einzelne Bombenabwürfe leichtere Fenster-, Dach- und Türschäden bei verschiedenen Kliniken und Instituten verursacht. Am 16. 3. 1945 wurden bei der Zerstörung der Stadt zu 85% auch die Gebäude der Kliniken und Institute stark in Mitleidenschaft gezogen, zum Teil sogar ganz zerstört. Vier Kliniken (Medizinische Poliklinik, Kinder-, Ohren-, Haut-Klinik) und fünf Institute (Pharmakologisches, Physiologisch-chemisches, Hygienisches, Pathologisches und Erbbiologisches Institut) wurden vollständig zerstört. Die übrigen Gebäude wurden durch den Luftdruck der Sprengbomben stark beschädigt. Fenster, Türen und Dächer gingen in Trümmer, die Wände zeigten große Risse, die technischen und Versorgungsanlagen waren betriebsunfähig. Bei der kurz darauf erfolgten Besetzung Würzburgs wurde ein weiterer Teil der Gebäude und Anlagen durch Beschuß zerstört und beschädigt. Ebenso wurden Einrichtungsgegenstände vernichtet und geplündert, wobei sich nicht mehr übersehen ließ, was von einmarschierenden Truppen, verschleppten Personen oder kriminellen Elementen der einheimischen Bevölkerung weggetragen wurde. Gleich nach der Besetzung, sobald sich die unsicheren Verhältnisse etwas geklärt hatten, wurde mit Instandsetzungsarbeiten begonnen. Sie wurden zunächst durch ein Räumungskommando, das auf Anordnung der Militärregierung aus früheren Parteigenossen, später aus Freiwilligen bestand, durchgeführt, wobei es sich naturgemäß zunächst nur um behelfsmäßige Reparaturen handeln konnte, um die ärztliche Versorgung der Zivilbevölkerung sicherzustellen. Durch die starke Zerstörung der Stadt fehlte es an allem Baumaterial, insbesondere an Fensterglas und Dachziegeln. Wegen Fehlens von geeigneten Transportmitteln konnte auch von auswärts nur schwer Material herbeigeschafft werden. Zudem hemmte die schlechte Ernährungslage die Arbeitskräfte an stärkerem persönlichem Einsatz. So wurden im Jahre 1946 nur etwa 5% und 1947 etwa 8% von den zerstörten Gebäuden wieder einigermaßen funktionsfähig gemacht.

Der niederschmetternde Gesamteindruck wird vielleicht am besten verdeutlicht durch den Ausspruch eines niederbayerischen Landtagsabgeordneten, den wir mit dem Haushaltsausschuß des Bayerischen Landtags durch Kliniken und Universitätsgebäude führten. Der Typ eines Josef Filser mit rundem Hut und Pfeife im Mund stand sinnend vor dem Gebäude der stark beschädigten Neuen Universität und sprach die denkwürdigen Worte: „I moan, wia reiß'n des ganze Glump hier zamm und stöin's in Rengschburg wieda auf.'"

Für den ärztlichen Betrieb war außer den rein baulichen Schäden die Heizvorrichtung von größter Bedeutung, die selbst in den noch für den Betrieb brauchbaren Gebäuden ausgefallen war. Als man sie dann 1947 einigermaßen instandgesetzt hatte, verhinderte der Kohlenmangel die für die Kranken ausreichende Heizung, während die theoretischen Institute überhaupt nicht beheizt werden konnten.

Zu all dieser Not kam noch hinzu, daß ein lebensbedrohlicher Mangel an den wichtigsten Einrichtungsgegenständen bestand: Krankenhauswäsche, Decken, Betten, Matratzen, Bettfedern, Verband- und sonstiges Material, Tische, Stühle, Schränke, Polstermöbel, Eß- und Kochgeschirre fehlten ganz oder teilweise. Man fragt sich heute, wie es überhaupt möglich war, in diesen Rumpfkliniken im Durchschnitt täglich 1 170 im Jahre 1946 und 1 240 Patienten im Jahre 1947 aufzunehmen und zu versorgen. Dazu wurde die Zahl der ambulant behandelten Patienten in diesen beiden Jahren mit etwa 100 000 pro Jahr geschätzt. Die hohe Zahl erklärt sich aus den einströmenden Kriegsverletzten und dem großen Nachholbedarf von erkrankten Zivilpersonen, die in den letzten Jahren nicht mehr behandelt werden konnten oder wollten.

Es zeigte sich, daß in einer alle in gleicher Weise umfassenden großen Not keine Zeit blieb zu Selbstmitleid oder auch nur zu Beschäftigung mit eigenen seelischen Schwankungen. Vielmehr wuchs eine unvergleichliche Hilfsbereitschaft und es entstand eine klassenlose Gemeinschaft, an die man in der heutigen Zeit des Wohlstandes nur mit Sehnsucht zurückdenken kann.

Unvergeßlich ist mir die Hilfe der Ordensschwestern, die auf Fahrrädern in die Umgebung fuhren, um Verbandmaterial, Medikamente und Einrichtungsgegenstände zu erbitten und zu sammeln.

Von seiten der amerikanischen Besatzungsmacht gab es keine Schwierigkeiten, aber auch keine Hilfe. Es sei mir gestattet, ein Erlebnis zu erwähnen, über das ich schon an anderer Stelle berichtet habe, das es aber wert ist, vor dem Vergessen bewahrt zu werden. Die Amerikaner hatten ein strenges militärisches Verbot jeglicher Abgabe von Penicillin an Deutsche erlassen, um den schwarzen Markt zu verhüten. Ich hatte in meiner Klinik drei Buben, die unter schwerster septischer Knochenmarksentzündung litten mit einer

Aussaat von Abszessen in den ganzen Körper. Sie konnten nur mit dem neuen „Wundermittel" Penicillin gerettet werden, das wir nicht besaßen. Nachdem meine dringenden persönlichen Bitten von allen militärischen Dienststellen schroff abgelehnt worden waren, setzte ich einen Brief in die Zeitung, der mir seitens der Amerikaner den Vorwurf einbrachte, ein amerikafeindlicher, unverbesserlicher „Nazi" zu sein. Am nächsten Tag erschien bei mir ein junger Arzt, amerikanischer Captain, mit seinem Sergeant und bat mich, die drei Buben selbst untersuchen und die Befunde ansehen zu dürfen. Nachdem er sich überzeugt hatte, betonte er, daß ihm sein ärztliches Gewissen trotz aller möglichen disziplinären Folgen wichtiger sei als ein militärischer Befehl. Er kam jeden Tag selbst, um die Injektionen von Penicillin vorzunehmen; alle drei wurden gerettet. Ich habe meinen Studenten dies immer als ein Vorbild ärztlicher Ethik vor Augen geführt. Humanität sollte keine Grenzen kennen!

Das größte Hemmnis für die Aufnahme einer geregelten ärztlichen Tätigkeit lag aber wohl darin, daß nach der Zerstörung der Stadt sich Unzählige ihres Heimes Beraubte in die noch vorhandenen Räume des Luitpoldkrankenhauses geflüchtet und dort Quartier bezogen hatten. Eine große Anzahl von Professoren war mit Familie in die Krankenzimmer eingezogen, Geschäfte hatten sich hier etabliert und warteten in Ruhe die weitere Entwicklung ab. Auf der aseptischen Frauenstation der Chirurgischen Klinik etwa wohnten auf einzelne Krankenzimmer verteilt drei Professorenfamilien, und es bedurfte besonderer Vorsicht, um bei der täglichen Visite nicht aus Versehen in die Intimsphäre einer Familie hineinzugeraten. Ich erinnere mich sehr ungern der Konfliktsituation, in der ich mich befand, auf der einen Seite die Einsicht in die Not der Zugewanderten, auf der anderen Seite die Pflicht, Krankenbetten für die dringend behandlungsbedürftigen Kranken freizumachen. Mit dem Aufstellen von Krankenbetten auf den Gängen allein war der Not nicht abzuhelfen.

Da die Tore des Krankenhauses weit offen standen und nicht bewacht werden konnten, bestand eine ständige Fluktuation mit der Stadt. Obdachlose suchten sich ihr Nachtquartier oder baten in den Stationsküchen um Essen, Gesindel trieb sich auf den Gängen herum und benutzte jede Gelegenheit zum Diebstahl, und die Rudel von hungrigen Hunden aus Grombühl, die die Küchen belagerten, wurden zu einer wahren Plage.

Es kam hinzu, daß das allgemeine Chaos zur Abwehr von Übergriffen von den verschiedensten Seiten zwang. So verlangte das Arbeitsamt, bei jeder Einstellung eines Assistenten gefragt zu werden, das Wohnungsamt maß unbefugt die Quadratmeterzahl der Assistentenwohnungen aus und wies Obdachlose aus der Bevölkerung ein, ein kommunistischer Facharzt aus der Stadt, der in dem allgemeinen Durcheinander großen Einfluß gewonnen hatte, plante die Umwandlung des Luitpoldkrankenhauses in ein Beleg-Krankenhaus für niedergelassene Ärzte, vom Juliusspital gingen Bestrebungen aus, die Institute am Röntgenring sich einzuverleiben. Der Kuchen sollte aufgeteilt werden! Es bedurfte ständiger Wachsamkeit, um das Ganze zusammenzuhalten.

Dies war um so schwerer, als Spruchkammer und Criminal Investigations Department in enger Zusammenarbeit unaufhörlich mit immer wieder neuen Vernehmungen, Anfragen und Anordnungen den Betrieb störten. Als ich das Weihnachtsfest 1946 mit meinen Mitarbeitern in meinem Dienstzimmer feierte, für die meisten wohl das erste seit Jahren wieder, hatte ich einige Flaschen Wein „organisiert". Auf Grund einer Denuntiation beim Criminal Investigations Department hatte das für mich tagelang Verhöre und Drohungen zur Folge, da der gesamte Wein von den Amerikanern beschlagnahmt war und ich mich also strafbar gemacht hatte.

Als ich wegen der ständigen Übergriffe mir den Schutz des Ministeriums suchen wollte, mußte ich ein Visum des Universitätsoffiziers für eine Autofahrt nach München beantragen, das mir nach einigen Schwierigkeiten auch genehmigt wurde. Trotz eines großen Schildes mit dem Roten Kreuz und der Aufschrift „Surgeon" wurde ich unterwegs von einer Patrouille angehalten und mit Maschinenpistolen bedroht. Nach genauer Kontrolle meiner Papiere und vor allem nach Durchsuchen meines Wagens nach „Schnaps" durfte ich weiterfahren und war froh, in München angekommen zu sein.

Da fast alle Assistenten durch die Militärregierung entlassen worden waren, mußte ich mit einem Minimum beginnen und auch hier erlebte ich Enttäuschungen. Ein Stationsarzt starb an einer Überdosis Morphium, zwei andere wurden wegen Kokainschmuggels verhaftet. Trotz der großen Nachfrage war die Neueinstellung wissenschaftlicher Mitarbeiter in Planstellen äußerst schwierig. Sie mußten nicht nur politisch lupenrein sein, sondern auf Anordnung des Kultusministeriums auch bayerischer Abkunft. So gelang es mir, einen hochqualifizierten Mitarbeiter, der in Berlin geboren und zunächst zweimal abgelehnt worden war, einzustellen, nachdem sich herausgestellt hatte, daß seine Eltern beide in Bayern geboren waren. Daß unter diesen personellen und materiellen Schwierigkeiten ein klinischer Betrieb nur unter Aufbietung aller Kräfte und des guten Willens der Mitarbeiter möglich war, ist leicht einzusehen.

Langsam fand nun auch die Universität aus ihrem schweren Schockzustand ins Leben zurück. Daß dieses Auferstehen aus dem Nichts planmäßig und zielbewußt geleitet wurde, verdankt sie ihrem Rektor. Der klassische Philologe Josef Martin legte großen Wert darauf, daß er auch auf akademische Weise gewählt und nicht etwa nur durch die Militärregierung eingesetzt worden war. Unter dem Druck der Militärregierung, auf dem scharfen Grat zwischen Vergangenheit und zukunftsträchtiger Gegenwart wußte er seine schwierige Aufgabe bewundernswert zu meistern. Man hat ihn mit Recht den zweiten Stifter der Universität genannt. Zwischen Anfeindungen politisch entlassener Kollegen, dem meist verständnislosen Eingreifen der Militärregierung und den lebensnotwendigen Erfordernissen wußte er durch Toleranz, Geschick und Energie Stein auf Stein zum Fundament des neuen Gebäudes zu setzen. Ihm zur Seite stand der stets hilfsbereite und liebenswürdige Zoologe Waldemar Schleip als Direktor des Verwaltungsausschusses, der noch nebenher die Anatomische Anstalt leiten und den Lehrstuhl vertreten mußte.

Rektorat und Verwaltungsausschuß wickelten ihre Geschäfte in einem kleinen Raum des Verwaltungsgebäudes im Luitpoldkrankenhaus ab, wobei der Rektor über eine Barriere den Geschäftsverkehr regelte. Als einziger Beamter stand für Rektor und Verwaltungsausschuß der Oberinspektor Alfred Büttner zur Verfügung, der sein Amt unermüdlich und mit Umsicht führte.

Während die übrigen Fakultäten bereits im Winterhalbjahr 1946/47 Vorlesungen ankündigen konnten und hierüber ein Vorlesungsverzeichnis erschien, war in der medizinischen Fakultät an akademischen Unterricht zunächst nicht zu denken. Abgesehen von den geschilderten äußeren Umständen und den Zwängen, zunächst die Grundlage für die ärztliche Versorgung von Kranken zu schaffen, war der Lehrkörper praktisch nicht mehr existent. Der „Kahlschlag" der Amerikanischen Militärregierung war radikal gewesen und hatte keineswegs nur morsche Bäume gefällt. Wegen Parteizugehörigkeit waren 1945 von 59 Dozenten insgesamt 54 aus ihren Diensten entlassen worden. Im Jahre 1946 bestand der gesamte Lehrkörper der Medizinischen Fakultät noch aus insgesamt 6 Dozenten!

Als ich die Chirurgische Klinik im Sommer 1946 übernahm, mußte ich zeitweilig noch die Leitung der Frauenklinik übernehmen, die übrigen Kliniken wurden durchwegs kommissarisch von Assistenten geleitet.

Da unter diesen Umständen die Aufnahme des medizinischen Unterrichts nicht in Frage kommen konnte, enthielt das erste Vorlesungsverzeichnis nach dem Kriege für das Winter-Halbjahr 1946/47 nur Vorlesungen der anderen Fakultäten unter Ausschluß der Medizinischen Fakultät. Der medizinische Lehrkörper vergrößerte sich in den nächsten Monaten durch das Eintreffen zweier neu berufener Ordinarien, des geistvollen Psychiaters Jörg Zutt und des charmanten und weltgewandten Gynäkologen Karl Burger, der zuvor Ordinarius in Budapest gewesen war. Der Physiologische Chemiker Dankwart Ackermann, eine im besten Sinne akademische und verehrungswürdige Gestalt gab uns die notwendige Starthilfe, ein Mann von untadeliger aufrechter Gesinnung. Unser Vorschlag, ihn zum ersten Dekan zu ernennen, wurde vom amerikanischen Universitätsoffizier abgelehnt, da Ackermann in seinem Fragebogen angegeben hatte, daß er bei der geheimen Reichstagswahl 1930 einmal NSDAP gewählt habe!

In der konstituierenden Fakultätssitzung am 11. 1. 1947 eröffneten wir
die Medizinische Fakultät mit den ordentlichen Professoren Zutt als Dekan,
Ackermann, Burger und Wachsmuth sowie dem apl. Professor für Zahnheil-
kunde Hermann Wolf. Der Zoologe Schleip nahm als kommissarischer Leiter
der Anatomie an der Sitzung teil. In den nun folgenden Sitzungen bestand
unser ganzes Bemühen darin, den akademischen Unterricht wenigstens im
Sommerhalbjahr 1947 aufnehmen zu können. Das galt nicht nur der kommis-
sarischen und endgültigen Besetzung von offenen Lehrstühlen, sondern auch
der Fürsorge für die Studenten, für die erst eine Bleibe geschaffen werden
mußte. So entschlossen wir uns unter Hintansetzung aller akademischen Vorstellungen, den Ehrendoktor der Medizin an einen Industriellen zu verleihen,
der uns durch eine Stiftung von hunderttausend Mark in den Stand setzte,
eine große Studentenbaracke für etwa 200 Studenten als Wohnheim aufzustellen. Sie fand ihren Platz zwischen dem Bau 6 der Chirurgischen Klinik und
dem Wirtschaftsgebäude, auf dem heute der Hubschrauberlandeplatz sich
befindet. Nur noch zweimal hat die Medizinische Fakultät nach Kriegsende
die Ehrendoktorwürde verliehen, und zwar an zwei hervorragende Wissenschaftler. Der Dank der Studenten, die nun ein Heim besaßen, das sie zum
großen Teil seit Jahren nicht mehr gehabt hatten, ihre Arbeitsfreude und
der nun mögliche enge Kontakt zwischen Lehrern und Schülern war uns
der beste Lohn. Daß die Anhäufung jugendlicher, nun wieder lebensfroher
Menschen unmittelbar vor den Fenstern der Krankenstationen gelegentlich
zu Reibungen führte, ließ sich nicht verhindern, hielt sich aber in Grenzen.
So konnte im Sommer-Halbjahr 1947 auch die Medizinische Fakultät als
letzte den akademischen Unterricht wieder aufnehmen und die Universität
am 12. März 1947 ihre Wiedereröffnung feierlich begehen.

Die Feier fand in dem einzigen, noch erhaltenen Saale der Stadt Würzburg, der Aula der alten Mozart-Schule statt. Zum ersten Mal war der Bayerische Staatsminister für Unterricht und Kultus Hundhammer mit einigen
Herren des Ministeriums von München herübergekommen, und in Anwesen-
heit des streitbaren Würzburger Bischofs Ehrenfried, des Oberbürgermeisters
Dr. h. c. Hans Löffler, der Spitzen der Behörden und zahlreicher Bürger
eröffnete der Rektor die wiedererstandene Julius-Maximilians-Universität.
Wir waren uns darüber alle klar, daß dies kein Abschluß, sondern erst ein
Anfang sein konnte und daß noch viel Arbeit vor uns liegen würde.

Der Senat hatte mir den Festvortrag anvertraut, in dem ich zu Beginn
an die großen Namen in der Geschichte der Medizinischen und der Naturwissenschaftlichen Fakultät erinnerte und darauf hinwies, daß das Bild ihres
Lebens für uns in unserer Not Trost und Hoffnung bringe. Die meisten
von ihnen hätten in kleinen, ja armseligen Räumen gearbeitet, wie etwa Virchow in zwei Zimmern des ehemaligen Theatrum Anatomicum im Garten
des Julius-Spitals, dessen Hörsaal er mit Koellicker teilte. Ihre Leistungen

zeigten uns, daß die äußeren Arbeitsbedingungen noch nie alleiniger Maßstab des Arbeitswertes gewesen seien, daß vielmehr oft das Gegenteil der Fall war: Beschränkungen nach außen führten zur Konzentration nach innen. Ich schloß meine Ausführungen über die Chirurgische Indikation mit dem Goethe-Wort

> Durch die Pendelschläge wird die Zeit,
> durch die Wechselbewegung von Idee zu Erfahrung
> die sittliche und wissenschaftliche Welt regiert.

Die chirurgische Indikation
im Wandel der letzten 35 Jahre

1982

Das Gebäude der Chirurgie ruht auf den drei Pfeilern der Diagnostik, der Indikation und der Therapie.

Die Diagnostik beginnt mit dem ersten Treffen von Arzt und Patient, dem ärztlichen Gespräch, in dem sich bereits der sog. „ärztliche Blick", die Intuition, die Erfahrung des Arztes bewähren und zu einem Erkennen des Gegenüber führen müssen. Gewiß ist es hiermit allein nicht getan. Erst die volle Ausschöpfung aller technischen Möglichkeiten sichert Diagnose und erfolgreiche Behandlung. Nur sorgfältige Laboruntersuchungen gewährleisten ein einwandfreies diagnostisches Ergebnis. Nur sie decken auch dem Blick des Erfahrenen verborgene Gefahrenquellen auf. Aber es ist bedenklich und gefährlich, sich auf die Technik allein zu verlassen, auch wenn ihre Perfektion häufig dazu verlockt. Gerade wegen des heute fast automatisierten Ablaufes und der Gefahr einer „Zetteldiagnostik" muß der Kontakt zwischen Arzt und Krankem während und nach Abschluß der Untersuchung gewährleistet sein. Der Kranke ist kein technisches Produkt und die ärztliche Arbeit muß beseelt sein oder sie ist Mißerfolgen ausgesetzt.

Die Therapie, ob konservativ oder operativ, läuft nach allgemein anerkannten Regeln ab, die allerdings nicht starr gehandhabt werden dürfen, sondern den Erfahrungen des betreffenden Chirurgen und den Besonderheiten des Einzelfalles angepaßt werden müssen.

Diagnostik und Therapie haben gemeinsam, daß Erfolg oder Mißerfolg objektiv nachweisbar sind. Eine Diagnose stellt sich als richtig oder falsch heraus, der Heilerfolg kann schicksalsmäßig oder auch durch Verschulden versagt bleiben. In den beiden Fällen läßt sich jedenfalls das Ergebnis rechtlich eindeutig beurteilen.

Die Entscheidung, ob, wann, wie operiert wird, schiebt sich in den Gang des Geschehens ein zwischen den Abschluß der Untersuchung und den Beginn der eigentlichen ärztlichen Behandlung. Sie ist abhängig von unendlich vielen inneren und äußeren Faktoren. In keinem Stadium der Beziehung zwischen dem Chirurgen und seinem Kranken spielen außer rein medizinischen Feststellungen und Erfahrungen so viele andere, vor allem ärztlich-menschliche Erwägungen eine derart ausschlaggebende Rolle. Die Indikation muß zwangsläufig auf den einzelnen Kranken ausgerichtet sein und sich letzten Endes auf das eigene Gewissen gründen. Hierbei bedarf das Gewissen einer sorgfältigen Analyse. Gewissen ist nicht etwa nur der Ausdruck ethischer Erwägungen. Gewissen bedeutet vielmehr die auf der Grundlage des Wissens übernommene Verantwortung gegenüber der menschlichen Gesellschaft, also nicht nur als Arzt dem Kranken gegenüber, sondern ebensosehr die sittliche Verpflichtung gegenüber den Fortschritten der Wissenschaft. Das Gewissen bedeutet weiter Verantwortung als Bürger gegenüber den technischen und wirtschaftlichen Möglichkeiten und den für eine Gemeinschaft notwendigen zwischenmenschlichen Beziehungen, die ihren Ausdruck in den Gesetzen finden. In der Abwägung aller dieser so verschiedenartigen und sich oft widersprechenden Werte sehe ich das, was wir als ärztliches Gewissen bezeichnen.

So wird die chirurgische Indikation letzten Endes zu einem individuellen Entschluß des Chirurgen, für den er allein die Verantwortung trägt, die ihm kein Computer abnehmen kann.

Am 12. März 1947 habe ich beim Festakt anläßlich der Wiedereröffnung unserer Julius-Maximilians-Universität den Festvortrag über „Die chirurgische Indikation" gehalten und es schien mir reizvoll, nach 35 Jahren aufzuzeigen, wie sehr unsere Erwägungen zur Indikation durch die stürmische Entwicklung auf den verschiedensten Gebieten beeinflußt oder verändert worden sind. Der damalige Vortrag fand unter den Zeichen großer materieller Not statt und sollte ein ärztliches Bekenntnis sein, als wir noch unter dem Eindruck des psychischen Druckes standen, dem auch wir Ärzte in der Zeit der Diktatur ausgesetzt waren und dem manche nicht standhielten. Erwähnt sei hier als Beispiel das Gesetz zur Verhütung erbkranken Nachwuchses, nach dem die Erbgesundheitsgerichte auf Antrag von beamteten Ärzten, für die Insassen einer Kranken-, Heil- oder Pflegeanstalt oder einer Strafanstalt sogar nur der Anstaltsleiter über die Unfruchtbarmachung zu entscheiden hatten, wobei die Anwendung unmittelbaren Zwanges zulässig war. Auch die Vernichtung sog. unwerten Lebens endete erst mit dem Zusammenbruch des Dritten Reiches und lag noch unmittelbar hinter uns.

Beim Neubeginn 1947 bestand unsere Aufgabe weniger darin, ethischärztliche Grundsätze neu aufzubauen als sie von den Schlacken der überstandenen Jahre zu reinigen. Zugleich war es nötig, den Anschluß an die internationale Entwicklung wiederzugewinnen, von der wir fast ein Jahrzehnt lang wie durch eine Mauer getrennt waren.

So waren wir begierig, Versäumtes nachzuholen, so weit die Möglichkeit dazu bestand, und wir schwärmten aus, zunächst in die Schweiz und dann in all die Länder, die uns nach und nach ihre Tore öffneten und in denen hilfreiche Kollegen uns instandsetzten, mit neuen Erfahrungen heimzukehren und der eigenen Entwicklung neue Impulse zu geben. La science n'a pas de patrie – Wissenschaft muß international sein oder sie wird nicht sein, das haben wir damals schmerzlich erfahren müssen.

Der großen materiellen Not, der Zerstörung der Kliniken, dem Massenandrang an Verwundeten und Kranken, dem Mangel an Instrumenten und Apparaturen stand ein unvergleichliches Erlebnis gegenüber, die Anspruchlosigkeit des einzelnen, die unbegrenzte Hilfsbereitschaft untereinander und der gemeinsame unbändige Wille, aus den Trümmern wieder aufzubauen und ohne bürokratische Hemmungen in wiedergewonnener individueller Freiheit eine echte Gemeinschaft zu errichten, ohne die gerade in unserem Beruf ein Vertrauensverhältnis zwischen Arzt und Patient nicht möglich ist.

Was hat sich nun innerhalb der vergangenen 4 Jahrzehnte geändert, einer Zeitspanne revolutionärer Wandlungen auf medizinisch-wissenschaftlichem, auf technischem, auf gesellschaftlichem Gebiet und vor allem im Arzt-Patienten-Verhältnis selbst und wie weit hat es auf die chirurgische Indikation sich ausgewirkt?

Eine Entwicklung, die in diesem Zusammenhang eine besonders wichtige Rolle spielt, ist die zunehmende Spezialisierung. Sie ergreift unabwendbar, mit den Fortschritten der Technik im weitesten Sinne unlösbar verbunden, die meisten Berufszweige unserer Zeit auf geisteswissenschaftlichem, auf naturwissenschaftlichem, auf medizinischem und auf rein technischem Gebiet. So fruchtbar die Spezialisierung sich auf anderen Gebieten auswirken mag, so unentbehrlich sie auch für die medizinische Wissenschaft ist, eine so große Gefahr bedeutet sie für den Arzt, in dessen Betrachtungen und bei dessen Maßnahmen immer der Mensch den Mittelpunkt bilden muß. Je größer die Spezialisierung, desto mehr entfernt sich die Medizin naturgemäß von dem Menschen in seiner Ganzheit. Es kommt hinzu, daß mit zunehmender Automatisierung, die mit der technisch-industriellen Standardisierung und der Entwicklung des Spezialistentums zwangsläufig verbunden ist, die Spontanreaktion auf den Menschen selbst verkümmert. Der Mensch gerät in Gefahr, selbst zum Automaten zu werden.

Jeder grenzenlose, ungesteuerte Automatismus führt zur Indifferenz, Gleichgültigkeit und Stumpfheit gegenüber dem Leiden des nächsten. Damit entfernt er sich von dem Gedanken der Humanität, von der Karl Barth einmal gesagt hat, sie bestehe „in der Bestimmtheit seines Seins als Zusammensein mit anderen Menschen“. Ohne sie aber ist die Erfüllung ärztlicher Aufgaben nicht denkbar.

Die seit Kriegsende zunehmende Spezialisierung ist noch keineswegs abgeschlossen. Nicht nur, daß neue Fächer entstanden sind, wie etwa die Anästhesiologie, die Psychotherapie und medizinische Psychologie, die Nuklearmedizin, die Neuroradiologie oder die Transplantationsmedizin mit all ihren vielen noch ungelösten Problemen, haben sich die großen klassischen Fächer in zahlreiche Spezialgebiete unterteilt wie etwa die Chirurgie in Herzchirurgie,

Gefäßchirurgie, Kinderchirurgie, Unfallchirurgie, Handchirurgie, experimentelle Chirurgie, während die Neurochirurgie und die Urologie schon ganz aus dem Verbande der Chirurgie als selbständige Fächer ausgeschieden sind. Diese immer mehr zunehmende Aufteilung schränkt einerseits die chirurgische Indikation auf die entsprechenden Spezialfächer ein, macht aber andererseits eine immer intensivere interdisziplinäre Kooperation nötig. Darüber hinaus ist eine chirurgische Indikationsstellung ohne Zusammenarbeit mit der Inneren Medizin, der Bakteriologie oder Kenntnis der physiologisch-chemischen Verhältnisse kaum mehr möglich.

Dieses Phänomen der zunehmenden Spezialisierung hat einerseits seine Ursache in der Vertiefung der Forschung und Kenntnisse auf immer mehr begrenzten Gebieten, andererseits in der Verfeinerung der technischen Möglichkeiten.

Die Technik hat in den vergangenen 35 Jahren eine in einer so kurzen Zeitspanne noch niemals dagewesene rasante Entwicklung durchgemacht, an der die Medizin in hohem Maße partizipiert hat. Die Befruchtung von Medizin und Technik ist gegenseitig. Der jeweilige Stand der Technik eröffnet der praktischen Medizin neue Wege, andererseits erhält die Technik Anregungen zur Lösung von Problemen, die aus der medizinischen Forschung an sie herangetragen werden. So fördern sich unaufhörlich Forschung und technische Entwicklung wechselseitig.

Dazu einige Beispiele: Ohne die Herz-Lungen-Maschine hätten wir heute keine Herzchirurgie, ohne die Entwicklung hochwertiger optischer Geräte keine Endoskopie, ohne das Operieren unter dem Mikroskop keine Neurochirurgie oder Handchirurgie, ohne die Herstellung von körperfreundlichen Fremdkörpern keine moderne Unfallchirurgie.

Die beherrschende Rolle der modernen Technik in der Medizin und in Sonderheit in der Chirurgie stellt die chirurgische Indikation vor neue Probleme.

Die größte Gefahr der Technik in der Medizin sehe ich darin, daß sie zum Selbstzweck wird. Dem Arzt sind schier unbegrenzte technische Möglichkeiten in die Hand gegeben, das Leben seiner Kranken, aber auch ihr Leiden zu verlängern. Das „nihil nocere" des Altertums erhält einen neuen Sinn. Sah man bisher darin nur die Mahnung an den Arzt, seinen Kranken durch die Behandlung nicht zu schaden, so muß man diese Mahnung heute viel weiter fassen. Wann ist der Arzt verpflichtet oder auch nur berechtigt, mit allen technischen Hilfsmitteln ein verlöschendes Leben noch in Gang zu halten, ein Leiden zu verlängern und die Qualen vielleicht noch zu vergrößern, den Tod, der als Freund kommen will, zum Kampfe herauszufordern? Wieviel schwerer sind doch bei wachsenden technischen Hilfsmitteln die Gewissenskonflikte des Arztes geworden. Wie nie zuvor besteht die Versuchung, die Grenzen der Technik auszuschöpfen und das technisch Mögliche zu erreichen, um ein chirurgisches Problem zu bewältigen. Die neue Zeit hat hierfür das häßliche Wort des „Machbaren" geprägt. Das ärztliche Ethos, das den Kranken in den Mittelpunkt all seiner Erwägungen stellen muß, verlangt ein emotionsfreies, nüchternes Abwägen zwischen Gebrauch und Mißbrauch der höchst differenzierten modernen Technik, ein Abwägen zwischen Nutzen und Risiken der zu entscheidenden Behandlung. Auch ein Ergebnis der Entwicklung der vergangenen 35 Jahre ist, daß mit der Zunahme der Größe und Schwierigkeit der Operationen, von denen man sich damals noch keine Vorstellungen machen konnte, sich sowohl die Heilungschancen, als auch die Risiken enorm vergrößert haben.

Nicht nur der gewaltige Einbruch der Technik in die Medizin, der sowohl Segen als auch Gefahr bedeuten kann, hat die chirurgische Indikation schwieriger werden lassen. Auch die menschliche Gesellschaft hat sich seither von Grund auf verändert. Ich habe schon darauf hingewiesen, daß der Arzt auch der Gemeinschaft gegenüber verpflichtet ist und in seinen Entscheidungen auch auf sie Rücksichten zu nehmen hat. In unserem heutigen Sozialstaat ist das Gesundheitswesen ein Politikum ersten Ranges geworden, das auch dem Arzt seine Grenzen und Pflichten auferlegt. Neben der vitalen, absoluten und relativen Indikation hat die soziale an Bedeutung gewonnen. Zudem hat sich die Mentalität eines großen Teiles der Bürger unseres Staates seit der Not der Nachkriegszeit grundlegend dahingehend geändert, daß der Einzelne damals gezwungen war, für sich selbst zu sorgen, während er heute gegenüber jedem Schaden, der ihn betrifft, einen Anspruch auf Entschädigung zu haben glaubt. Dazu gehört auch das vermeintliche Recht auf Gesundheit und der Anspruch auf Heilung. Wir Ärzte empfinden häufig den großen Wandel, der sich vollzogen hat dadurch, daß viele Kranke nicht als Hilfesuchende sondern als Fordernde kommen. Es ist oft schwer, ihnen klar zu machen, daß Krankheit ein oft sogar selbst verschuldetes Schicksal bedeutet, das dem Menschen auferlegt ist. „Gesundheit ist nicht die Abwesenheit von Störungen. Gesundheit ist die Kraft, mit ihnen zu leben" (Rössler).

Das sich zunehmend ausbreitende Anspruchsdenken beginnt, tiefgreifende Änderungen im Verhältnis zwischen Arzt und Patient zu bewirken. Diagnostische und therapeutische Entdeckungen in der modernen Medizin, fast täglich in den Medien z. T. sensationell aufgemachte, oft irreführende Berichte über neue Wundermittel, wie etwa gegen den Krebs, steigern die Erwartungen der Kranken, die an Arzt und Heilerfolg gestellt werden, ins Irreale. So können Enttäuschungen nicht ausbleiben, deren Ursache man allzu oft im Versagen des Arztes sucht.

In der Tat haben sich gerade auch in den operativen Fächern in den letzten zwei Jahrzehnten als Ausdruck dieser Entwicklung Haftpflichtansprüche der Patienten in einem früher nicht vorstellbaren Maße vermehrt. Da ärztliche Behandlungsfehler nur schwierig nachzuweisen sind, weichen die

Ansprüche auf das Gebiet der Aufklärung aus. Auch dieses Gebiet gehört in den großen Rahmen der chirurgischen Indikation, mit der wir uns hier zu beschäftigen haben, denn die Indikation hängt ja nicht allein von der Entscheidung des Arztes ab. Nach den schlimmen Jahren einer weitgehenden Entrechtung des einzelnen ist uns durch das Grundgesetz das kostbare Gut des Selbstbestimmungsrechtes geschenkt worden. Das aufklärende Gespräch mit dem Kranken dient nicht etwa nur der juristischen Absicherung des Arztes, es ist vielmehr ein ärztliches Gebot und das einzige Mittel, um von dem Kranken die Zustimmung zur vorgeschlagenen Behandlung zu erreichen. Entscheidungen des Kranken können die chirurgische Indikation verändern, dies jedoch nur, soweit es mit dem ärztlichen Gewissen zu vereinbaren ist. So darf sich etwa ein Chirurg auch auf die wiederholte Forderung eines Patienten nicht dazu entschließen, eine Operation vorzunehmen, die er nicht für notwendig hält. Andererseits ist er nicht berechtigt, gegen den ausdrücklichen Willen des Patienten zu operieren.

Voraussetzung eines Einvernehmens zwischen Arzt und Patient über den einzuschlagenden Weg ist die volle Übereinstimmung beider Partner. Hierzu kann es nur kommen, wenn der Kranke ausreichend über die Art seiner Erkrankung, über Erfolgsaussichten und Risiken unterrichtet ist. Über den Umfang der Aufklärung, wie weit sie im Interesse des Patienten ärztlich zu vertreten ist, besteht zwischen Rechtsprechung und ärztlicher Überzeugung noch eine, wie es scheint, unüberbrückbare Kluft, die Entscheidung, was höher anzuschlagen ist, das „ius aegroti suprema lex" oder das „salus aegroti suprema lex". Ihr liegt zugrunde einerseits die Pflicht des Richters, den Kranken vor einer unzulässigen Bevormundung durch den Arzt zu schützen, andererseits die Fürsorgepflicht des Arztes, den Kranken vor vermeidbarem Schaden zu bewahren.

Entgegen den früheren Vorstellungen der Rechtsprechung, die dem Arzt einen gewissen Ermessensspielraum zubilligte, neigt sie heute dazu, dem Arzte die Pflicht zur totalen Aufklärung aufzubürden, ohne Rücksicht auf eine mögliche schwere Schädigung des Kranken. Erst kürzlich haben mehrere Gerichte in allerdings noch nicht rechtskräftigen Urteilen festgestellt, daß ebenso wie der Patient die Behandlung trotz Hinweises auf die Folgen einer Nichtbehandlung ablehnen darf, also die Freiheit hat, sich insoweit selbst zu schädigen, ihm auch die Freiheit und das Recht zustehen, sich durch umfassende Information zu schädigen, wenn er das will. Der Arzt ist danach verpflichtet, dem Patienten die volle Wahrheit zu sagen, selbst wenn er fürchtet, daß der Patient die Wahrheit nicht „verkraften" würde. Eine solche Forderung ist mit dem Gewissen des Arztes und dem obersten Grundsatz „nihil nocere" nicht zu vereinbaren. Hier liegt ganz offenbar eine Perversion des Selbstbestimmungsrechtes vor, das im Sinne des Grundgesetzes den Bürger eigentlich vor Schaden schützen soll. Das den Arzt fast täglich beschwerende Problem der Wahrheit am Krankenbett läßt sich nur individuell lösen, in Inhalt und Form dem Kranken und seinem Zustand angepaßt. Die brutale Eröffnung durch Wort oder Schrift kann unmenschlich sein und es erhebt sich die Frage, ob man einen Arzt, der hierdurch den Tod durch Schock oder Selbstmord herbeiführt, nicht wegen fahrlässiger Tötung schuldig sprechen sollte. Derartige Fälle sind nicht etwa nur theoretisch erdacht, sondern kommen nicht selten vor. Ich selbst habe manche erschütternde Tragödie, Kurzschlußhandlungen, schwere Depressionen und Flucht in den Selbstmord erlebt.

Erst vor kurzem drängte ein hoher Richter den Chirurgen, seiner krebskranken Frau nicht zu sagen, daß sie nur noch einige Monate zu leben habe, da sie die Wahrheit nicht „ertragen" könne.

Das jüngste Urteil des Kammergerichtes verlangt darüber hinaus, daß der Patient allerdings wissen und erfahren muß, daß der Begriff der Wahrheit auch in der modernen Medizin mit allen ihren Hilfsmitteln ein relativer Begriff ist und daß der menschliche Organismus mitunter auch unerwartet, rätselhaft und vom Arzt nicht vorhersehbar reagieren kann. Danach ist der Arzt gehalten, dem Kranken, dem er die Wahrheit zu sagen verpflichtet ist, mitzuteilen, daß Wahrheit ein relativer Begriff und von den erwähnten nicht übersehbaren Umständen abhängig ist. Jedem erfahrenen Arzt ist die Unsicherheit von Prognosen bezüglich Art und Dauer des Verlaufs klar. Es gibt Karzinome, wie etwa die des Mastdarms, die unbehandelt und ohne Beschwerden zu machen, über Jahre oder Jahrzehnte bestehen. Wie lange soll sich der Kranke mit einer ungewissen „relativen Wahrheit" abquälen? Die Todesangst ist nicht relativ, sondern absolut und oft lebenszerstörend. Soll man dem Kranken mit einer ungewissen Wahrheit, über deren Fragwürdigkeit man ihn auf seinen rechtlichen Anspruch hin selbst aufklären müßte, vielleicht unnötig das Leben zerstören? So einfach, wie dieses Urteil es fordert, liegen die Dinge nicht. Das Recht auf Selbstbestimmung, mit dem wir sorgfältig umgehen müssen, darf in unserem fast perfektionierten Rechtswegestaat mit seinem zum Anspruchsdenken verführenden fast lückenlosen Rechtschutzsystem nicht ausufern und sich gegen den richten, den es schützen soll. Die Frage der Wahrheit am Krankenbett, die ein Teil der chirurgischen Indikation ist, läßt sich nicht durch generelle Gesetze oder durch Urteile lösen. Es gehört zu den ernstesten Gewissensentscheidungen, ob der Arzt dem Kranken die volle Wahrheit sagen muß oder darf. Die Wahrheit hat viele Gesichter, sie kann wohltuende Befreiung und untragbare Last bedeuten. Ob beim Krebskranken die „pia fraus", die barmherzige Lüge, erlaubt oder notwendig ist, kann nur der Arzt im Einzelfall entscheiden.

Über ein eindrucksvolles Beispiel berichtet Thomas Mann: Theodor Storm erkrankte in hohem Alter an einem Magenkrebs. Von seinem Arzt verlangte er Klarheit „unter Männern". Als er die Wahrheit über sein unheilbar tödliches Leiden erfuhr, brach er völlig zusammen. Sein Bruder Emil, ein Arzt, berief, um ihm zu helfen, ein Ärztekonsil ein. Diese Ärzte machten Storm in bewußter Täuschung klar, die anfängliche Diagnose sei falsch, seine Magenerkrankung sei harmlos.

Thomas Mann schreibt weiter: „Storm glaubte es sofort, schnellte empor und hatte einen vorzüglichen Sommer, in dessen Verlauf er mit den guten Husumern seinen 70. Geburtstag sinnig-fröhlich beging und außerdem den „Schimmelreiter" fortführte und siegreich beendete. Das Meisterwerk, mit dem er sein Künstlerleben krönte, ist ein Produkt barmherziger Illusionierung."

Der Krebskranke verlangt nach der Wahrheit und fürchtet sie zugleich. Das Wundermittel des Arztes heißt hier „Geduld" im Hinführen des Schwerkranken zu dem Maß an Wahrheit, das er ertragen kann.

Die Richter erleben nicht immer wieder diese erschütternden menschlichen Katastrophen, dieses Auseinanderbrechen der Persönlichkeit, die Angst und Verzweiflung, die das Wort Krebs hervorruft, das für viele Kranke leider immer noch mit dem Todesurteil gleichbedeutend ist. Die Entscheidung kann nur im Einzelfall und nur durch den Arzt und nicht durch ein Gericht getroffen werden.

Wie sehr die Ärzte seit jeher für ihren sittlichen Auftrag im Interesse ihrer Kranken gegen die Obrigkeit, gegen Gesetze und Verfügungen kämpfen mußten, mag an einem einzigen Beispiel aus der Geschichte unserer Julius-Maximilians-Universität gezeigt werden. Carl Caspar von Siebold, „Chirurgus inter Germanos princeps", der 1769 von Fürstbischof Adolf Friedrich von Seinsheim als o.ö. Professor für Anatomie, Chirurgie und Geburtshilfe an die neu gegründete Chirurgische Klinik im Juliusspital berufen und als Oberwundarzt dort tätig war, hat in einer schier unaufhörlichen Reihe von Eingaben und Beschwerdebriefen an Seine hochfürstliche Gnaden Schritt für Schritt um die Eigenverantwortlichkeit des Chirurgen gekämpft. Dabei mußte er sich von seinem Fürstbischof viele deutliche, ja grobe Zurechtweisungen gefallen lassen, die ihn aber keineswegs entmutigten. Auf seinen Anspruch, statt des Herrn Pfarrers oder des geistlichen Herrn Vorstehers die Diätportionen als Oberwundarzt selbst verordnen zu dürfen, ein Anspruch, der in den Worten gipfelt: „Wie liegt hier das Arzttum zu Füßen", antwortet der Fürstbischof ungnädig:

„Der Hofrath Siebold ist der Mann gar nicht, welcher in Juliusspitälischen Verfassungssachen in solchem Tone sprechen sollte. Denn noch nie hat er bewiesen, daß er von Verfassungssachen und Einrichtungen viel verstehe … Es wird dem Oberwundarzt sehr respektwidriges Betragen und Schreiben wiederholt allen Ernstes andurch mit dem Beysatz verwiesen, besser zu lernen, was ein Diener und Unterthan seinem Regenten schuldig sei."

Der Fürstbischof fährt fort: „Was die medizinische Verordnung betrifft, welche in die Verfassung und das System des Juliusspitales einschlägt, hat er dieselbe, wenn sie von der Hofstube in Vollzug gesetzt wird, allerdings zu respektieren. Und weil er da doch von den Aufzeichnungen der Diätportionen in seinem Bericht geredet hat, so soll er wissen, daß er sich dieser medizinischen Anordnung, die längst in dem Krankenspitale zu Wien und dahier eingeführt ist und die ich selbst für das Juliusspital vorgeschrieben habe, schlechterdings zu fügen habe."

Wenn der Bundesgerichtshof in einem Urteil ausführt, „daß die behandelnden Ärzte in der Frage der Aufklärung, also in der Beurteilung einer Rechtsfrage anderer Meinung sind, kann sie nicht von dem Vorwurf befreien, schuldhaft die Durchführung der Aufklärung unterlassen zu haben. Auf eine etwaige gegenteilige ärztliche Übung können die Beklagten sich nicht mit Erfolg berufen, denn eine solche Übung wäre mißbräuchlich."

Zwischen diesen beiden rund 200 Jahre auseinanderliegenden Entscheidungen eine gewisse Parallele zu finden, fällt wohl nicht schwer.

Die zunehmende Einschränkung eines Raums für ärztliche Ermessensfreiheit führt zwangsläufig zu einer defensiven Medizin. Um nicht mit der uns oft unverständlichen Rechtsprechung in Konflikt zu kommen, wird verständlicherweise die ärztliche Initiative zugunsten eines Selbstschutzes gehemmt. Es ist keine Übertreibung, zu sagen, daß zunehmend die Forderungen des ärztlichen Gewissens gegenüber dem Risiko einer Existenzgefährdung zurücktreten. Das ist eine gewiß weder von der Rechtsprechung, noch von dem grundgesetzlichen Selbstbestimmungsrecht gewollte, für den Patienten gefährliche Entwicklung.

Wenn in einem neuerlichen Gerichtsurteil das Arzt-Patienten-Verhältnis als eine „gleichgeordnete Vertragspartnerschaft", also als ein wie es heißt „normales Dienstvertragsverhältnis" bezeichnet wird, so geht diese Feststellung von der nur abstrakt rechtlich zutreffenden Annahme aus, daß es sich bei dem hilfsbedürftigen Kranken um einen gleichgewichtigen Vertragspartner handelt, der in die juristische Rechnung mit 1:1 einzusetzen ist. Es wird dabei übersehen, daß jeder Mensch eine psychosomatische Einheit bildet, daß daher jeder Kranke nicht nur körperlich leidet, sondern auch in seinem seelischen Zustande labil, gestört oder sogar außer Kontrolle geraten ist. Ihn also in jeder Hinsicht als einen gleichgeordneten Vertragspartner zu beurteilen, ist völlig wirklichkeitsfremd, entspricht nicht der besonderen zwischenmenschlichen Beziehung zwischen Helfer und Hilfesuchendem. Nach Lage der Dinge können eben die beiden Partner nicht gleichgewichtig sein, auch wenn sie vor dem Recht selbstverständlich gleichwertig zu behandeln sind.

So sind die vergangenen 35 Jahre an der chirurgischen Indikation nicht spurlos vorbeigegangen. Viele diagnostische und therapeutische Verfahren sind hinzugekommen, welche völlig neue Erfahrungen und Erkenntnisse und die Konzeption neuer Indikationen verlangen. Die Spezialisierung erfordert vor der Entscheidung des Chirurgen die umfassende interdisziplinäre Kooperation. So wandeln sich auch mit der lebendigen Entwicklung die Indikationen im Einzelfall.

Ärztlicher Grundsatz jeder chirurgischen Indikation muß unverändert das von Gewissen und Wissen geprägte Abwägen zwischen Nutzen und Risiko bleiben.

Geändert haben sich in den vergangenen 35 Jahren von Grund auf die äußeren Einflüsse, die auf Arzt und Patienten einwirken und sicherlich nicht vorwiegend zum Nutzen der Kranken. Wenn ich sage, daß ich die Entwicklung mit großer Sorge betrachte, so tue ich das nicht etwa als Funktionär im ärztlichen Standesinteresse, sondern als ein alter Arzt, der in über 50 Jahren chirurgischer Arbeit das Vertrauen seiner Kranken als größtes Glück empfunden hat und der zugleich den verheerenden Einfluß fürchtet, den die zunehmende Entidealisierung und Vermarktung des ärztlichen Berufes auf die Entwicklung unseres Nachwuchses haben wird. Anzeichen entsprechender Tendenzen sind schon heute zu erkennen und für Arzt und Patienten deutlich spürbar. Auch Ärzte sind Kinder ihrer Zeit und unterliegen deren Einflüssen.

Und wie sieht die Zukunft aus? Wir leben in einer stürmischen, neue Ziele suchenden Zeit. Reformen werden durch zusätzliche oder gegensätzliche Reformen abgelöst und verschwinden wieder. Wir sollten suchen, die für das menschliche Zusammenleben notwendigen Fundamente zu erkennen und zu erhalten, frei von Illusion und Resignation.

Ich glaube, daß in dem Verhältnis zwischen dem hilfesuchenden Kranken und dem helfenden Arzt so entscheidende konstante Grundelemente enthalten sind, daß es auch gegenläufige, vorübergehende Zeitströmungen überdauern wird. Ich bin davon überzeugt, daß beide Partner den essentiellen Wert des Vertrauens und der Hilfsbereitschaft erkennen werden und ihn zurückzugewinnen suchen. Dem wird sich dann auch letztlich die Rechtsprechung nicht verschließen können, in der die lebendigen Interessen der menschlichen Gesellschaft jeweils ihren Ausdruck finden.

Entwicklung und Strukturwandel
in der Chirurgie

Eine Ansprache

1982

Ich möchte Ihnen, verehrter Herr Präsident, zugleich im Namen meines Freundes Fritz Linder sehr herzlich danken für die freundlichen Worte der Anerkennung, die Sie soeben anläßlich unseres Ausscheidens aus dem Präsidium als Delegierte des Senats an uns gerichtet haben.

Zugleich danken wir allen Mitgliedern des Präsidiums für die stets kollegiale, ja freundschaftliche Zusammenarbeit aufrichtig. Die persönlichen Beziehungen sind ja mit den meisten von Ihnen nicht erst seit Beginn unserer dreijährigen Amtszeit entstanden, sondern wurzeln in der gemeinsamen Arbeit und gegenseitigen Wertschätzung seit vielen Jahren.

Ein besonderes Wort will ich aber noch an die Jüngeren unter Ihnen richten. Obgleich uns 30 oder 40 Lebensjahre voneinander trennen, haben Sie uns in hohem Maße Vertrauen und Achtung entgegengebracht. Das hat gerade das Alter nötig und dafür danken wir Ihnen besonders. Es ist dies in der heutigen Zeit keineswegs eine Selbstverständlichkeit, obgleich es beiden Seiten und damit dem gemeinsamen Ganzen nur von Nutzen sein kann. Jeder muß vom anderen lernen. Wenn es für Chirurgen charakteristisch ist, daß es zwischen jung und alt mehr Verständnis gibt, als sonst heute üblich, so mag dies auch an dem Handwerklichen unseres Berufes liegen, bei dem alle in der Werkstatt Tätigen auf gegenseitiges Helfen und Vertrauen angewiesen sind.

Lassen Sie mich noch einige persönliche Worte hinzufügen:
Ich bin jetzt seit 54 Jahren Mitglied der Deutschen Gesellschaft für Chirurgie und seit rund zwanzig Jahren ununterbrochen Mitglied des Präsidiums. So habe ich Entwicklung und Wandlung unserer Gesellschaft aus nächster Nähe und zum Teil von der Schaltstelle aus beobachten können. Unsere Gesellschaft ist ein wesentlicher Teil meines beruflichen Lebens geworden.

Dankbar gedenke ich heute der Begegnung mit vielen großen Persönlichkeiten, die mir ein Leben lang tiefe Eindrücke hinterließen. Erlauben Sie mir, daß ich einen einzigen von ihnen nenne, dem ich persönlich zu großem Danke verpflichtet bin: Carl Garrè. Durch seinen väterlichen Rat hat er mich dazu bestimmt, Chirurg zu werden. Carl Garrè war Lehrer von Rudolf Stich, dem Lehrer von Albert Fromme und K.H. Bauer. K.H. Bauer war Lehrer von Fritz Linder; Fritz Linder ist Lehrer von Trede, Vollmar

u. a. Dieser große Bogen bis zu den nun im Amt befindlichen chirurgischen Ururenkeln führt mir die zeitliche Spannweite meines beruflichen Lebens bildhaft vor Augen.

Als ich 1928 Mitglied der Gesellschaft wurde, waren wir eine überschaubare Schar von – wie man heute sagen würde – Allgemeinchirurgen, die den kleinen Saal des Langenbeck-Virchow-Hauses füllte und in der fast jeder jeden kannte. Heute ist aus der Gesellschaft eine weitgehend anonyme und unübersehbare Masse von 3000 Mitgliedern geworden, deren Interessengebiete sich sehr unterscheiden. Das führte notwendigerweise zur Bildung von Gruppen, eine Bewegung, die gewiß noch nicht abgeschlossen ist.

Wenn das Präsidium den lebendigen Zusammenhang mit der Gesellschaft nicht verlieren wollte, so mußte es selbst an dieser Entwicklung teilhaben und sich ihrem jeweiligen Stande anpassen. So ist es auch geschehen. Seit der Gründung der Gesellschaft und noch bei meinem Eintritt in das Präsidium setzte sich dieses zusammen aus älteren, allgemein angesehenen und arrivierten Chirurgen, die sich ihre Anerkennung durch lebenslange Arbeit verdient hatten. In den meisten Fällen hatten sie fast 60 Lebensjahre hinter sich und so kam es, daß die aus diesem Gremium gewählten Präsidenten im allgemeinen bereits der Emeritierung entgegensahen. Innerhalb der letzten zwei Jahrzehnte änderte sich nun die Zusammensetzung des Präsidiums von Grund auf. Sollte das Präsidium ein lebendiger Teil dieser großen, hoch differenzierten wissenschaftlichen Gesellschaft bleiben, so war eine völlige Umgestaltung notwendig, um die Belange aller Mitglieder wirksam zur Geltung zu bringen. So ist das Präsidium heute eine Vertretung der Interessen von wissenschaftlichen Fachgruppen und beruflichen Stellungen geworden. Obgleich ich selbst noch aus dem alten Präsidium stamme, möchte ich aus voller Überzeugung bekennen, daß ich diese Entwicklung bejahe und für notwendig halte. Jede Zeit verlangt nach der ihr angemessenen Form.

Änderung der Struktur bedeutet aber nicht Änderung des Geistes. Und damit wende ich mich wieder an die Jüngeren unter Ihnen. An Ihnen liegt es, entsprechend der größeren Verantwortung, die Sie nun übernommen haben, das Wesentliche zu erhalten, das unsere Gesellschaft immer besonders ausgezeichnet hat und das unseren Gründern vorschwebte, als sie heute vor fast auf den Tag genau 110 Jahren, am 10. April 1872 den ersten Kongreß unserer Gesellschaft eröffneten.

Erhalten Sie in unserem Kreise Fairness und Loyalität, die gemeinsame Suche nach der wissenschaftlichen Wahrheit im toleranten Streitgespräch und das ehrliche Bestreben, im Miteinander die Einheit der Chirurgie zu wahren.

Dann liegt die Zukunft unserer Gesellschaft in guten Händen.

Die Stufenaufklärung –
ein ärztlich und rechtlich verfehltes Modell*

I

Unter dem Druck der Haftpflichtprozesse wegen unzureichender Aufklärung[1] suchen die Ärzte zunehmend, zum Teil gegen eigene Überzeugung, nach einer möglichst vollkommenen Absicherung gegen etwaige Schadensersatzansprüche von Patienten, die auf das Gebiet der verletzten Aufklärungspflicht ausweichen. Unter den verschiedenen dafür angebotenen Vorschlägen findet das Konzept der „Stufenaufklärung" besondere Verbreitung, weil es den Ärzten die angeblich größtmögliche Sicherheit gibt. Bisher liegen in einem Verlag erschienene Merkblätter für rund 60 verschiedene chirurgische Eingriffe vor. Das Konzept ist von dem Juristen Weißauer in Zusammenarbeit mit Chirurgen zuerst entwickelt und seitdem wiederholt empfohlen worden[2]. Gesucht wird ein „pragmatischer Kompromiß" zwischen einer „Totalaufklärung", die dem Patienten generell alle denkbaren Risiken eines Eingriffes mitteilt und einer „Individualaufklärung", die allein auf das individuelle Aufklärungsbedürfnis des einzelnen Patienten abstellt[3].

Die Stufenaufklärung will dem Patienten zunächst in einem kurz gefaßten, auf das jeweilige Krankheitsbild zugeschnittenen Merkblatt („auf der ersten Stufe") in einer für den medizinischen Laien verständlichen Sprache die „Basisinformation" über den geplanten Eingriff und seine Risiken zukommen lassen, die nach ärztlicher Erfahrung für ihn von Bedeutung sind[4].

„Auf der zweiten Stufe" soll dann ein Gespräch folgen, das der Aufklärung über die besonderen Umstände des Falles und seine speziellen Risiken sowie der Beantwortung zusätzlicher Fragen dient, die sich u.a. aus den Vorinformationen in dem Merkblatt ergeben. Hier soll der Patient Gelegenheit erhalten, insbesondere auch nach den seltenen Risiken zu fragen, die in diesem nicht aufgeführt werden[5]. Mit dem Merkblatt verbunden ist eine Erklärung des Patienten, in der die Lektüre und das abschließende Aufklärungsgespräch bestätigt werden. Der Patient bescheinigt: „Ich habe die Aufklärung verstanden und konnte alle mich interessierenden Fragen stellen." In dem Formular ist auch die Möglichkeit offengelassen, durch Ankreuzen bestimmter Spalten eine zusätzliche Aufklärung über Art, Bedeutung, Folgen

---

* Gemeinsam mit Hans-Ludwig Schreiber

241

und Risiken der Operation und der Nebeneingriffe zu erbitten. Den Abschluß
bildet die Einwilligungserklärung, welche auch Änderungen und Erweiterun-
gen des Eingriffes umfaßt, die sich während der Operation als erforderlich
erweisen, bzw. die Versagung der Einwilligung. Das Merkblatt verbleibt
nicht beim Patienten, sondern wird mit dessen Erklärung zu den Unterlagen
des Arztes genommen, um als Beweis für die erfolgte Aufklärung zu dienen.

Die inzwischen für eine Vielzahl von Erkrankungen entwickelten Bögen
enthalten einen feststehenden und einen auf die jeweilige Krankheit abgestellten Text, der sich u. a. mit den möglichen Komplikationen beschäftigt. Hier
heißt es ohne Bezug auf die jeweilige Krankheit unter der Überschrift „Mögliche Komplikationen":

„Eine absolute Erfolgsgarantie kann kein Arzt für seine Behandlung geben.
Die Allgemeinen Gefahren ärztlicher Eingriffe, wie z. B. Infektionen, Throm-
bosen (Bildung von Blutgerinnseln), Embolien (Schlagaderverschlüsse durch
verschleppte Gerinnsel) sowie Verletzungen von Organen, Nerven oder Blut-
gefäßen und Nachblutungen, sind dank der Fortschritte der Medizin aber
viel seltener geworden. Wir können auch mehr als früher gegen sie tun."

„Allgemeine statistische Zahlenangaben haben wenig Aussagekraft für
den Einzelfall. Entscheidend ist immer Art und Umfang der Erkrankung,
der allgemeine Gesundheitszustand, das Lebensalter des Patienten und eine
Vielzahl anderer Umstände. Wenn Sie statistische Angaben erfahren wollen,
geben wir Ihnen nähere Auskünfte im Aufklärungsgespräch."

Als Beispiel für den speziellen, auf die jeweilige Erkrankung abgestellten
Teil möge aus dem Merkblatt für die Operation einer Dickdarmgeschwulst
folgendes angeführt werden:

„Wie bei jeder Darm-Operation besteht die Gefahr, daß die Darmnaht
nicht dichthält, Darminhalt in die Bauchhöhe austritt und dadurch eine
Bauchfellentzündung (Peritonitis) entsteht. Auch kann eine Darmlähmung
oder ein Darmverschluß eintreten. Eventuell müßten wir dann erneut operieren. Störungen der Sexualtätigkeit (Potenz), der Blasen- und Darmtätigkeit
(Schließmuskelschwäche) sind nur nach Eingriffen am Mastdarm gelegentlich
zu erwarten"[6].

II

Es soll nicht verkannt werden, daß dem Konzept der Stufenaufklärung
das ernsthafte Bestreben zugrunde liegt, die vielfältigen Schwierigkeiten, die
sich auf dem Gebiete der ärztlichen Aufklärungspflicht ergeben haben, in
einer für alle Beteiligten annehmbaren, rechtlich einwandfreien Lösung zu
beseitigen. Auch soll die unbedingte Pflicht zu einer angemessenen ärztlichen
Aufklärung keineswegs in Zweifel gezogen werden. Sowohl ärztlich wie

rechtlich bestehen aber gegen das Verfahren der Stufenaufklärung die allergrößten Bedenken sowohl in grundsätzlicher Hinsicht wie im einzelnen.

1. Durch die im Merkblatt direkt oder indirekt enthaltenen Angaben wird der Patient mit einer Vielzahl von Risiken und Komplikationen konfrontiert, die geeignet sind, einen darauf nicht vorbereiteten Kranken unnötig zu belasten und aus dem Gleichgewicht zu bringen. Zwar bemühen sich die Merkblätter im Stile „Allgemeiner Geschäftsbedingungen", wie sie in der geschäftlichen Praxis seit langem üblich sind, die denkbaren Risiken möglichst nicht direkt, sondern zwar umfassend, aber doch schonend aufzulisten. Sie wirken dabei einerseits verharmlosend, enthalten aber andererseits doch möglichst vollständig alle Risiken, um sie für den Fall ihres Eintrittes auf den Patienten zu überwälzen. Absicherung ist ja das erklärte Ziel des Systems der Stufenaufklärung. Die Merkblätter verstoßen damit gegen den ärztlichen Grundsatz, einen Kranken nur mit dem zu belasten, was er nach seinem jeweiligen Zustand ertragen kann und muß.

2. Die ärztliche Aufklärung darf auch in einer ersten Stufe nicht in einer derartig bürokratischen Form unter Außerachtlassen der Situation des einzelnen Kranken erfolgen, sondern ist nur bei der ersten Begegnung mit dem Arzt durch einfühlsames Erkennen der Persönlichkeit des Patienten und seines körperlichen und seelischen Zustandes möglich. Es gehört zur Aufgabe eines verantwortungsbewußten und fürsorglichen Arztes, seinem Patienten die Wahrheit über seine Krankheit, deren Prognose sowie die Risiken einer Behandlung nicht überfallartig auf einmal, sondern vorsichtig und verständnisvoll beizubringen. In einer ersten Stufe darf nicht eine gebündelte, dem Patienten schriftlich aufgedrängte, pauschale Mitteilung der Risiken stehen. Vor allem bleibt rätselhaft, wie einem Patienten das für ihn zutreffende Merkblatt ausgehändigt werden soll, ohne daß zuvor die definitive Diagnose gefunden und die Indikation gestellt worden ist. Vorher muß doch bereits das ärztliche Gespräch mit den Informationen über die Krankheit und den möglichen Verdacht beginnen. Es kann nicht durch die Überreichung eines Merkblattes eröffnet werden.

3. Das Arzt-Patienten-Verhältnis kann nur durch ein am Anfang der Behandlung stehendes persönliches Gespräch begründet werden. Es ist daran festzuhalten, daß erst in der unmittelbaren Kontaktaufnahme und in der lebendigen Auseinandersetzung mit dem einzelnen Kranken Art und Umfang der notwendigen Aufklärung sich ergeben. Alles spricht dagegen, daß das Arzt-Patienten-Verhältnis durch Überreichung einer Art Geschäftsbedingungen in einer ersten Stufe der Aufklärung bestimmt wird.

Erst später ist eine Dokumentation über die geführten Gespräche zu Beweiszwecken möglich und erforderlich.

Der Grundfehler in der Konzeption der Stufenaufklärung liegt darin, daß sie zunächst und letztlich allein zu Beweiszwecken dem Patienten eine Fülle schriftlicher Informationen aufdrängt, die verklausuliert alle bei einem Eingriff theoretisch möglichen Risiken enthalten muß, um zu der gewünschten Entlastung des Arztes zu führen. Dem Patienten als Laien müssen unter diesen Bedingungen alle Voraussetzungen zu einer kritischen Bewertung fehlen. Seine individuelle Situation wird ebensowenig berücksichtigt wie seine jeweils unterschiedliche Aufnahmefähigkeit. Die Stufenaufklärung ist danach als ein bedauerliches Element einer durch die Rechtsprechung mitverschuldeten Defensivmedizin anzusehen, von der die Ärzte notgedrungen meinen, Gebrauch machen zu müssen[7].

Es besteht zudem die Gefahr, daß im Krankenhausbetrieb das in der zweiten Stufe vorgesehene Aufklärungsgespräch verkümmert und die Aufklärung sich auf die Verteilung der Merkblätter durch das Pflegepersonal sowie die abschließende Bestätigung beschränkt.

4. Über diese ärztlichen Bedenken hinaus scheint es zudem zweifelhaft, ob die Merkblätter die gewünschte rechtliche Absicherung schaffen, die sich die Ärzte von ihnen erhoffen. Daß es bisher noch nicht zu Beanstandungen in der Rechtsprechung gekommen ist, besagt jedenfalls nichts[8].

Zunächst ist keineswegs sicher, daß der Patient die ihm zur Einsicht vorgelegte schriftliche Information im Merkblatt in seiner konkreten Krankheitssituation auch richtig verstanden hat. Allein die Tatsache, daß er die im Merkblatt enthaltene Erklärung, er habe die Aufklärung verstanden, unterzeichnet hat, stellt keinen hinreichenden Beweis dar. Dafür wird im Streitfalle auf die jeweilige Einsichtsfähigkeit des Patienten und seine konkrete Situation abzustellen sein. Die Gerichte werden Beweis über die Umstände erheben müssen, unter denen die Unterschrift zustandegekommen ist.

Verwirklicht sich ein unerwartetes, im Merkblatt nicht genanntes Risiko, so erscheint angesichts der aufgeführten sonstigen Risiken und Komplikationen eine Haftung wegen unvollständiger Aufklärung besonders naheliegend. Das hat entgegen der ursprünglichen Konzeption die Tendenz zur weitgehenden Totalaufklärung, freilich in nicht so deutlicher, aber doch verdeckter Form, eindeutig verstärkt. Die Merkblätter müssen, sollen sie rechtlich hinreichend absichern, alle nicht ganz fernliegenden Risiken nennen. Das erklärt die in ihnen enthaltene Fülle von Informationen, die über das für den jeweiligen Einzelfall Notwendige hinausgeht.

5. Wesentliche Bedenken gegen die Merkblätter ergeben sich auch aus dem Gesetz über Allgemeine Geschäftsbedingungen (AGB). Die Formulare der Stufenaufklärung können unter den Schutzbereich dieses Gesetzes fallen, da sie für eine Vielzahl von Verträgen mit vielen Patienten vorformulierte Vertragsbedingungen enthalten[9]. Zweifelhaft ist bereits, ob sie gem. § 2 AGB

Vertragsbestandteil werden[10]. Niebling hat kürzlich die These aufgestellt, daß die Aufklärungsformulare keine Änderung der Beweislast bewirken. Der Arzt habe trotz der Erklärung des Patienten im Formular weiterhin die Beweislast für eine ausreichende Aufklärung[11]. Wohl zutreffend ist der Hinweis Nieblings, daß auch bei Verwendung der Bögen erhebliche Haftungsrisiken für die Ärzte bestehen bleiben.

III

Mit dieser Kritik der Stufenaufklärung soll keineswegs eine Ablehnung der für die Beweissicherung des Arztes notwendigen Dokumentation der Aufklärung verbunden sein. Die ärztliche Aufklärung kann aber nur in einem persönlichen, auf den Einzelfall zugeschnittenen ärztlichen Gespräch erfolgen. Angesichts der Entwicklung der Rechtsprechung und der von ihr vorgenommenen Verteilung der Beweislast[12] erscheint es notwendig, den wesentlichen Inhalt des Aufklärungsgespräches in einer Dokumentation festzuhalten, die durch Unterschrift des Patienten oder gegebenenfalls eines Zeugen bestätigt wird. Dabei können durchaus vorbereitete Formulare Verwendung finden, die der konkreten Situation angepaßt werden. Die in der Stufenaufklärung enthaltene Vorwegnahme des wesentlichen Teils der Aufklärung vor dem ärztlichen Gespräch entspricht jedenfalls nicht dem natürlichen Aufbau der unumgänglichen Vertrauensbeziehung im Arzt-Patienten-Verhältnis. Es ist verständlich, daß die operativ tätigen Ärzte angesichts der Bedrängnis, in die sie durch die Entwicklung der Rechtsprechung gekommen sind, jeden Weg der Absicherung gegen etwaige Ansprüche suchen. Wenn die Verfasser sich trotzdem entschlossen haben, nochmals vor der sog. Stufenaufklärung zu warnen, so deshalb, weil diese ärztlichen Grundsätzen widerspricht, ohne die gewünschte Sicherheit zu bieten.

---

[1] Vgl. dazu aus der Fülle der Literatur etwa nur: Mertens in: Münchener Kommentar zum BGB, Bd. 3 Schuldrecht, Bes. Teil, 2. Halbband § 823 Rn. 422 ff mit vielen Nachweisen; Laufs, Arztrecht, 2. Aufl. (1978) Rn. 64 ff; Wawersik, Die Auswirkungen juristischer Aufklärungserfordernisse auf das Arzt-Patienten-Verhältnis, in: Jung/Schreiber, (Hrsg.), Arzt und Patient zwischen Therapie und Recht (1981), S. 90 ff; Wachsmuth/Schreiber, Das Dilemma der ärztlichen Aufklärung, NJW 1981, S. 1985 ff und S. 199 ff. dieser Ausgabe; Wachsmuth/Schreiber, Der unheilvolle Weg in die defensive Medizin, Arzt und Krankenhaus 1981, S. 75 ff (zuerst in Frankf. Allgemeine Zeitung vom 3. 10. 1980) und S. 188 ff. dieser Ausgabe; Bochnik/Gärtner/Richtberg: Ärztliche Aufklärung zwischen Vertrauen und Alibi, Versicherungsrecht 1981, S. 793 ff.

[2] Weißauer, Aufklärungspflicht des Chirurgen, Langenbecks Archiv für Chirurgie, Bd. 345 (1977), S. 471 ff, (künftig als Weißauer I zitiert); Weißauer, Die Problematik der ärztlichen Aufklärungspflicht, der Arzt im Krankenhaus 1980, Heft 5, (künftig als Weißauer II zitiert); Weißauer, Der Aufklärungswunsch des Patienten und seine rechtliche Bedeutung, Informationen des Berufsverbandes der Deutschen Chirurgen

1982, S. 28 ff (künftig als Weißauer III zitiert); Hümmer, Ist Aufklärung standardisierbar? Der Klinikarzt 1981, S. 996 ff, S. 1132 ff; kürzlich hat Weißauer sein Konzept noch einmal in Medical Tribune 1982, Nr. 22, S. 14, vorgestellt. Besonders geworben wird damit, daß mit den Bögen für das Fachgebiet Anaesthesie 2 bis 3 Millionen Narkosen, ohne daß es zu Schadenersatzansprüchen gekommen wäre, durchgeführt wurden.

[3] Weißauer I, S. 474

[4] Weißauer II; Weißauer I, S. 474

[5] Weißauer I, S. 475

[6] Vgl. Merkblatt über die Operation einer Dickdarmgeschwulst (Ch B 9 f) und das Merkblatt für Operationen bei einer Magengeschwulst (Ch B 2 d)

[7] Dazu ausführlich Wachsmuth/Schreiber, Arzt und Krankenhaus 1981, S. 75 ff und S. 180 ff dieser Ausgabe; zurückhaltend gegenüber der Stufenaufklärung jetzt auch Ehrhardt, Deutsches Ärzteblatt 1982, Heft 19, S. 59 f.

[8] Die Berufung Weißauers in Medical Tribune 1982, Nr. 22, S. 14, darauf, daß bei 2–3 Millionen Anaesthesien es zu keinen gerichtlichen Folgen gekommen sei, geht insofern fehl, als es bei der weit überwiegenden Mehrzahl der Eingriffe nicht zu derartigen Folgen kommt. Die Ursächlichkeit der Merkblätter für das Ausbleiben gerichtlicher Auseinandersetzungen ist damit keineswegs dargetan

[9] Niebling, Ärztliche Formularaufklärung und AGB-Gesetz, MDR 1982, S. 193 ff.

[10] Niebling, S. 195

[11] Niebling, S. 196

[12] Dazu Wachsmuth/Schreiber, NJW 1981, S. 1985 f und S. 199 ff dieser Ausgabe.

Schlußwort
zur Diskussion über die Stufenaufklärung*

1983

Es kann nicht Aufgabe dieses Schlußwortes sein, im einzelnen auf die Erwiderung von Weißauer auf unseren Beitrag „Die Stufenaufklärung – ein ärztlich und rechtlich verfehltes Modell" [Der Chirurg, 53 (1982), 597ff.] einzugehen, mit der er seine Stufenaufklärung verteidigt. Es bedarf jedoch einer kurzen, sachlichen Richtigstellung, weil von Weißauer der Anschein erweckt wird, als wenn wir im Gegensatz zu unseren früheren Äußerungen, der Arzt solle seinem Gewissen folgen, nunmehr zur unbedingten Erfüllung der Forderungen der Rechtsprechung und zur möglichst perfekten Absicherung rieten. Den Beweis dafür führt Weißauer nur mit aus dem Zusammenhang gerissenen Zitaten.

Wir haben für jeden Unbefangenen hinreichend in vielen Veröffentlichungen deutlich gemacht, daß wir die Anforderungen der derzeit vorherrschenden Rechtsprechung für weit überzogen und für das Arzt-Patienten-Verhältnis schädlich halten. Es kann keine Rede davon sein, daß sich an diesem Standpunkt irgendetwas geändert hätte. Andererseits haben wir nie einen Zweifel daran gelassen, daß das Selbstbestimmungsrecht des Patienten durch eine angemessene Aufklärung gewahrt werden müsse.

Wenn wir uns wiederholt kritisch mit der Stufenaufklärung beschäftigt haben, so geschah dies, weil wir in ihr ein sehr typisches Beispiel einer defensiven Medizin sehen, die wir wie viele andere Juristen und Mediziner als eine für den Kranken bedrohliche Gefahr ansehen. So warnt u.a. H.-E. Bock, daß ein „ängstlicher Defensivmediziner und ein verschreckter, mißtrauischer Kranker" mögliche Therapieerfolge gefährden oder sogar verhindern könnten (Therapiewoche, Band 28, S. 7817f.).

Offenbar entstehen zunehmend auch bei Richtern und Rechtslehrern Zweifel am Ausmaß der rechtlichen Anforderungen an die Aufklärung. Ein Dokument dafür ist das inzwischen rechtskräftige Urteil des Oberlandesgerichts Celle v. 15. 6. 81 (1 U 34/80; Versicherungsrecht 1981, S. 1184). Es warnt davor, den Patienten ohne Rücksicht auf seine psychosomatische Ausnahmesituation seelisch unnötig zu belasten und die Aufklärung uferlos werden zu lassen.

---

* Gemeinsam mit Hans-Ludwig Schreiber

Zutreffend schreibt Harald Franzki jüngst (Versicherungsrecht 1982, S. 717), die Rechtsprechung sei mehr und mehr über den ursprünglichen Ansatz, der Patient solle „in großen Zügen" über Art, Dringlichkeit, Tragweite und Risiken der Behandlung aufgeklärt werden, hinausgegangen und habe sich in einer Weise verästelt und verschärft, daß heute selbst ein mit den Fragen einigermaßen vertrauter Jurist kaum noch zuverlässig einem Arzt voraussagen könne, ob er mit seinem Aufklärungsgespräch in jedem Falle vor den Gerichten bestehen werde oder nicht.

Es stellt daher eine unzulässige Vereinfachung dar, wenn man nur die Alternativen einerseits zwischen der Nichtaufklärung und andererseits einer uneingeschränkten Übernahme der weitgehendsten Forderungen einer in sich durchaus nicht einheitlichen Rechtsprechung gegenüberstellt. Wir haben selbstverständlich niemals die Ansicht vertreten, daß man diese Rechtsprechung einfach nicht beachten und sich damit unbekümmert Haftungsgefahren aussetzen solle. Die Rechtsprechung läßt durchaus Raum für die verantwortliche Gewissensentscheidung des Arztes. Sie ist nicht starr, sondern offensichtlich aufgrund neuer Überlegungen zu Veränderungen bereit. Nicht bloß passives Hinnehmen, nicht ängstliche, bürokratische Anpassung fördern eine Entwicklung, die dem Kranken gerecht wird, sondern der offene und kritische Dialog mit der Rechtsprechung.

Laufs spricht mit vollem Recht von einer sich als Reaktion auf die Rechtsprechung ausbreitenden „Defensive(n) Formularpraxis", die den Prozeßgefahren vorbeugen wolle, das „Verhältnis zu den Patienten aber empfindlich belasten" könne (Laufs, Berufsfreiheit und Persönlichkeitsschutz im Arztrecht, Heidelberg 1982, S. 19).

Der Grundfehler der Stufenaufklärung liegt darin, daß sie entgegen ihrer erklärten Absicht zum Zwecke einer perfekten Absicherung der Tendenz zur totalen, formalisierten und nicht den individuellen Verhältnissen angepaßten Aufklärung erliegen muß. Das ist neben anderem schon allein darin begründet, daß jedes Merkblatt standardisiert einen Abschnitt über allgemeine Gefahren ärztlicher Eingriffe enthält, der zum Teil ohne jeden Bezug auf den jeweiligen Fall ist.

Mit mehr Verständnis sieht Steffen, Richter im für Arzthaftungsfragen zuständigen 6. Zivilsenat des Bundesgerichtshofs das Arzt-Patientenverhältnis. Er führt aus, der Arzt sei gezwungen, sich im Aufklärungsgespräch an seinen Patienten „heranzutasten", um zu vermeiden, daß seine Aufklärung bei ihm zu Selektionen und Fixierungen führe, die die Relationen unangemessen verzerren und eben darum das Ziel der Aufklärung verfehlen. Steffen wendet sich gegen eine „schematisierende Basis- und Stufenaufklärung, die den hier gerade so notwendigen „konvivialen" Kontakt „in Formularen erstarren" lasse (Steffen, Erich: Der „verständige Patient" aus der Sicht des Juristen, Med R 1983, S. 88 ff.)

Wir können Weißauer nur beistimmen, wenn er fordert, man solle es der Entscheidung jedes einzelnen Chirurgen überlassen, in welcher Form er die notwendige Aufklärung betreibt. Wir wenden uns aber mit aller Entschiedenheit dagegen, daß Ärzte zur Abwehr einer überzogenen Rechtsprechung von Versicherungsgesellschaften und Behörden mit der Drohung einer Entziehung des Versicherungsschutzes oder des Regresses unter Druck gesetzt werden. Sie sollen dadurch veranlaßt werden, gegen ihre eigentliche bessere Überzeugung derartige oder ähnliche Systeme zu verwenden, wie sie die Stufenaufklärung mit dem nicht erfüllbaren Versprechen perfekter Absicherung anbietet und dabei den Arzt der Gefahr aussetzt, sich seine Fürsorgepflichten gegenüber dem Kranken zu leicht zu machen.

Auch wenn der nicht auf dieses Gebiet beschränkte allgemeine Trend zur möglichst weitgehenden Absicherung vielleicht nicht aufzuhalten sein wird, halten wir es für unsere Pflicht, einer solchen Entwicklung entgegenzutreten.

Sicherheit und Wahrscheinlichkeit

Juristische und ärztliche Aspekte*

1982

Die Gerichte fordern für den Beweis der Ursächlichkeit eine „an Sicherheit grenzende Wahrscheinlichkeit“. Der naturwissenschaftlich denkende medizinische Sachverständige kennt keine Sicherheit in diesem Sinne. Er kann daher eine an ihn gerichtete so formulierte Frage in den meisten Fällen nicht aus Überzeugung beantworten. Der Beitrag prüft die verschiedenen in Rechtsprechung und Literatur diskutierten Möglichkeiten einer für Richter und Sachverständige tragbaren Lösung. Es ist nicht annehmbar, auf eine strafrechtliche Sanktion in all den Fällen zu verzichten, in denen medizinischer Sachverstand nicht mit an Sicherheit grenzender Wahrscheinlichkeit feststellen kann, daß der Patient bei pflichtgemäßer Behandlung überlebt hätte. Anstelle der bisher gebrauchten Formel sollte der Sachverständige nach der aufgrund seiner Erfahrung einen vernünftigen Zweifel ausschließenden Überzeugung gefragt werden. Sache des Richters ist es, auf dieser Grundlage die erforderliche richterliche Überzeugung zu gewinnen.

I. Die Position des Bundesgerichtshofes

Stellung und Tätigkeit des medizinischen Sachverständigen vor Gericht sind in jüngerer Zeit vermehrt Gegenstand von Diskussionen zwischen Ärzten und Juristen gewesen[1]. Die in ihnen zutage tretende Verschiedenheit der Standpunkte bedarf einer sorgfältigen Analyse. Sie geht auf die unterschiedlichen Denkweisen der ärztlichen und juristischen Wissenschaften und die daraus folgende unterschiedliche Begriffsbildung zurück. Der folgende Beitrag soll dazu dienen, Mißverständnisse und Unstimmigkeiten auf diesem für beide Seiten außerordentlich wichtigen Gebiet zu klären und zu beseitigen.

Bei der weiteren Entwicklung des Arzthaftungsrechtes kommt den Sachverständigen eine entscheidende Rolle zu[2]. Es geht darum, die „für das Recht tief bedauerliche und gefährliche Vertrauenskrise“[3] zwischen ärztlichen Sachverständigen und Rechtsinstanzen zu überwinden.

Neuerlichen Anlaß zu diesen Überlegungen hat ein Urteil des Bundesgerichtshofes vom 20. 5. 1980[4] gegeben, das in der Ärzteschaft erhebliche Beunruhigung ausgelöst hat, die ohne nähere Kenntnis der Zusammenhänge ver-

---

* Gemeinsam mit Hans-Ludwig Schreiber

ständlich erscheint. Denn die Verurteilung zu einer Freiheitsstrafe von einem Jahr mit Bewährung wird in letzter Linie mit der Verkürzung des Lebens einer Patientin um mindestens einen Tag begründet. Bei näherer Betrachtung der Vorgänge und des Urteils ergibt sich jedoch ein anderes Bild, das die Schwierigkeiten zeigt, die bei der Zusammenarbeit von Gerichten und medizinischen Sachverständigen auftreten können.

Ein Chirurg hatte sich nach übereinstimmender Meinung von drei Sachverständigen einer groben Verletzung der ärztlichen Sorgfaltspflicht schuldig gemacht, als er nach einer Blinddarmoperation eine sich ausbreitende Bauchfellentzündung nicht ausreichend untersucht und trotz klassischer Symptome, die bereits spätestens am dritten postoperativen Tage aufgetreten waren und sich von Tag zu Tag in eindeutiger Weise verschlimmert hatten, trotz der Hinweise von kollegialer Seite die Patientin nicht rechtzeitig gründlich untersucht und nachoperiert hatte. Erst nach 8 Tagen, als das Mädchen in psychotische Zustände geriet, verlegte sie der Leiter der Privatklinik, in der der Angeklagte als Belegarzt operiert hatte, in moribundem Zustand in eine andere Klinik, wo sie trotz sofortiger Intensivbehandlung und zweier Nachoperationen nach einigen Tagen starb. Obwohl die Sachverständigen hinsichtlich der Pflichtwidrigkeit und einer ganzen Reihe begangener Behandlungsfehler durch Unterlassen notwendiger Untersuchungen übereinstimmten, konnten sie sich dagegen nicht dazu entschließen, den für den Tod ursächlichen Zusammenhang zwischen dem pflichtwidrigen Unterlassen und dem Tode der Patientin „mit an Sicherheit grenzender Wahrscheinlichkeit" zu bejahen, da – mit den Worten eines Sachverständigen – der juristische Begriff der an Sicherheit grenzenden Wahrscheinlichkeit für Ärzte nicht brauchbar sei, weil es in der Medizin eine solche Wahrscheinlichkeit nur in ganz seltenen Fällen überhaupt gäbe. Daß die Patientin bei rechtzeitigem Eingreifen entsprechend aller Erfahrung wieder ganz gesund geworden wäre, lasse sich medizinisch indes nicht derart feststellen. Denn daß jemand eine einmal ausgebrochene eitrige Peritonitis überleben könne, lasse sich mit solcher Sicherheit ärztlich nicht behaupten. Man könne für den vorliegenden Fall nur von überwiegender bzw. hochgradiger Wahrscheinlichkeit einer Rettung der Patientin sprechen. Das Gericht stellte daraufhin in Übereinstimmung mit zwei Sachverständigen fest, daß bei einem pflichtgemäßen früheren Eingreifen die hochgradige Wahrscheinlichkeit des Überlebens bestanden hätte, daß jedenfalls die Patientin selbst bei noch späterer operativer Revision mindestens noch einen Tag länger gelebt hätte. Für die Bejahung eines Ursachenzusammenhanges sei es unerheblich, ob die Patientin wegen der sich ausbreitenden Bauchfellentzündung möglicherweise ohnehin gestorben wäre. Es genüge für die Strafbarkeit wegen fahrlässiger Tötung, daß der Tod früher, mindestens um einen Tag früher eingetreten sei, als es ohne das pflichtwidrige Unterlassen der Fall gewesen wäre.

Das Gericht hat dabei zwar den in Rechtsprechung und Lehre gebräuch-
lichen Begriff der „an Sicherheit grenzenden Wahrscheinlichkeit" anerkannt,
ist bei seiner Entscheidung aber doch darüber hinausgegangen. Denn die
verhängte Strafe von einem Jahr erscheint nur dadurch erklärlich, daß das
Gericht den Angeklagten unter dem Eindruck der beispiellosen Sorgfaltswi-
drigkeit letztlich für den Tod des Mädchens verantwortlich gemacht hat.
Das Gericht hat sich vordergründig auf die mit Gewißheit festzustellende
Verkürzung des Lebens um einen Tag beschränkt, de facto ist es aber offenbar
doch davon überzeugt gewesen, daß die Patientin bei pflichtgemäßem Verhalten des Arztes ihre Krankheit überstanden hätte.

II. Keine „Sicherheit" in der Medizin

An diesem Fall zeigt sich wieder die anscheinend nicht überbrückbare
Kluft zwischen der vom Gericht für seine Entscheidung bei der Bildung
seiner Überzeugung im Beweisverfahren notwendigen, aber vom ärztlichen
Sachverständigen nicht zu verantwortenden „an Sicherheit grenzenden Wahrscheinlichkeit". Selbst der Vorschlag, die Wahrscheinlichkeit in Grade zu
unterteilen, wobei die an Sicherheit grenzende Wahrscheinlichkeit mit 99%
angegeben wird[5], ist mit dem für Ärzte nicht akzeptablen Begriff der „Sicherheit" verbunden. Wie in den Naturwissenschaften allgemein, so gibt es auch
in der Medizin keine absolute Sicherheit. Weder eine Diagnose noch eine
Indikation noch vor allem eine Prognose können mit „Sicherheit" bzw. „Gewißheit" gestellt werden. Eine solche bedeutet einen absoluten Wert, der
in der Medizin niemals erreicht werden kann, da die Reaktionen des lebenden
menschlichen Organismus nicht mit mathematischer Genauigkeit im voraus
zu bestimmen sind, wie eben jede Wahrheit in der Medizin relativ ist[6]. Die
Medizin hat es mit individuellen Fällen, nicht mit Serien zu tun. Auch wechselt zeitbedingt der Stand der jeweiligen Forschung in Theorie und Praxis.
So ist jede ärztliche Beurteilung zwar auf wissenschaftlich fundierte Untersuchungen und Erfahrungen gestützt, bleibt aber doch im Einzelfall letzten
Endes hypothetisch.

Da es somit in der Medizin keine „Sicherheit" geben kann, läßt sich
auch die an den ärztlichen Sachverständigen gerichtete Frage nach der „an
Sicherheit grenzenden Wahrscheinlichkeit", wie sie vom Gericht als Beweis-
grundlage für das Urteil verlangt wird, durch einen Arzt in aller Regel nicht
beantworten. Beispielhaft deutlich wird das an folgendem eigenen Fall:

Ein Heilpraktiker hatte eine ältere Frau mit Brustkrebs viele Monate
behandelt, ohne sie jemals körperlich untersucht zu haben. Auch beim „Auf-
brechen" des Tumors begnügte er sich mit der Schilderung der Frau, die
er damit beruhigte, daß sich nun das Böse von selbst entleere. Die Frau

starb an allgemeiner Metastasierung, ohne daß der Heilpraktiker sie sich ein einziges Mal zur Untersuchung hatte entkleiden lassen. Die an den ärztlichen Sachverständigen gerichtete Frage, ob die Frau „mit an Sicherheit grenzender Wahrscheinlichkeit" hätte geheilt werden können, konnte von diesem nicht bejaht werden, obgleich er keinen vernünftigen Zweifel hatte, daß die Frau bei sachgemäßer ärztlicher, also hier operativer und radiologischer Behandlung, hätte gerettet werden können. Da jedoch nach statistischen Ergebnissen[7] noch 13% unbehandelter Fälle von Brustkrebs fünf Jahre überlebt hatten und die Heilungsquote im frühen Stadium, das hier anzunehmen war, immerhin nur ca. 70% beträgt, war der Nachweis einer Ursächlichkeit des Verhaltens des Angeklagten für den Tod der Frau vom ärztlichen Sachverständigen nicht mit der geforderten an Sicherheit grenzenden Wahrscheinlichkeit zu bestätigen. Der Beschuldigte wurde auf das Gutachten hin von der Anklage der fahrlässigen Tötung freigesprochen.

Dieser Fall hat insofern allgemeine Bedeutung, als er zeigt, daß nur in sehr seltenen Fällen eine Verurteilung erfolgen könnte, wenn der Richter bei der Frage an den Sachverständigen nach Kausalität der Pflichtwidrigkeit ärztlicher Behandlung auf der genannten Formel für den Beweis besteht.

Über die Beweisfragen hinaus gilt folgendes: Beschränkt man die strafrechtliche Haftung für unterlassene Erfolgsabwendung auf solche Fälle, in denen der negative Erfolg bei Vornahme der gebotenen Handlung mit „an Sicherheit grenzender Wahrscheinlichkeit" ausgeblieben wäre, so hätte das, was Stratenwerth anhand der Rechtsprechung des Reichsgerichtes herausgearbeitet hat[8], offenbar sinnwidrige Konsequenzen. Denn der Versuch, ein bedrohtes Rechtsgut zu retten, müßte nur in den Fällen unternommen werden, in denen am Erfolg praktisch nicht zu zweifeln ist, nicht aber dann, wenn die Überlebenschance nur ungewiß ist. Für den Arzt hätte das die Folge, daß er – von § 323 c StGB (unterlassene Hilfeleistung) abgesehen[9] – zum Eingreifen nur verpflichtet wäre, wenn die Behandlung mit an Sicherheit grenzender Wahrscheinlichkeit Erfolg verspräche. Eine Bestrafung wegen fahrlässiger Tötung käme bei einer Erkrankung mit nicht gerade verschwindend geringer Sterblichkeitsquote, also etwa auch bei einer Bauchfellentzündung von vornherein nicht in Betracht.

III. Lösungsmöglichkeiten

1. Risikoerhöhungslehre. Die Schwierigkeiten wären weitgehend beseitigt, wenn man der Risikoerhöhungslehre[10] folgen würde. Nach den Grundsätzen dieser Lehre haftet jemand auch dann für den tatbestandsmäßigen Erfolg, wenn er das Risiko für dessen Eintritt nur erhöht hat, ohne daß festgestellt wird, daß er bei pflichtgemäßem Verhalten mit Sicherheit vermieden worden wäre. Er wird vielmehr schon dann zugerechnet, wenn das Verhalten zu einer gegenüber der normalen Gefahr gesteigerten Gefährdung des Schutzobjektes geführt hat. Die Risikoerhöhungslehre ist im Vordringen begriffen, sie hat inzwischen eine ganze Reihe von Anhängern gefunden[11]. Zutreffend geht sie vom Zweck der strafrechtlichen Sorgfaltspflichten aus, Verhalten zu verhindern, das einen über das erlaubte Maß hinausgehenden Gefährlichkeitsgrad aufweist, auch wenn nicht von vornherein sicher ist, daß dadurch die Gefahren wirklich vermieden werden. Für den Arzt bedeutet das, daß er eingreifen muß, selbst wenn der Erfolg fraglich ist. Auch die Risikoerhöhungslehre verlangt, daß die Gefahr sich in einem konkreten Erfolgseintritt realisiert hat[12]. Daran soll es aber erst dann fehlen, wenn sicher ist, daß der Erfolg auch durch pflichtgemäßes Handeln verursacht worden wäre[13]. Letzten Endes handelt es sich dabei um nichts anderes als eine Art Umkehrung der Beweislast. Gegen die Risikoerhöhungslehre werden aber nach geltendem Recht durchgeifende Einwände vorgebracht. Sie besagen im Kern, daß die Risikoerhöhungslehre gegen den Grundsatz „in dubio pro reo" verstößt und aus fahrlässigen Verletzungsdelikten Gefährdungsdelikte macht[14]. Die strafrechtliche Haftung knüpft bei den fahrlässigen Erfolgsdelikten nach gegenwärtigem Recht nun einmal nicht an den bloßen Gefährdungs-, sondern an den Verletzungserfolg an. Ob dieser gegeben ist, kann nur aufgrund eines Kausalurteils festgestellt werden. Für die Zukunft ist freilich zu erwägen, etwa den Tatbestand der fahrlässigen Tötung nach den Vorstellungen der Risikoerhöhungslehre umzuformulieren und als konkretes Gefährdungsdelikt mit dem Todeserfolg als Strafbarkeitsbedingung zu gestalten.

2. Geringere Anforderungen an den Nachweis der Ursächlichkeit der Pflichtverletzung. Eine andere Lösung liegt darin, die Anforderungen an den Nachweis der Ursächlichkeit der Pflichtverletzung für den Todeserfolg zu vermindern. Das Reichsgericht hat schon früh die Formel von der an Sicherheit bzw. Gewißheit angrenzenden Wahrscheinlichkeit entwickelt und in ständiger Rechtssprechung verwendet. So wird bereits in einer Entscheidung vom 20. 12. 1886 beim Nachweis des Kausalzusammenhanges zwischen einer Unterlassung und dem Tod Gewißheit, oder was auf dem hier fraglichen Gebiet in der Regel als gleichwertig zu erachten sein wird, ein an Gewißheit angrenzender Grad von Wahrscheinlichkeit verlangt[15]. In einer späteren Entscheidung[16] fordert das Reichsgericht ausdrücklich nicht die Feststellung, daß das Leben eines Kindes bei rechtzeitiger ärztlicher Behandlung „unbedingt" gerettet worden wäre. Genügen soll vielmehr die Feststellung, daß bei sachgemäßem und rechtzeitigem ärztlichen Eingreifen eine „an Sicherheit grenzende Wahrscheinlichkeit" für die Rettung bestanden hätte. Diese oder ähnliche Wendungen kehren regelmäßig wieder[17]. Das Reichsgericht argumentiert dahin, ein „absolut sicheres" Wissen, demgegenüber das Vorliegen eines gegenteiligen Tatbestandes „absolut ausgeschlossen" sei, bleibe der menschlichen Erkenntnis bei ihrer Unvollkommenheit überhaupt verschlossen. Wolle man eine Sicherheit so hohen Grades verlangen, so wäre eine Rechtsprechung so gut wie unmöglich. Wie es allgemein sonst im Verkehr sei, müsse auch der Richter sich mit einem so hohen Grade von Wahrscheinlichkeit begnügen, wie er bei möglichst erschöpfender und gewissenhafter Anwendung der vorhandenen Mittel der Erkenntnis entstehe. Ein solcher Grad von Wahrscheinlichkeit „gilt als Wahrheit und das Bewußtsein des Erkennenden von dem Vorliegen einer so ermittelten hohen Wahrscheinlichkeit als die Überzeugung von der Wahrheit"[18].

In einer Entscheidung aus dem Jahre 1941, in dem es um eine Krebsbehandlung durch einen Heilpraktiker ging, setzt das Reichsgericht dann seine Anforderungen an den Grad der Wahrscheinlichkeit herab[19]. Die Sachverständigen hatten – ähnlich wie in unserem Ausgangsfall[20] – unterschiedliche Angaben über den Grad der Heilungsaussichten bei der gebotenen Überweisung in ärztliche Behandlung gemacht. Das Gericht unterscheidet zwischen der Feststellung der Täterschaft und der Entscheidung über die Ursächlichkeit eines Unterlassens[21]. Bei letzterer müsse der wirkliche Verlauf der Geschehnisse mit einem nur gedachten verglichen werden. Eine annähernd sichere Ermittlung dieses nicht in die geschichtliche Wirklichkeit eingetretenen und aus ihr nicht abzulesenden Verlaufes sei daher nur im Sinne einer größeren oder geringeren Wahrscheinlichkeit möglich, namentlich beim Verlauf einer Krankheit, bei der eine Mehrheit schwer abzuschätzender Ursachen den Gang der Dinge mitbestimmen. Ob die gebräuchliche Formel von der an Gewißheit grenzenden Wahrscheinlichkeit aufgegeben und man sich nicht vielmehr mit einer „der allgemeinen Lebenserfahrung entsprechenden Wahrscheinlichkeit" begnügen müsse, läßt das Reichsgericht dahingestellt. Es versteht für die Feststellung der Ursächlichkeit einer Unterlassung die Formel dahin, daß von einer der Lebenserfahrung entsprechenden „hohen Wahrscheinlichkeit" auszugehen sei. Begründet wird das vor allem mit Strafwürdigkeitserwägungen. Während mit der Täterschaft eines Verdächtigen als solcher die Strafwürdigkeit stehe und falle und deshalb auch der leiseste, nicht ganz unbegründete Zweifel den Richter an der Verurteilung hindern müsse, verhalte es sich bei der Unterlassung anders. Hier werde die Strafwürdigkeit durch so feine Unterschiede, wie sie zwischen großer, größter und an Sicherheit grenzender Wahrscheinlichkeit noch möglich seien, nach „gesundem Rechts- und Volksempfinden" nicht berührt. Dieses werde es vielmehr durchaus verlangen, daß ein Angeklagter, der fahrlässig eine Rettungsmöglichkeit verschüttet habe, auch für den Erfolg haftbar gemacht werden, wenn eine nach allgemeiner Lebenserfahrung wohlbegründete Wahrscheinlichkeit dafür bestehe, daß sein schuldhaftes Verhalten den Erfolg auch tatsächlich herbeigeführt habe.

Kurze Zeit später kehrt das Reichsgericht in einem ähnlich gelagerten Heilpraktikerfall wieder zu den früheren Anforderungen zurück und verweist auf die an den Umständen des Einzelfalles zu gewinnende richterliche Überzeugung[22]. Es dürfe nicht schon das Herbeiführen der vielleicht recht großen Gefahr eines schädlichen Erfolges, also nicht schon der Tatbestand einer Gefährdung ohne weiteres der Ursächlichkeit für diesen schädlichen Erfolg gleichgesetzt werden.

Der Bundesgerichtshof hat die Anforderungen an den Grad der Überzeugung des Richters eher noch erhöht und ist der Unterscheidung des Reichsgerichtes[23] nach Täterschaft und Ursächlichkeit der Unterlassung nicht gefolgt. In einer seiner ersten einschlägigen Entscheidungen[24] knüpft der Bundesgerichtshof an die Rechtsprechung des Reichsgericht an. Die richterliche Überzeugung setze zwar keine mathematische, jede Möglichkeit des Gegenteils ausschließende Gewißheit voraus. Erforderlich sei aber – so die auch später wiederkehrende Formel – das Schweigen der Zweifel eines besonnenen, gewissenhaften und lebenserfahrenen Beurteilers. Erforderlich sei eine persönliche Gewißheit[25]. Dabei wird die vom Reichsgericht[26] verwendete Formel, der Richter müsse sich mit einem so hohen Grade von Wahrscheinlichkeit begnügen, wie er bei möglichst erschöpfender und gewissenhafter Anwendung der vorhandenen Erkenntnismittel entstehe, als ungenügend kritisiert. Sie habe eine „bedenkliche und mißverständliche Fassung" erhalten[27]. Entscheidend sei, daß durch tatrichterliche Beweiswürdigung festgestellt werde, ob eine Wahrscheinlichkeit so groß sei, daß sie an Sicherheit grenze. Auch in der Literatur ist die Rechtsprechung des Reichsgerichtes kritisiert worden[28]. Für die Feststellung der Ursächlichkeit von Unterlassungen sollen keine geringeren Anforderungen gelten[29].

Auch wenn man von der zeitbedingten Ausdrucksweise des Reichsgerichtes[30] („gesundes Rechts- und Volksempfinden") absieht, wird man nach geltendem Recht bei Erfolgsdelikten die „hohe Wahrscheinlichkeit" nicht genügen lassen dürfen. Eine Bestrafung wegen einer fahrlässigen Tötung käme sonst in die Nähe einer Verdachtstrafe. Denn die Ursächlichkeit des pflichtwidrigen Verhaltens für den Todeseintritt muß angesichts dessen, daß jeder so lange als unschuldig zu gelten hat, bis seine Schuld bewiesen ist (Art. 6 II Menschenrechtskonvention), mit der für das Strafverfahren erforderlichen Gewißheit festgestellt werden. Lediglich das Verschütten einer Rettungsmöglichkeit, wie es das Reichsgericht[31] genügen läßt, reicht für eine strafrechtliche Haftung für den negativen Erfolg jedenfalls nach gegenwärtigem Recht nicht aus.

3. Lebensverkürzung um eine kurze Frist. Als weitere Lösungsmöglichkeit bietet sich an, nicht auf das Überleben überhaupt, sondern auf eine durch das Unterlassen bewirkte Lebensverkürzung um eine kurze Frist, wie etwa einen Tag, abzustellen. Der Bundesgerichtshof hat das in dem zum Ausgangspunkt für diese Abhandlung genommenen Urteil getan[32]. Dafür kann er sich auf frühere höchstrichterliche Entscheidungen berufen. So hat das Reichsgericht in einer Entscheidung aus dem Jahre 1917 für die Annahme des ursächlichen Zusammenhangs genügen lassen, daß bei sachgemäßer und rechtzeitiger ärztlicher Behandlung eine an Sicherheit grenzende Wahrscheinlichkeit „für die Rettung oder doch Verlängerung des Lebens bestanden hätte"[33]. Der Bundesgerichtshof sieht keinen einleuchtenden Grund dafür, die Abkürzung fremden Lebens um einen Tag als unerheblich zu behandeln. Ulsenheimer hat es demgegenüber als gänzlich abwegig bezeichnet, in der quantitativen Dimension von einem Tag oder sogar von Stunden oder Minuten zu denken[34]. Wolfslast ist dem – gestützt auf Rechtsprechung und Literatur – mit Recht prinzipiell entgegengetreten[35]. Andererseits stellt das Abheben auf einen Tag in derartigen Fällen offensichtlich ein Ausweichen dar: Denn die Lebensverkürzung rechtfertigt kaum die Höhe der Strafe. Bei deren Bemessung besteht die naheliegende Vermutung, daß in Wahrheit doch der Tod des Patienten überhaupt als Folge der groben Fahrlässigkeit zur Grundlage genommen wird. Der wirklich innere Grund der Bestrafung und des Strafmaßes wird nicht erfaßt, wenn man nur auf die kurzfristige Möglichkeit der Lebensverlängerung bei einem Moribunden abstellt. Im übrigen werden die medizinischen Sachverständigen die Frage nach der möglichen Lebensverlängerung um einen Tag kaum mit größerer Gewißheit beantworten können als die nach dem Überleben überhaupt. Denn kein Arzt kann sich darauf festlegen, wann ein erlöschendes Leben zu Ende gehen wird bzw. ob es durch ärztliche Maßnahmen um eine kurze Frist hätte verlängert werden können.

IV. *Die einen vernünftigen Zweifel ausschließende Überzeugung des Sachverständigen*

Die Schwierigkeiten einer angemessenen Lösung dürften damit hinreichend dargetan sein. Der Ausweg über die Risikoerhöhungslehre ist nach geltendem Recht nicht gangbar. Eine Minderung der Anforderungen an den Nachweis der Kausalität bei der Unterlassung muß ausscheiden. Das Abstellen auf die Lebensverkürzung um einen Tag vermag nicht zu befriedigen.

Andererseits ist es nicht vorstellbar, auf eine strafrechtliche Sanktion in all den Fällen zu verzichten, in denen medizinischer Sachverstand nicht mit an Sicherheit grenzender Wahrscheinlichkeit feststellen kann, daß der Patient bei pflichtgemäßer ärztlicher Behandlung überlebt hätte. Das hätte zur absurden Konsequenz[36], daß ein Arzt bei einer gefährlichen Erkrankung mit hoher Sterblichkeitsquote auch beim Unterlassen einer notwendigen Behandlung in aller Regel nicht wegen fahrlässiger Tötung bestraft werden könnte.

Vor allem in akuten Fällen, etwa in der Unfallchirurgie, mag es möglich sein, bei unterlassener rechtzeitiger, ordnungsgemäßer Behandlung auch ärztlich mit an Sicherheit grenzender Wahrscheinlichkeit festzustellen, daß der körperliche Schaden oder der Tod innerhalb kurzer Frist zu verhindern gewesen wäre. Meist wird das aber – jedenfalls bei chronischen Krankheitsverläufen – nicht möglich sein. Dann bleibt die zunächst unüberbrückbar erscheinende Differenz zwischen dem, was das Gericht für seine Entscheidung braucht und dem, was der medizinische Sachverständige ihm geben kann. Denn der Sachverständige als naturwissenschaftlich ausgerichteter und denkender Arzt kann sich nicht auf Sicherheit festlegen, selbst die genauen Grade von mehr oder weniger großer Wahrscheinlichkeit können ihm Schwierigkeiten bereiten. Mehr kann der Richter billigerweise von ihm nicht erwarten. Die medizinisch mehr oder weniger große unbeweisbare Spanne muß der Richter selbst ausfüllen, indem er den Schritt zu seiner urteilsfähigen Überzeugung i.S. von § 261 StPO vollzieht. Sache des Richters ist es, wie Mösl zutreffend fordert[37], darüber zu befinden, ob er mit Hilfe des naturwissenschaftlichen Wahrscheinlichkeitsurteils eine Gewißheit, d.h. die richterliche Überzeugung gewinnen kann, die das Gesetz als Basis des Urteils verlangt. Erforderlich ist danach die jeden vernünftigen Zweifel ausschließende Überzeugung bzw. mit den Worten des Bundesgerichtshofes das Schweigen der Zweifel eines besonnenen, gewissenhaften und lebenserfahrenen Beurteilers[38]. Der Sachverständige kann seinerseits dem Richter über die Mitteilung von Wahrscheinlichkeiten hinaus behilflich sein. Er kann seiner in beruflicher Erfahrung gewonnenen Überzeugung Ausdruck geben, die einen vernünftigen Zweifel am ursächlichen Zusammenhang ausschließt[39]. Anstelle der bisherigen Formel sollte daher der Sachverständige nach seiner „einen vernünftigen Zweifel ausschließenden Überzeugung" gefragt werden. Die Beantwortung dieser Frage wird einem ärztlichen Sachverständigen zumutbar sein. Sachlich bedeutet die Formel von der an Sicherheit grenzenden Wahrscheinlichkeit für die gerichtliche Beurteilung auch nichts anderes. Auf diesem Wege könnte eine gemeinsame Sprache gefunden werden, die unbeschadet der letzten Verantwortung des Richters für das Urteil der gemeinsamen Verantwortung beider Rechnung trägt.

---

[1] BGH, NJW 1975, 1463 m. w. Nachw. aus der Rspr.; Dunz, Der medizinische Sachverständige 1976, 74 ff., Schreiber, in: Indikation zur Operation, hrsg. v. Heberer-Schweiberer, 2. Aufl. (1981), S. 31 ff., Wachsmuth, Chirurg 47 (1976), 469 und S. 113 ff. dieser Ausgabe

[2] Wachsmuth-Schreiber, NJW 1981, 1986

[3] Wachsmuth, Chirurg 47 (1976), 469 und S. 113 ff. dieser Ausgabe

[4] BGH, NStZ 1981, 218 m. Anm. Wolfslast. Heftig kritisiert wird das Urteil von Ulsenheimer, Arzt und Krankenhaus 1980, 31

[5] Ponsold, Das Gutachten, in: Ponsold, Lehrb. d. gerichtlichen Medizin, 3. Aufl. (1967), S. 625, 628

[6] So selbst das KG in seiner Entscheidung vom 1. 6. 1981, NJW 1981, 2521 (2523).

[7] Wanke, Langenbecks Archiv 279 (1954), 87, 89

[8] Stratenwerth, Lehrb. AT, 3. Aufl. (1981), Rdnrn. 1026f.

[9] Vgl. dazu, insbesondere zum Problem, wann eine Erkrankung als Unglücksfall i.S. von § 323 c StGB anzusehen ist. Cramer, in: Schönke-Schröder, StGB, 20. Aufl. (1980), § 330 c Rdnr. 6; Kreuzer, Ärztliche Hilfeleistungspflicht bei Unglücksfällen im Rahmen des § 330 c, 1965

[10] Zuerst entwickelt von Roxin, ZStW 74 (1962), 411; Schaffstein, in: Festschr. f. Honig, S. 170; Rudolphi, in: SKStGB, 3. Aufl. (1981), Vorb. § 1 Rdnr. 65; Stratenwerth (o. Fußn. 8), Rdnrn. 224f. w. Nachw. bei Rudolphi, aaO

[11] Von einer im Vordringen begriffenen Lehre sprechen auch Kritiker wie Samson, in: SKStGB, 3. Aufl. (1981), Anh. § 16; Rdnr. 26, Rudolphi (o. Fußn. 10) bezeichnet die Gegenansicht als „wohl noch h. L."

[12] Zutr. Stratenwerth (o. Fußn. 8), Rdnr. 1028

[13] Samson (o. Fußn. 11)

[14] Cramer (o. Fußn. 9), § 15 Rdnr. 172; Baumann, StrafR AT, 8. Aufl. (1977), § 19 III 2c β; Samson (o. Fußn. 11), mit w. Nachw.; Schroeder, m: LK, § 16 Rdnr. 190; Wolfslast, NStZ 1981, 219

[15] RGSt 15, 151 (153). Zu beachten ist freilich, daß dieser Grad von Wahrscheinlichkeit für die Verneinung des Kausalzusammenhanges, d.h. für die Annahme verlangt wird, daß der Erfolg auch eingetreten sein würde, wenn das schuldhafte Handeln nicht vorausgegangen wäre. Das Ergebnis entspricht insoweit also dem heutigen Standpunkt der Risikoerhöhungslehre

[16] RGSt 51, 127

[17] Vgl. etwa RGSt 61, 202; 63, 211 (215); 66, 163; RG, HRR 33, 351ff.; RGSt 72, 90; 75, 49: „Da es sich bei dem Verhalten des Angeklagten nur um eine Unterlassung handelt, kann die Ursächlichkeit nur bejaht werden, wenn eine an Gewißheit grenzende Wahrscheinlichkeit dafür besteht, daß der Brand nicht ausgebrochen wäre, wenn …". Zum ganzen vgl. eingehend Bohne, NJW 1953, 1377

[18] RGSt 61, 202 (206)

[19] RGSt 75, 324ff.

[20] Vgl. BGH, NStZ 1981, 218

[21] RGSt 75, 324 (327)

[22] RGSt 75, 372ff.

[23] RGSt 75, 324ff.

[24] BGH, NJW 1951, 83ff.

[25] BGH, GA 1954, 152, ausf. abgedr. in LM, § 261 StPO Nr. 14

[26] RGSt 61, 202

[27] BGHSt 10, 208 = NJW 1957, 1039

[28] Niese, GA 1954, 148ff.; Bohne, NJW 1953, 1377

[29] Mösl, DRiZ 1970, 110ff.; BGH, LM § 261 StPO Nr. 6. Anders hatte noch Alsberg in seiner Kritik an der Formel des RG von der „an Sicherheit grenzenden Wahrscheinlichkeit" in JW 1929, 863 (Anm. zu den Urteilen des RG v. 23. 10. 1928 – 1 D

769/28 – und v. 19. 11. 1928 – 3 D 872/28) und JW 1930, 761 f. (Anm. zum Urt. des RG v. 22. 11. 1929 – 1 D 1061/29) für die Feststellung des Kausalzusammenhanges unter Berufung auf frühere Entscheidungen des RG „besondere Bedingungen" gelten lassen

[30] RGSt 75, 324
[31] RGSt 75, 324 (327)
[32] BGH, NStZ 1981, 218
[33] RGSt 57, 127
[34] Ulsenheimer, Arzt und Krankenhaus 1980, 32
[35] Wolfslast, NStZ 1981, 220
[36] Stratenwerth (o. Fußn. 8), Rdnr. 1027, spricht von einem „Umgehen" des sonst absurden Ergebnisses
[37] Mösl, DRiZ 1970, 113
[38] Vgl. BGH, NJW 1951, 83 ff.
[39] Vgl. dazu Bohne, NJW 1953, 1378

Die Zwiespältigkeit
des Selbstbestimmungsrechts

1982

Wenn man die Konfliktsituationen analysiert, die sich in letzter Zeit zunehmend innerhalb der Sphären Arzt, Patient, Richter entwickeln, so lassen sie sich insgesamt auf einen einheitlichen Kern zurückführen, gleichgültig, ob es sich um Fragen des ärztlichen Gesprächs, der Aufklärung, der Einsichtnahme in die Akten, um die Wahrheit am Krankenbett, um das Patienten-Testament oder um Fragen handelt, die mit dem Suizid zusammenhängen – nämlich auf das im Grundgesetz verankerte Selbstbestimmungsrecht.

Ich möchte ausdrücklich feststellen, daß auch wir Ärzte in dem Selbstbestimmungsrecht des Menschen ein kostbares Gut sehen, das zu respektieren ist, und das um so mehr, als wir die Schrecknisse des Dritten Reiches erlebt haben.

Trotzdem kann die Selbstbestimmung des Patienten für uns Ärzte im Einzelfall eine schwierige und unser Gewissen oft belastende Problematik enthalten. Wie ja das ganze ärztliche Denken auf den einzelnen kranken Menschen ausgerichtet ist, so darf auch die Selbstbestimmung für uns kein abstraktes, starres Element sein, sondern muß auf die Persönlichkeit des Patienten und die jeweiligen Umstände bezogen werden.

Insofern widerspricht diese Auffassung dem Minderheitsvotum im Urteil des Bundesverfassungsgerichts vom 29. 7. 1979.

Entscheidend ist für uns, daß die Grenze gewahrt bleibt, an der die Fürsorgepflicht endet und die unberechtigte Bevormundung und damit die Verletzung der Würde des Menschen beginnt. Und diese Grenze ist manchmal schwer zu bestimmen.

Es stellen sich dem Arzt zwei Probleme:

1. die nicht seltenen Schwierigkeiten, die uneingeschränkte Willensfähigkeit des Kranken eindeutig festzustellen, und

2. die Tatsache, daß der Wille eines kranken Menschen sehr häufig nicht konstant ist, sondern wechselt, weil der Kranke selbst in labiler Stimmungslage, abhängig vom körperlichen Befinden und von jeweiligen äußeren Einflüssen ist.

Hierzu drei selbsterlebte Beispiele:

An einem Aschermittwochmorgen wird ein etwa 21jähriger Pierrot eingeliefert, der sich in den Kopf geschossen hat, weil sein Mädchen ihn verließ.

Bei völlig klarem Bewußtsein verweigert er jeden operativen Eingriff, da er ohne das Mädchen nicht leben und er lieber sterben wolle. Auch nach immer wiederholtem gutem Zureden blieb er bei seiner Weigerung. Trotzdem ließ ich ihn in Narkose versetzen und nahm die Wundrevision ordnungsgemäß vor. Der Heilverlauf war glatt. Vom Sterben war nicht mehr die Rede, und er half in der Rekonvaleszenz tatkräftig mit. Nach einigen Wochen verließ er die Klinik, glücklich, daß er wieder gesund geworden und nicht minder glücklich darüber, daß er das Mädchen losgeworden war, das sich inzwischen mit einem anderen getröstet hatte.

Der Fall zeigt deutlich, daß für den Arzt eine Relativierung des individuell gegenwärtigen Willens des einzelnen notwendig und daß es ärztliche Pflicht ist, dem Kranken über die augenblickliche Situation hinwegzuhelfen. Daher muß der, wie ich es nennen möchte, vermeintliche Wille des Patienten von dem wahren Willen unterschieden werden, den die Juristen in anderen Situationen mit dem Begriff des mutmaßlichen Willens zu erfassen suchen.

Hier erweist sich auch deutlich, daß die Arzt-Patienten-Beziehung zwar eine Partnerschaft, aber kein bloßer Dienstvertrag gegen Honorarabgeltung ist, wie es in der jüngsten Rechtsprechung wiederholt geäußert wurde. Die Partner sind zwar vor dem Gesetz gleichwertig, können aber nach Lage der Dinge niemals gleichgewichtig sein.

Das zweite Beispiel: Ein etwa 65jähriger Patient, starker Raucher, wird mit Durchblutungsstörungen beider Beine in die Klinik eingeliefert. Die linke Großzehe ist schwarz, aber nicht abgegrenzt, vielmehr hat eine schwere Infektion bereits weit auf den Fuß übergegriffen. Der Patient verlangt die Abnahme der Zehe, was ich verweigern muß, da ich durch diesen unzulänglichen Eingriff die Situation noch erheblich verschlimmern würde. Ich rate ihm die Oberschenkelamputation an, da nur hierdurch eine Aussicht auf Heilung des Stumpfes bestände. Er erklärt, er sei mit einer solchen Amputation unter keinen Umständen einverstanden, er wolle dann lieber sterben denn als Krüppel weiterleben. Ich muß ihm nun langsam und zunehmend klarmachen, daß er an dem bereits auf den Unterschenkel übergreifenden Gasbrand, der sich auf Oberschenkel und Rumpf ausdehnen werde, sehr schmerzhaft und elend zugrunde gehen müsse. Er erklärt, das sei ihm gleichgültig, er verlange die Amputation der Großzehe. Diese Forderung wiederum mußte von mir abgelehnt werden, denn auch der Arzt hat ein Selbstbestimmungsrecht und darf keineswegs Handlungen gegen sein ärztliches Gewissen vornehmen. So wird der Patient aufgrund seines ausdrücklichen Wunsches entlassen.

Nach zwei Tagen wurde er in schwerkrankem Zustand eingeliefert. Er schrie, er könne die Schmerzen nicht mehr aushalten und das Bein müsse sofort abgenommen werden. Das Bein war stark geschwollen, die Gasphlegmone hatte sich bereits bis zum Rumpf entwickelt. Ich mußte hoch am Oberschenkel amputieren und die Phlegmone im Bereich des Rumpfes spalten, obgleich wenig Aussicht auf Heilung bestand, um so weniger, als die Gelbsucht bereits eine toxische Erkrankung der Leber anzeigte. Der Patient starb am nächsten Tage.

Ich denke an diesen Fall, wie an manche andere, mit großer Bewegung, zurück. Ich hatte zwar dem staatlichen Gesetz gehorcht, das moralische Gesetz in mir aber verletzt.

Das dritte Beispiel: Ein etwa 30jähriger Patient wird nach einem Verkehrsunfall mit einer völligen Zertrümmerung des linken Unterschenkels eingeliefert. Die Weichteile sind zum großen Teil abgerissen, und der übergroße Defekt legt den vielfach gebrochenen und gesplitterten Knochen frei. An eine chirurgische Versorgung, das heißt an eine Erhaltung des Unterschenkels ist nicht zu denken. Ich schlage dem Patienten die Amputation vor, er lehnt sie aber ab, wieder mit der Begründung, daß er lieber sterben denn als Amputierter weiterleben wolle. Ich mache ihm wiederholt eindringlich klar, daß der Unterschenkel keinesfalls zu erhalten und bei längerem Zuwarten eine schwere Infektion unvermeidlich sei, an der er zugrunde gehen müsse. Er bleibt bei seiner Weigerung und verbietet jeden Eingriff.

Kein Mensch und kein Gesetz kann mich dazu zwingen, in einem solchen Falle als Arzt untätig zuzusehen, wie ein an sich gesunder junger Mensch den sicheren tödlichen Komplikationen qualvoll anheimfällt, und ich kann mir nicht vorstellen, daß ein Jurist in dieser Situation es anders gesehen hätte. Ich habe ihn gegen seinen ausdrücklichen Willen amputiert, der Patient verließ nach einigen Wochen mit einer Prothese zufrieden die Klinik und wurde, wie ich später feststellte, in seinem Beruf wieder voll arbeitsfähig. Auch hier wieder der Unterschied zwischen dem vermeintlichen und dem wahren Willen. Indessen hat dieser Fall, den ich vor Jahren vor der Juristischen Fakultät Göttingen vortrug, nicht die Billigung aller Juristen gefunden.

Diese drei Beispiele sollen die nicht seltene Problematik zeigen, die den Arzt vor schwere Gewissenskonflikte stellen kann. Wir können uns mit gutem Recht auf Kant berufen, der zwischen dem phänomenalen Willen als Ausdruck des gegenwärtigen Willens des einzelnen und dem noumenalen Willen als Ausdruck der vernünftigen Person unterschieden hat. Diesen wahren Willen zu erkennen oder ihm wenigstens näher zu kommen, ist die schwere und verantwortungsvolle Aufgabe des Arztes. Daß dieser in der Regel das Selbstbestimmungsrecht des Patienten zu respektieren hat, insbesondere etwa bei unheilbar Kranken, entsprechend dem Willen oder bei nicht Willensfähigen dem mutmaßlichen Willen nicht noch lebensverlängernde Eingriffe vornehmen darf, versteht sich von selbst.

Ich wiederhole noch einmal: Die ärztliche Fürsorgepflicht endet dort, wo die unerlaubte Bevormundung beginnt. Die Grenze zu finden ist oft nicht leicht und wird zur ärztlichen Gewissensfrage.

Hier liegt der entscheidende Grund für das Dilemma, in dem sich ärztliches Handeln und Rechtsprechung heute in vielen wichtigen Fragen befinden.

Gerade auch in der soeben behandelten Frage der Aufklärung ist der Wille des Patienten nach totaler Aufklärung oft zwiespältig. Der Krebskranke verlangt nach der Wahrheit und fürchtet sie. Ich halte das Aufklärungsgespräch für eine der wichtigsten ärztlichen Aufgaben, da es nicht nur die rechtlichen, sondern vor allem auch die ärztlich-menschlichen Grundlagen der Arzt-Patienten-Beziehung schafft. Insofern sind sich Ärzte und Rechtsprechung einig. Differenzen bestehen über den Umfang der Aufklärung. Für uns endet sie dort, wo sie den Kranken ernstlich gefährdet. Wenn in einem kürzlich ergangenen Urteil der Schluß gezogen wird, falls der Patient das Recht habe, eine Operation zu verweigern, müsse er auch das Recht haben, sich durch die geforderte totale Information selbst zu schädigen, und der Arzt müsse ihn informieren, selbst wenn er fürchte, der Patient werde die Wahrheit nicht „verkraften", oder wenn in einem anderen Urteil ausgeführt wird, daß der Patient die Gefahr einer gesundheitlichen Schädigung als Kehrseite seines Persönlichkeitsrechtes selbst dann in Kauf nehmen müsse, wenn er eine solche vollständige Aufklärung verlangt, so halten wir das für eine Perversion des Selbstbestimmungsrechtes, das eigentlich dem Schutz des Kranken dienen soll.

Hier kann die Fürsorgepflicht eben auch einmal schwerer wiegen als das Selbstbestimmungsrecht des kranken Menschen und die „pia fraus" kann Qualen und Ängste des Todkranken mildern.

Im Einzelfalle entscheiden nicht abstrakte rechtliche Normen, sondern entscheidet das konkrete Gebot mitfühlender Menschlichkeit.

Es soll keineswegs verkannt werden, wie schwierig es für die Rechtsprechung wird, bei einer Relativierung des Selbstbestimmungsrechtes, wie sie übrigens schon vor Jahrzehnten von Eberhardt Schmidt gefordert wurde, einerseits den ärztlichen Vorstellungen zu folgen, andererseits den Patienten zu schützen und Mißbräuche zu verhindern.

Von der Unberührbarkeit des Todes

Der Wunsch, die Art des Sterbens zu bestimmen*

1982

Das Verhältnis des Menschen unserer Zeit zu Sterben und Tod ist seltsam gespalten. Einerseits rückt der Tod näher, wird sichtbarer und alltäglich. Er verliert den Charakter des Außergewöhnlichen – durch die bedrückenden Nachrichten von unzähligen Menschen, die Hungers sterben, von Opfern von Terrorakten oder einer unmenschlichen „revolutionären" Justiz. Die jeden Tag ausgestrahlten Bilder von tödlichen Unfällen oder von Mordtaten führen zur Gewöhnung, zum Abstumpfen der Gefühle, zum Verlust der Achtung des hohen Gutes eines Menschenlebens. Die Bedeutungslosigkeit des Schicksals eines einzelnen manifestiert sich in der Abstraktion namenloser Statistiken, die mit mehr oder weniger Anteilnahme zur Kenntnis genommen werden.

Andererseits führt diese Gewöhnung nicht zur Gleichgültigkeit gegenüber dem eigenen Schicksal und zur größeren Selbstverständlichkeit des eigenen Todes. Während der Tod ständig auf Bildern und in Nachrichten erlebt wird, wächst zwar die Gleichgültigkeit dem Leben und Sterben anderer gegenüber, zugleich aber auch die Angst vor dem eigenen Ende. Zu dieser Angst mag wesentlich beitragen, daß der Materialismus unserer Zeit sittliche oder religiöse Vorstellungen von Sinn und Wert des Lebens zurücktreten läßt. Die Erkenntnis des wahren Lebenswertes bedeutet Verpflichtung, sich selbst und anderen gegenüber, während der verwaschene und politisch mißbrauchte Begriff der „Lebensqualität" einen Anspruch auf eine Gestaltung des Daseins enthält, die dem jeweiligen Wunsche des einzelnen am meisten entspricht. Diese Wünsche können, das folgt aus der Individualität des Menschen, nicht deckungsgleich sein.

Während die heutige Welt seinen hochgespannten Ansprüchen entgegenkommt und ihm für seine ideellen und materiellen Ängste und Nöte Hilfe zu bieten sucht, steht der Mensch seinem Lebensende nach wie vor allein gegenüber. Da er diesem nicht entgehen kann, strebt er danach, über die Art seines Lebensendes wenigstens selbst zu bestimmen. Das Sterben soll in Würde und ohne Qual verlaufen. Der Anspruch auf den jeweils gewählten eigenen Tod. Auch dabei will man verständlicherweise vermeidbar erscheinendem Leiden aus dem Wege gehen.

---

* Gemeinsam mit Hans-Ludwig Schreiber

So ist es erklärlich, daß in vielen Ländern in den letzten Jahren Bewegungen entstanden sind, die nun auch auf unser Land übergreifen und zunehmend Interesse der Öffentlichkeit und Aufmerksamkeit der Medien finden. Es handelt sich um Euthanasiebewegungen, die unter verschiedenen Bezeichnungen wie etwa „Exit" in England und neuerdings in der Bundesrepublik als „Deutsche Gesellschaft für Humanes Sterben e. V." (abgekürzt: DGHS) auftreten.

Die Deutsche Gesellschaft für Humanes Sterben postuliert das „Menschenrecht auf Tod und Erlösungstod". Sie begreift sich als „Bürgerrechtsbewegung zur Reform des Paragraphen 216 des Strafgesetzbuches", der die Tötung auf Verlangen verbietet. In Anlehnung an „Exit" und das kürzlich in Frankreich erschienene Buch „Anleitung zum Selbstmord" bietet sie nach einem Jahr Zugehörigkeit ihren Mitgliedern eine Broschüre „Anleitung zum würdigen Freitod" an. Diese Broschüre darf nicht weitergegeben werden, sie wird bezeichnet als „Notlösung für die Inhumanität, die durch die fehlende gesetzliche Möglichkeit des Erlösungstodes in erschreckendem Maße produziert" werde. Es bedarf einer ernsthaften Prüfung dessen, was diese Bewegung will, dazu der Ursachen ihrer Entstehung, selbst wenn sie teilweise in unseriöser Form propagiert wird.

Erschreckende Bilder von Schwerstkranken und Sterbenden auf Intensivstationen erwecken Furcht vor ärztlicher Bevormundung und vermeidbarer Qual. Die augenscheinliche Hilflosigkeit eines Kranken mit Atemmaske, Schläuchen und den weiteren zur Intensivbehandlung gehörenden Apparaturen führt begreiflicherweise zu dem Entschluß, sich möglichst niemals in diese Lage zu begeben und dafür schon in gesundem Zustand Vorsorge zu treffen. Derartige – teilweise freilich sensationell aufgemachte – Bilder führen leicht zu falschen Schlüssen und werden der lebensrettenden Bedeutung der Intensivbehandlung, einer der segensreichsten Errungenschaften der modernen Medizin, nicht gerecht.

Es ist erklärlich, daß sich angesichts dieser erschütternden Eindrücke und der Kenntnis von den gewachsenen Möglichkeiten der modernen Medizin, das erlöschende Leben zu verlängern, Skepsis und Furcht ausbreiten. Das entspricht der elementaren Angst des Menschen vor dem bestimmenden Einbruch der Technik in seine Welt. Allzu nahe liegt der Wunsch, nicht mit medizinischen Maßnahmen gequält zu werden, die keine sinnvolle Hilfe versprechen und nur die Leiden verlängern.

Nach jahrelanger Diskussion stimmen heute Ärzte und Juristen darin überein, daß der Arzt sich nicht allein von seinen technischen Möglichkeiten bestimmen lassen darf, sondern daß sich die Technik der Humanitas unterzuordnen hat. Es ist ärztliche Pflicht, die Möglichkeiten der Intensivmedizin verantwortungsbewußt und nicht unbegrenzt einzusetzen. Zusammenfassend heißt es dazu in der Resolution der Deutschen Gesellschaft für Chirurgie

aus dem Jahre 1979, an der die beiden Verfasser dieses Aufsatzes beteiligt
waren: „Angesichts des unausweichlichen und kurz bevorstehenden Todes
kann Lebensverlängerung nicht unter allen Umständen Ziel ärztlichen Handelns sein." Konkretisierend wird dann weiter ausgeführt: „Maßnahmen zur
Lebensverlängerung dürfen beendet werden, wenn bei einer unausweichlich
in kurzer Zeit zum Tode führenden Krankheit die vitalen Funktionen des
zentralen Nervensystems, der Atmung, der Herzaktion und des Kreislaufes
offensichtlich schwer beeinträchtigt sind und der fortschreitende allgemeine
Verfall nicht aufzuhalten ist oder nicht beherrschbare Infektionen vorliegen.
In solchen Fällen sollte der Arzt Komplikationen nicht mehr über das Maß,
das die Leidensminderung erfordert, behandeln."

In einem weiteren entscheidenden Punkt besteht heute unter den Ärzten
Einmütigkeit bei weitgehender Zustimmung der Juristen: Es entspricht der
Aufgabe des Arztes, als Helfer das Lebensende des Patienten möglichst von
Schmerzen frei zu gestalten. Dabei kann die Schmerzlinderung so vorrangig
sein, daß durch sie möglicherweise bedingte Komplikationen, die letzten
Endes mittelbar zu einer Verkürzung des Lebens führen, hingenommen werden dürfen. Die Bekämpfung solcher Komplikationen, wie zum Beispiel
Kreislaufversagen oder Lungenentzündungen, wäre im Endstadium sinnlos
und inhuman. In diesem Stadium tritt die ärztliche Pflicht zu einer den
menschlichen Grundbedürfnissen entsprechenden Pflege, zu besonderer Zuwendung und Fürsorge in den Vordergrund.

Man hat noch kürzlich eine derartige ärztliche Entscheidung als einen
schmalen Grat bezeichnet, der die Fürsorge für den Kranken, der sich im
Endstadium des Lebens befindet, in die Nähe der aktiven Euthanasie rücke.
Abgesehen von der grundsätzlich verschiedenen Motivation – auf der einen
Seite Inkaufnahme einer möglichen Verkürzung der Lebenszeit bei Minderung des Leidens, auf der anderen Seite bewußte Beendigung des Lebens
durch aktive Tötung –, weicht diese Situation nicht von der ab, vor der
der Arzt auch sonst steht. Sein Verhalten entspricht hier den auch sonst
gültigen Grundsätzen ärztlicher Ethik. Jede Therapie ist mit Risiken verbunden, das Abwägen des Für und Wider ist immer eine auf den Einzelfall
zugeschnittene Gewissensfrage. Bei Schwerstkranken und Sterbenden ist der
Vorrang der Schmerzlinderung die einzige wirklich humane und auch rechtlich zu verantwortende Lösung in einer dringenden Notsituation.

Die Forderungen der Bewegungen für ein „humanes Sterben" gehen
aber darüber weit hinaus und zielen auf die Zulassung der aktiven Euthanasie:
Als besonders eindrucksvoll bieten sich ihnen die zeitlebens an Bett oder
Rollstuhl Gefesselten an, denen auf Verlangen der Gnadentod zu gewähren
sei, dessen Unterlassen als unmenschlich bezeichnet wird.

Auch wenn in manchen Medien drastisch über das schwere Schicksal
der Gelähmten berichtet und die Verweigerung der aktiven Tötung auf Ver-

langen verurteilt wird, dürfen sich Arzt und Recht diesem Verlangen doch nicht beugen. Es würde sonst eine Grenze überschritten, die für alle Kranken zum Schutz vor Mißbrauch eingehalten werden muß. Hier ergibt sich vielmehr die elementare Aufgabe – nicht nur für den Arzt und das Pflegepersonal, sondern ebensosehr für Angehörige und die Umwelt –, durch seelischen Beistand, Gesprächsbereitschaft und Fürsorge jedweder Art das Leben des Leidenden erträglich zu machen und ihm sein Los zu erleichtern. Wer einen Einblick in all das hat, was heute etwa für Querschnittsgelähmte an tatkräftiger und einfallsreicher Hilfe geleistet wird, ist von den Erfolgen nicht überrascht. Psychische Zuwendung, Beschäftigungstherapie, apparative und ingeniös erdachte technische Hilfe jeder Art führen solche Kranken behutsam ins Leben und zu neuen Aufgaben zurück.

In den letzten Jahrzehnten ist in zwei der bedeutendsten Zentren für Querschnittsgelähmte in Deutschland – wie Anfragen ergaben – unter Tausenden von Patienten, darunter waren 35 bis 40 Prozent an allen Gliedmaßen gelähmt, kein Suizidversuch vorgekommen, obwohl er physisch möglich gewesen wäre, abgesehen von einigen Fällen, bei denen eine Psychose bereits zu einem ersten Suizidversuch mit anschließender Querschnittslähmung geführt hatte. Während nahezu alle Besucher der Zentren einschließlich der Medizinstudenten erklärten, sie würden sich so rasch wie möglich umbringen, falls sie in eine derartige Situation gerieten, zeigen alle tatsächlich Betroffenen einen oftmals frappierenden Lebenswillen. Weltweites Aufsehen und eine Welle von Hilfsbereitschaft hat vor einigen Jahren der in einer Illustrierten geschilderte Fall eines an Armen und Beinen gelähmten jungen Mannes ausgelöst, der seine Ärzte anflehte, sie sollten ihm schnell und schmerzlos den Gnadentod gewähren. Zwei Jahre später berichtet die gleiche Illustrierte unter der Überschrift: „Der Mann, der sterben wollte", daß ihm das Leben wieder etwas bedeutete, nachdem er die heute mögliche therapeutische und technische Hilfe erhalten habe. Er bewegt sich heute in einem von ihm elektrisch gesteuerten Rollstuhl und hofft, wieder in gewissem Umfang einen Beruf ausüben zu können.

Die hier vertretene Auffassung wird bestätigt durch eine Mitteilung von Paeslack (Heidelberg), er habe aufgrund seiner zwanzigjährigen Erfahrungen im Umgang mit Querschnittsgelähmten den Eindruck, daß der angebliche Todeswunsch, wenn er zur Sprache kommt, von der Umgebung des Behinderten in diesen hineininterpretiert wird und letztlich Ausdruck der Verunsicherung, der Angst, der Hilflosigkeit sowie der Ablehnung gegenüber einem so schwer beeinträchtigten menschlichen Leben durch die gesunden Familienangehörigen und Freunde des Betroffenen ist.

Das Beispiel der Querschnittsgelähmten zeigt, wie gerade diese vom Schicksal so schwer Geschlagenen mit Hilfe der Gemeinschaft nach Überwindung des ersten schweren Stadiums der Verzweiflung sich durch kompensierende innere Kräfte ein neues, wenn auch verändertes Leben aufbauen. In der Hilfe und dem Beistand für den vielleicht zunächst Lebensmüden liegt wahre Humanität – nicht in der verlangten Erlösungsspritze.

Allerdings darf der Entschluß zur Selbsttötung nicht grundsätzlich verworfen werden. Wiewweit ein Weiterleben noch ertragbar ist, läßt sich nur individuell von dem Betroffenen selbst bestimmen, niemals von Außenstehenden. Der Suizid kann Motive haben, die aus ethischen Gründen respektiert werden müssen. Aber niemand hat einen Anspruch auf die aktive Mitwirkung bei der gezielten Beendigung seines Lebens. Das Selbstbestimmungsrecht findet seine Grenzen dort, wo es andere für sich in Anspruch nimmt. Es gibt eine heute oft verkannte soziale Verpflichtung der Selbstbestimmung. Die Autonomie des einzelnen hat dort ihre Grenzen, wo sie mit den berechtigten Interessen eines anderen zusammentrifft, der um seiner sozialen Einbindung willen andere Pflichten hat.

Ziel der neuen Euthanasiebewegung ist es, das „Menschenrecht auf einen würdigen Tod" gesetzlich und praktisch durchzusetzen. Niemand könne, so heißt es immer wieder in den Veröffentlichungen der Gesellschaft für Humanes Sterben, zum Leben gezwungen werden. Das Recht des einzelnen auf den Tod sei durchzusetzen. Die Bewegung sucht Bedingungen zu formulieren, unter denen ein „Erlösungstod" zugelassen werden soll. Danach muß sich der Kranke in einem Zustand „unheilbarer Krankheit" befinden, was durch zwei Ärzte attestiert werden müsse. Weiter müsse der Wille auf den Erlösungstod in einer Patientenverfügung enthalten sein, für die Vordrucke angeboten werden. Die Verfügung muß mindestens ein Jahr zurückliegen, in ihr muß die Entscheidungsfähigkeit des Verfügenden von mindestens zwei Personen bezeugt werden, die nicht als Erben in Frage kommen. Bei den ordentlichen Gerichten zu diesem Zweck einzurichtende Kammern sollen dann diese Gesuche um Erlösungstod binnen einer Woche nach Mitteilung auf ihre formalrechtlichen Voraussetzungen prüfen.

Unter Aufsicht von Ärzten, die mit denen nicht identisch sein dürfen, die eine unheilbare Krankheit festgestellt haben, müsse dann der Erlösungstod gewährt werden. Wie niemand zum Leben, so dürfe auch kein Arzt gezwungen werden, am Vollzug des Erlösungstodes mitzuwirken. Dann sei an einen dazu bereiten Kollegen weiterzuüberweisen. Dagegen müsse das absichtliche Verschweigen des Wunsches nach einem solchen Erlösungstod durch den Arzt als „Menschenquälerei" strafbar sein. Als Notlösung wegen der bisher fehlenden gesetzlichen Möglichkeit des Erlösungstodes bietet die Gesellschaft nach einem Jahr Mitgliedschaft die schon erwähnte Broschüre „Anleitung zum würdigen Freitod" an. Nur die Respektierung des Gnadentodes, so heißt es in einem Manifest, lasse die Medizin in ihren Fortschritten human werden.

Die diesen Bestrebungen zugrunde liegenden Vorstellungen verlangen eine klare Ablehnung, weil sie Selbstbestimmung und Humanität in zweifelhafter Weise in Anspruch nehmen.

Es bedeutet einen in letzter Linie für die Selbstbestimmung gefährlich werdenden Mißbrauch, wenn in ihrem Namen die aktive Tötung durch den Arzt gefordert wird. Die Bedingungen, unter denen die aktive Tötung eines Kranken zulässig sein könnte, sind nicht verläßlich formulierbar. Die Willensäußerung des Schwerkranken bildet hierfür kein hinreichend sicheres Fundament. Denn der Kranke ist – abgesehen vom etwaigen Zustand einer Willensunfähigkeit im Endstadium – psychisch unbeständig und in seinen Äußerungen nicht berechenbar. Der in einer momentanen Situation geäußerte Wille entspricht nicht immer dem wahren Willen. Er unterliegt augenblicklichen Einflüssen, die sehr schnell wechseln können. Die Einwirkung von Angehörigen etwa und von gesellschaftlichen Bedingungen kann nicht ausgeschlossen werden. Der Kranke wäre möglicherweise dem ausgesprochenen oder unausgesprochenen Wunsch seiner Angehörigen oder seiner Pflegepersonen ausgesetzt, die Last, die sein langes Siechtum diesen auferlegt, durch seinen schnellen Tod von ihnen zu nehmen. Die Selbstbestimmung des Kranken muß daher, so eigenartig es klingen mag, durch die Begrenzung dieser Selbstbestimmung geschützt werden. Läßt man den jeweiligen Willen des Kranken für eine Tötung genügen, so kann etwa durch augenblicklichen Stimmungsabfall oder durch fremde Einflüsse das Subjekt der Selbstbestimmung selbst zerstört werden: Eine schrankenlose Autonomie hebt sich hier selbst auf.

Beseitigt man das Verbot der Tötung auf Verlangen, so wäre der Nachweis einer Tötung ohne Zustimmung dann nicht mehr zu führen, wenn die Situation des Getöteten einen Tötungswunsch plausibel erscheinen läßt. Der strafrechtliche Schutz des Lebens Kranker gegen ungewollte Tötung wäre nicht mehr durchgehend gewährleistet, da die näheren Umstände nicht mehr beweisbar wären.

Die Bedenken gegen eine aktive Euthanasie können auch nicht durch sogenannte Patiententestamente oder Patientenverfügungen aus der Welt geschaffen werden, die etwa, wie es die Deutsche Gesellschaft für humanes Sterben verlangt, mindestens ein Jahr vor der Situation unheilbarer Krankheit, in der die Tötung erfolgen soll, ausgestellt sein müssen. Der Abstand von der Situation der Krankheit stellt zwar sicher, daß der Wille zur Tötung nicht aus augenblicklicher Übereilung, Schmerz und Hoffnungslosigkeit geäußert wird. Andererseits ist derjenige, der ein solches Testament in möglicherweise gesundem Zustand schreibt, von der entscheidenden Situation weit entfernt. Diese ist nicht vorwegnehmbar. Niemand kann sich verläßlich in den Zustand versetzen und dafür verbindliche Entschlüsse vorher festlegen. Die in den Verlautbarungen der DGHS und den Patientenverfügungen als Voraussetzung für den „Gnadentod" immer wieder genannte „unheilbare Krankheit" ist als Anknüpfungspunkt unbrauchbar.

Unheilbare Krankheiten gibt es in Fülle. Sie brauchen durchaus nicht oder jedenfalls nicht in absehbarer Zukunft zum Tode zu führen, wie etwa die multiple Sklerose, die sich über Jahrzehnte hinziehen kann und nicht unmittelbar tödlich sein muß. Der Begriff der „unheilbaren Krankheit" ist durchaus nicht absolut mit der Länge der Lebenserwartung und der Schwere eines Leidens gleichzusetzen. Außerordentlich problematisch ist auch die Frage der Rücknehmbarkeit solcher früheren Patientenverfügungen. Von Zufälligkeiten ist abhängig, ob jemand diese Verfügung bei Eintritt einer schweren Erkrankung widerrufen kann oder ob es dazu vor dem Eintritt von Bewußtlosigkeit nicht mehr kommt.

Zu welch makabren Folgen die Postulate der Euthanasiebewegung führen können, zeigt die Forderung der Deutschen Gesellschaft für Humanes Sterben, daß die Katastrophenschutzeinrichtungen neben schmerzstillender Medikation auch Mittel zur Lebensbeendigung in ausreichendem Maße zur Verfügung stellen sollten. Damit würde auch einem kollektiven Selbsttötungswahn in der Panik einer Katastrophenlage Tür und Tor geöffnet – eine wahrhaft erschreckende Vision.

Die Broschüre „Anleitung zum würdigen Freitod" bedeutet in den Händen psychisch belasteter und kranker Menschen unabsehbare Gefahren. Der Anreiz zur Selbsttötung, der im Besitz dieser Broschüre mit ihren Beschreibungen liegt, widerspricht den Erkenntnissen der Suizidforschung, wonach das Verlangen nach Selbsttötung meist ein Ausdruck der menschlichen Not ist und einen verzweifelten Appell um Beistand bedeutet. Die Broschüre verführt zum einsamen Entschluß der Selbsttötung. Sie ist daher im wahrsten Sinne inhuman. Erklärungen der Deutschen Gesellschaft für Humanes Sterben, psychisch Kranke seien nicht ihre Zielgruppe, gehen an diesem Problem vorbei.

Läßt man den verlangten „Erlösungstod" zu, so ist die Weiterentwicklung zu einem Gnadentod ohne Einwilligung nicht mehr aufzuhalten. In der amerikanischen Euthanasiebewegung ist das, worauf der Psychiater J. E. Meyer eindrücklich hingewiesen hat, bereits geschehen. Bei Marvin Kohl heißt es etwa, niemand solle leiden müssen, nur weil er seinen Willen nicht zum Ausdruck bringen könne. Wenn das fanatische Beharren auf Einwilligung nur fortgesetztes oder vermehrtes Elend mit sich bringe, müsse man sich entschließen, im Interesse des Individuums zu handeln. Für schwer leidende, unheilbar Kranke sei eine rasche, schmerzlose Tötung „the kindest possible treatment", also die hilfreichste Behandlung, die möglich ist. Hier werden die Erinnerungen an die Vernichtung „lebensunwerten Lebens" wieder wach.

Nach allen Überlegungen und Erfahrungen bleibt der Schluß, daß der Verzicht auf qualvolle, kurzfristige lebensverlängernde Maßnahmen sowie die Linderung der Schmerzen und die menschliche Begleitung des Sterbenden ärztlich, ethisch und rechtlich den Forderungen der Humanität am ehesten dienen.

Die existentiellen Probleme des Sterbens werden gegenwärtig von bestimmten Bewegungen in einer dem Ernst des Problems nicht angemessenen Weise publizistisch und politisch vermarktet. Die oft sensationelle Aufmachung in den Medien kommt der unterschwelligen Angst der Menschen vor ihrem Schicksal entgegen.

Die neuen Bewegungen sind ein Symptom für die Hilflosigkeit des Menschen angesichts des eigenen Todes. Beklemmend wirkt das falsche Würdepathos angesichts der Unausweichlichkeit, die dem Menschen beschieden ist, der durch das dunkle Tor des Todes gehen muß. Die Selbstbestimmungseuphorie und das Würdepathos sind letzten Endes der hilflose und untaugliche Versuch, ein unabwendbares Schicksal zu verdrängen. Keiner weiß, wie ihn der Tod erreichen wird. Eine Zeit, die mit dem Tabu des Todes aufräumen wollte, hat dieses Tabu erst recht wieder in den Mittelpunkt des Denkens und Fürchtens gerückt.

Kunstherz, Selbstbestimmung und Humanität*

1983

Die Aushändigung eines Schlüssels zum Abschalten des lebenserhaltenden Gerätes an den Empfänger des künstlichen Herzens, Barney Clark, scheint ein ärztlich und rechtlich bedenklicher Weg, sich von der Verpflichtung zu befreien, Wohl und Selbstbestimmung des Patienten zu wahren. Dieser Eindruck drängt sich auf, wenn man Näheres über den Verlauf des ersten Versuchs erfährt, ein künstliches Herz zu implantieren. Hier eröffnen sich neue Schwierigkeiten, die bisher kaum erörtert, geschweige denn gelöst sind. Eine erste Dokumentation hat unlängst Professor George J. Annas von der Universität Boston zusammen mit nachdenklichen und kritischen Stellungnahmen in den Hastings Center Reports vorgelegt. Die in dem folgenden Beitrag diskutierten Fragen sind nicht nur für das künstliche Herz, sondern für jede experimentelle Therapie von großer Bedeutung. Professor Wachsmuth leitete lange die Chirurgische Universitätsklinik Würzburg, Professor Schreiber ist Ordinarius für Strafrecht und Rechtstheorie an der Universität Göttingen.

Aufklärung des Kranken. Die wichtigsten der im Hastings Center Report wiedergegebenen Abschnitte der elf Seiten langen Einwilligungserklärung, die Barney Clark vor der Implantation des künstlichen Herzens unterzeichnet hatte, beschäftigen sich mit der Aufklärung des Kranken. Der Patient erklärt dort zunächst, aus der ihm mitgeteilten ärztlichen Diagnose wisse er, daß es keine anderen medizinischen Behandlungsmöglichkeiten gebe, die das zunehmende Versagen seines Herzens aufhalten könnten. Die einzig erfolgversprechende Therapie sei der Ersatz seines natürlichen Herzens. Obwohl die Lebensverlängerung über das hinaus, was bei seinem Zustand erwartet werden könne, mit Hilfe eines mechanischen Herzens noch nicht bei Menschen versucht wurde, sei er gleichwohl des Willens, sich diesem tiefgreifenden Eingriff auf Versuchsbasis zu unterziehen, um festzustellen, ob es Menschen in seinem Zustand helfe. Dabei wisse er, daß die Implantation des künstlichen Herzens als letztmögliche lebenserhaltende Maßnahme hingenommen werden müsse, wenn er künftig nicht die Voraussetzungen für die Transplantation eines natürlichen Herzens erfülle. Es sei sehr wahrscheinlich, daß dieses künst-

---

* Gemeinsam mit Hans-Ludwig Schreiber

liche Herz für eine unbestimmte Zeit ein letzter Versuch zur Erhaltung seines Lebens sei.

Ermächtigung für den Arzt. Weiter heißt es dann: „Ich bitte hiermit meinen Arzt und ermächtige ihn, mit der Implantation eines experimentellen, vollständigen künstlichen Herzapparates zu beginnen. Ich weiß, daß die Herzkammern meines eigenen natürlichen Herzens entfernt werden müssen und daß ein mechanischer Herzapparat an der Stelle, an der sich vorher mein natürliches Herz befunden hat, in meinen Brustraum eingesetzt werden wird. Ich weiß ferner, daß dieser mechanische Apparat es erfordert, daß mein Körper an ein luftpumpendes System durch zwei sechs Fuß lange Plastikluftleitungen angeschlossen wird, die mein Blut durch das mechanische Herz pumpen und es durch meinen Körper zirkulieren lassen. Mir ist klar, daß mein Lebensstil mit dem künstlichen Herzen wesentlich verändert sein wird. Meine körperliche Leistungsfähigkeit wird wegen der Antriebsschläuche stark eingeschränkt sein. Das äußerliche Antriebssystem wird nicht notwendig Bettlägerigkeit erfordern, aber es wird mir bestenfalls erlauben, mich von Raum zu Raum zu bewegen, und es mag kurze Perioden des Aufenthalts draußen sowie Auto- oder Lieferwagenfahrten erlauben, wenn das Fahrzeug in der Lage ist, das äußerliche Antriebssystem zu befördern. Ich werde möglicherweise viele Lebensfunktionen normal wahrnehmen können, zum Beispiel Toilettenbenutzung, Essen, Lesen und Schreibtischarbeiten. Es ist jedoch möglich, daß ich aufgrund von Schmerzen, Schwäche oder anderen Problemen bettlägerig bleibe."

Vorbereitung auf Folgeeingriffe. Der Patient erklärt weiter, er wisse, daß nach der Implantation des künstlichen Herzens zusätzlich weitere Brustoperationen erforderlich sein könnten, falls der Apparat ersetzt oder repariert werden müsse. Das werde man ihm dann jeweils erklären und ihm ein weiteres Einwilligungsformular für jeden solchen Eingriff zur Unterschrift vorlegen. Er wisse auch, daß er nach der Implantation des künstlichen Herzapparates erhebliche nachoperative Schmerzen und Unannehmlichkeiten zu erwarten habe, die ähnlich oder größer sein würden als die nach üblichen Herzoperationen. Zudem wisse er, daß weitere, auch instrumentelle Untersuchungen für die erforderlichen Informationen über das Funktionieren des Herzens notwendig werden könnten. Diese würden in der Anlegung eines Herzkatheters oder ähnlichen Maßnahmen bestehen, die Risiken, Unannehmlichkeiten und Belastungen mit sich brächten. Für jeden dieser neuen Eingriffe werde es ein Einwilligungsformular geben, das vorher unterzeichnet werden müsse.

Schließlich heißt es in dem Formular: „Ich bestätige, daß mein Arzt mir die Eingriffe, die mit der Implantation eines künstlichen Herzens verbunden sind, hinreichend erklärt hat und daß alle Fragen, die ich gestellt habe über den Eingriff und die damit verbundenen Risiken einschließlich des Todes, die experimentelle Natur des künstlichen Herzens, seine zu erwartende Funktion, die sehr wahrscheinlich behinderte Lebensweise nach dem Eingriff, die Wahrscheinlichkeit fortdauernden Krankenhausaufenthaltes und medizinischer Betreuung in mich zufriedenstellender Weise beantwortet worden sind." Zudem enthält das Formular eine sogenannte Rückzugsklausel: „Ich weiß, daß ich jederzeit frei bin, meine Einwilligung in die Teilnahme an diesem Experiment zurückzuziehen; ich weiß, daß nach der Implantation des künstlichen Herzens die Ausübung dieses Rechts meinen Tod zur Folge haben kann."

Kritik zum Einwilligungsformular. In seinem Antrag bezeichnet Professor Annas dieses Einwilligungsformular als „unvollständig, in sich widersprüchlich und schlampig". Vor allem beanstandet er, daß nicht für den naheliegenden Fall Vorsorge getroffen worden sei, daß die Implantation nur teilweise erfolgreich sein und der Patient zwar überleben, sich aber in einem Zustand schwerer Verwirrung, geistiger Unzurechnungsfähigkeit oder im Koma befinden würde. Für die etwaigen Folgeeingriffe sei in der Einwilligungserklärung eindeutig festgehalten, daß es nur Clark selbst sein solle, der zu entscheiden hätte, ob solche Eingriffe erfolgen dürften, und daß ihm jeweils neue Einwilligungsformulare vorgelegt werden müßten. Dazu sei es aber nicht gekommen; man habe den Patienten vielmehr aufgrund seines Zustandes für geschäftsunfähig gehalten und die weiteren Einwilligungserklärungen von seiner Frau unterzeichnen lassen.

Patiententestament und Vollmacht auf Dauer. Mit Recht sagt Annas, daß die Ehefrau nicht einfach als bevollmächtigt hätte angesehen werden dürfen. Er sieht zwei Möglichkeiten, den Willen des Patienten auch im Zustand seiner Geschäftsunfähigkeit weiter zur Geltung zu bringen, nämlich das Patiententestament („living will") sowie eine Vollmacht auf Dauer („durable power of attorney"). In einem Patiententestament hätte der Kranke Entscheidungen für voraussehbare Ereignisse zu treffen, etwa die Bedingungen festlegen können, unter denen er die Beendigung des Versuchs verlange. Eine wirksame Vollmacht auf Dauer sei nur gegeben, wenn der Bevollmächtigte in seinen Entscheidungen dem vorher ausgedrückten Willen des Betroffenen beziehungsweise seinen Interessen entspreche. Ohne vorherige Angabe der Wünsche des Patienten für seine künftige Behandlung sei eine solche Vollmacht nicht ausreichend.

Einwilligungserklärung übermäßig perfektioniert. Entgegen der Meinung von Annas halten wir die Einwilligungserklärung für übermäßig perfektioniert. Sie geht mit einer fast grausamen Genauigkeit bis ins Detail. In ihr ist buchstäblich alles enthalten, was an Folgen, Komplikationen und Belastungen nur denkbar ist, ohne freilich für den Patienten die Realität wirklich erfaßbar machen zu können. Gerade bei solchen markanten und experimentellen Eingriffen erscheint uns allerdings eine Einwilligung des Betroffenen nach Aufklärung über die Aussichten und wesentlichen Risiken unverzichtbar. Ohne den Willen des Patienten darf gerade in derartigen Fällen nichts unternommen werden. Der Ansicht Barnards, bei einem Sterbenskranken solle man nicht nach der Einwilligung fragen und von Risiken sprechen, muß dabei ebenso widersprochen werden. Barnard vergleicht ihn mit einem Menschen, der von einem Löwen zum Ufer eines Flusses voller Krokodile gejagt wird und dem nur die Möglichkeit bleibt, sich durch diesen Fluß zum anderen Ufer zu retten. Selbst unter solch extremen Bedingungen muß die Entscheidung über sein Schicksal dem Betroffenen überlassen bleiben.

Andererseits ist kaum vorstellbar, daß ein Todkranker sich wirklich über das ihm mündlich und schriftlich angekündigte drohende Martyrium voll im klaren sein kann, selbst wenn es ihm so offen und eindrücklich geschildert wird. Bemerkenswert ist in diesem Zusammenhang die am Tage der Operation geäußerte Meinung des Sohnes von Dr. Clark, eines Chirurgen, sein Vater habe trotz seiner Krankheit immer noch großes Interesse am Leben behalten. Wenn er jedoch nach der Implantation merke, daß er zwar noch lebe, aber sehr viele Schmerzen und Beschwernisse habe, werde er sehr enttäuscht sein. Er glaube nicht, daß sein Vater damit einverstanden sein werde.

Einsichtsfähigkeit lebensbedrohlich Erkrankter schwer abzuschätzen. Man darf nicht die Begrenztheit und Relativität in derartigen Situationen abgegebener Einwilligungserklärungen verkennen. Nach allgemeiner Erfahrung ist die Entscheidungsfähigkeit und Belastbarkeit lebensbedrohlich Erkrankter nur sehr schwer abzuschätzen. Aufklärung und Einwilligung des Patienten sind zwar wesentlich und unentbehrlich. Sie allein erlauben aber nicht den Eingriff. Dessen Rechtfertigung liegt vielmehr zunächst in der ärztlichen Erkenntnis. Ein Todkranker wird meist bereit sein, auch für geringe Überlebensaussichten in vieles einzuwilligen, wenn sein Arzt, dem er vertraut, ihm dazu rät. Sache des Arztes ist es, verantwortlich abzuwägen, was er seinem Patienten zumuten und wofür er ihn überhaupt um Einwilligung bitten darf. Er sieht sich dabei im Widerstreit verschiedener Interessen. Einerseits ist ihm das Wohl seines Patienten anvertraut, andererseits erstrebt er den beruflichen Erfolg, der auch der medizinischen Forschung zugute kommen soll, die in ihrem Fortschritt künftig der Allgemeinheit dient. Im Zweifel muß allerdings dabei stets das Wohl der einzelnen Patienten Vorrang haben. Sicher darf der Fortschritt der Medizin nicht gehemmt werden. Eine Therapie kann aber nur dann erlaubt sein, wenn die begründete Möglichkeit einer Heilung oder zumindest einer wesentlichen Besserung des Gesamtzustandes und nicht nur der kurzfristigen Verlängerung eines unaufhaltbar zu Ende gehenden Lebens besteht. Das war im gegenwärtigen Stadium der Entwicklung eines künstlichen Herzens noch nicht zu erwarten. Überall in der Welt wird seit Jahrzehnten an der Entwicklung dieses künstlichen Herzens gearbeitet, weil es die einzige Möglichkeit sein wird, die Herztransplantation zu umgehen. Von Heilung oder Besserung kann aber offenbar so lange nicht geredet werden, als das Antriebsgerät außerhalb des Körpers verbleibt und das weitere Leben des Kranken so stark einschränkt und mit andauernden Gefahren belastet.

Einwilligung allein rechtfertigt Arzt nicht. In diesem Stadium der medizinischen Entwicklung genügt eine noch so perfekt formulierte Einwilligung des Betroffenen nicht. Die Einwilligung kann nur eine Grenze, nicht aber die eigentliche Rechtfertigung bedeuten. Vielmehr muß der Arzt, bevor er sich entschließt, seinen Patienten überhaupt um Einwilligung zu fragen, selbst prüfen, ob der beabsichtigte Eingriff noch eine sinnvolle Hilfe bringen kann. Grundsätzlich darf man niemanden zur Einwilligung für überwiegend experimentellen Zwecken dienende, belastende und riskante Eingriffe veranlassen.

Die Schwäche des bei Dr. Clark zur ärztlichen und rechtlichen Rechtfertigung gewählten Einwilligungsverfahrens wird daran deutlich, daß die wesentliche Frage, wie spätere, aller Voraussicht nach erforderliche Eingriffe gerechtfertigt werden können, nicht berücksichtigt wird. Die Unfähigkeit des Patienten für weitere Einwilligungen nach der Implantation war vorhersehbar.

Mit seiner Kritik hat Annas auf eine in der Praxis der Aufklärung verbreitete, aber bisher zu wenig beachtete Schwierigkeit hingewiesen. Das Augenmerk wird im allgemeinen nur auf den Eingriff selbst und seine unmittelbaren Auswirkungen gerichtet. Die weiteren Folgen aber können für den Patienten untragbar werden, insbesondere wenn er sie vorher falsch eingeschätzt hat. Kein Ausweg ist es, wie im Falle Dr. Clark, hilfsweise die Ehefrau um die notwendig werdenden Einwilligungserklärungen zu bitten; denn sie kann nicht als befugt angesehen werden, derartige, in den höchstpersönlichen Bereich ihres Mannes fallende Entscheidungen für diesen zu treffen.

Einwände gegen Patiententestament. Gegen ein „Patiententestament" richten sich die allgemein bekannten Einwände. Selbst die Willensäußerung des vor einer schweren und folgenreichen Operation stehenden Patienten kann nicht die Entscheidung über etwaige später erforderliche Eingriffe vorwegnehmen. Daher ist es erklärlich, daß man Dr. Clark bei der Einwilligungserklärung nicht nach seinen Entscheidungen für künftige, nicht im einzelnen vorhersehbare Situationen gefragt und ihn dafür sich hat festlegen lassen.

Einwände gegen Dauervollmacht. Auch mit der dauernden Vollmacht für einen Vertreter sind die Schwierigkeiten nicht zu lösen. Dieser kann keine bindenden Erklärungen für den Patienten abgeben, vielmehr kommt er nur als Auskunftsperson in Frage. Zudem ist nicht übersehbar, welche sachlichen oder emotionalen Motivationen den Vertreter jeweils leiten. Wenn Annas die Entscheidung durch einen Vertreter an die Bedingung knüpfen will, daß dessen Stellungnahme nur dann wirksam sein soll, wenn sie dem vorher ausgedrückten Willen des Kranken oder seinen Interessen entspreche, so läuft das im Ergebnis auf eine Rechtfertigung durch mutmaßliche Einwilligung hinaus. Auf diese Weise wird in der Praxis heute bei Bewußtlosen oder sonst nicht Einwilligungsfähigen allenthalben verfahren. Dabei wird nicht auf einen wirklich erklärten Willen des Patienten abgestellt, sondern auf seine Interessen und darauf, wie er sich wohl entscheiden würde, wenn er in der jeweiligen Situation dazu in der Lage wäre. Maßgeblich sind, wenn Rückschlüsse auf das, was der Kranke wünschen würde, anhand etwa früherer Äußerungen nicht möglich sind, seine gegenwärtigen Interessen, die der Arzt festzustellen versuchen muß. Damit ist er aber auf die gleichen Maßstäbe verwiesen, die sich für die Zulässigkeit des Eingriffs und die Bitte um Einwilligung dafür als entscheidend gezeigt haben. Es soll gar nicht verkannt werden, wie schwierig eine derartige Feststellung der Interessen oder des mutmaßlichen Willens sind.

Trotz aller Schwierigkeiten und Undeutlichkeiten bleibt danach für weitere Eingriffe der mutmaßliche Wille des Patienten der einzig mögliche Weg.

Ärztliche Verantwortung nicht abschiebbar. Bei aller subtilen und selbst ans Inhumane grenzenden Aufklärung darf sich der Arzt also seinen eigenen Pflichten nicht entziehen. Drückt er wie im Falle Dr. Clark dem Patienten den Schlüssel zum Abstellen des lebenserhaltenden Gerätes einfach in die Hand, so bedeutet das nichts als ein Abschieben der eigenen Verantwortung. Der Arzt läßt den Patienten hierdurch allein und entzieht ihm die notwendige Hilfe. Die Übergabe des Schlüssels ist nur ein Alibi, sie wahrt das Selbstbestimmungsrecht des Patienten nur scheinbar. Der Besitz des Schlüssels versetzt den Kranken in den Zustand einer dauernden unerträglichen Spannung, die durch das Schwanken des seelischen und körperlichen Befindens zu einer wahren Tortur werden kann.

Aufklärung bei intraoperativen Änderungen
des ärztlichen Eingriffs

1983

Kein operativer Eingriff ist bezüglich seines Verlaufes mit absoluter Sicherheit im voraus bestimmbar, wie es in der Medizin ganz allgemein ja nur verschiedengradige Wahrscheinlichkeiten, aber keine Sicherheiten gibt. Das hat seinen Grund darin, daß nicht nur Diagnosen, Prognosen und Befunde trotz aller Sorgfalt irrig sein können und daher mit gebotener Zurückhaltung zu beurteilen sind, sondern daß auch die Reaktionen des jeweiligen Kranken während des Eingriffs und beim postoperativen Verlauf im voraus schwer bestimmt werden können. Hier gibt es keine Norm, nach der man sich richten könnte, es entscheidet vielmehr die unauswechselbare Individualität.

Unerwartete intraoperative Befunde und Zwischenfälle sind daher für den Chirurgen nichts Ungewöhnliches, sie gehören zu den Risiken seines Berufs. Der Chirurg muß mit ihnen leben und sie meistern können. Er muß wissen, was er in einem solchen Fall tun muß. Rasche Entscheidung und konsequentes Handeln sind notwendig. Er ist auf sich selbst gestellt.

Nun liegt die intraoperative Entscheidung über das weitere Vorgehen, über Beschränkung oder Erweiterung der Operation nicht beim Operateur allein, vielmehr benötigt dieser auf Grund des gesetzlichen Selbstbestimmungsrechts die Zustimmung des Patienten.

Nicht immer, aber doch in vielen Fällen steht der Chirurg vor dem Dilemma, was er tun darf und was er tun muß. Die Entscheidung liegt allein bei ihm, seine Verantwortung ist unteilbar.

Mit anderen Worten, der Operateur muß handeln, sich entscheiden, muß sich in der unerwarteten Situation so verhalten, daß er in den von der Rechtsprechung gesetzten Grenzen bleibt und trotzdem das für den Patienten Notwendige tut.

Das Besondere liegt unter diesen Umständen ja darin, daß der Patient bei Entdeckung der unerwarteten Situation nicht kommunikationsfähig und also nicht willensfähig ist. Es ergeben sich daraus 2 Möglichkeiten:
- Weiterführung der Operation unter eigener Verantwortung nach dem mutmaßlichen Willen des Patienten.
- Abbruch der Operation, Einholen der Zustimmung nach entsprechender Aufklärung und, je nach der Willensäußerung des Patienten, zweite Operation oder deren Unterlassung.

Daraus sind bestimmte Folgerungen zu ziehen: Um spätere Schwierigkeiten zu vermeiden, ist vor der Operation eine eingehende Aufklärung des Patienten notwendig, durch die er über die für diese Operation typischen Risiken und voraussehbaren Änderungen des Operationsplans unterrichtet werden sollte. Um den Patienten nicht unnötig zu verängstigen, halte ich die „totale Information", wie sie in manchen Merkblättern vorgesehen ist, nicht für richtig. Die Aufklärung soll sich vielmehr speziell auf die vorgesehene Operation und ihre voraussehbaren Komplikationsmöglichkeiten beschränken. Die vorherige Zustimmung des willensfähigen Patienten auch zu einer gegebenenfalls notwendigen Abänderung des Operationsplans entlastet im gegebenen Fall den Operateur.

Auf vorhersehbare postoperative Dauerfolgen sollte man den Patienten besonders sorgfältig aufmerksam machen. So sollte man grundsätzlich vor jeder Probeexzision aus der Mamma bei Verdacht auf Karzinom sich die Einwilligung der Patientin sichern, in der gleichen Sitzung die Radikaloperation vornehmen zu dürfen für den Fall, daß die Untersuchung ein Malignom ergibt. Ebenso sollte man vor jeder Dickdarmoperation grundsätzlich auf die Möglichkeit hinweisen, daß es zum Anlegen einer Fistel oder auch eines temporären oder endgültigen Anus praeter kommen kann. Diese vorbereitenden Gespräche müssen mit Geduld und Sorgfalt geführt werden, um die Einwilligung des Patienten zu erlangen.

Sollte der Patient, was ich allerdings niemals erlebt habe, seine Zustimmung zu einem etwa notwendig werdenden Anus praeter endgültig verweigern, so bleibt nichts übrig, als die Operation bei voller Aufklärung über etwaige Folgen abzulehnen.

Über vital bedingte Zwischenfälle kann es kaum eine Diskussion geben. Bei schweren Blutungen steht die Lebensrettung im Vordergrund, wobei es etwa bei dem Einriß einer stark verwachsenen Milz auch zur Organentnahme kommen kann. Hier besteht ein Notstand, der alles für die Lebensrettung Notwendige rechtfertigt. Zudem kann man den mutmaßlichen Willen des Patienten voraussetzen.

Die Frage, ob der Operateur ohne vorherige Zustimmung des Patienten berechtigt ist, einen zufällig gefundenen nicht akuten, vielmehr nur potentiellen Krankheitsherd zu beseitigen, ist vom Oberlandesgericht Stuttgart in einer mir persönlich in seiner Verallgemeinerung nicht unbedenklich erscheinenden Weise entschieden worden.

Es handelte sich um folgendes: Nach einem Verkehrsunfall war es zu einer Bauchverletzung gekommen, die nach etwa 3 Jahren die Operation eines Narbenbruches und die Beseitigung von Verwachsungen notwendig machte. Bei dieser Operation fand sich eine nicht unfallbedingte Anomalie in Form eines nicht entzündeten Meckelschen Divertikels. Der Operateur entschloß sich zu dessen Entfernung, was zu einer Invagination des Nahtgebietes, nachfolgender Bauchfellentzündung und zum Tode führte. Der Entschluß des Arztes, das Divertikel zu entfernen, wurde nicht als Unterbrechung des Kausalzusammenhangs zwischen Unfall und Tod angesehen und der Unfallverursacher verurteilt.

Zur Erklärung erlauben Sie mir einige medizinische Ausführungen: Das Meckelsche Divertikel ist eine Hemmungsmißbildung des Dottergangs, des Ductus omphalo-entericus, der normalerweise gegen Ende des zweiten Fetalmonates verödet. Als Rückbildungsstörungen kennen wir die Erhaltung des ganzen obliterierten Ganges als Strang, Nabelfisteln, Zysten und eben das Meckelsche Divertikel, das sich etwa 30 bis 100 cm oberhalb des Eintritts des Dünndarms in den Dickdarm befindet. Es kommt etwa in 1% der gesamten Bevölkerung vor.

Dies Divertikel ist häufig nicht mit Dünndarmschleimhaut, sondern mit Magenschleimhaut ausgestattet und neigt etwa im Verhältnis von 8:2 zu Entzündungen, die entweder durch Stauung oder durch Schleimhautgeschwüre hervorgerufen werden. Die klinischen Symptome entsprechen dann einer akuten Appendicitis, unter welcher Diagnose sie auch meist operativ angegangen werden, und nehmen einen entsprechend gefährlichen Verlauf.

Ihre Gefährlichkeit entspricht weitgehend der Größe des Divertikels, das nur kirschgroß zu sein braucht, andererseits eine regelrechte sackförmige Ausstülpung des Darmes in einer Länge von 10–18 cm und Breite von 6 cm darstellen kann.

Es besteht eine allgemeine Gepflogenheit, bei Blinddarmoperationen im Falle eines nicht erkrankten Blinddarms den Dünndarm nach einem Meckelschen Divertikel abzusuchen, wobei man gelegentlich die Ursache der Erkrankung eben dort findet.

Die Diagnose eines komplizierten Meckelschen Divertikels, das immerhin mit einer Letalität von etwa 10% belastet ist, ist vor der Operation praktisch nicht zu stellen, so daß eine differenzierte Aufklärung nicht möglich ist. Beim unkomplizierten Meckelschen Divertikel als Zufallsbefund halte ich im Gegensatz zu vielen meiner Kollegen die grundsätzliche Entfernung nicht für richtig. Sie sollte an bestimmte Bedingungen geknüpft sein, wobei die Größe und Form des Divertikels eine Rolle spielen kann. Vor allem sollte man aber auf diesen quasi prophylaktischen Eingriff verzichten, wenn gleichzeitig ein infektiöser Prozeß in der Bauchhöhle, etwa eine akute eitrige Appendicitis besteht, da die Naht hierdurch gefährdet sein würde.

Nach Größe und Form des Divertikels richtet sich das postoperative Vorgehen zu seiner Entfernung, von der einfachen Exzision bis zur Resektion des ganzen Darmabschnittes. Von der im vorliegenden Falle offenbar vorgenommenen Einstülpung wird allgemein abgeraten, da es zu Darmverschluß oder Nachblutung kommen kann.

Das Gericht stellt in unserem Falle fest und führt aus, daß das Meckelsche Divertikel im Zeitpunkt der unfallbedingten Operation noch nicht entzündet war, also keinen akuten Gefahrenherd darstellte, trotzdem sei, genau wie beim Blinddarm, auch beim Meckelschen Divertikel mit der Möglichkeit einer Entzündung immer zu rechnen und die Sterblichkeit bei Eingriffen an erkrankten Divertikeln verhältnismäßig groß.

Dieser Begründung zur Erweiterung einer Operation kann ich in ihrer Verallgemeinerung nicht zustimmen. Folgt man ihr, so wäre jeder Operateur berechtigt, ohne vorherige Zustimmung des Kranken etwa bei einer Gallenblasenoperation den Blinddarm oder umgekehrt bei einer Appendektomie eine steinhaltige Gallenblase zu entfernen. Daß dieses im Einzelfall erlaubt oder sogar angezeigt ist, will ich nicht bestreiten. Ich bin aber stets gegen das sogenannte „Räubern" im Bauch gewesen, da jede nicht absolut indizierte Erweiterung mit gewissen Risiken verbunden ist, wie man aus dem vorliegenden Fall ersieht. Zudem bringt das Herumsuchen im Bauchraum die Gefahr späterer Verwachsungen mit sich und ich bin nun einmal erzogen in der Furcht vor Gott und dem Peritoneum.

Im gleichen Sinne und über den geschilderten Fall hinausgehend hat der Bundesgerichtshof 1982 entschieden, daß die Ärzte verpflichtet sind, einen Patienten über die Risiken eines Eingriffs aufzuklären. Auch wenn die Therapie der Abwendung einer lebensgefährlichen Erkrankung dient, wenn das mit ihr verbundene Risiko selten ist und die bedrohlichen Krankheitsfolgen ohne die Behandlung mit hoher Wahrscheinlichkeit eintreten, muß der Arzt den Kranken ins Bild setzen. Das ergibt sich aus dem Selbstbestimmungsrecht des Patienten.

Rechtlich noch problematischer ist es, wenn sich postoperative Komplikationen, etwa eine Nachblutung oder eine Peritonitis durch Nahtinsuffizienz entwickeln. Die Relaparotomie wird dann meist spätestens am 2. Tage nach Erkennen der Situation notwendig, gegebenenfalls auch schon früher. Zu dieser Zeit befindet sich der Patient psychisch und physisch noch in einem stark reduzierten Zustand. Ich habe es zweimal erlebt, daß sich die Patienten standhaft weigerten, einer zweiten Operation zuzustimmen, da sie noch von der ersten zu erschöpft seien. Sie blieben bei ihrer Weigerung lange Zeit, und es gelang mir schließlich in beiden Fällen erst nach vielem Bemühen, ihre Einwilligung zu erhalten. Wären sie bei ihrer Weigerung geblieben, so hätte ich den Eingriff trotz versagter Zustimmung vornehmen müssen, da die Patienten augenscheinlich nicht voll willensfähig waren und es sich um vitale Indikationen handelte.

Ich habe an anderer Stelle ausgeführt, daß das gesetzliche Selbstbestimmungsrecht für den Arzt zwei Probleme mit sich bringt:
– die nicht seltenen Schwierigkeiten, die uneingeschränkte Willensfähigkeit des Kranken eindeutig festzustellen und

– die Tatsache, daß der Wille eines kranken Menschen sehr häufig nicht konstant ist, sondern wechselt, weil der Kranke selbst in labiler Stimmungslage, abhängig vom körperlichen Befinden und von jeweiligen äußeren Einflüssen ist. Ich habe unterschieden zwischen dem vermeintlichen, dem phänomenalen Willen als Ausdruck des gegenwärtigen Willens des einzelnen und dem noumenalen Willen als Ausdruck der vernünftigen Person. In den beiden soeben genannten Fällen von spontaner Verweigerung der zweiten und nunmehr lebensrettenden Operation hätte ich, falls die Zustimmung nicht zu erreichen gewesen wäre, zu Recht annehmen dürfen, daß es sich um den vermeintlichen Willen, den Streß einer neuen Operation zu vermeiden, handelte und nicht um den wahren Willen, am Leben zu bleiben und gesund zu werden. Der Verlauf hat mir in beiden Fällen recht gegeben.

Für die Frage, ob man eine Operation abbrechen soll, um die Zustimmung des Patienten zu erhalten oder ob man die Operation unter veränderten Verhältnissen fortführen oder beenden soll, ist daher auch von entscheidender Bedeutung, in welchem Intervall die zweite Operation als Fortführung der ersten notwendig wird. Ist diese dringend, so kann ein Abbruch nicht in Frage kommen, er wäre nicht nur nutzlos, denn mindestens innerhalb der ersten 6 h nach einer längeren Operation in Narkose ist ein Patient keineswegs voll willensfähig, sondern darüber hinaus wäre es inhuman, ihm in diesem Zustand eine Entscheidung aufzubürden.

Es wurde dem Arzt zum Vorwurf gemacht, daß er nicht die Einwilligung eines Patienten zur Erweiterung der Operation eingeholt habe, da dieser nicht in Allgemeinnarkose operiert wurde. Ich halte das nicht für richtig. Auch Patienten in örtlicher oder Leitungsanästhesie sind während des Eingriffs nicht voll willensfähig, um so mehr, als sie zuvor mehr oder weniger stark sediert worden sind. Ich selbst bin ein halbes Dutzend Male ohne Allgemeinnarkose operiert worden, und hätte auf eine Frage des Operateurs mit Sicherheit im Dämmerschlaf unkontrolliert und indifferent geantwortet. Zu einer klaren Willensentscheidung wäre ich jedenfalls in diesem Zustand nicht fähig gewesen.

Die Beurteilung der Willensfähigkeit eines Kranken durch den Arzt, der den Patienten in einer akuten Situation erlebt hat, gegenüber der des Richters in der Verhandlung dürfte häufig sehr unterschiedlich sein. Es erklärt sich dies unschwer aus der Verschiedenheit der Situation ex ante und ex post.

Zusammenfassend ist zu sagen, daß ein Abbruch der Operation aus nicht vorhergesehenen Gründen in jedem Fall eine schwere Belastung des Patienten bedeutet, die nur dann berechtigt erscheint, wenn das Risiko des weiteren operativen Vorgehens größer ist als der zu erwartende körperliche und seelische Schaden.

Eine Sonderrolle spielen alle Operationen, die ohne Zeitbedrängnis nach ausreichenden Gesprächen mit dem Kranken zu beliebiger Zeit in einem zweiten ergänzenden oder erweiternden Eingriff fortgeführt werden können.

In echten Zweifelsfällen sollte der Chirurg nach gewissenhaftem Abwägen des Für und Wider lieber die Fortführung der Operation unter den neuen Bedingungen auf seine Verantwortung nehmen, als den Patienten durch einen Abbruch der Operation zu gefährden und hierdurch, nur zur eigenen rechtlichen Absicherung, sein Gewissen zu belasten.

Pauschale Vollmachten zur Änderung und Erweiterung von Eingriffen auf Grund besonderer Umstände jedenfalls, wie sie in Merkblättern vorgesehen sind, können wohl kaum rechtlich, sicherlich aber nicht für die ärztliche Entscheidung ausreichend sein, und den Operateur von der Last der Verantwortung befreien.

Das Recht des Patienten
auf Einsicht in die Krankenunterlagen*

1982

In zwei Entscheidungen vom 23. 11. 1982 hat der Bundesgerichtshof zur Frage eines Einsichtsrechtes des Patienten in die Krankenunterlagen Stellung genommen.

In der ersten Entscheidung wird ein Einsichtsrecht grundsätzlich anerkannt. Unterschieden wird aber nach sog. objektiven, physischen Befunden bzw. Berichten über Behandlungsmaßnahmen und anderen, persönlichen Aufzeichnungen des Arztes. Letztere sollen grundsätzlich keinem Einsichtsrecht unterliegen. Nach der zweiten Entscheidung soll bei Krankenakten über eine psychiatrische Behandlung auch nach deren Abschluß grundsätzlich kein Einsichtsrecht des Patienten bestehen.

1. In Abänderung seiner früheren Ansicht, Aufzeichnungen des Arztes seien nur eine interne Gedächtnisstütze, der Patient habe auf sie keinen Anspruch (zuletzt BGH JZ 1963, S. 369), hat der Bundesgerichtshof im Jahre 1978 in einer Grundsatzentscheidung die ärztliche Dokumentation als eine dem Arzt gegenüber dem Patienten obliegende Verpflichtung angesehen (BGHZ 72, S. 132 (137) = JZ 1978, S. 721; schon BGH NJW 1978, S. 1681 f.). Von ärztlicher Seite ist das bedauert und es sind gegen diese Entscheidung erhebliche Bedenken geäußert worden. Die Dokumentationspflicht wurde jedoch alsbald in die ärztlichen Berufsordnungen aufgenommen (§ 11 MuBO, Dt. Ärzteblatt 1979, S. 1573). Die Literatur ist dem ganz überwiegend gefolgt (vgl. die Nachweise bei Lilie, Ärztliche Dokumentation und Informationsrechte des Patienten (1980), S. 139 ff.; neuerdings Hohloch, Ärztliche Dokumentation und Patientenvertrauen, NJW 1982, S. 2577, beide mit umfassenden Nachweisen).

Im Jahre 1978 hatte der Bundesgerichtshof die Frage noch ausdrücklich offen gelassen, ob dem Patienten auch ein allgemeines Einsichtsrecht in die Krankenunterlagen zustehen solle. In der folgenden Zeit hat die Rechtsprechung der unteren Gerichte das überwiegend bejaht, während sich im Schrifttum unterschiedliche Stellungnahmen finden (vgl. die Nachweise bei Lilie aaO).

Die vorstehend abgedruckten beiden Entscheidungen des Bundesgerichtshofes wurden angesichts des Meinungsstreites seit langem erwartet, eine der beiden Sachen war seit 1979 in der Revisionsinstanz anhängig.

---

* Gemeinsam mit Hans-Ludwig Schreiber

2. Der Bundesgerichtshof hat im Gegensatz zu den Vorinstanzen kein weitgehend uneingeschränktes Einsichtsrecht zugelassen, sondern war offensichtlich bestrebt, auf dem komplizierten Gebiet des Arzt/Patienten-Verhältnisses eine beiden Seiten gerecht werdende Lösung zu finden.

Dem Urteil liegt in erster Linie die Unterscheidung zwischen objektiv-somatischen, naturwissenschaftlich konkretisierbaren Befunden einerseits und anderen Aufzeichnungen, einem „Niederschlag personaler Komponenten" in der Behandlung andererseits zugrunde. Die letztgenannten Aufzeichnungen sollen für die Kenntnis durch den Patienten weder geeignet noch bestimmt sein.

Eine solche Unterscheidung erscheint möglich, unter den gegebenen Bedingungen sachlich gerechtfertigt und wünschenswert, wenn auch die Trennungslinie nicht einfach zu ziehen sein wird.

Die vom Bundesgerichtshof vorgenommene Differenzierung gibt dem Arzt die notwendige Freiheit zur Niederschrift seiner Eindrücke und Überlegungen und erkennt damit einen gewissen ärztlichen Eigenbereich für die Dokumentation an. Die Abgrenzung zwischen den Arten von Aufzeichnungen kann sicher in manchen Fällen Schwierigkeiten bereiten. In seiner zweiten Entscheidung geht der Bundesgerichtshof für die Psychiatrie davon aus, daß der überwiegende Teil der Aufzeichnungen nicht für den Patienten bestimmt sei.

Von besonderer Bedeutung erscheint, daß die jeweilige Einordnung „im wesentlichen dem Arzt bzw. dem Krankenhaus" anvertraut wird. Fraglos ist hierin ein Vertrauensbeweis zu sehen, wenn auch der Bundesgerichtshof darauf hinweist, daß „zunächst" eine gewisse Mißbrauchsgefahr in Kauf genommen werden müsse. Auf die bei Mißbrauch möglichen Schadensersatzansprüche bzw. Beweisnachteile weist der Bundesgerichtshof auch ausdrücklich hin.

Dem Bundesgerichtshof ist darin Recht zu geben, daß sich die Problematik einer Einsichtsverweigerung in vielen Fällen gar nicht stellen wird. Das mag beispielsweise für Fälle in der Unfallchirurgie gelten. Für eine Beschränkung der Einsicht aus Gründen fürsorglicher ärztlicher Rücksichtnahme (sog. „therapeutisches Privileg") zieht das Gericht allerdings zu enge Grenzen. Es bezieht sich bedauerlicherweise auf sein eigenes früheres Urteil BGHZ 29, S. 46 (57), das eine Aufklärungspflicht insoweit nur für den Fall hatte entfallen lassen wollen, daß schwere, irreparable psychische Dauerschäden drohten. Man darf hoffen, daß der Bundesgerichtshof sich auch hier neuen wirklichkeitsnäheren Einsichten in die Situation des Kranken künftig zuwenden wird. So kann man nicht der in seinen Auswirkungen inhumanen Feststellung zustimmen, die Verschlechterung des Befindens, die Resignation für die verbleibende Lebenszeit, ja „u. U. die Gefahr eines körperlichen und seelischen Zusammenbruchs" müsse hingenommen werden. Diese Verabsolutierung des

Selbstbestimmungsrechts verstößt eindeutig gegen die ärztliche Fürsorgepflicht.

Für die praktische Handhabung des Rechts der Einsichtnahme gibt der Bundesgerichtshof bemerkenswerte Hinweise. Die Empfehlung des Gerichts, im Wege einer gütlichen Einigung einen neutralen Arzt einzuschalten, mag in geeigneten Fällen möglich sein. Freilich ist die Rolle dieses Arztes nach beiden Seiten schwierig, um so mehr als er die Befugnis zur Beschränkung der Einsicht des Patienten nach pflichtgemäßem Ermessen haben soll.

Daß der Bundesgerichtshof betont, die Information des Patienten solle im Regelfalle im Rahmen eines Arztgespräches erfolgen, ist besonders zu begrüßen.

Zur praktikablen Abwicklung eröffnet der Bundesgerichtshof zwei Möglichkeiten:

1. Das Abdecken der nicht unter das Einsichtsrecht fallenden subjektiven Teile der Dokumentation bei der Anfertigung von Fotokopien erscheint schon aus rein praktischen Erwägungen problematisch. Der Bundesgerichtshof setzt offenbar voraus, daß die Einsichtsgewährung im Wege der Herstellung von Fotokopien erfolgt, was mit Arbeits- und Zeitaufwand sowie mit Kosten für den Patienten verbunden ist. Da das Gericht verlangt, die Abdekkung müsse als solche erkennbar bleiben, ist weiter zu befürchten, daß beim Patienten ein verständliches Mißtrauen geweckt wird.

2. Die Entscheidung darüber, ob das Problem durch eine „duale“ oder besser „getrennte“ Gestaltung der Krankenunterlagen gelöst werden kann, läßt der Bundesgerichtshof zunächst offen, weil sie hier bisher nicht üblich und auch im zu entscheidenden Fall nicht erfolgt war. Als erster hat in Deutschland Lilie unter Aufnahme von Vorschlägen Westins aus den USA das Konzept einer derartigen getrennten Dokumentation näher entwickelt (Lilie aaO, S. 188 f.).

Danach sollen die Aufzeichnungen des Arztes gesondert festgehalten werden, je nachdem, ob sie nur für ihn selbst oder auch für den Patienten bestimmt sind. Die sachlichen und praktischen Schwierigkeiten dieser Dokumentationsart sind nicht zu verkennen. Sie dürfte aber, wenn die Dokumentation vom Beginn der Behandlung an – etwa in Form von Einlageblättern – nicht so angelegt wird, die zweckmäßigste Lösung sein. Damit soll keineswegs der allgemeinen Einführung einer getrennten Dokumentation das Wort geredet werden, vielmehr sollte sich der Arzt bei diesem Vorgehen auf die Fälle beschränken, bei denen er die vom Bundesgerichtshof für eine Unterscheidung der Inhalte der Dokumentation angeführten Gründe für gegeben hält oder wenn etwa vom Patienten entsprechende Forderungen erwartet werden müssen.

Eine derartige Trennung der Dokumentation liegt jedenfalls eindeutig in der Konsequenz der Unterscheidung des Bundesgerichtshofes zwischen dem Patienten zugänglichen, naturwissenschaftlich objektivierbaren Befunden und Behandlungsfakten einerseits sowie dem Arzt vorbehaltenen, persönlich geprägten Aufzeichnungen andererseits.

Die beiden Urteile sind insofern von weittragender Bedeutung, als sie im Gegensatz zu den Entscheidungen der Vorinstanzen differenziert den Besonderheiten des Arzt/Patienten-Verhältnisses Rechnung zu tragen sich bemühen. Durch seine Vorschläge läßt der Bundesgerichtshof einer weiteren Entwicklung Raum. Der schwierigen Problematik wäre eine einseitige Festlegung nicht gerecht geworden. Immerhin sind in selbständiger Fortbildung des Rechts behutsamer als es der Gesetzgeber gegenwärtig hätte leisten können, Wege in ärztliches und rechtliches Neuland eröffnet worden. Ob und wie diese Möglichkeiten genutzt werden, hängt weniger von der praktischen Durchführung einer getrennten Dokumentation, als vielmehr von der erforderlichen Anerkennung der rechtlichen Gegebenheiten seitens der Ärzte und der Einsicht der Patienten in die Notwendigkeit des Schutzes einer persönlichen Sphäre des Arztes ab. Auch sollte die Einsichtnahme in der Regel erst nach Abschluß der jeweiligen Behandlung gefordert werden dürfen, um deren ungestörten Fortgang nicht zu beeinträchtigen. Während der Behandlung selbst muß das aufklärende Gespräch zwischen Arzt und Patient die entscheidende Rolle spielen.

Voraussichtlich wird das Recht auf Einsichtnahme in die Krankenakten auch weiterhin Gegenstand berechtigter kontroverser Meinungen und wohl auch weiterer höchstrichterlicher Entscheidungen sein.

Grenzen der ärztlichen Aufklärungspflicht
im westeuropäischen Vergleich*

1984

Um die ärztliche Aufklärungspflicht wird zwischen Medizinern und Juristen seit Jahrzehnten gerungen, ohne daß bisher ein allseits annehmbares Ergebnis erzielt wurde, da die Antinomie von Selbstbestimmungsrecht und ärztlicher Fürsorgepflicht vielfach nicht auflösbar ist. Die Anerkennung des in der Menschenwürde begründeten und in der Verfassung festgelegten Rechts auf Selbstbestimmung wird von keiner Seite bestritten. Der Grund für die gegensätzlichen Standpunkte liegt in dem unterschiedlichen Gewicht, das einerseits dem Willen, andererseits dem Wohl des Kranken zugemessen wird.

Die Ideallösung, beiden grundsätzlich gleichrangigen Gesichtspunkten gerecht zu werden, ist keineswegs immer möglich, vielmehr bleibt die vom Juristen Wiethölter geprägte, zunächst bestechende Formel: „Salus ex voluntate, voluntas pro salute, salus et voluntas" eine utopische Harmonisierung.

Wie weit der Arzt aufklären muß, wie weit er das darf und wann ihm seine Fürsorgepflicht eine volle Aufklärung sogar verbietet, kann erst im ärztlichen Gespräch entschieden werden. Die Beurteilung der körperlichen und seelischen Belastbarkeit des Kranken in seinem besonderen Zustande und die Anschauungen über Sinn und Wert des Lebens, der Krankheit und des Todes bestimmen dann das weitere Verhalten des Arztes.

Diese ethischen Wertvorstellungen spiegeln sich wider in der jeweiligen Gesellschaftsordnung, besonders auch in Gesetzgebung und Rechtsprechung. Ein Vergleich der Handhabung von Aufklärung bei gefährdeten Schwerkranken in verschiedenen westeuropäischen Ländern ist daher von großem Interesse. Dabei wird die unterschiedliche Bewertung von Selbstbestimmung einerseits und Wohl des Kranken andererseits deutlich.

In der Bundesrepublik hat die höchstrichterliche Rechtsprechung die Pflicht zur Aufklärung sehr weit ausgedehnt. In einem bis heute überall zitierten Urteil aus dem Jahre 1959 (BGHZ Bd. 29, 167ff.) hat der Bundesgerichtshof entschieden, nur dann, wenn bleibende physische und psychische Schäden die Folge sein würden, könne die Aufklärung unterbleiben oder beschränkt werden. Im Minderheitsvotum zur arztrechtlichen Grundsatzent-

---

* Gemeinsam mit Hans-Ludwig Schreiber

scheidung des Bundesverfassungsgerichtes aus dem Jahre 1979 (NJW 1979, S. 1925 ff.) wird das Selbstbestimmungsrecht ganz in den Vordergrund gestellt. Gesundheitliche und psychische Nachteile werden als „Kehrseite der freien Selbstbestimmung" bezeichnet. Noch jüngst hat der Bundesgerichtshof in seiner Entscheidung zum Einsichtsrecht des Patienten in die Krankenunterlagen (vom 23. 11. 1982 – NJW 1983, S. 328) ausgeführt, eine Verschlechterung des Befundes oder ein Resignieren für die verbleibende Lebenszeit aufgrund der Kenntnis der Befunde, ja unter Umständen die Gefahr eines körperlichen und seelischen Zusammenbruches müsse im Regelfall im Interesse des Selbstbestimmungsrechtes hingenommen werden.

Die Selbstbestimmung hat in der deutschen Rechtsprechung danach weitgehend Vorrang gegenüber der ärztlichen Fürsorgepflicht. Folgt der Arzt dieser Rechtsprechung, so ist er gegen Schadensersatzansprüche wegen unzureichender Aufklärung abgesichert, er verstößt aber möglicherweise gegen elementare Pflichten seines Berufes, dem Patienten nicht zu schaden und dessen Wohl zu fördern. Der Arzt ist überfordert, wenn er die Folgen einer schonungslosen umfassenden Aufklärung mit Bestimmtheit voraussagen soll. Zwar hat sich der Bundesgerichtshof bemüht, einen Ausgleich zwischen Selbstbestimmung und Wohl zu finden, auf der Grundlage seiner Rechtsprechung ist aber ein verantwortliches ärztliches Handeln im Bereich der Aufklärung immer erschwert oder sogar nicht möglich. Der Arzt kann keineswegs in jedem Fall von vornherein beurteilen, was ein Patient ertragen kann und ob eine Aufklärung vorübergehende oder bleibende Schäden verursachen wird. Anhand der Rechtsprechung des Bundesgerichtshofes wird die Unmöglichkeit deutlich, den individuellen Fall ganz in einer generellen Norm zu erfassen.

In Österreich wird die Aufklärungspflicht grundsätzlich anders beurteilt. Der Oberste Gerichtshof stellt die Frage, was im Grenzfall letzten Endes wichtiger sei, das Selbstbestimmungsrecht des Patienten oder die ärztliche Fürsorge und Hilfeleistungspflicht (Entscheidung vom 23. 6. 1982, Österreichische Juristenzeitung 1983, S. 15). Solle der Hippokratische Grundsatz „salus aegroti suprema lex" im Vordergrund stehen oder solle nach eher neuerem Verständnis der Patient vor allem vor der Eigenmacht des Arztes, dem „Gott im weißen Mantel" geschätzt werden? Wie könne verhindert werden, so fragt das Gericht weiter, daß der Patient zu dem Leid, das die Krankheit und die nötige Operation schon an und für sich mit sich bringen, auch noch zusätzliche seelische Qualen dadurch erleide, daß er infolge einer zu umfassenden Aufklärung in einen Entscheidungsnotstand gerate oder nach getroffener Entscheidung einer ungeheuren Angst vor den ihm mitgeteilten möglichen Operationsrisiken ausgesetzt werde?

Der Senat beantwortet diese Fragen in Übereinstimmung mit der in Österreich überwiegenden Ansicht eindeutig dahin, daß der Umfang der ärztlichen

Aufklärungspflicht in erster Linie unter dem Gesichtspunkt des Wohles des Patienten und erst in zweiter Linie auch unter Bedachtnahme auf sein Selbstbestimmungsrecht abzugrenzen sei. Der Arzt habe aufgrund der besonderen Persönlichkeitsstruktur seines jeweiligen Patienten abzuwägen, wie weit er mit der Aufklärung zu gehen habe. Ihm sei in diesem Zusammenhang ein gewisser ärztlicher Beurteilungsspielraum einzuräumen. Es werde immer auf die Umstände des Einzelfalles ankommen. Die auch bei unbedingt gebotenen Eingriffen und bei einem besonders ängstlichen Menschen oder einem nicht auf Aufklärung hinwirkenden Patienten unbedingt nötige Mindestaufklärung über Operationsrisiken müsse so gestaltet werden, daß sie auf den Patienten nicht beunruhigend wirke, in Grenzfällen werde sie daher auch gänzlich zu unterlassen sein. Das Gericht wendet sich in diesem Zusammenhang ausdrücklich gegen die deutsche Rechtsprechung, in der dem Selbstbestimmungsrecht des Patienten seit jeher ein „etwas größeres Gewicht" beigemessen werde.

In der Schweiz stellt sich die Rechtslage ähnlich dar. Während das Rechtsgut der persönlichen Freiheit bzw. der Selbstbestimmung nach einer umfassenden Aufklärung rufe, könne das Rechtsgut des seelischen und körperlichen Wohlbefindens bzw. die Besserung oder Erhaltung des Gesundheitszustandes eine wahrheitsgemäße Information ganz oder teilweise verhindern, von der befürchtet werden muß, daß sie beim Patienten zu einem seelischen oder körperlichen Aufklärungsschaden führt (Hausheer).

Im gleichen Sinne hat das Schweizer Bundesgericht in einer Grundsatzentscheidung aus dem Jahre 1979 eine Begrenzung der Aufklärungspflicht vorgenommen (BGE 105 [1979/II], 284 ff.); vgl. auch BGE 108 [1982], 59 ff.). Es hat ausgeführt, daß die Verpflichtung des Arztes nicht auf eine Information ausgedehnt werden darf, die geeignet ist, den Kranken zu beunruhigen und seinen physischen oder psychischen Zustand zu beeinträchtigen oder den Erfolg der Behandlung in Frage zu stellen. Die Aufklärungspflicht finde ihre Grenze in den Grundsätzen der medizinischen Wissenschaft, die die Erhaltung und Wiederherstellung der Gesundheit zur Aufgabe habe. Es gehöre zu den Aufgaben des Arztes, die Risiken einer totalen Aufklärung abzuschätzen und diese Aufklärung einzuschränken, im Notfall so weit, wie sie mit dem physischen und psychischen Zustand des Kranken vereinbar sei.

Das Schweizer Bundesgericht bezeichnet diese Auffassung als übereinstimmend mit der französischen und belgischen Lehre sowie auch der deutschen, „ausgenommen der Rechtsprechung des Bundesgerichtshofes".

In Frankreich heißt es im Artikel 42 des Code de déontologie médicale aus dem Jahre 1979, daß aus gerechtfertigten Gründen, die der Arzt sorgsam abzuwägen hat, der Patient über eine sehr ungünstige Diagnose oder Prognose im unklaren gelassen werden darf. Eine infauste Prognose dürfe ihm nur unter größter Umsicht offenbar werten. Die Familie sei dabei grundsätzlich vorher zu benachrichtigen, sofern der Kranke das nicht zuvor untersagt oder einem Dritten dafür bestimmt habe.

In Belgien darf im gleichen Sinne nach einem neueren höchstrichterlichen Urteil die Aufklärung beschränkt oder unterlassen werden, wenn sie zu einer schädlichen Verweigerung der Zustimmung oder zu einer für die Durchführung der Operation gefährlichen nervlichen Anspannung führen könnte.

In der DDR stimmen trotz der grundlegenden unterschiedlichen ideologischen Voraussetzung gegenüber den bisher genannten westlichen Ländern die Auffassungen zur Aufklärungspflicht mit diesen im Ergebnis weitgehend überein. Ausgangspunkt in der DDR ist die Ansicht, es bedürfe des Selbstbestimmungsrechtes des einzelnen als eines Korrektivs nicht, weil im Sozialismus die Interessen zwischen Individuum und Gesellschaft identisch seien.

In der Sache wird entscheidend auf medizinische Kriterien abgestellt. So heißt es in Übereinstimmung mit § 5 der Approbationsordnung vom 13. 1. 1977 in der siebten These zu „Fragen der medizinischen Betreuung der Bürger" (1978) zur Aufklärung wie folgt: „Beratung und Aufklärung des Patienten sind fester Bestandteil der medizinischen Betreuung. Der behandelnde Arzt ist verpflichtet, den Patienten in geeigneter Weise und in angemessenem Umfang über die Art der Erkrankung und die erforderlichen medizinischen Betreuungsmaßnahmen aufzuklären. Inhalt und Umfang der Aufklärung unterliegen ärztlichem Ermessen, um den Patienten nicht durch uneingeschränkte Aufklärung psychisch zu überfordern und ihm zu schaden".

Die unterschiedliche Bewertung des Rechtes auf Selbstbestimmung einerseits und der Grenzen der Fürsorgepflicht des Arztes andererseits fordert den Versuch einer Erklärung. Im Verhältnis zur DDR sind sicher auch die dort herrschenden, von den übrigen westeuropäischen Ländern abweichenden, ideologisch bedingten Auffassungen von ausschlaggebender Bedeutung. Mit solchen Argumenten können aber die gegenüber der Rechtsprechung unseres Bundesgerichtshofes erheblichen Differenzen gegenüber den genannten anderen westeuropäischen Ländern nicht erklärt werden.

Einer Relativierung des Selbstbestimmungsrechtes in extremen Fällen zum Schutze des Kranken und zur Abwehr von Gefahren dürfte auch bei uns der überwiegende Teil der Bevölkerung zustimmen. Umfragen, ob eine uneingeschränkte Wahrheit am Krankenbett gefordert wird, liefern keinen Beweis für die tatsächliche allgemeine Einstellung. Die bisher vorliegenden Ergebnisse deuten darauf hin, daß das Alter der Befragten eine entscheidende Rolle spielt: Mit zunehmendem Alter wird die Zustimmung zur bedingungslosen Aufklärung deutlich zögernder. Auch kann das Ergebnis der Befragung von Gesunden, die sich nur schwer in die Rolle eines Todkranken versetzen können, kein gültiger Maßstab sein. Allgemeine ärztliche Erfahrung zeigt, daß die „pia fraus" in vielen Fällen dem Todkranken das Leben erleichtern und von Angehörigen gewünscht werden kann.

Wie weit der Bundesgerichtshof mit seiner Rechtsprechung einer erklärlichen Reaktion der öffentlichen Meinung auf die Entwertung der Persönlichkeit unter Mißachtung des Rechtes auf Selbstbestimmung während der Zeit der Diktatur Rechnung trägt, ist zu erwägen. Die Menschen in unserem Lande sind gegenüber Eingriffen in ihre Selbstbestimmung erklärlicherweise sehr empfindlich geworden.

Offensichtlich ist auch, daß der Arzt in der Judikatur anderer westeuropäischer Länder mehr Vertrauen genießt als in unserer Rechtsprechung. Ihm und seinem Ermessen wird dort ein größerer Raum zugestanden. Ob diese Unterschiede auch tatsächlich durch eine allgemeine Minderung des ärztlichen Ansehens in der öffentlichen Meinung begründet sind, scheint uns sehr fraglich.

In der Bundesrepublik ist es jedenfalls zu einer geradezu paradoxen Entwicklung gekommen. Durch die juristische Übersteigerung des Selbstbestimmungsrechtes wird letzten Endes eine Entwertung der Selbstbestimmung und des individuellen Schutzes bewirkt, denn aufgrund der höchstrichterlichen Rechtsprechung wird dem Kranken, insbesondere dem Schwerkranken, eine Aufklärung zugemutet, die er vielleicht in Wirklichkeit gar nicht wünscht und die den Heilerfolg in Frage stellen und ihn in seinem kritischen Zustand gefährden kann. Die unangemessene Generalisierung der Aufklärung bei Kranken, deren Wille nur differenziert von Fall zu Fall bestimmbar ist, läuft im Ergebnis auf eine Minderung der persönlichen Autonomie hinaus. Nichts ist individueller als der Kranke; für die Rechtsprechung ist es daher ungemein schwierig, wenn nicht unmöglich, mit allgemeinen Regeln dem Einzelfall voll gerecht zu werden.

Konflikte des Arztes

1983

Segen und Last zugleich birgt das Erbe des Prometheus, dessen Kinder
wir sind. Prometheus hat den Menschen das Feuer gebracht, die Flammen
haben sich über die Erde ausgebreitet und treten der Menschheit heute in
Gestalt der alles ergreifenden Technik gegenüber. Fesseln haben den Titanen
gehindert, das Feuer wieder zu löschen. Es zu bewältigen, Nutzen aus ihm
zu ziehen oder Schaden zu verhüten, ist nun die elementare Aufgabe des
Menschen geworden. So leben wir in einer Welt von Gegensätzen. Unser
industrielles Zeitalter der „schöpferischen Zerstörung" verlangt wie nie zuvor
von uns, ordnend in diese Entwicklung einzugreifen und einen Weg zu finden, der das ureigenste Gut des Menschen, seine „Menschlichkeit", bewahrt.
In dieses Ringen ist im besonderen Maße die Medizin eingeschaltet, deren
eigentlicher Sinn doch in der Bewahrung und Verbreitung eben dieser
Menschlichkeit durch Betreuen und Heilen besteht. Es kann hier nicht um
ein Gegeneinander gehen, vielmehr ist es das Miteinander und Ergänzen,
das wir erreichen müssen, wechselnd von Fall zu Fall. Was wäre die heutige
Medizin ohne die moderne Technik!

Wir müssen uns aber die Frage stellen, welche Rolle die Technik in
unseren Erwägungen und Handlungen spielen darf, wo ihre Grenzen und
ihre Ansprüche liegen, oder mit anderen Worten, wie weit es erlaubt ist,
alle technischen Errungenschaften auszuschöpfen, um ein ärztliches Problem
zu bewältigen.

Das Kernproblem ärztlichen Denkens und Handelns, einen Weg zu finden zwischen „Wollen" und „Können", zwischen „Können" und „Dürfen",
ist nicht neu. Unser Jahrhundert hat jedoch zu einer Umwandlung vieler
bisher für unantastbar gehaltener Werte geführt und drängt mit seiner
Dynamik auch dem Arzt immer neue Entscheidungen auf. Sollen medizinische Wissenschaft und Praxis ihrer elementaren Aufgabe, dem körperlichen und seelischen Heil von Menschen zu dienen, gerecht werden,
so müssen sie die zeitbedingten Lebensformen in Rechnung stellen. Hier-
her gehören die weltanschaulichen Überzeugungen und die herrschende
Gesellschaftsform, die ihren Ausdruck auch findet in Gesetz und Rechtsprechung. Sie alle bestimmen weitgehend die Mentalität der Kranken und
Gesunden.

Wenn man als alter Arzt mehr als ein halbes Jahrhundert diese rasante, mit der industriellen Revolution einhergehende Entwicklung sehenden Auges miterlebt hat, erkennt man, fern von modischer Technikfeindlichkeit und romantischer Verklärung früherer Zustände, die zunehmende Zahl von tiefgreifenden ärztlichen Konfliktsituationen. Es fängt beim Gespräch mit dem Kranken an, das häufig nicht mehr auf der Basis gegenseitigen ärztlichen Vertrauens frei geführt werden kann, sondern sich zunehmend Forderungen des Kranken einerseits gegenübersieht, durch rechtliche Entscheidungen andererseits eingeschränkt und im eigentlichen Charakter verändert hat.

Als Beispiel sei hier genannt die alle Ärzte bewegende Diskrepanz zwischen höchstrichterlicher Rechtsprechung und ärztlicher Verantwortung in der Frage der unbeschränkten Aufklärung. Während der Bundesgerichtshof auf Grund des Selbstbestimmungsrechts den Anspruch selbst des schwerstgefährdeten Kranken auf uneingeschränkte Aufklärung fordert und die Gefahr eines körperlichen und seelischen Zusammenbruchs als Kehrseite des Selbstbestimmungsrechts in Kauf nimmt, sehen die Ärzte hierin einen Verstoß gegen die elementaren ärztlichen Pflichten, dem Kranken nicht zu schaden und sein Wohl zu fördern. Wir bedürfen eines ärztlichen Ermessensspielraums, der sich erst im Einzelfall auf Grund des ärztlichen Gespräches ergeben kann, wie er in der Rechtsprechung westeuropäischer Länder üblich ist. Dort wird der Umfang der ärztlichen Aufklärungspflicht in erster Linie unter dem Gesichtspunkt des Wohls des Kranken und erst in zweiter Linie unter Berücksichtigung seines Selbstbestimmungsrechts abgegrenzt. Die abstrakte juristische Überbewertung dieses grundgesetzlich geschützten Rechtes kann im konkreten Fall zu seiner Perversion führen. Hier zeigt sich die Schwierigkeit, mit Normen Einzelschicksale zu erfassen.

In die Indikation müssen notwendigerweise neben rein medizinischen und ethischen Voraussetzungen vielfache Überlegungen sozialer, materieller, technischer Art eingeflochten werden.

Ein besonders schwieriges, sehr aktuelles Problem stellt die Diagnostik dar. Kaum ein Jahr vergeht, ohne daß nicht neuartige oder verbesserte diagnostische Verfahren angeboten werden. Der Arzt muß sich fragen, ob und wie weit und in welcher Auswahl er von den verschiedenen Methoden im Einzelfall Gebrauch machen darf oder muß, um zur richtigen Diagnose zu gelangen. Je größer das Angebot, desto schwieriger wird die Auswahl im jeweils vorliegenden Fall. Sie soll eine unnötige Belastung des Kranken verhüten und soll Risiken möglichst vermeiden, wie sie vor allem mit den sogenannten invasiven Maßnahmen zwangsläufig verbunden sind. Dabei ist zu bedenken, daß jedes Verfahren nur mit differenzierter Wahrscheinlichkeit, niemals aber mit absoluter Sicherheit die richtige Diagnose verbürgen kann. Sicherheit kann es selbst in unserem computergesteuerten Zeitalter in Naturwissenschaften und Medizin nicht geben. Die Problematik liegt für den Arzt darin, daß er nach einer möglichen Fehldiagnose wegen Unterlassung etwa einer einzigen speziellen Untersuchung rechtlich haftbar gemacht werden kann. Daß als Sachverständige zugezogene Spezialisten das von ihnen vertretene Verfahren dann überbewerten könnten, ist nicht auszuschließen.

In der Therapie sind dem Arzt auf Grund fast unbeschränkter technisch-materieller Möglichkeiten neben einer bisher ungeahnten Ausweitung zum Wohle des Kranken und zum Erhalt seines Lebens ebensosehr ethisch bedingte Grenzen in Forschung und Praxis gesetzt. Neue, auf technischen Fortschritten beruhende therapeutische Maßnahmen sind erst dann erlaubt, wenn die Entwicklung ausgereift und eine Heilung oder zumindest eine wesentliche Besserung des Gesamtzustandes zu erwarten ist. Das war etwa bei dem ersten Versuch mit dem Kunstherz fraglos noch nicht der Fall.

Auch die unentbehrliche und so erfolgreiche Intensivmedizin bedarf der Steuerung durch den Arzt. Da es möglich ist, Herz und Kreislauf selbst eines Hirntoten über lange Zeit in Aktion zu halten, muß der Arzt den Mut zur Entscheidung aufbringen, diesem gegen die Menschenwürde verstoßenden Tun ein Ende zu setzen. So eindeutig die sogenannte aktive Euthanasie, besser Tötung genannt, abzulehnen ist, so sehr ist der Arzt verpflichtet, den Sterbenden bis zu seinem Ende zu betreuen und ihm Leiden zu ersparen, aber nicht ein verlöschendes Leben unnötig zu verlängern.

Auch der automatisierte Ablauf des klinischen Betriebes kann sich sowohl segensreich als auch bedrohlich für Arzt und Kranken auswirken. Mit den neuesten technischen Errungenschaften können beschwerliche bürokratische Lasten vermieden, routinemäßige Untersuchungen gesichert und Reibungen ausgeschaltet werden. Die Gefahr liegt darin, daß der Kranke vernachlässigt wird und zum technischen Objekt zu werden droht. So notwendig der Einbruch der Computertechnik in die Medizin auch ist, so wenig darf der menschliche Kontakt zwischen Arzt und Kranken unter ihr leiden.

Den Menschen als des Prometheus Erben ist die Wahl zwischen zerstörenden und bewahrenden Kräften zur eigenen Entscheidung überlassen. Diese wird auch dem Arzt nicht abgenommen, wenn er seinen Auftrag erfüllen soll, Gefahren zu erkennen und zu meiden, Können und Dürfen gegeneinander abzuwägen und alles Tun unter die in ihrem Wesen unwandelbare Humanitas zu stellen.

Quellenverzeichnis

Für die vorliegende Ausgabe wurden einige Titel geändert. Nachstehend wird nur auf die Originaltitel hingewiesen.

Das Recht zum chirurgischen Eingriff. Antrittsvorlesung, gehalten in Bonn am 25. 7. 1930. In: Klinische Wochenschrift, 9. Jahrgang, Nr. 44, 1. November 1930

Die chirurgische Indikation. Festvortrag, gehalten anläßlich der Wiedereröffnung der Julius-Maximilians-Universität am 12. März 1947. Ferdinand Schöningh, Würzburg 1947

Zum 70. Geburtstag von Erich von Redwitz (1953) Unveröffentlicht

Das Problem des Technischen in der Chirurgie. Allgemeines zur chirurgischen Indikationsstellung. Festschrift für Rudolf Nissen, Thieme Verlag, Stuttgart, S. 9 ff. (1956)

Zur Geschichte des chirurgischen Lehrstuhls in Würzburg (Eröffnungsrede zur Tagung der Mittelrheinischen Chirurgenvereinigung, Würzburg, 6. 10. 1961). In: Münchener Medizinische Wochenschrift, 104. Jahrgang, Nr. 18, S. 860–868 (1962)

Eugen Enderlen, Werk und Persönlichkeit. In: Eugen Enderlen 1863–1963. Hrsgg. von W. Wachsmuth. Springer-Verlag Berlin Göttingen Heidelberg 1963, S. 1–16

In memoriam Professor Erich Freiherr von Redwitz (Gedenkrede in der Chirurgischen Universitätsklinik Bonn, 13. Februar 1965). In: Langenbecks Arch. klin. Chir., Bd. 310, S. 1–12

Ansprache zur Eröffnung der 84. Tagung der Deutschen Gesellschaft für Chirurgie in München am 29. März 1967. Langenbecks Arch. klin. Chir., Bd. 319, S. 3–11

Abschiedsvorlesung, gehalten am 28. Juni 1969 im Hörsaal der Chirurgischen Universitätsklinik Würzburg. Privatdruck

Rechtliche Probleme des Chirurgen. Unveröffentlichter Vortrag (1974)

Zur Begriffsbestimmung und Problematik des sogenannten „Kunstfehlers". In: Der Krankenhausarzt, 48. Jahrgang, Heft 9, S. 2–4 (1975)

Chirurgie zwischen Gesetz und Gewissen. Eröffnungsvortrag, gehalten am 23. Juli 1976 anläßlich der 53. Tagung der Vereinigung bayerischer Chirurgen in Erlangen, Der Chirurg 47, S. 469–474 (1976)

Kreativität und Rezeptivität. Gedanken zur Struktur des Autors. In: Semper Attentus – Beiträge für Heinz Götze zum 8. August 1977, 337–340, Springer-Verlag, Berlin Heidelberg New York (1977)

Aus Anlaß der Verleihung der Ernst-von-Bergmann-Gedenkmünze in Gold, Chirurgenkongreß 1978. In: Langenbecks Arch. klin. Chir., Bd. 347, S. 19

Resolution der Deutschen Gesellschaft für Chirurgie zur Behandlung Todkranker und Sterbender. Ärztliche und rechtliche Hinweise. Die Resolution wurde außer von W. Wachsmuth noch unterzeichnet von Dr. med. H.J. Bochnik, o. Professor der Psychiatrie und Neurologie; Dr. med. Dr. med. h.c. H.E. Bock, em. o. Professor der Inneren Medizin; Dr. med. G. Carstensen, apl. Professor der Chirurgie; Dr. jur. E. Deutsch, o. Professor für Bürgerliches Recht, Handelsrecht, internationales Privatrecht und Rechtsvergleichung; Dr. med. H. Kuhlendahl, em. o. Professor der Neurochirurgie; Dr. jur. H.L. Schreiber, o. Professor für Strafrecht und Rechtstheorie; Dr. med. J. Wawersik, o. Professor der Anaesthesiologie. Informationen des Berufsverbandes der Deutschen Chirurgen e.V. Nr. 7/1979

Über die ärztliche Verantwortung. Vortrag gehalten am 10. November 1978 aus Anlaß der Verleihung der Würde eines Doktors der Rechte ehrenhalber durch die Juristische Fakultät der Universität Göttingen. In: Georgia Augusta Nr. 30, Mai 1979

Die chirurgische Indikation. Rechtsnorm und Realität. In: Festschrift für Paul Bockelmann zum 70. Geburtstag, hrsgg. v. Arthur Kaufmann, Günter Bemmann, Detlef Krauss, Klaus Volk. C.H. Beck, München 1979, S. 473–480

Ärztliche Selbstkontrolle. Vortrag vor deutschen und schweizer Wissenschaftsjournalisten, Februar 1979. Unveröffentlicht

Fortschritt als ärztliches Problem. Vortrag, gehalten am 11. Dezember 1979 vor der Polytechnischen Gesellschaft e.V. Frankfurt am Main. Privatdruck

Dankesworte anläßlich der Feier des 80. Geburtstages im Großen Hörsaal der Chirurgischen Universitätsklinik in Würzburg am 29. 3. 1980

Ärztliche und rechtliche Hinweise zur Resolution über die Behandlung Todkranker und Sterbender. Gemeinsam mit Hans-Ludwig Schreiber. In: Chirurgie und Recht, Deutsche Ges. für Chirurgie – Mitteilungen – S. 83 bis 86, 3/1980

Der unheilvolle Weg in die defensive Medizin. Der rechtliche Selbstschutz des Arztes und die Fürsorge für den Kranken. Gemeinsam mit Hans-Ludwig Schreiber. In: Frankfurter Allgemeine Zeitung vom 3. 10. 1980, abgedruckt u.a. in: Arzt und Krankenhaus, S. 75–78, 1981/2

Erwartungen. Kritische Rückblicke der Kriegsgeneration. In: Dokumente unserer Zeit, Band 4, hrsgg. v. R. Birkl und G. Olzog, 1981

Zu einer Entscheidung des Bundesgerichtshofes über den Umfang der ärztlichen Aufklärungspflicht vom 22. 4. 1980. In: Juristische Rundschau, S. 19ff, 1981

In memoriam Rudolf Nissen. (Gedenkrede anläßlich der 128. Tagung der Vereinigung Nordwestdeutscher Chirurgen am 4. 12. 1981 in Hamburg)

Das Dilemma der ärztlichen Aufklärung. Gemeinsam mit Hans-Ludwig Schreiber. Neue Juristische Wochenschrift, Heft 37, S. 1985–1987, 1981

Ein falsches Bild vom Patienten und seiner Belastbarkeit. Neue Juristische Wochenschrift, Heft 13, S. 686f., 1982

Zur Problematik des medizinischen Sachverständigen im Arzthaftungsprozeß. Deutsche Richterzeitung, S. 412–417, 1982

Erinnerungen an den Neubeginn 1946 bis 1947. In: Vierhundert Jahre Universität Würzburg. Eine Festschrift. Hrsgg. v. Peter Baumgart, Neustadt a.d. Aisch S. 1047–1054, 1982

Die chirurgische Indikation im Wandel der letzten 35 Jahre. Vortrag aus Anlaß des 400jährigen Jubiläums der Universität Würzburg. Unveröffentlicht

Abschiedsworte anläßlich des Ausscheidens der beiden Senatoren als Delegierte des Senats aus dem Präsidium der Deutschen Gesellschaft für Chirurgie am 13. 4. 1982

Die Stufenaufklärung – ein ärztlich und rechtlich verfehltes Modell. Gemeinsam mit Hans-Ludwig Schreiber. In: Der Chirurg 53, S. 594–596. Springer-Verlag (1982)

Schlußwort zur Diskussion über die Stufenaufklärung. Gemeinsam mit Hans-Ludwig Schreiber. In: Der Chirurg 54, S. 60, 61. Springer-Verlag (1983)

Sicherheit und Wahrscheinlichkeit. Juristische und ärztliche Aspekte. Gemeinsam mit Hans-Ludwig Schreiber. Neue Juristische Wochenschrift, S. 2094ff. (1982)

Die Zwiespältigkeit des Selbstbestimmungsrechts. In: Deutsche Medizinische Wochenschrift, 107. Jahrgang, Nr. 40, Seite 1527, 1528 (1982)

Von der Unberührbarkeit des Todes. Der Wunsch, die Art des Sterbens zu bestimmen. Gemeinsam mit Hans-Ludwig Schreiber. In: Frankfurter Allgemeine Zeitung Nr. 271, S. 11 vom 23. November 1982

Kunstherz, Selbstbestimmung und Humanität. Gemeinsam mit Hans-Ludwig Schreiber. In: Frankfurter Allgemeine Zeitung Nr. 212, S. 11 vom 13. 9. 1983

Aufklärung bei intraoperativen Änderungen des ärztlichen Eingriffs. Vortrag gehalten an der Deutschen Richterakademie Trier 1983. Unveröffentlicht. Gekürzte Version in: G. Carstensen (Hrsg.) Intra- und postoperative Komplikationen S. 156–158. Springer-Verlag Berlin Heidelberg New York 1983

Anmerkung zu einer Entscheidung des Bundesgerichtshofes vom 23. 11. 1982 zum Einsichtsrecht des Patienten in die Krankenakten. Juristenzeitung, S. 307f., (1983)

Grenzen der ärztlichen Aufklärungspflicht im westeuropäischen Vergleich. Gemeinsam mit Hans-Ludwig Schreiber. In: Deutsche Medizinische Wochenschrift, 109. Jahrgang, Nr. 4, S. 153–155 (1984)

Konflikte des Arztes. Frankfurter Allgemeine Zeitung, Nr. 299, S. 22 vom 24. Dezember 1983

Die zwischen 1923 und 1979 erschienenen chirurgischen Arbeiten von Werner Wachsmuth sind nachgewiesen in: Chirurgenverzeichnis. Biographie und Bibliographie. Berlin Heidelberg New York: Springer-Verlag 1980

Werner Wachsmuth
Ein Leben
mit dem Jahrhundert

1985. 248 Seiten und 42 Abbildungen auf Tafeln.
Gebunden DM 38,–. ISBN 3-540-15036-6

Werner Wachsmuth (Jahrgang 1900) entstammt einer traditionsreichen deutschen Gelehrtenfamilie. Er ist einer der großen Chirurgen unseres Jahrhunderts und hatte teil am wechselhaften Gang der deutschen Geschichte. Vier Jahre nach seiner Habilitation verließ er die Universität und trat in die Reichswehr ein, um nicht Mitglied einer der Organisationen des „Dritten Reiches" werden zu müssen.

Nach dem Krieg wurde Wachsmuth auf den chirurgischen Lehrstuhl der Universität Würzburg berufen und wandte sich nach seiner Emeritierung 1968 insbesondere ärztlich-ethischen sowie rechts- und verkehrsmedizinischen Fragen zu. Wohl die weltweit bekannteste Leistung des Chirurgen Wachsmuth ist die Gründung und Herausgabe der „Praktischen Anatomie" (Lanz – Wachsmuth), eines monumentalen anatomisch-chirurgischen Werkes, dem er seit über fünfzig Jahren dient.

Wachsmuth berichtet von Begegnungen, die in die Anfänge unseres Jahrhunderts zurückreichen, vom Ersten Weltkrieg, an dem er als Kriegsfreiwilliger in Flandern teilnahm, von großen Kollegen wie Sauerbruch, Enderlen, von Redwitz, Nissen oder Breitner, von Zusammentreffen mit Hitler und Mussolini. In seinen Schilderungen werden die 20er und 30er Jahre, aber auch Kriegsereignisse wieder lebendig. Der Arzt und Universitätslehrer Wachsmuth nimmt kritisch Stellung zu den Problemen des modernen Universitätsbetriebs und zur Verantwortung des Mediziners. Er ist ein Zeitzeuge unseres Jahrhunderts.

Springer-Verlag
Berlin Heidelberg New York Tokyo